权威·前沿·原创

皮书系列为
"十二五""十三五"国家重点图书出版规划项目

北京国际城市发展研究院社会建设研究重点项目
贵州大学贵阳创新驱动发展战略研究院重点项目
北京国际城市文化交流基金会智库工程出版基金资助项目

贵阳蓝皮书
BLUE BOOK OF
GUIYANG

贵阳城市创新发展报告 No.2
息烽篇

THE INNOVATION DEVELOPMENT REPORT OF GUIYANG No.2:
XIFENG CHAPTER

主　编／连玉明
执行主编／朱颖慧

社会科学文献出版社
SOCIAL SCIENCES ACADEMIC PRESS (CHINA)

图书在版编目(CIP)数据

贵阳城市创新发展报告.NO.2.息烽篇/连玉明主编.--北京：社会科学文献出版社，2017.5
（贵阳蓝皮书）
ISBN 978-7-5201-0622-1

Ⅰ.①贵… Ⅱ.①连… Ⅲ.①城市建设-研究报告-息烽县 Ⅳ.①F299.277.31

中国版本图书馆 CIP 数据核字（2017）第 070862 号

贵阳蓝皮书
贵阳城市创新发展报告 No.2 息烽篇

主　　编 / 连玉明
执行主编 / 朱颖慧

出 版 人 / 谢寿光
项目统筹 / 邓泳红　郑庆寰
责任编辑 / 薛铭洁

出　　版 / 社会科学文献出版社·皮书出版分社 （010）59367127
　　　　　　地址：北京市北三环中路甲29号院华龙大厦 邮编：100029
　　　　　　网址：www.ssap.com.cn
发　　行 / 市场营销中心 （010）59367081　59367018
印　　装 / 三河市东方印刷有限公司

规　　格 / 开 本：787mm×1092mm　1/16
　　　　　　印 张：22.5　字 数：374千字
版　　次 / 2017年5月第1版　2017年5月第1次印刷
书　　号 / ISBN 978-7-5201-0622-1
定　　价 / 98.00元

皮书序列号 / PSN B-2015-493-5/10

本书如有印装质量问题，请与读者服务中心（010-59367028）联系

▲ 版权所有 翻印必究

贵阳蓝皮书编委会

编委会名誉主任 龙永图

编委会主任 陈　刚

编委会常务副主任 刘文新

编委会副主任　李岳德　陈少荣　朱江华　王华平
　　　　　　　　兰义彤　庞　鸿　聂雪松　杨赤忠
　　　　　　　　徐　沁　向虹翔　刘玉海　王玉祥
　　　　　　　　陈小刚　徐　昊　钟汰甬　魏定梅

编　　委　　向虹翔　杨明晋　蒋志伦　钟　阳
　　　　　　　　刘本立　王　黔　王建忠　朱丽霞
　　　　　　　　常文松　李　瑞　钮力卿　张海波
　　　　　　　　林　刚　朱　刚　梅　俊　唐兴伦
　　　　　　　　邹　杰　唐　矛　孙绍雪　佘　龙
　　　　　　　　卓　飞　李仕勇　沈　兵　田胜松
　　　　　　　　洪　兵　宋书平　仇　玮　梁淑莲
　　　　　　　　谢国波　何发兵　金　松　王　峰
　　　　　　　　杨炜锋　吴永康　赵代刚　罗晓斌
　　　　　　　　张　恺　邱　斌　唐　樾　廖　勇
　　　　　　　　胡　勇　童祖强

《贵阳城市创新发展报告 No.2 息烽篇》编写组

主　　　编　连玉明

执 行 主 编　朱颖慧

副　主　编　宋　青　胡海荣　张俊立　贺　羽

核心研究人员　连玉明　朱颖慧　宋　青　胡海荣
　　　　　　　　张俊立　贺　羽　陈惠阳　刘春辉
　　　　　　　　王　周　袁晓文　李　莉　陈邦毅
　　　　　　　　龙泽琴　刘光阳　袁　晔　姚文彬
　　　　　　　　胡思鹏　张松群　任祉静　舒　龙
　　　　　　　　张晓凤　王叶琦　龙婉玲　宋希贤
　　　　　　　　李　雪　陈　慧　李明环

学 术 秘 书　舒　龙

主编简介

连玉明 著名城市专家，教授、博士，北京国际城市发展研究院院长，贵州大学贵阳创新驱动发展战略研究院院长，北京市人民政府专家咨询委员会委员，北京市社会科学界联合会副主席，北京市哲学社会科学京津冀协同发展研究基地首席专家，基于大数据的城市科学研究北京市重点实验室主任，北京市社会发展研究中心理事长，北京市朝阳区发展研究中心首席顾问，大数据战略重点实验室主任，阳明文化（贵阳）国际文献研究中心主任。

研究领域为城市学、决策学和社会学。近年来致力于大数据战略、生态文明理论及实践等研究。首创"大数据战略重点实验室"，打造中国特色大数据新型高端智库。首次提出"贵阳指数"，该指数成为中国生态文明发展风向标。主编《贵阳蓝皮书：贵阳城市创新发展报告No.1》《中国生态文明发展报告》《贵阳建设全国生态文明示范城市报告》等论著60余部。最新研究成果《块数据：大数据时代真正到来的标志》《块数据2.0：大数据时代的范式革命》《块数据3.0：秩序互联网与主权区块链》成为中国国际大数据产业博览会的重要理论成果，《六度理论》《绿色新政》《双赢战略》成为生态文明贵阳国际论坛的重要理论成果。

摘　要

"创新、协调、绿色、开放、共享"发展理念正在成为当下中国发展的主旋律。"十二五"期间，贵阳在创新领域引入大数据思维、大数据技术，推动产业转型、创新发展模式，逐步探索出了一条模范守住"两条底线"、实现"双赢发展"的新路径，这也是践行"五大发展理念"的自觉行动。以此为基础，贵阳审时度势，主动承担发展的责任与使命，将"一个目标、三个建成"（打造创新型中心城市，建成大数据综合创新试验区、建成全国生态文明示范城市、建成更高水平的全面小康社会）作为"十三五"时期的奋斗目标，并科学提出以大数据引领经济转型升级、提升政府治理能力、改善民生服务水平的三大任务，以科技、人才、金融、安全为支撑，以培育创新环境、扩大开放合作、深化体制改革、健全法规标准、完善评价考核为保障，把建设块数据城市作为创新型中心城市的实现形态和战略抓手，增强区域发展的影响力、创造力和竞争力。贵阳市十个区（市、县）坚持以大数据为引领，服务大局、错位发展，发挥"长板"优势，补齐"短板"劣势，多维度、多层面进行实践探索，做强创新驱动引擎，加快构建全产业链；优化开放合作环境，加快构建全治理链；统筹民生事业发展，加快构建全服务链，为贵阳市建成创新型城市提供强劲支撑。

《贵阳城市创新发展报告 No.2 息烽篇》以总结"十二五"发展情况为切入点，围绕"十三五"经济社会发展思路，坚持理论探讨与实证研究相结合，在全面分析息烽"十二五"综合评价指标的基础上，重点对息烽"十二五"发展成果、难点与问题、经验等进行研究。同时，本书立足息烽实际，对社区、居委会、乡镇、村"十二五"发展情况进行调研，梳理和总结了新型社区建设、基层体制改革、集体经济发展、美丽乡村建设中的经验和做法。

本书认为，对于地处贵阳边远的息烽来讲，正处于城乡发展扩容提速起步期、经济发展提质增效蓄力期、脱贫成果不断巩固攻坚期、红色文化发掘弘扬蓬勃期、生态文明建设纵深推进关键期，急需在"大扶贫"和"大数据"两大战略之间定格局，在贵阳和遵义两个贵州最发达的城市之间定功能，在磷化工业与旅游产业两个特色产业之间定方向，在基础设施欠账多与经济实力不够强之间定出路，在精准扶贫和生态保护两个重点任务之间定取舍。息烽"十三五"发展坚持问题导向，处理好发展优势与补齐短边、做大总量与优化结构、经济发展与生态建设、县域发展与区域联动、经济增长与发展共享五大关系，找准打造更高水平全面小康示范县、创新型城市建设支撑区两个定位，明确城乡建设"三个打造"、生态保护"三个优化"、民生改善"五个健全"、社会和谐"四个完善"发展方向，在新型城镇化、产业融合化、扶贫精准化、发展绿色化、治理精细化、党建科学化上有所突破。

Abstract

The concept of development of "innovation, coordination, green, open, sharing" is becoming the main theme and the strongest voice of the development of China. During the Twelfth Five-Year Plan period, Guiyang first introduced big data concept and big data technology in the field of innovation to promote industrial restructuring and innovation and development models, and gradually explored a new path to hold the "two bottom lines" and achieve the "win-win development", which is also a conscious action in practicing "five development concepts". On the basis of this, Guiyang, taking the initiative to assume the responsibility and mission of development, with "one objective and three establishments" as the goal during the period of Thirteenth Five-Year Plan, put forward the three major tasks of the data-leading economic transformation and upgrading, improvement of the management capacity of the government and improvement of the level of people's livelihood services, supported by science and technology, personnel, finance and security by cultivating an innovative environment, expanding open cooperation, deepening the system reform, improving the standards, and strengthening the assessment, to build a block data city as an innovative central city and to enhance the influence, creativity and competitiveness of the regional development. The ten districts (cities and counties) of Guiyang City have made multi-dimensional, multi-level exploration, strengthened the innovation-driven engine, and accelerated the construction of the whole industry chain by adhering to the principle of being led by big data, considering the overall situation, dislocation development, playing the "long board" advantage and filling the "short board" disadvantage; optimized the open and cooperative environment and sped up the construction of the whole governance chain; coordinated the development of people's livelihood and accelerated the construction of full service chain, thus providing a strong support for Guiyang City to build an innovative center city.

Under the theme of "the economic and social concepts during the Thirteenth Five-year Plan period", *the Innovation Development Report of Guiyang No. 2: Xifeng*

Chapter starts from the review of the development results during the Twelfth Five-year Plan period, and mainly performs a theoretical research on the county's development results during the Twelfth Five-year Plan period, difficulties and problems, experience and other contents based on the comprehensive assessment of the county's comprehensive assessment indicators for the Twelfth Five-year Plan period.

At the same time, the Book, based on the actual conditions of Xifeng County, surveys the development of the communities, residents' communities, towns and villages during the Twelfth Five-year Plan period, and reviews its experience and practices in new community construction, system reform at the grassroots level, collective economy development and construction of beautiful villages.

On this basis, the Book contends that Xifeng, which lies in the remote area of Guiyang City, now stays at the startup stage of accelerating the urban and rural development, the stage of gathering the force to improve the quality and benefit of economic development and continuously consolidate the results of poverty alleviation, the stage of exploring and carrying forward the red culture vigorously, and the key stage of pressing ahead with ecological civilization construction in depth. Therefore, the county is now imperative to fix the vision between the two strategies of "big poverty alleviation" and "big data", fix its functions between the two most developed cities of Guiyang and Zunyi in Guizhou Province, fix its direction between the two personalized industries of phosphorus chemical and tourism, fix its way between the huge infrastructure deficit and weak economic strength and fix its choice between precise poverty alleviation and ecological conservation. To seek further development during the Thirteenth Five-year Plan, Xifeng should balance the relations between exerting development advantages and bolstering disadvantages, between enlarging the aggregate and optimizing the structure, between economic development and ecological construction, between county development and regional collaboration and between economic growth and development sharing. It should establish the two directions to build a comprehensive well-off pilot county at a higher level and the supporting area for the construction of an innovation-driven central city, establish the directions of "three builds" in urban-rural development, "three optimizations" in ecological conservation, "five refinements" in improvement of people's life and "four improvements" in social harmony, and make some breakthroughs in new urbanization, industrial integration, precise poverty alleviation, green development, lean governance and scientific construction of Party organizations.

目 录

导论：步入新阶段　开创新境界　实现更高水平全面小康 …………… 001

Ⅰ 总报告

B.1 弘扬红色文化　创新绿色发展　精准特色扶贫　打造更高水平
　　全面小康示范县　发挥创新型中心城市支撑作用
　　——贵阳市息烽县"十三五"发展思路研究 ………………… 001
　　一　对息烽县发展基础与发展瓶颈的分析 ……………………… 002
　　二　对息烽县发展阶段与发展形势的判断 ……………………… 007
　　三　对息烽县发展思路与发展路径的研究 ……………………… 010

Ⅱ 评估篇

B.2 关于息烽县"十二五"规划实施情况的分析报告 …………… 020

Ⅲ 理论篇

B.3 公园城市建设管理与运行模式研究 ………………………… 055
B.4 关于息烽县"特色公园县"建设规划的研究与思考 ………… 071

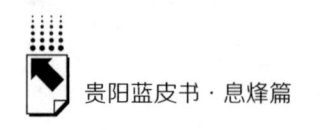

Ⅳ 调研篇

B.5 息烽县社区调研报告 ……………………………………… 088

B.6 息烽县居委会调研报告 …………………………………… 105

B.7 息烽县乡镇调研报告 ……………………………………… 122

B.8 息烽县行政村调研报告 …………………………………… 140

Ⅴ 案例篇

B.9 城镇化带动　园区引领　打造息烽县转型发展新引擎

——息烽县永靖镇"十三五"发展思路研究 ……………… 165

B.10 工业重镇产城融合发展模式的探索

——息烽县小寨坝镇"十三五"发展思路研究 …………… 182

B.11 品牌引领　特色发展　全力打造休闲度假型城镇

——息烽县温泉镇"十三五"发展规划思路研究 ………… 198

B.12 探索绿色发展模式　打造县域西部绿色产业基地

——息烽县九庄镇"十三五"发展思路研究 ……………… 213

B.13 主动融入特色发展　探索城镇群协同发展新模式

——息烽县西山镇"十三五"发展规划思路研究 ………… 231

B.14 创新都市现代农业发展模式　打造高品质都市农业镇

——息烽县石硐镇"十三五"发展思路研究 ……………… 244

B.15 实施协同融合两大战略　做强一红一绿两大名片
打造贵阳北大门的节点小城镇

——息烽县流长镇"十三五"发展思路研究 ……………… 259

B.16 坚持"生态立镇、旅游活镇"战略　打造生态文明小城镇

——息烽县鹿窝镇"十三五"发展思路研究 ……………… 275

B.17 夯实基础　突出品牌　打造全国重点示范小城镇
　　　——息烽县养龙司镇"十三五"发展思路研究 …………… 290

B.18 突出生态功能　提升发展品质　建设民族精品小镇
　　　——息烽县青山苗族乡"十三五"发展思路研究 …………… 305

B.19 聚焦专业化、标准化、品牌化　推进县域社区服务体系建设
　　　——息烽县新华社区"十三五"发展思路研究 …………… 320

皮书数据库阅读使用指南

CONTENTS

Introduction: Marching Towards New Stage, Creating New Realm and
Realizing Comprehensive Well-off Society at Higher Level / 001

Ⅰ General Report

B.1 Carry Forward the Red Culture, Innovate Green Development and
Implementing Precise Personalized Poverty Alleviation Build a
Comprehensive Well-off Pilot County at Higher Level and Exert
the Function Supporting the Innovation-driven Central City

—*A Study on the Development Concept of Xifeng County of Guiyang
City during the Thirteenth Five-year Plan* / 001

1. *An analysis of Xifeng County's development foundation and bottlenecks* / 002
2. *A judgment of Xifeng County's development stage & situation* / 007
3. *A research on the development concept and route of Xifeng County* / 010

Ⅱ Evaluation Report

B.2 An Analysis Report on Xifeng County's Implementation of the
Twelfth Five-Year Plan / 020

CONTENTS

Ⅲ Theory Reports

B.3 A Research on Construction, Management and Operation Mode for Park City / 055

B.4 Research and Thinking on Construction and Planning of Xifeng County as a "Personalized Park County" / 071

Ⅳ Investigation Reports

B.5 A Survey Report on the Communities of Xifeng County / 088
B.6 A Survey Report on the Residents' Committees of Xifeng County / 105
B.7 A Survey Report on the Towns of Xifeng County / 122
B.8 A Survey Report on the Administrative Villages of Xifeng County / 140

Ⅴ Case Studies

B.9 Build New Engines for Xifeng County's Transformation with Urbanization Drive and Park Guide
—A Study on the Development Concept of Yongjing Town of Xifeng County during the Thirteenth Five-year Plan / 165

B.10 A Probe into Industry-city Integration Mode for Major Industrial Town
—A Study on the Development Concept of Xiaozhaiba Town of Xifeng County during the Thirteenth Five-year Plan / 182

B.11 Spare No Effort to Build A Recreation & Resort Town with Brand Guide and Personalized Route
—A Research on the Development Concept of Wenquan County of Xifeng County during the Thirteenth Five-year Plan / 198

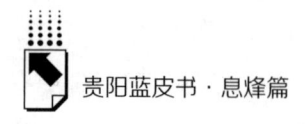

B.12　Explore Green Development Pattern and Build a County-level Green Industrial Base in the Western Region

　　　—A Study on the Development Concept of Jiuzhuang Town of Xifeng County during the Thirteenth Five-year Plan / 213

B.13　Explore New Collaborative Development for Towns through Active Fusion and Personalized Route

　　　—A Research on the Development Concept of Xishan County of Xifeng County during the Thirteenth Five-year Plan / 231

B.14　Innovate Urban Modern Agriculture Development Mode and Build Urban Agricultural Town with High Quality

　　　—A Study on the Development Concept of Shidong Town of Xifeng County during the Thirteenth Five-year Plan / 244

B.15　Implement Collaboration and Fusion Strategies, Strengthen the Green and Red Brands and Build a Small Node Town at the North Entrance to Guiyang

　　　—A Study on the Development Concept of Liuchang Town of Xifeng County during the Thirteenth Five-year Plan / 259

B.16　Adhere to the "Supporting Town with Ecosystem and Energizing Town with Tourism", and Build A Small Town of Ecological Civilization

　　　—A Study on the Development Concept of Luwo Town of Xifeng County during the Thirteenth Five-year Plan / 275

B.17　Cement the Foundation, Highlight the Brand and Build A National Major Small Pilot Town

　　　—A Study on the Development Concept of Yanglongsi Town of Xifeng County during the Thirteenth Five-year Plan / 290

CONTENTS

B.18　Highlight Ecological Function, Improve Development Quality and Build An Ethnic Boutique Town

　　　—*A Study on the Development Concept of Qingshan Miao Town of Xifeng County during the Thirteenth Five-year Plan* / 305

B.19　Focus on Professionalism, Standardization and Brand Building, and Carry Forward Construction of County-level Community Service System

　　　—*A Study on the Development Concept of Xinhua Community of Xifeng County during the Thirteenth Five-year Plan* / 320

导论：步入新阶段　开创新境界
实现更高水平全面小康

"十二五"期间息烽全力打造经济增长新引擎，县域经济社会发展取得新进展，经济实力有提升、产业发展有变化、设施建设有成效、城乡一体有推进、减贫摘帽有突破，为"十三五"的发展打下了良好基础。"十三五"时期，是息烽县打造新引擎、向更高水平全面小康迈进的关键时期。息烽应全面把握新阶段新形势，明确新定位开创发展的新境界，立足"六个更加"实现发展新目标。

一　把握新形势　步入发展新阶段

息烽县与贵阳市一起率先在贵州省建成"同步小康达标县"，标志着息烽已进入巩固提升全面小康、向基本现代化迈进的全新阶段，已经站在新的更高的历史起点，具备了更为难得的发展机遇和有利条件。

从发展历程看，息烽潜力与压力同在。一方面，20世纪90年代以来，平均6年一个台阶，实现了在全省率先越过温饱线、甩掉贫困县帽子、迈进全省建设经济强县行列、率先实现同步小康4次历史性跨越。2015年息烽经济发展综合测评在全省31个经济强县排名中跃升至第8位，为"十三五"时期加快发展和推动新的跨越蓄积了力量、增添了信心。另一方面，息烽发展的瓶颈还没有打破。贫困落后仍然是息烽的主要矛盾，加快发展仍然是息烽的根本任务，形势依旧逼人。息烽需增强忧患意识、危机意识、责任意识，以更大的勇气和魄力破解难题、砥砺前行。

从外部环境看，息烽机遇与挑战并存。中央新一轮扶贫开发的政策导向，省委推动县域经济发展的政策倾斜，市委、市政府加快息烽发展的政策支持，将更有利于把长板做强，把短板补齐；西南交通网络重要节点的区位支撑，

"三区两县"一体化发展的趋势，将更有利于把平台做优，把产业做强。但与此同时，三期叠加共振、经济下行压力持续存在，社会矛盾和风险日益凸显，也无时无处不在考验着息烽的治理能力。

从面临任务看，息烽责任与使命共担。"十三五"承载着全面建成小康社会的百年梦想，对于息烽县来说，虽然率先在全省实现了同步小康创建达标，但只是"贵州版"的小康，仍是低水平的、不均衡的、不稳定的，与国家标准还有很大差距，距离百姓的期望也有很大差距。未来五年，息烽依然面临着做大总量与调优结构的双重任务、加快发展与生态保护的双重考验、传统动力乏力与新增动力不足的双重困扰、全面脱贫与全面小康的双重挑战。解决好这些问题，在更高层次上实现小康梦想，既是现阶段息烽人民的共同愿望，更是历史赋予的光荣使命。

二 明确新定位 开创发展新境界

创新与绿色是息烽未来发展的两大主题。贵阳市"十三五"时期打造成为创新型中心城市，"三县一市"是创新型中心城市的生态支撑。对于息烽，既是最新要求，也是加快后发赶超、实现弯道取直的必由路径。

作为创新型中心城市的生态支撑，要在建设息烽、造福人民的全过程中贯穿生态文明理念，牢牢守住生态底线，以最严厉的措施把住绿色门槛，让大地常绿、空气常新、碧水常流、土壤常净，形成息烽独特的绿色生态走廊，建成贵阳靓丽的北大门，用生态环境营造发展优势、让"绿水青山"带来"金山银山"。

作为创新型中心城市不可或缺的部分，需将创新摆在更为核心的位置，让创新理念融入息烽的具体实践，源源不断引入创新的资源、要素和平台，使创新驱动真正成为推动经济社会发展的重要动力。创新型中心城市的生态支撑，与"守底线、走新路、打造新引擎"目标定位高度契合，一脉相承。只要沿着这一路径，找准思路，找对方法，就能实现创新发展、绿色崛起的新境界。

三 立足"六个更加" 实现发展新目标

作为"一城两带六核"的北部核心、贵遵之间的重要节点、全市发展的重要一极,息烽"十三五"期间的发展尤其关键。"十三五"时期,提出全面建成更高水平小康社会,这是着眼奠定迈向基本现代化坚实基础的更高起点,这是立足实现总体达标基础之上的更高要求,体现了全县人民的全新期待。随着经济的发展和社会的进步,人民群众对就业、上学、医疗、养老、安居等民生的需求更高,对加快发展的期待和美好生活的向往更为强烈,提出全面建成更高水平小康社会,这是基于人民群众认可的更高标准,体现了发展目标的前后衔接。虽然从总体上说,息烽县全面小康创建的目标基本实现,但要实现基本现代化,仍是一个相当漫长的过程。

要实现全面建成更高水平小康社会目标,"六个更加"是支撑、是路径、是方法,是通向更高水平全面小康的关键。经济发展更加快速,就是要发展保持中高速,产业迈向中高端。要继续按照"高于过去水平、高于领导要求、高于外省同行水平"的要求,做大优势、做强产业,实现总量、质量、均量三量齐升。社会建设更加协调,就是要更加突出"全面",促进城乡协调发展、区域协调发展,形成覆盖全面、共同富裕特征明显的社会,让社会更和谐、百姓更安宁。生态优势更加彰显,就是要持续推进生态文明县建设,让生态环境优势和山水园林特色充分彰显,人与自然和谐相处,打造宜人宜居宜业宜游的"绿色息烽"。文化特色更加鲜明,即是要深入挖掘地域文化独有资源,充分释放地域文化独特魅力,增强息烽文化归属感和认同感,促进公民道德素质和社会文明程度全面提升。民主法制更加健全,即全面推进依法治理,使民主更加广泛、有序、实在,法制更加有力、健全、有效。人民生活更加幸福,即要全面提高公共服务质量和均等化水平,改善群众居住、出行、生产、安全环境,增进民生福祉,提升群众获得感。

总报告

General Report

B.1
弘扬红色文化
创新绿色发展 精准特色扶贫
打造更高水平全面小康示范县
发挥创新型中心城市支撑作用

——贵阳市息烽县"十三五"发展思路研究

摘　要： 自1996年实行"市带县"以来，息烽平均6年上一个台阶，率先在贵州省越过温饱线、实现国定贫困县摘帽、迈进省建设经济强县行列、率先实现同步小康创建达标。"十二五"期间全力打造经济增长新引擎，县域经济社会发展取得新进展，经济实力有提升、产业发展有变化、设施建设有成效、城乡一体有推进、减贫摘帽有突破，实现了"十三五"的良好开局。本报告在全面分析息烽县"十三五"发展基础与发展瓶颈的前提下，系统梳理了息烽"十三五"经济社会发展的阶段与形势，并对息烽县"十三五"的发展思路与发展路径进行了研究。

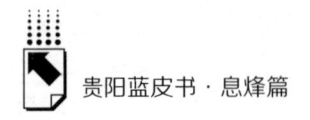

关键词： 息烽县　生态支撑　精准扶贫　红色文化

息烽是贵阳市的北大门，北隔乌江与遵义县、金沙县相望，南与修文县接壤，东与开阳县毗邻，贵遵高速公路、川黔铁路、210 国道纵贯全境，地处黔中产业带"贵阳 1 小时城市经济圈"和"成渝经济体"出海大通道上。① 全县总面积 1036.5 平方公里，辖九镇一乡一社区，174 个村、居，总人口 26.89 万人，其中苗、布依等 17 个少数民族占总人口的 6.2%。息烽红色旅游资源闻名全国，是贵阳市唯一列入全国 30 条红色旅游精品线和 100 个红色旅游经典景区的县。息烽属北亚热带季风湿润气候，冬无严寒，夏无酷暑，气候宜人，动植物种类繁多，矿产资源丰富，森林覆盖率达 52%，发展前景十分广阔。

"十二五"期间，按照"走科学发展路，建生态文明县"的发展思路，以弘扬生态文化为精神指导，以生态文明为发展观念，加强和改善生态环境建设，巩固提升"绿色名县"。统筹稳增长、调结构、促改革、惠民生，实施"工业强县、科教兴县、环境立县、旅游活县"的发展战略，促进地方经济社会快速发展，形成了精细磷煤化工、医药食品、环保建材、物流等支柱产业，经济社会发展迈上了新台阶。在良好的发展基础之上，"十三五"期间应以"弘扬红色文化、创新绿色发展、精准特色扶贫"为突破口，在创新型中心建设中发挥生态支撑功能，在小康水平达标的基础上打造更高水平的全面小康社会。

一　对息烽县发展基础与发展瓶颈的分析

"十二五"末期，在全省 31 个经济强县排名中，息烽经济发展综合测评跃升至第 8 位，为"十三五"加快发展、推动新的跨越蓄积了力量，增添了信心。同时，经历了"十二五"的发展，基础设施完善、产业融合发展、民生服务共享、坚守生态底线、基层治理创新的困难和瓶颈亟待破解。因此，要正面认识和分析"十三五"的发展基础与发展瓶颈。

---

① 息烽人民政府官网：《息烽概况》，2015。

（一）"十二五"发展为息烽县奠定了"五有"基础

1. 综合实力有提升

"十二五"期间，紧盯"全省加快发展示范县、全市经济增长新引擎"目标，力促县域经济增比进位，发展速度进一步加快，综合实力有了稳步提升。2015年全县地区生产总值完成149.09亿元，是2010年的2.25倍，年均增长17.6%，财政总收入、公共预算收入分别为13.65亿元、7.37亿元，年均增长19.58%、25.58%。人均地区生产总值、规模以上工业总产值、社会消费品零售总额、农林牧渔总产值实现五年翻番，固定资产投资是2010年的4倍。在全省经济发展综合测评中，息烽2011～2013年连续3年排全省第12位，从2014年的第16位上升到2015年的第8位。

2. 产业发展有变化

推动产业转型升级，经济质态持续优化。息烽"十二五"跳出能矿产业抓工业，一产、二产、三产发展，力求既要赶又要转。三次产业结构比由2010年的12.3∶63.1∶24.6调整为2015年的10.5∶47.8∶41.7。以推进园区建设为抓手，园区建设获评首批省级新型工业产业化示范基地、省级知名品牌创建示范基地和"511园区"等称号，工业产业从一元向多元化发展。农旅融合发展成效明显，成功打造了红岩葡萄沟省级乡村旅游示范点，开工建设了新萝温泉、小寨坝上寨温泉、团圆山地质公园及黎安美丽乡村嘉年华项目，息烽集中营革命历史纪念馆升级为4A级景区，旅游总收入突破25亿元。大数据引领创新取得突破，建成投用"云上贵州"系统平台上的首个大数据应用的"云上息烽·美丽乡村"云平台，并率先纳入省"广电云"。农村电商发展较快，荣获全国供销合作社电子商务示范县、省级电子商务进农村综合示范县等称号。

3. 设施建设有成效

着力"缺城镇骨架大联动、缺基础设施大推动"瓶颈破除，加快基础设施建设。推进县城"南移西扩北联"，完成了虎城大道北段、永靖大道两大主干道建设，龙泉大道、团圆山环线等骨干道路相继开工建设，进一步拉开了县城框架，打通和有效衔接新老城区。开通运营4条城市公交线路，结束了县城无公交历史。建成息烽至金沙乌江大桥，全县公路总里程超过1800公里。强力推进"三创"工作，深入开展"整脏治乱"，全面实施县城干道"白改黑"，以全省第一的成绩通过了创建国家卫生城市考核评估。完善县乡污水处理厂、垃圾填埋场等环保设施。

4. 城乡一体有推进

集中打造了小寨坝、九庄、永靖、温泉4个示范小城镇，完成养龙司、西山等5个乡撤乡设镇，城镇人口达9.29万人。实施以永靖、小寨坝、西山镇为核心的"三化联动"发展试验，城镇化率达41.28%；美丽乡村建设扎实开展，"云上息烽·美丽乡村"云平台精彩亮相。坚持以"美丽乡村"统领农村、农业、农民问题，建成"普及型"创建点127个、"提高型"示范点23个和"升级型"精品点4个，村容寨貌焕然一新。乌江大塘渡大桥、黔渝铁路、息黔高速、息开高速等一批骨干道路及马家箐、廖九寨、枧槽沟等一批骨干水库相继建设，城乡发展基础进一步夯实。

5. 减贫摘帽有突破

全面实施居民收入倍增计划，落实定点扶贫、精准扶贫政策，提前实现同步小康创建达标。自2009年以来，稳步实施"三良工程"，提高种植水平、农民负担直接减轻，受惠群众达20余万人，人均增收1037.54元。"十二五"期间，投资1.46亿元实施扶贫开发项目191个，实现了九庄等5个贫困乡镇、84个贫困村"减贫摘帽"，如期脱贫5.14万人，绝对贫困实现基本消除。

（二）息烽县发展面临的主要问题

1. 基础设施完善之难亟待破解

对于西部欠发达城市来讲，制约发展的重大瓶颈主要是交通等基础设施发展滞后，长期以来，基础设施滞后导致的发展空间不足制约着息烽发展。虽然贵遵高速公路、川黔铁路经过息烽，在外部交通条件上相对便利，但息烽县内的交通路网结构还很不完善，等级低，特别是乡村公路还十分滞后。比如，随着"三区两县"同城化发展，息烽县210国道改造已启动小寨坝至集中营段共20公里的建设，但连接修文和遵义段尚未启动建设，形成中间宽、两面窄的交通瓶颈。再如，乌江峡景区旅游业打造是息烽县未来发展重点，涉及九庄、鹿窝、流长、小寨坝、养龙司等乡镇。由于乌江河流分隔，县乡道形成断头，严重制约了两岸乡镇的发展，而且对乌江峡的开发极为不利。交通条件落后严重制约了县域经济的发展。不论是建设美丽乡村，提高精准扶贫的质量，还是破解以交通为主的基础设施瓶颈难题，都是息烽县的当务之急。

2. 产业融合发展之难亟待破解

产业机构不优，经济增长一定程度上还依赖于资源消耗，仍处于产业链前端和价值链低端。比如，息烽县第一产业依然呈粗放型发展，仍然以蔬菜、经果林、肉鸡等传统种养殖业为主导，产业附加值并不高；磷化工产业的精细集约化发展程度较低，主要体现在单一的磷化工产业现状还未改变，建设磷、煤、硅等化工产业耦合共生的产业体系之路还很艰巨。

虽然近年来大力倡导农业和旅游业融合发展，但融合程度不高、发展速度缓慢。息烽存在旅游业发展总体规模小、产品粗糙、市场竞争力不强、农业产业与旅游产品的互相转化不足、难以增加农业产业附加值等问题。比如，具有地方特色的农产品未能实现品牌化生产，绿色环保产品还未能做到质量安全可追溯，特色鲜明、安全可靠、农旅深度融合、集纪念性和实用性为一体的农特旅游商品的产销体系还需不断完善，旅游基础设施不足，景区景点开发欠缺，旅游业的发展内涵和长久持续的吸引力不足。

产业集聚发展不够，产业链不完善，区域产业协作发展体系尚未形成。比如，息烽县域内的特色产业集群规模较小，聚集发展的态势尚未形成，区域经济体系内部的协调、对接机制尚未建立。磷煤化工产业有一定的集聚，但产业集聚后，相配套的展览业、物流业、信息咨询业等较为欠缺，严重制约了产业集聚效应的发挥。

3. 民生服务共享之难亟待破解

大扶贫工作推进难度大。贵阳市2015年率先在全省建成全面小康，扶贫标准进一步提高，息烽县基础较差，压力进一步加大。扶贫工作涉及面广，关系群众根本利益，在扶贫过程中还存在识别精准度不高、部分干部责任感不强等问题，工作推动进展缓慢。比如，部分农户家庭成员外出务工收入弹性较大，人均收入难以精准计算；部分低收入群众发展思路不开阔，有等、靠、要的思想，有的群众缺少就业门路，有的群众年老多病、没有劳动力等。

教育发展短板突出。息烽县经济总量小，小县办大教育，为了迎接义务教育均衡发展国检和加快推进"新两基"，教育项目投资大，教育投入资金压力大。近年来，息烽县城镇化加速推进，城镇人口急剧增加，县城幼儿教育和义务教育阶段教育资源配置不足。同时，息烽县处于贵阳市和遵义市交界之处，地理位置相对较差，难以引进优质教育资源，群众对优质教育资源的要求得不到满足。比如，人口向县城集中，而学前教育仍以民办为主、公办为辅，公办学前教育资源紧缺，义务教育阶段学校学位紧张。由于财政资金不足，在引进人才和稳定人才方面比较困难，同时人才外流情况较为严重，导致优质教育资源缺乏。

医疗机构条件薄弱。首先是基层医疗机构基础设施设备落后，服务能力较弱、服务水平较低，基层医疗发展不平衡，难以满足群众的健康需要，群众就医自由度大，一定程度上影响分级诊疗的推进。其次是符合医疗卫生系统行业特点的薪酬体系尚未建立，在一定程度上影响了医务人员工作积极性。最后是县级公立医院因基础设施、添置医疗设备形成的债务等历史欠账较多，制约了县级公立医院的发展。比如，7个乡镇卫生院尚未配置DR，部分乡镇卫生院基本诊疗设备老化。

4. 坚守生态底线之难亟待破解

环保设施建设投入不足，特别是农村污水处理设施和垃圾处置设施建设不够。比如，息烽县在城镇化进程中，建设了县城一期和二期污水处理工程，温泉、小寨坝、九庄污水处理厂和鹿窝生态湿地处理厂。永靖镇立碑村、猫洞村等30余个村寨实施了农村环境综合整治项目。但全县覆盖率还不到40%，覆盖率相对低下，同时因缺乏专业技术人员，管理严重滞后，污水处理效率低；全县只有1座垃圾填埋场，仅能覆盖3个集镇（永靖、西山和小寨坝城区），而且已严重超过设计处理能力。

生态环境敏感而脆弱，环境监管的压力大。比如，磷化工企业产生的炉渣、磷铁、炉气、磷渣和污水未得到完全综合利用，对环境容易造成污染；因息烽河网箱养殖规模较大、密度大，农业面源污染等多方原因，河流出境断面不能稳定达到水环境功能区要求，总磷有时超标。

提升环境空气质量的压力加大。比如，在建项目多，龙泉大道、环团圆山公路等建筑工地施工产生的大量扬尘，致使冬春季节降雨减少、大气扩散条件不利，成为影响空气质量的重要因素。

5. 基层治理创新之难亟待破解

当前和今后一个时期，贵阳正处于转型升级的关键期和矛盾凸显期。随着深化改革的不断加速和经济社会转型的不断推进，滋生了更多亟待解决的新问题和新矛盾，特别是在基层治理工作中，还存在纠纷增多、干部服务能力不强、治理经费缺乏保障、治理方式滞后、群众参与治理意识不强等问题。虽然2015年以来贵阳市在社会治理创新方面不断加大力度，但是离群众的期盼还远远不够。这一判断对息烽县同样适用，甚至在一些领域、一些时段表现得更为突出。

二 对息烽县发展阶段与发展形势的判断

"十三五"时期，是息烽县打造新引擎、向更高水平全面小康迈进的关键时期。息烽县经济社会发展已经站在了一个新的历史起点上，总的来讲，息烽正处于城乡发展扩容提速的起步期、经济发展提质增效的蓄力期、脱贫成果不断巩固的攻坚期、红色文化发掘弘扬的蓬勃期、生态文明建设纵深推进的关键期的"五期交汇"发展点上（见图1）。

五期交汇
- 城乡发展扩容提速的起步期
- 经济发展提质增效的蓄力期
- 脱贫成果不断巩固的攻坚期
- 红色文化发掘弘扬的蓬勃期
- 生态文明建设纵深推进的关键期

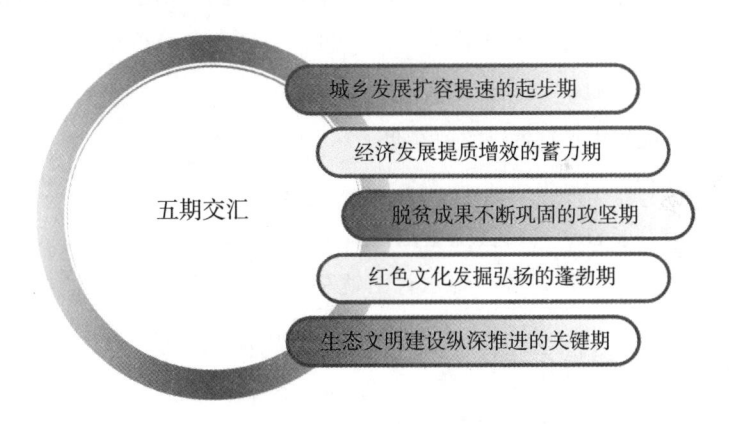

图1 息烽县"十三五"发展阶段的判断

（一）息烽县正处于"五期交汇"的发展点上

1. 城乡发展扩容提速的起步期

息烽是贵阳、遵义协同发展的重要节点，随着交通条件的不断改善，内外连接的交通大循环迅速形成，只要结合自身实际抓住机遇，开放活力、创新动力就会更加充足，成为要素流入的"蓄水池"，而非要素外溢的"引流渠"。

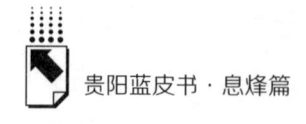

2. 经济发展提质增效的蓄力期

经过"十二五"的不懈努力，息烽县一、二、三次产业都得到了不同程度的发展，园区建设迈出了新的步伐。可以说，经济基础进一步得到夯实，已经具备了从量变到质变的发展条件，完全可以利用好"三区两县"同城化的契机参与建设北部经济增长极。

3. 脱贫成果不断巩固的攻坚期

息烽虽然实现了整县脱贫，但还不够稳固，特别是精准扶贫脱贫的效果还不是十分明显，脱贫的体制机制还不够健全，因病因学返贫、致贫的压力还比较大，必须花大力气增强"造血"功能，帮助困难地区、困难群众培育自主脱贫能力。

4. 红色文化发掘弘扬的蓬勃期

息烽县是贵阳市最具红色文化资源的区域，随着息烽集中营革命历史纪念馆4A级景区成功打造和红军长征胜利80周年纪念活动的升温，弘扬红色文化、挖掘长征精神、丰富城市内涵的需求日益迫切，息烽县在这方面最有条件也最有责任担当重任、发挥作用。

5. 生态文明建设纵深推进的关键期

息烽县不仅是贵阳市生态保护发展区，而且是乌江上游的重要生态屏障，对全市、全省、长江经济带甚至全国都负有不可推卸的生态义务，必须进一步守住生态底线，更好地发挥"绿水青山就是金山银山"的优势。

（二）五个维度看当前息烽县的发展形势

1. 在"大扶贫"和"大数据"两大战略之间定格局

贵州省提出"十三五"期间主要实施"大扶贫"和"大数据"两大战略行动。对于贵阳来说，大扶贫、大数据是同等重要的，并不仅仅盯着大数据的应用和产业发展，而要把大数据和扶贫、实现农村地区脱贫致富、实现高一格的小康结合起来，确保贵阳的产业发展和扶贫攻坚不脱节。对于息烽来说，对这两者的关系要有同样的理解和认识。把大数据和大扶贫统一起来看，在未来发展中找准息烽的定位。当然，也要与中心城区、观山湖区，甚至与白云区、高新区大数据错位发展。

2. 在贵阳和遵义两个贵州最发达的城市之间定功能

息烽不是处在贵阳和其他少数民族地州之间交接的地方，而是处在贵阳和遵义两个热点城市之间。如何把好的资源、好的要素用好是息烽的重要课题。贵遵高速公路复线将于2018年通车，能极大促进贵阳、遵义同城化发展。息烽要抓住同城化发展中的机遇，将区域干道与高速路连接，息烽的发展要看到遵义，甚至通过遵义看到重庆。息烽每年迎接来自重庆避暑度假的游客逐年增加，因此要把握好地处两个中心城市之间的优势。

3. 在磷化工业与旅游产业两个特色产业之间定方向

息烽的主导产业是磷化工业和红色旅游。磷产业是息烽历史形成的格局，磷化工波动性的市场需求在所难免，但是息烽的磷资源、煤炭资源、磷化工产业优势无可比拟，这决定着开磷集团这样的大企业的发展。但是，息烽不能除了开磷就没有产业园，"十二五"期间已经开始建设永靖工业园。由于受交通、环境的影响，建设还需加强。不能单一地消耗磷资源，而是要围绕全省和贵阳市，息烽还需从都市工业入手，找准特色优势，深入地分析自身工业体系。旅游业方面，其一，融入红色文化、绿色基因，打造全域旅游，特别是息烽这两年比较注重一、二、三产的融合，注重农旅结合，注重美丽乡村建设。其二，发展温泉，息烽温泉起步比较早、资源也比较好，是含氡泉，拥有较好的自然生态环境，要充分利用优势、抢占先机、励精图治。

4. 在基础设施欠账多与经济实力不够强之间定出路

息烽面临的第一个矛盾是基础设施欠账太多，贵州基本实现县县通高速，但是对息烽的带动作用还不够，而高速路之外的路，更是息烽的一个短板。第二个矛盾是息烽的产业出路一直不清晰，经济总量仍处全市后列。生产总值偏小偏少的现状依然没有改变。发展方式以粗放型为主，发展后劲不强，高新技术产业贡献率低，摘掉经济小县的帽子仍需时日。重大项目特别是产业项目储备不够，缺少吸附和有带动力的支柱性产业。运用大数据的层次较低，大健康产业处于发展的初始阶段，虽具有旅游优势资源，但尚未得到充分发挥和合理挖掘开发。缺少大产业、大平台、大项目支撑，现代服务业发展迟缓。因此，要把握处理好当前发展的两个主要矛盾，根据实际发展路径，定出符合息烽发展的新出路。

5. 在精准扶贫和生态保护两个重点任务之间定取舍

"十三五"期间,精准扶贫和生态保护是息烽的重要任务。其一,要应对息烽仍然贫困的突出难题,按照4300元的标准扶贫攻坚。这就需要加大精准扶贫和扶贫攻坚力度,坚持产业扶贫,重点政策和基础设施建设向乡村贫困地区倾斜。其二,利用生态息烽的优势,面对处理发展与保护的关系的挑战。例如,小寨坝镇空气污染问题,温泉资源开发与保护问题等。因此,作为贵阳创新型中心城市的生态支撑,仍需提高森林覆盖率,为贵阳生态文明城市建设做贡献。

三 对息烽县发展思路与发展路径的研究

"十三五"时期,在充分认识息烽所处的发展阶段与发展形势的基础上,加速推进经济社会全面发展,发挥特色文化优势,大力弘扬红色文化,走创新绿色发展道路,把精准特色扶贫落到实处,以奋力打造更高水平全面小康示范县为目标,为贵阳打造创新型中心城市做出贡献,发挥好生态支撑作用。

(一)坚持问题导向,理好五大关系

"十三五"时期,息烽县的主要矛盾仍然是贫困落后问题,息烽县的根本任务仍然是要加快发展、提升综合实力。要认清新常态下县域治理的艰巨性,坚持以问题为导向、以解题为目标,处理好发展优势与补齐短板、做大总量与优化结构、经济发展与生态建设、县域发展与区域联动、经济增长与发展共享五大关系。

1. 发挥优势与补齐短板的关系

息烽"十三五"的发展,既要发挥"红色、温泉、森林、乡村"四类优势资源的作用,又要面对基础设施滞后、发展空间不足的问题。因此,要处理好发挥优势与补齐短板的关系,只有把开拓发展空间、优化空间结构、打通开放通道、增强承载能力作为核心,推进县域空间全方位、多层次、立体化开发利用,实现"发展新空间增强发展新动力,发展新动力拓展发展新空间"的双重动能转换,才能更好地激发县域发展潜能、推动县域经济加快发展。

2. 做大总量与优化结构的关系

息烽县虽然在"十二五"期间经济发展取得了长足进步，排位呈现出保位或上升的良好态势，但全县经济基础差、底子薄，生产总值偏小偏少的现状却依然没有改变。同时，财政收支矛盾突出，新增支柱税源缺乏。重大项目特别是产业项目储备不够，发展的后劲不强。产业层级低，结构单一，"一业独大"的现象仍然存在，医药大健康尚未形成体系，现代服务业发展迟缓，旅游业潜力未充分发挥，多点支撑的产业格局尚未形成，大中小微企业梯次发展的组织体系尚未成型。科技创新能力较弱，大数据运用层次不高，经济增长一定程度上还依赖于资源消耗。因此，要处理好做大总量与优化结构的关系，既要在增量上有所突破，又要不断优化产业结构，以农旅融合发展为重点，推动产业转型升级，不断走出产业链前端和价值链低端的困境。

3. 经济发展与生态建设的关系

经济发展不能以牺牲环境为代价，而是要处理好经济发展与生态建设的关系。息烽要以大生态为支撑，筑牢绿色屏障。把生态文明建设放在至高位置，把良好生态当作息烽人美好生活的重要组成部分，当作发展生产力的重要组成部分，将绿色发展理念融入经济社会发展全过程，始终坚守"两条底线"，在"共建共护共治"上下功夫，追求"金山银山"与"绿水青山"水乳交融，才能确保在提升发展速度的同时保障发展质量。力求为贵州省创建全国生态文明试验区做贡献，为贵阳市打造创新型中心城市提供重要生态支撑，不断提升老百姓在生态产品方面的获得感。

4. 县域发展与区域联动的关系

受交通条件限制，以往息烽县域发展开放程度较低。但是，"十三五"期间，区域联动发展的机遇已经到来，因此，息烽要处理好县域发展与区域联动的关系。抓住同城发展、区域合作的机遇，立足地缘优势、对接产业合作，增强聚集创新要素、发展要素的能力。要积极融入黔中经济区、贵阳遵义一体化发展和贵阳市"三区两县"一体化发展。借助全省重大活动平台，全方位宣传推介息烽，全方位提升引资引智水平。要强化与高新、综合、白云、修文联动发展的意识，在大数据、大健康、制造业、物流业、旅游业、都市现代农业等方面加强合作，融合发展。与开阳县要围绕磷化工产业，密切联动，抱团发展。加强磷煤化工和下游产品的开发，共同推进传统产业由粗加工向精细化加工转型，把磷化工产业做大做强。要依托"遵义市—贵阳市战略合作框架协议"，积极主动地与遵义市相关区（市、县）进一步深化合作，加强优势互补、资源共享、产业联动，努力打造黔中经济区发展高地。

5.经济增长与发展共享的关系

坚决打赢扶贫攻坚战，切实保障和改善民生，加快更高水平全面小康社会建设，是息烽长期且重要的战略任务。以大数据引领创新驱动推动经济社会发展，形成更多经济社会发展的新增长点、新增长极，汇聚更多增长原色，在为弯道取直、后发赶超打下基础的前提下，把改善民生作为最大公务，千方百计保障民生投入，加快推进各项民生建设，更加突出以医疗、教育、就业、治安为主的民生事务，做实社会保障等基础性工作，真正达到人人受益、老百姓共享发展成果的目的。

（二）实施系统设计，找准两个定位

1.打造更高水平全面小康示范县

息烽县"十三五"期间明确在建成更高水平的全面小康的实践中展示作为的定位，始终致力于满足人民群众对美好生活的新期待，加速补齐民生短板，加快重大民生事务发展，实现更高水平小康人人受益、人人共享、人人满意。

2.打造创新型中心城市建设支撑区

息烽县"十三五"期间确立围绕"创新型中心城市的重要生态支撑"重要定位，努力在打造创新型中心城市的进程中发挥作用，以创新引领绿色崛起，守护好、装扮好贵阳市亮丽的北大门，为打造创新型中心城市做出贡献。

（三）明确发展方向，细化四个目标

面对新的使命和任务，"十三五"期间，息烽坚持"主基调主战略"，以"守底线、走新路、打造新引擎"为主线，以"大数据引领创新、大生态支撑发展"为路径，着力基础设施突破，着力美丽乡村建设，着力大扶贫战略实施，推进农旅融合城乡统筹，加快创新发展、绿色发展、特色发展、提质发展、和谐发展，力争实现更加快速的经济发展、更加协调有序的社会建设、更加突出的生态优势、更加鲜明的文化特色、更加健全的民主法治建设、更加优越的人民生活，从而确保2020年真正建成更高水平的全面小康。

1. 城乡建设实现"三个打造"

坚持协调发展理念，着力于构建城乡发展一体化新格局和功能互补、特色鲜明、优美宜居的现代城乡形态。致力城市环境优化和综合整治，打造"最干净息烽"；致力社会治安，打造"最平安息烽"；致力改善村容村貌，打造"最美丽乡村"。

2. 生态文明保护实现"三个优化"

围绕打造创新型中心城市的重要生态支撑，优化生活空间、生产空间、生态空间，饮用水源地水质达标率稳定在100%，森林覆盖率达60%以上，空气质量优良率达95%以上，单位地区生产总值能耗每年降低5%以上，息烽特色生态走廊完美呈现，建成贵阳市重要的生态保护发展区。

3. 民生改善实现"五个健全"

到2020年，教育、就业、社保、医疗、住房等公共服务体系更加健全。人均受教育年限提高到12年，实现城乡统筹就业5.3万人，基本养老保险覆盖率达85%以上，基本医疗保险覆盖率达90%以上，使住房困难群众保障水平明显提升，有效增强人民群众获得感和幸福感。

4. 社会和谐实现"四个完善"

科学民主决策机制更加完善，民主实现形式更为丰富；社会主义法制更加完善，基本建成法治政府，司法公信力明显提高；社会管理机制更加完善，社会建设和管理科学化水平明显提高；文明创建体系更加完善，巩固提升省级文明城市创建成果，建成全国文明城市。

（四）探索实施路径，抓好六项任务

1. 突出山地特色，推动新型城镇化

坚持协调发展，以城带乡、城乡共进，推动山地特色城镇建设，打造高速经济带，统筹城乡一体化发展。以山地特色城镇化为依托，合理规划和拓展发展新空间。加快建成龙泉大道城市干道和团圆山环线，逐步拉开和形成县城"一轴一环"的路网骨架。

加快城市建设扩容。以县城路网为基础，促进产城互动，稳步推进房地产持续健康发展，基本建成永靖组团、西山组团、阳朗组团、新萝组团、小寨坝组团等5个城镇中心。力争到"十三五"末期，县城建成区面积扩展到13平方公里，全县城镇人口达到14.7万人以上，城镇化率达50%以上。

加快小城镇建设。完成4个省份示范小城镇基础设施提质建设，重点打造九庄镇和温泉镇高速匝道两侧组团、温泉疗养院片区拆迁安置组团等宜居小区，启动西山镇和养龙司镇重点小城镇建设，新建新萝温泉旅游度假养生特色小镇，打造以红色沿江旅游为核心的流长、鹿窝等沿江集镇。

夯实城乡基础设施。配合建成过境快速铁路、高速公路，完成县乡道路等改造。加快山区现代水利建设步伐，加大骨干水源工程建设和小型水利工程提质改造力度，彻底解决工程性缺水问题，实现全县水资源供需平衡。

加强城市建管。打好棚户区改造攻坚战，完成开磷工矿、南门等23个棚户区和城中村改造。深入实施城乡环境整治工程，巩固提升国家卫生县城创建成果，创建一批国家卫生乡镇，实现省级卫生乡镇全覆盖，致力打造最干净的息烽。

2. 突出转型升级，推动产业融合化

以产业转型升级为方向，打造产业发展新高地。坚持创新发展，用大数据改造提升实体经济，做大做强工业，做优都市现代农业，做精现代服务业，走出一条符合自身实际、突出息烽特色的县域经济发展新路。

依托园区做大做强工业。坚持把园区作为产业转型的主阵地，主动适应磷煤化工行业新常态，优化调整与开磷集团深度合作模式，强化协调服务，落实"一企一策"，提升创新能力和节能环保水平，打造全国磷煤生态化工知名品牌创建示范区，创建国家级新型工业化产业示范基地。加快推进永靖工业园建设，尽快完善配套功能，满足企业生产经营各项生产要素。大力发展农副产品深加工产业，大力引进电子信息、医疗器械、大健康医药、特色食品生产等项目。实施优质企业培育计划，争取更多企业进入全省工业"百千万"工程、全市"十百千"工程。到2020年，力争规模以上企业达到100家以上，工业总产值突破500亿元。

突出美丽乡村推进农旅融合发展。坚持美丽乡村统领"三农"工作，深入实施"一核两带四连线"建设，到2017年建成美丽乡村"提高型"示范点58个、"升级型"示范点18个，实现"普及型"创建点行政村全覆盖。发挥"两带三园三区"带动效应，大力推进现代农业园区标准化建设，将农业园区打造成升级版美丽乡村。加速新萝、上寨、林丰、胡家湾温泉开发，打造"百里大健康养老养生氡温泉"，打响"氡泉之乡"温泉疗养度假品牌。依托息烽集中营革命历史纪念馆4A级景区，大力发展红色旅游，推进西望山、乌江峡和多缤洞等旅游资源开发，建成环南望山红色文化森林温泉养生、环西望山佛教文化滨水温泉养生和龙马故里半边天康体温泉养生3个度假区，力争打造3个4A级景区，努力把息烽打造成黔中养生度假产业集聚区和省内一流、国内知名的山地旅游目的地，创建全域旅游示范县。

3. 突出民生保障，推动扶贫精准化

强力推进扶贫攻坚。按照"开局就是决战，起步就要冲刺"和"五个高一格"的要求，强力推进大扶贫战略行动，重点实施"大扶贫数据共享、农村环境改善、民生保障、创业就业、党建引领、精神文明提升"六大工程，继续实施"三良工程"和小康"六项行动计划"，切实提高农村居民生活水平，确保2016年农民人均可支配收入整体超过4300元，2018年整体超过5300元，2020年整体超过6500元。积极探索整体推进与到村到户结合、外部帮扶与自身动力结合、政府主导和社会参与结合、经济发展与生态保护结合的精准扶贫长效工作机制，实现农村可持续发展。

全力补齐民生短板。推进创业就业，实施"零就业家庭"就业援助计划和农民创业促进工程，加快发展众客空间等新型创业服务平台，推进大众创业、万众创新，实现城乡统筹就业5.3万人以上。推进教育优先发展，加大优质教育资源引进，改善教师待遇，推进和巩固提升农村学前教育和义务教育阶段营养改善计划。推进智慧教育，确保与全国同步实现教育基本现代化目标。推进卫生事业发展，完善专业公共卫生服务和妇幼保健三级服务网络，纵深推进县、乡（镇、社区）、村（居）三级医疗卫生机构标准化建设，构建和完善多层次医疗保障体系，确保城乡居民医疗保险二档（新农合）参保率达到97%。加快社会保障体系建设，落实全民参保登记计划，扩大社会保险覆盖范围。格外关注特殊群体的基本生活，落实被征地农民社会保障政策，推进养老服务体系建设，逐步构建解决城镇中等偏下收入家庭住房困难的保障体系。

4. 突出生态建设，推动发展绿色化

加快推进全面依法治县。维护宪法权威，严格执行宪法宣誓制度，完善规范性文件备案审查制度。全面推进依法行政，健全完善指标体系和考核制度，加快建设法治政府。积极稳妥推进司法体制改革，提高司法公信力。大力推进法治社会建设，形成守法光荣、违法可耻的社会氛围。推进公共法律服务体系建设，打造一小时公共法律服务圈，充分发挥县、乡（镇、社区）、村（居）三级服务阵地作用，全面提升法律服务的质量和水平。

大力发展绿色经济。强化城镇、农业、生态功能规划，守住耕地红线，框定城镇开发边界，打造生态协调、环境优美的山地特色新型绿色小城镇。通过大力发展优质生态产品，推动生态产业化和产业生态化发展，在保护生态的前提下培育林业生产、发展森林旅游等生态产业，打造江口至都格高速公路（息烽段）旅游观光带。加快发展大健康医药产业，推进健康产业与养老、旅游、互联网、食品等领域的融合，催生更多健康新产业、新业态、新模式。大力发展循环高效型产业，扩大新型建材产业链，加快推进能源科技创新，优化能源结构，构建现代能源产业体系，努力创建省级清洁生产示范园区。推广使用清洁能源，推动交通运输低碳发展。

全力构建绿色屏障。发挥国有林场在绿化国土中的带动作用，探索占补平衡的林地使用模式，确保林地面积不减。全力实施石漠化综合治理、新一轮退耕还林工程、通道绿化工程，提高非林地上的森林覆盖率。深入开展"绿色息烽"行动计划，大力实施森林植被恢复等重点造林工程及城市绿化景观提升工程，科学规划生态空间，构建平衡宜居可持续的"山水城乡"城市生态空间体系，实现森林景观与城市绿化无缝连接，形成"山上绿屏、道路绿荫、城乡绿景"的生态美景。完善公园城市建设规划，推进"百园县"建设，集中打造团圆山、南山驿站两个市级示范公园，进入省级森林公园精品旅游线路。

着力推进生态治理。深入推进"蓝天、碧水、绿地、清洁、田园"五项保护计划，促进环境质量改善。加强空气质量监测，整治道路扬尘污染，强化禁烧监管，防治机动车尾气污染，持续改善环境空气质量，确保环境空气质量优良率达到95%以上。加强水环境综合整治，实现废水稳定达标排放，提高工业企业废水循环利用率，提高城乡生活污水收集率，确保到2020年城镇污水处理率达95%以上。全面实施河长制，确保出境断面水质达到Ⅲ类水质标准。实施"净土工程"，加强农用土壤环境监测与风险评估，强化土肥新技术、新产品的试验及示范推广应用，实现有限土壤资源永续利用。合理分配建设农村生活垃圾中转站，实现城乡基本环卫设施全覆盖，粪便无害化处理率达

90%以上。

5. 突出和谐发展，推动治理精细化

加快推进全面依法治县。维护宪法权威，严格执行宪法宣誓制度，完善规范性文件备案审查制度。全面推进依法行政，健全完善指标体系和考核制度，加快建设法治政府。积极稳妥推进司法体制改革，提高司法公信力。大力推进法治社会建设，形成守法光荣、违法可耻的社会氛围。推进公共法律服务体系建设，全面提升法律服务的质量和水平。

全面形成"大治理"格局。加强平安建设，持续巩固省级平安示范县创建成果。加强和完善"党委领导、政府主导、社会协同、公众参与、法治保障"的社会治理体制，推进社会治理精细化，构建全民共建共享格局。完善社区治理，推进村民组自治，筑牢社会治理"网底"。以项目化方式打造县级"枢纽型"社会组织样板和典型，促进小微社会组织体系建设。加强和改进城市新型社区工作，以"社会和云"为依托，充分运用大数据手段，推进服务专业化、标准化、品牌化。

牢固树立"大安全"理念。深入开展"禁毒人民战争"，深化"两严一降"，提升社会治安智能化管理水平，保持群众安全感稳居高位。加强应急管理基础能力和社会协同应对能力建设，完善突发事件应急体系。牢固树立安全生产"红线"意识，健全工作保障和预警应急机制，完善"党政同责、一岗双责、齐抓共管"责任体系。加强食品安全监管，营造安全放心的市场经营环境。改进社会稳定风险评估，有效防控金融风险，及时处置工程建设领域突出问题。

全力营造"大和谐"局面。推进和强化信访与维稳工作，狠抓社会面管控。以做好群众服务为依托统揽信访工作，加大社会矛盾纠纷排查调处和源头治理力度，缓解和解决社会矛盾。坚持法定途径优先的原则，在合理解决群众诉求的基础上，确保隐患和积案动态化解，使信访形势整体平稳。

6. 突出从严治党，推动党建科学化

加强理想信念教育，筑牢推进"十三五"的思想根基。坚持把理想信念教育摆在首要位置，建好用好息烽集中营爱国主义教育基地，深入开展"两学一做"学习教育，筑牢全县党员步调一致的根基。牢固树立党章意识，坚持把严肃党内政治生活作为锤炼党性的主要平台，严格遵守党内政治生活准则，严格执行党内政治生活各项制度，切实做到讲政治、守纪律、守规矩。

加强领导班子建设，健全推进"十三五"的坚强保障。强化党委工作规范化建设，规范党委（党组）向县委常委会汇报工作机制，高效推动县委决策部署落实。探索创新团结动员群众的办法措施，增强群团组织影响力和号召力。突出加强新形势下党校工作，提升县域智库建设水平。

加强基层组织建设，夯实推进"十三五"的基层基础。把加强党的领导贯穿始终，全面推行区域化党建和网格化服务管理，对机关、事业单位、非公和社会组织各领域党建工作实行分类指导。重点统筹建设好乡镇党委书记、村党组织书记和农村致富带头人"三支队伍"，抓好党建促脱贫攻坚，增强基层党组织整体功能。

加强干部队伍建设，铸就推进"十三五"的中坚力量。明确选人用人各环节的监督措施，加强全程监督，切实防范和纠正用人上的不正之风及种种偏向，着力打造"忠诚、干净、担当"的干部队伍。积极探索建立健全容错机制和改革创新风险备案制度，真正让想干事、会干事、能成事的干部有用武之地。

加强党风廉政建设，营造推进"十三五"的良好政治生态。深入贯彻落实十八届六中全会精神，全面履行"两个责任"，认真抓好《准则》《条例》贯彻执行，全面落实党内监督责任，规范党员领导干部行为。规范权力运行，推行权力清单制度。驰而不息加强作风建设，深化整治"四风"突出问题，严肃治理"庸、懒、慢、浮、贪"。认真开展民生监督，以"零容忍"态度坚决打击发生在群众身边的腐败行为。

参考文献

贵阳市委、市政府联合调研组：《息烽县发展情况调研报告》，2016年11月9日。
息烽县：《中共息烽县委 息烽县人民政府关于息烽县工作情况的汇报》，2016年11月12日。
中共息烽县委：《关于制定息烽县国民经济和社会发展第十三个五年规划的建议》，2016年1月8日中共息烽县委十二届五次全会通过。

息烽县统计局：《领导干部手册2016》，2016年4月。
息烽县统计局：《息烽县历年领导干部手册（2011~2016年版）》，2016年4月。
陈刚：《在市委常委会听取息烽县工作汇报时的讲话》，2016年11月12日。
卓飞：《在市"十三五"规划调研组来息调研座谈会上的讲话》，2015年9月28日。
陈舟游、樊荣：《做打造创新型中心城市的重要生态支撑——访息烽县委书记钮力卿》，《贵阳日报》2016年3月16日。
彭婷、李春明：《贵阳打造创新型中心城市路径之一》，贵阳网，2016年1月20日，http：//www．gywb．com．cn/content/2016-01/20/content_4515953．htm。

评 估 篇
Evaluation Report

B.2
关于息烽县"十二五"规划实施情况的分析报告

摘　要：　"十二五"时期是全面建设小康社会的关键时期，是深化改革扩大开放、加快转变经济发展方式的攻坚时期，也是息烽县夯实基础、乘势而上、缩小差距、加快发展，实现经济社会又好又快、更好更快发展的关键时期。息烽县按照规划目标顺利完成了"十二五"规划各项任务，整体呈现出经济发展向好、社会和谐稳定、民生持续改善的良好态势。本报告从"十二五"规划实施中的发展思路调整着手，重点对息烽生态经济、社会发展、民生改善、生态环境四类指标进行深入分析，客观分析项目实施、目标任务完成情况，并在此基础上，总结息烽县在"十二五"规划实施中取得的重大经验和启示，力求为"十三五"时期建成更高水平的全面小康社会，充分认识形势和实际提供借鉴。

关键词：　息烽县"十二五"规划　产业调整　园区建设　基础设施

一 从发展思路调整看息烽县"十二五"规划

"十二五"时期，是息烽县加速发展、加快转型、推动跨越的战略机遇期，是纵深推进生态文明县建设、提升全体市民幸福指数、与贵阳市同步率先在全省实现全面建设小康社会的关键时期。"十二五"规划中提出实施"工业强县"和城镇化带动战略，2012年提出实施强力推进工业化、城镇化和农业产业化"三化联动"战略。随着生态文明建设的进程，息烽县坚持生态工业发展，致力于调整产业结构和国家创新驱动战略的实施，中关村贵阳科技园发展规划将息烽县列入生态保护发展区和高新技术产业带，明确了息烽县在贵阳市的产业布局、功能定位和今后的发展方向。贵阳市2014年12月提出实施"六大工程"打造贵阳发展升级版，确立息烽"守底线、走新路、打造新引擎"的发展思路。

（一）战略提升：从"工业强县"到"三化联动"

息烽"十二五"规划中提出坚持巩固提升建设经济强县，重点实施"工业强县"战略和城镇化战略，以发展精细磷化工、清洁煤化工为核心的支撑产业，以工业园区为核心，形成年销售额超过百亿元以上的精细磷煤化工产业集群。坚定走新型工业化道路，推动工业化和信息化融合，促进产业结构调整和升级，大力提升工业竞争力。2012年坚定不移地加速发展、加快转型、推动跨越，实施工业化、城镇化和农业产业化"三化联动"战略，处理好保持经济平稳较快发展、调整经济结构、促进社会和谐三者的关系，着力推动经济实力的进一步增强、着力推动生态环境的进一步优化、着力推动民生事业的进一步改善，抢抓机遇、真抓实干，促进县域经济社会更好更快发展。

（二）转型升级：从"一磷独大"到高新技术产业带

2013年中关村贵阳科技园发展规划把息烽县列入生态保护发展区和高新技术产业带，明确了息烽县在贵阳市的产业布局、功能定位和今后的发展方向。息烽县启动"煤电磷一体化"热电联产、能源通道、园区专线铁路、

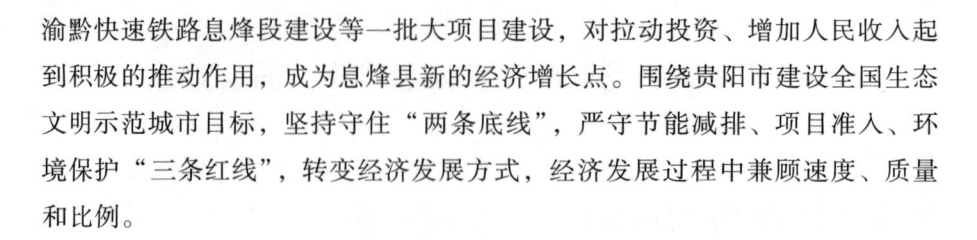

渝黔快速铁路息烽段建设等一批大项目建设，对拉动投资、增加人民收入起到积极的推动作用，成为息烽县新的经济增长点。围绕贵阳市建设全国生态文明示范城市目标，坚持守住"两条底线"，严守节能减排、项目准入、环境保护"三条红线"，转变经济发展方式，经济发展过程中兼顾速度、质量和比例。

（三）目标更新：从实现小康到打造贵阳市发展新引擎

2015年，坚持改革开放和创新驱动，按照全市总体布局要求，息烽努力打造贵阳市发展的"新引擎"，以此为总目标，严守发展与生态两条底线，立足高于全省、高于全市、高于息烽历史以往时期发展速度的"三个高于"总要求，更加注重总量、质量、均量的同步提升，着力产业结构调整、突出开放改革创新、加快城乡建设、践行生态文明、严格风险防控、全面同步小康，确保率先与贵阳市同步在全省全面建成小康社会，开启百年息烽跨越发展新征程，走出一条西部欠发达地区转型升级、后发赶超之路。

二 息烽县"十二五"规划主要指标完成情况的比较分析

（一）息烽县"十二五"规划主要指标执行情况

息烽县涉及"十二五"规划经济社会的生态经济、社会发展、民生改善和生态环境四大类42项指标运行良好，为息烽县圆满完成"十二五"规划目标奠定了坚实基础。其中，规模以上工业总产值由于受国内经济下行、磷化工主导产品价格持续走低、工业经济缺乏强有力增长点等因素的影响，加之统计口径从500万元调整为2000万元导致目标任务未完成。社会消费品零售总额未完成"十二五"规划目标，年均增速17.7%，比"十二五"规划确保目标18%低0.3个百分点，比力争目标19%低1.3个百分点。由于年均增速低于目标，导致19.8亿元的目标绝对值较难完成，2015年末只完成19.53亿元。息烽城镇化率为41.28%，城镇化率因口径变化未完成50%的目标（见表1）。

表 1 息烽县"十二五"规划主要指标完成情况

序号	指标	规划目标 目标值	规划目标 年均增速(%)	完成目标 目标值	完成目标 年均增速(%)	与目标相比
1	地区生产总值(亿元)	104	19	149.09	17.6	完成
	第一产业增加值(亿元)	11.9	13	14.01	6.8	完成
	第二产业增加值(亿元)	66	21	72.97	18.9	完成
	第三产业增加值(亿元)	26.1	15	62.11	18.5	完成
2	人均生产总值(亿元)	40154	17	65989	17	完成
3	农林牧渔业总产值(亿元)	18.3	13.5	24.77	10.4	完成
4	规模以上工业总产值(亿元)	316.6	22	246.01	16.4	未完成
5	全社会固定资产投资(亿元)	5年累计513	25	707.71	41.5	完成
6	社会消费品零售总额(亿元)	19.8	18	19.53	17.7	未完成
7	财政总收入(亿元)	13.1	19	13.65	19.58	完成
8	地方财政收入(原体制折算)(亿元)	7.3	19	7.37	25.58	完成
9	招商引资到位资金(亿元)	47.73	20	145	60.06	完成
10	城镇化率(%)	50	—	41.28	—	口径变化
11	总人口(万人)(不含机械增长)	26.98	—	26.889	—	未完成
12	人口自然增长率(‰)	控制在5.6以内	—	2.81	—	完成
13	计划生育符合政策生育率(%)	92.5以上	—	95.6	—	完成
14	村(居)民自治率(%)	80以上	—	95	—	完成
15	幼儿入园班率;小学适龄儿童入学率;初中阶段入学率;高中阶段毛入学率(%)	80以上;99;95;85	—	89.2;102.89;100.16;90.24	—	完成
16	新增劳动力受教育年限(年)	11	—	11	—	完成
17	全社会研究与试验发展支出占GDP比重(%)	2以上	—	2	—	完成
18	新型农村合作医疗参合率(%);城镇职工基本医疗保险参保率(%)	98以上;85	—	99.82;85.64	—	完成
19	新型农村社会养老保险覆盖率(%)	90以上	—	91.5	—	完成
20	城镇职工基本养老保险覆盖率(%)	85以上	—	91.5	—	完成
21	甲、乙类急性传染病发病率(‰)	控制在2.5以内	—	2.5	—	完成

续表

序号	指标	规划目标 目标值	规划目标 年均增速(%)	完成目标 目标值	完成目标 年均增速(%)	与目标相比
22	孕产妇死亡率(‰);婴幼儿死亡率(‰)	0.29;7.5	—	0.267;6.084	—	完成
23	廉租住房保障率(%)	应保尽保	—	应保尽保	—	完成
24	亿元GDP生产安全事故死亡人数(人)	控制在0.24人以内	—	0.089	—	完成
25	全县人均住房面积(平方米)	30	—	30.47	—	完成
26	全县人均拥有道路面积(平方米)	10	—	12.98	—	完成
27	城镇居民人均可支配收入高于全市百分点	力争32185元	2个点	25095	11	高0.1
28	农民人均可支配收入高于全市百分点	力争12132元	3个点	10822	16.3	高6.7
29	人口平均预期寿命(岁)	74	—	74	—	完成
30	城乡居民收入比	2.6:1	—	2.3:1	—	完成
31	农村安全饮用水普及率(%)	96以上	—	96	—	完成
32	城镇登记失业率(%)	控制在4以下	—	3.5	—	完成
33	森林覆盖率(%)	48以上	—	52	—	完成
34	城镇人均公共绿地面积(平方米)	达12平方米以上	—	12.2	—	完成
35	县城空气质量良好以上天数(天)	达到国标	—	345	—	完成
36	工业用水重复利用率(%)	达92以上	—	95	—	完成
37	规模以上工业增加值用水量(吨/万元)	控制到国家和省要求以内	—	80.21	—	—
38	单位GDP二氧化碳排放量(吨/万元)	控制到国家和省要求以内	—	未监测	—	—
39	单位GDP综合能源消耗	控制到国家和省要求以内	—	控制在国家和省要求以内	—	完成
40	城镇生活污水集中无害化处理率(%)	95	—	95	—	完成
41	城镇生活垃圾无害化处理率(%)	75	—	87.5	—	完成
42	工业固体废物综合利用率(%)	50	—	62.8	—	完成

资料来源:息烽县人民政府:《息烽县国民经济和社会发展第十二个五年规划纲要》,2016年8月9日。

（二）"十二五"规划主要指标完成情况的比较分析

1. 从经济发展指标看县域综合实力

地区生产总产值破百亿大关。2011~2013年地区生产总产值实现连上三个台阶，2011年地方生产总产值突破60亿元，2012年地方生产总产值突破80亿元，2013年地方生产总产值突破100亿元大关（见图1）。这得益于壮大蔬菜、经果林、肉鸡三大主导产业规模，推进"一区四园"①建设，建设开磷化工装备制造基地、天津管业防腐螺旋保温管等现代制造业等项目，发展高新技术产业及现代制造业、乡村旅游、红色旅游、健康休闲养老等产业。2015年达到149.09亿元，年均增长17.6%。

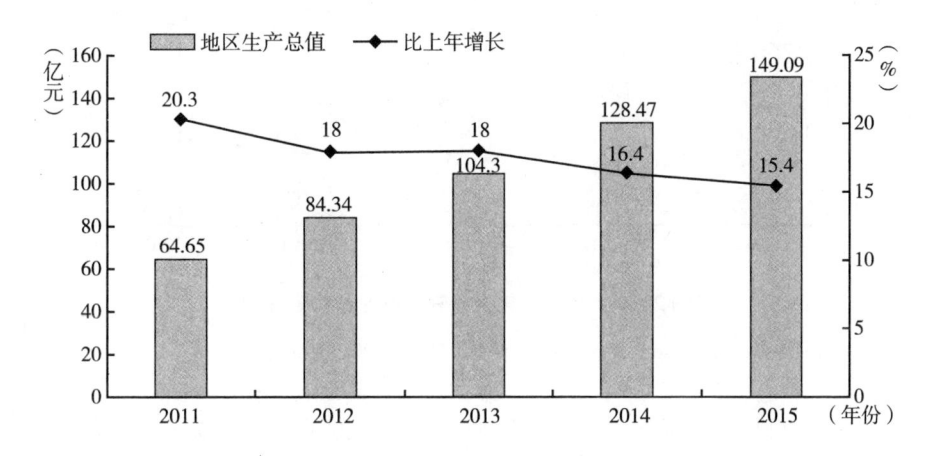

图1 2011~2015年息烽县地区生产总值及增速变化情况

注：地区生产总值绝对数按现价计算，增长速度按不变价计算。
资料来源：息烽县统计局：《领导干部手册2016》，2016年4月。

产业调整步伐加快，三次产业结构趋优。从2011年的10.77:58.96:30.25调整为2015年的10.5:47.8:41.7。一产总产值翻番，连破两大关。工业加速转型，2015年二产增加值完成71.25亿元，为"十二五"目标66亿元的108%，年均增长18.9%；从以资源消耗型的磷煤化工产业转向高新技

---

① 即息烽循环经济磷煤精细化工工业区、永靖食品医药工业园、温泉庵工业园、西山金星工业园、养龙司工业园。

术产业及现代制造业，规模以上工业附加值比重由8.75%上升为17.2%。三产比重进一步提升，增加值完成62.11亿元，为"十二五"规划目标26.1亿元的238%，年均增长18.5%。充分利用乡村和红色文化两张名片，服务业发展呈现新态势。由图2可见，三次产业结构进一步优化，由2014年的9.8∶53.0∶37.2调整为2015年的10.5∶47.8∶41.7，第二产业占GDP比重下降5.2个百分点，第三产业占GDP比重上升4.5个百分点。

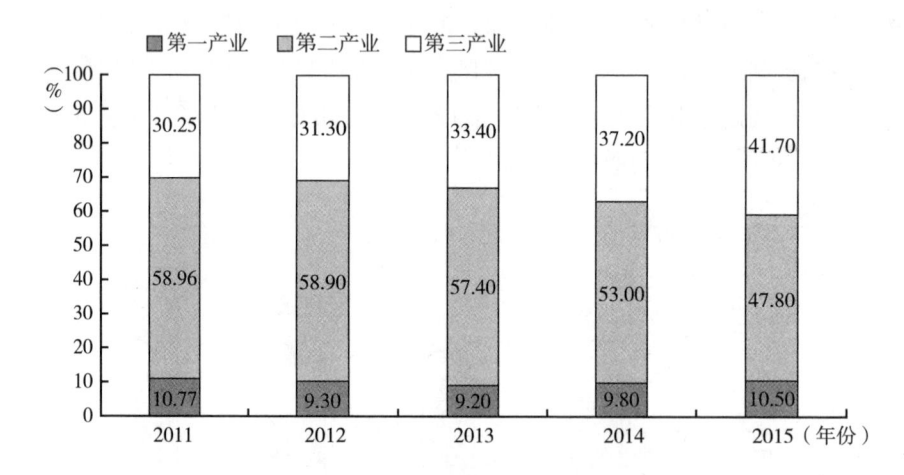

图2 2011～2015年息烽县三次产业结构变化情况

资料来源：息烽县统计局：《领导干部手册2016》，2016年4月。

由图3可见，息烽县"十二五"农业呈现较好的发展势头，农林牧渔业总产值处于不断提高状态。特别是在2011年，农林牧渔业总产值突破10亿元大关，达到10.55亿元，2014年突破20亿元大关，达到20.26亿元，2015年底达到24.77亿元，为"十二五"规划确保目标18.3亿元的135.4%。正是由于息烽县大力发展农业园区，不断探索实施"公司+农户""公司+基地+农户""公司+农村合作组织+农户"等新模式促进农业规模化生产，使增速达到39.9%。农业取得跨越式发展，还得益于专业大户经营的耕地面积比重逐年提高，从"十一五"期末的15.87%提高到19.5%，增加了3.63个百分点。农民专业合作经济组织稳步发展，全县有农民专业合作经济组织117个，2013年农民组织化程度由"十一五"期末的1.77%提高到3.6%，增加了1.83个百分点。在建设白菜、辣椒、大葱、葡萄等农产品生产基地的同时，按照"统一规划、集中饲养、分户管理、适度规划"要求,以特驱希望、将相合、天蓬等企业为带动,重点发展优质肉鸡、生猪产业。

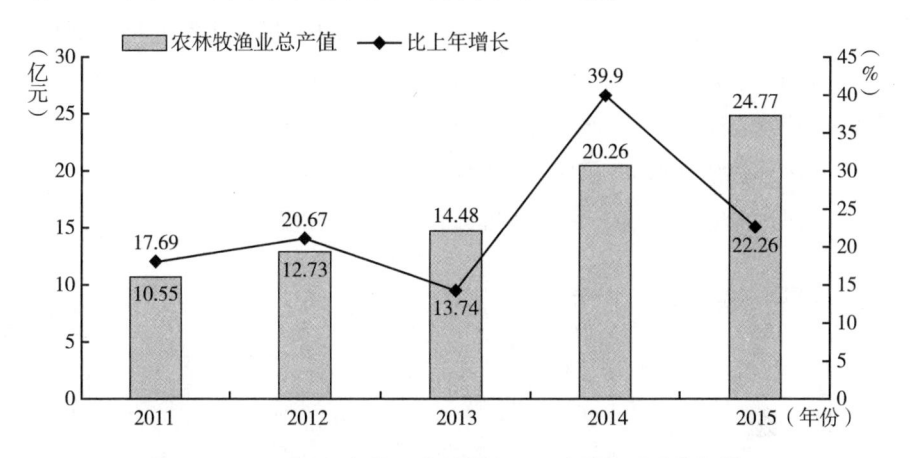

图3 2011~2015年息烽县农林牧渔业总产值及增速变化情况

注：农林牧渔业总产值绝对数按现价计算，增长速度按不变价计算。
资料来源：息烽县统计局：《领导干部手册2016》,2016年4月。

息烽在"十二五"期间调整重轻工业比重。由图4可见,2011~2014年轻工业产值呈现大幅上升趋势,至2014年达到最高。自2015年以来,随着经济下行和产能过剩,生态文明建设战略实施,规模以上重工业总产值开始有所下降,可见息烽的工业结构正在逐步调整,并取得一定成效。

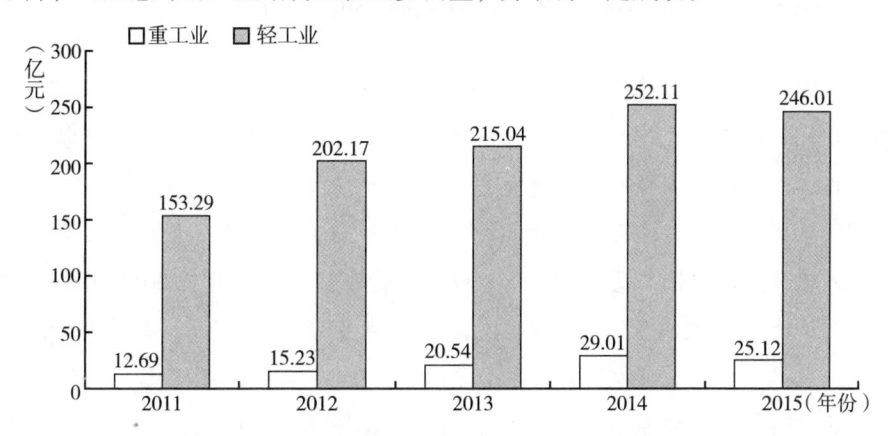

图4 2011~2015年息烽县规模以上重轻工业总产值变化情况

资料来源：息烽县统计局：《领导干部手册2016》,2016年4月。

由图5可见，息烽"十二五"期间服务业发展呈现新态势。温泉疗养院片区改造提升全面推进，胡家湾温泉点钻水成功，新萝温泉、底寨文旅度假综合项目启动建设。息烽集中营革命历史纪念馆升级为国家4A级景区，建成九庄红军烈士陵园、养龙司半边天文化陈列馆，承办了2012年贵阳市第六届旅发大会，打造养龙司幸福、小寨坝红岩等一批乡村旅游景点，新增乡村客栈和农家乐1000余户，累计接待国内外游客1640.19万人次，旅游收入累计达89.13亿元。交通运输、通信信息、金融、房地产、物流、批发零售贸易等服务业加快发展。

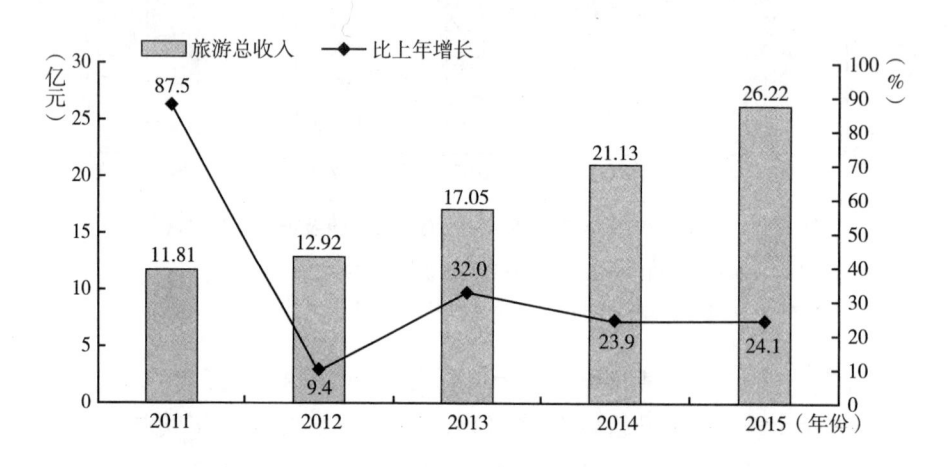

图5 2011~2015年息烽县旅游总收入及增速变化情况

资料来源：息烽县统计局：《领导干部手册2016》，2016年4月。

由图6可见，根据《贵州省人民政府关于进一步完善分税制财政管理体制的通知》（黔府发〔2013〕9号），从2013年起实行新的省对下财政体制，调整了省、市、县共享税收收入划分比例，县级税收收入分享比例下调，实行新体制后县级公共财政预算收入比原体制下降约23%。从增速来看，2011年财政收入增长速度最快，达到41.3%。从绝对值来看，2012年比2011年高2.52亿元，2015年财政收入为13.65亿元，比2014年高2.25亿元。总体来看，财政收入总量小，财税征收乏力。以磷煤化工为支柱的收入结构不稳定，园区仍处于建设阶段，带动地方经济增长及促进财政增收的局面尚未形成。

2. 从社会发展指标看社会事业发展

城乡居民收入显著提高、差距逐步缩小。城镇常住居民人均可支配收入于

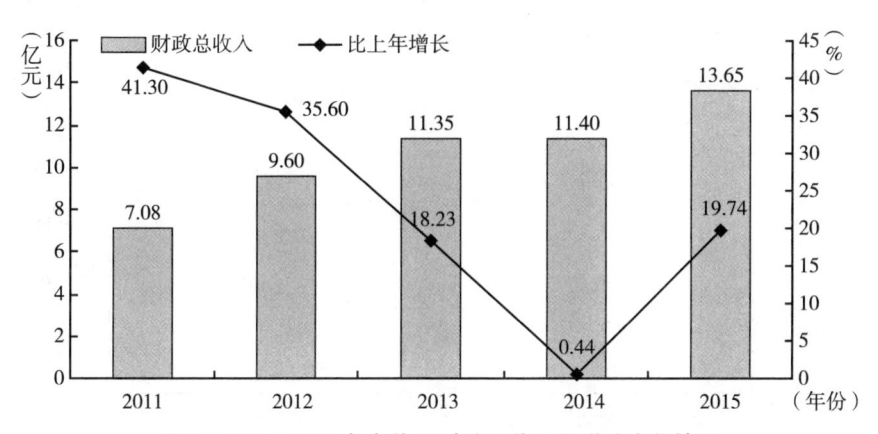

图6　2011~2015年息烽县财政总收入及增速变化情况

资料来源：息烽县统计局：《领导干部手册2016》，2016年4月。

2013年突破2万元，达到20257元，2014年达到22420元，2015年底达到25095元，是2010年14680元的1.7倍，年均增长12%，比"十二五"规划中增速实现14%的目标低两个百分点；农村常住居民人均可支配收入于2011年突破6000元，达到6434元，2012年突破7000元，达到7456元，2013年突破8000元，达到8581元，2014年突破9000元，达到9787元，2015年底突破10000元，达到10822元，是2010年5084元的2.1倍，年均增长16.3%。城乡收入差距进一步缩小，从2010年末的2.6∶1缩小至2015年底的2.3∶1（见图7、图8）。

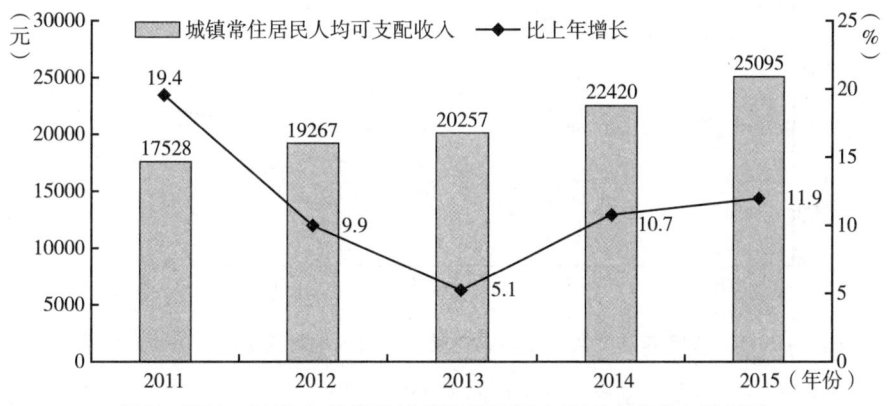

图7　2011~2015年息烽县城镇常住居民人均可支配收入及增速

注：该指标绝对值是按现价计算，增速的计算已剔除价格变动因素。图8、图13、图14的算法同此。
资料来源：息烽县统计局：《领导干部手册2016》，2016年4月。

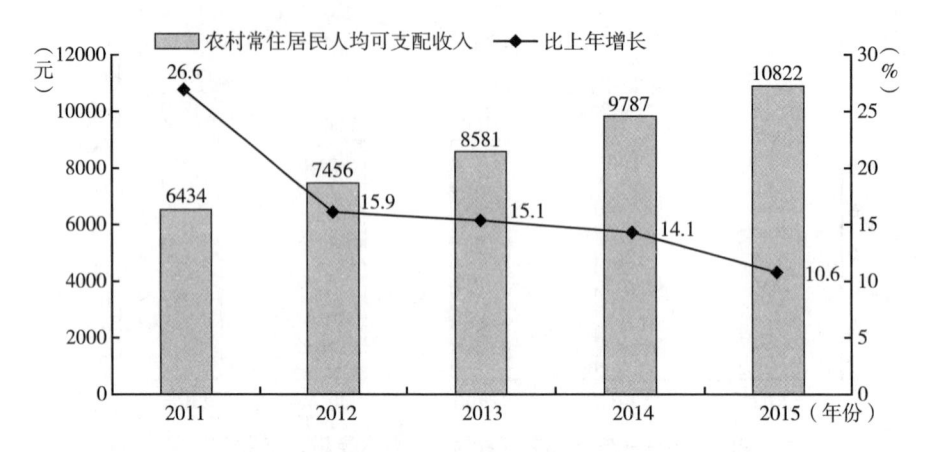

图8 2011~2015年息烽县农村常住居民人均可支配收入及增速变化情况

资料来源：息烽县统计局：《领导干部手册2016》，2016年4月。

由图9可以看出，城镇常住人口人均可支配收入曲线较为陡峭，相较而言，农村常住人口人均可支配收入曲线相对平缓。从图7和图8可以看出，城镇居民与农村居民常住人口人均可支配收入不仅基数相差大，而且收入的增长速度也存在较大差距，收入的绝对数差距呈不断拉大趋势。

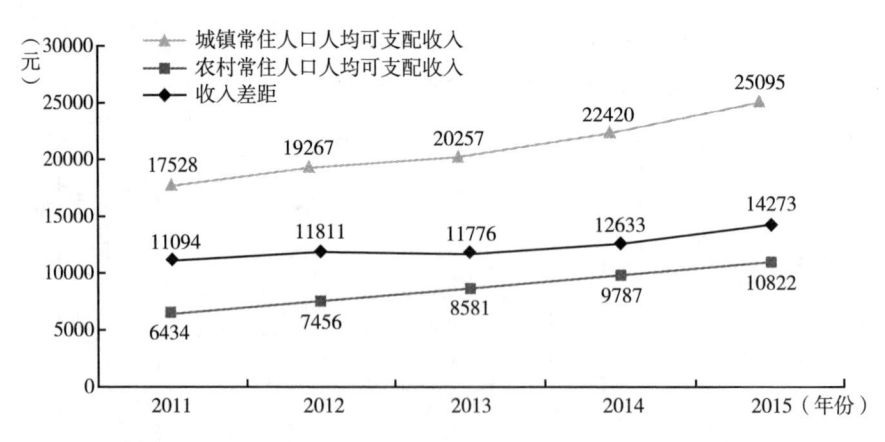

图9 2011~2015年息烽县城镇与农村常住人口人均可支配收入差距变化情况

资料来源：息烽县统计局：《领导干部手册2016》，2016年4月。

教育硬件设施投入增加，普及程度持续提高。2015年底，学前教育规模达到7174人，学前三年毛入园率达88%，学前一年毛入园率达到97%（见表

2）。小学、初中辍学率分别控制在 0.04%、0.56% 以内，九年义务教育巩固率达 95% 以上。

表2 2011~2015 年息烽县入学率情况

单位：%

年 份	2011	2012	2013	2014	2015
小学适龄儿童入学率	99.46	99.08	101.92	99.61	102.89
初中阶段毛入学率	112.14	85.22	99.68	106.8	103.99
高中阶段毛入学率	58.21	64.55	82.3	85.01	90.24

资料来源：息烽县统计局：《领导干部手册2016》，2016 年 4 月。

保险参保率进一步提高。基本养老保险覆盖面进一步扩大，城镇职工养老保险参保率达到 85%。工伤保险累计参保 1.45 万人，与"十一五"期末参保 0.94 万人相比，增长 54.26%，年均增长 10.85%。率先在全省建立重特大疾病医疗救助制度，实现城镇职工基本医疗保险参保率为 85.64%，年均增长 0.13%。实现生育保险参保 1.5 万人，与"十一五"期末参保 1.13 万人相比，增长 32.74%，年均增长 6.55%。孕产妇死亡率 2014 年为 0.3475‰，2015 年上半年无孕产妇死亡；婴儿死亡率 5 年平均为 6.084‰；甲、乙类急性传染病发病率 2014 年为 3.4693‰，未达到指标要求，2015 年达到指标要求。

3. 从民生改善指标看民生保障水平

就业进一步扩大。"十二五"期间，全县实现城乡统筹就业 51370 万人次，年均实现就业 10274 人，全县完成城镇新增就业人数 15139 人，引导农村劳动力转移 36170 人。实现城乡统筹培训 15017 人（城镇劳动力培训 4388 人，农村劳动力培训 10629 人），为"十二五"总目标任务 1.5 万人的 100.1%。发放就业小额贷款 22768 万元，扶持人数为 2580 人；2015 年小额贷款扶持人数 427 人，与 2011 年的 184 人相比，增速达 132%，超"十二五"目标 50% 的 1.6 倍多。创建充分就业社区 10 个，创建率达 90.9%，超"十二五"目标 0.9 个百分点，城镇登记失业率控制在 3.5% 以内。失业保险参保 0.67 万人，与"十一五"期末参保 0.49 万人相比，增长 36.7%，年均增长 7.34%。

社会救助体系不断完善。全面完成县中心敬老院和九庄镇、小寨坝镇、石硐镇、西山镇、青山苗族乡6个敬老院建设，总共床位数为838张。出台新的农村医疗救助实施办法，降低救助门槛，切实解决群众因病致贫和因病返贫问题。城乡低保实现动态管理，将城镇低保标准从2010年的240元/（人·月）提高到2015年的495元/（人·月），农村低保标准从2010年的1320元/（人·年）提高到2015年的2820元/（人·年），分别提高106.25%和113.64%。五年共对农村五保供养对象514户553人发放供养金788.39万元。全面落实各类抚恤优待政策，将在乡老复员军人的补助标准由2010年的1662元/（人·季度）提高到4847.7元/（人·季度），提高了192%；带病回乡军人补助标准由1044元/（人·季度）提高到1524元/（人·季度），提高了46%；参战人员补助标准由600元/（人·季度）提高到1080元/（人·季度），提高了80%。

4. 从生态环境指标看城乡绿化建设

城乡绿化步伐加快。完成人工造林8.451万亩，比"十一五"时期增加3.4879万亩，为"十二五"时期目标任务6万亩的140.9%；封山育林10.6562万亩，比"十一五"时期增加3.6408万亩，为"十二五"时期目标任务6.5万亩的163.9%。森林覆盖率达52%，73.66万亩林地有效管护落实率为100%。城镇绿化建设方面，完成虎城大道、永靖大道、阳朗风情小镇等的绿化，完成绿化面积15.25万平方米（不含乡镇），城区绿化覆盖率达47.6%，与"十一五"时期相比增加3.22%。城镇人均公共绿地面积达12.2平方米，为目标12平方米的101.7%。

建成污水处理厂4座、垃圾填埋厂1座、空气和水质自动监测站各1座。完成人工造林1.53万亩，封山育林2.5万亩，石漠化治理95.68平方公里。县城和农村垃圾无害化处理率分别达100%、87.5%。县城污水处理率达到86%。环境空气质量达二级以上标准天数达97.3%。森林覆盖率达52%。

（三）2015年息烽县与贵阳市及其他区（市、县）主要指标比较分析

"十二五"期间，贵阳市行政区划在2012年有了大调整，撤销小河区并入花溪区，成立观山湖区。息烽县作为贵阳市的三县之一，经济社会发展增长明显。通过与贵阳市其他区（市、县）和贵阳市总体指标完成情况的比较分析，为息烽"十三五"时期经济社会发展规划提供数据支撑。本报告重点对

"十二五"末期,即 2015 年地区生产总值、城乡居民人均可支配收入、社会消费品零售总额等 8 项主要指标进行比较。

1. 地区生产总值排第八位,增速位居前三

息烽"十二五"期末,地区生产总值比 2010 年的 55.49 亿元净增 93.6 亿元,达 149.09 亿元,在贵阳市 10 个区(市、县)中位居第八(见图 10),与位居第七的观山湖区相差 4.14 亿元,比位居第九的乌当区高 4.01 亿元。从增速来看,息烽县 2015 年达 15.4%,位居贵阳市第三,与白云区并列,比增速第一的乌当区低 0.6 个百分点,比位居第二的开阳县差 0.1 个百分点。但从总体来看,息烽县 2015 年生产总值仅占全市的 5.04%。虽然生产总值不高,但是息烽县努力调整"一磷独大"的产业结构,大医药、工业园区建设稳步推进,"三县两区"融合发展态势良好。

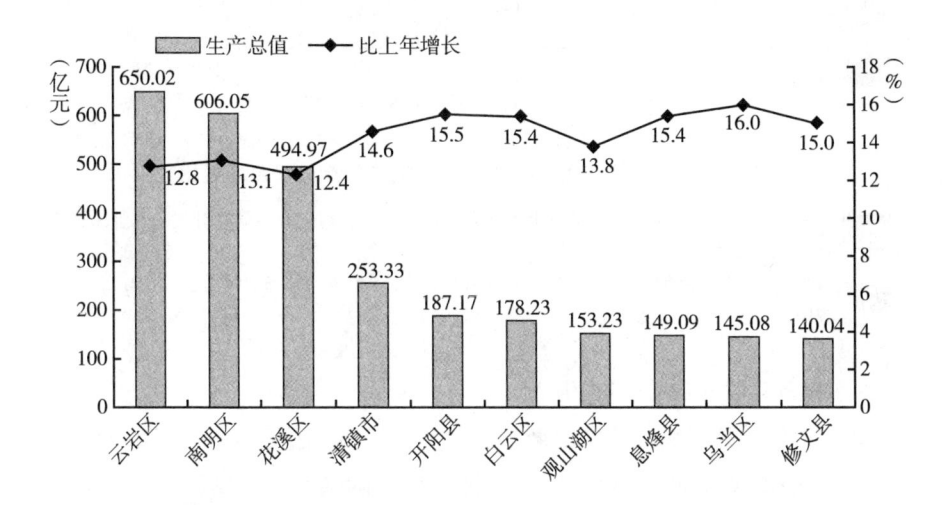

图 10 2015 年贵阳市各区(市、县)生产总值及增速比较

注:生产总值绝对数按现价计算,增长速度按不变价计算。
资料来源:贵阳市统计局、国家统计局贵阳调查队:《2016 贵阳统计年鉴》,中国统计出版社,2016。

2. 人均生产总值及增速位居第三

对比贵阳市 10 个区(市、县)(见图 11),2015 年息烽县人均生产总值位居全市第三。比位居第一的花溪区低 10646 元,差距较大,但比位居第四的云岩区高出 1546 元。从增速来看,息烽县 2015 年同比增长 13.9%,与白云区并列第三。比位居第二的乌当区低0.4个百分点，比位居第四的修文县高0.5个百分点。从贵阳市总体看，息烽县2015年人均生产总值比全市的63003元高出3986元。增速远高于全市平均标准，相比全市的11.3%，高了2.6个百分点。

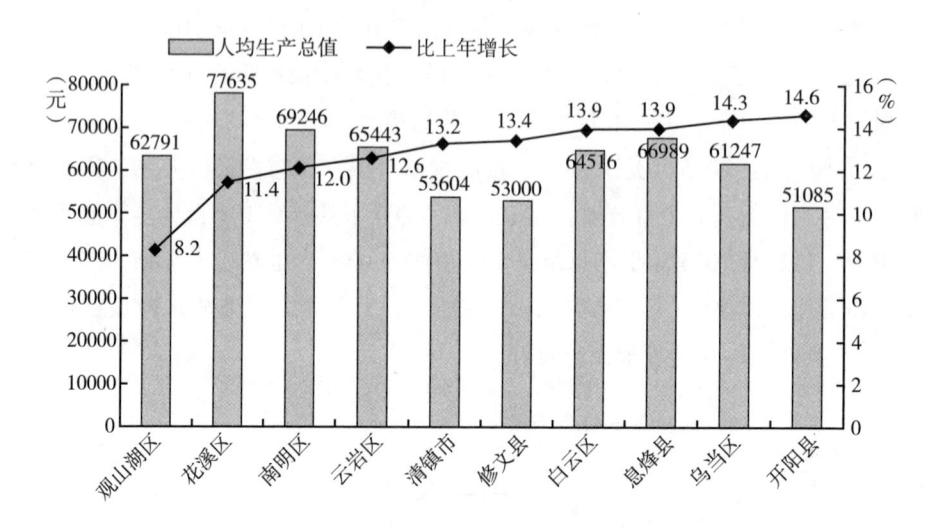

图11　2015年贵阳市各区（市、县）人均生产总值及增速比较

注：人均生产总值按常住半年及以上平均人口数计算；人均生产总值绝对数按现价计算，增长速度按不变价计算。

资料来源：贵阳市统计局、国家统计局贵阳调查队：《2016贵阳统计年鉴》，中国统计出版社，2016。

3. 公共预算收入及增速差距明显

2015年息烽县一般性公共财政预算收入为7.37亿元，在贵阳市10个区（市、县）中排名末位（见图12）。与排名靠后的乌当区、清镇市、开阳县、修文县都存在差距。比位居第六位的乌当区低了11.07亿元，比位居第八的开阳县低4.32亿元。与观山湖区、南明区、云岩区、花溪区更是差距明显。比位居第四的花溪区差26.52亿元。从增速来看，息烽县2015年公共预算收入增速为7.1%，差距也十分明显。可见，息烽县作为贵阳市生态保护的支撑，要正确处理好在保护中适度开发，增加财政收入，着力壮大县域经济。

4. 城镇常住居民人均可支配收入增速第一

"十二五"期末，息烽县城镇居民人均可支配收入达到25095元，同比增长11.9%。对比贵阳市10个区（市、县）（见图13），息烽县城镇常住居民

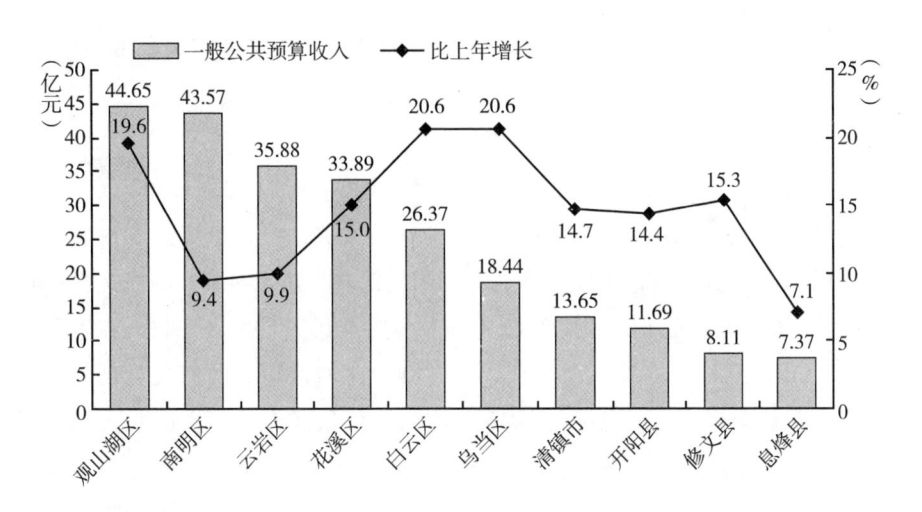

图12　2015年贵阳市各区（市、县）一般公共预算收入及增速比较

资料来源：贵阳市统计局、国家统计局贵阳调查队：《2016贵阳统计年鉴》，中国统计出版社，2016。

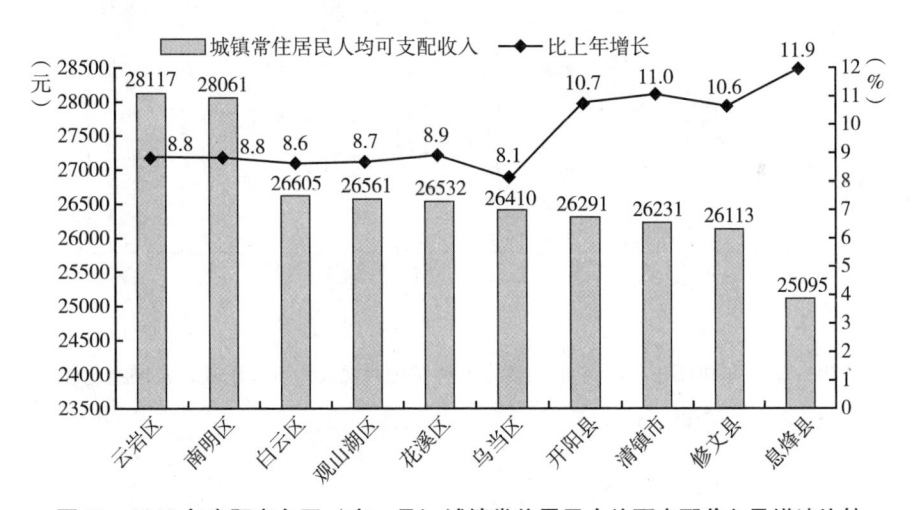

图13　2015年贵阳市各区（市、县）城镇常住居民人均可支配收入及增速比较

资料来源：贵阳市统计局、国家统计局贵阳调查队：《2016贵阳统计年鉴》，中国统计出版社，2016。

人均可支配收入排名末位，比排名第九的修文县低1018元。从同比增速来看，息烽县2015年城镇常住居民人均可支配收入在贵阳市10个区（市、县）排名第一位，比增速最低的乌当区高3.8个百分点。对比全市来看，息烽县2015

年比贵阳市城镇居民可支配收入的 27241 元低 2146 元，增速相比全市的 6.6% 高 5.3 个百分点。

5. 农村常住居民人均可支配收入增速第二

"十二五"期末，息烽县农村常住居民人均可支配收入为 10822 元，同比增长 10.6%。对比贵阳市 10 个区（市、县）（见图 14），息烽县农村居民人均可支配收入排名最后，比排名第八的开阳县低 486 元，与第九的修文县相比低 34 元。从增速来看，息烽县 2015 年农村常住居民人均可支配收入在贵阳市 10 个区（市、县）排名第二，与开阳县并列。比增速最高的修文县低 0.1 个百分点。对比全市来看，息烽县 2015 年农村常住居民人均可支配收入相比贵阳全市的 11918 元低了 1096 元，增速相比全市的 8.5% 提高了 2.1 个百分点。

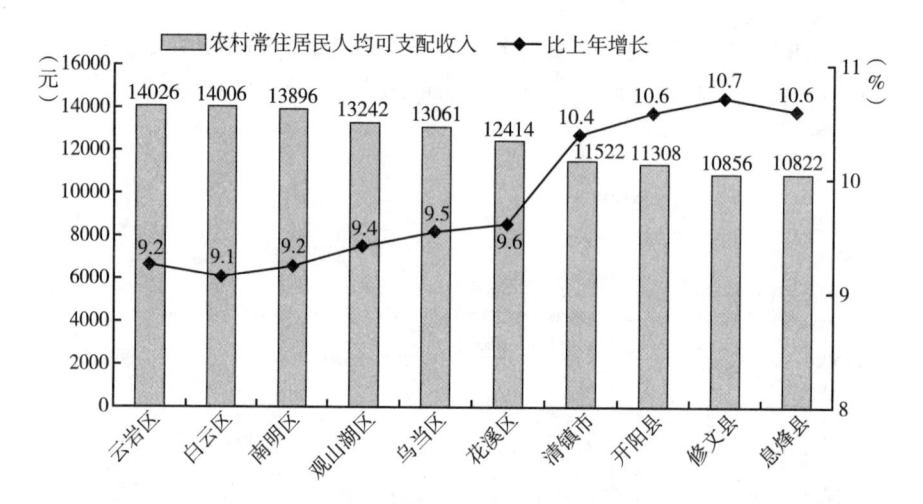

图 14　2015 年贵阳市各区（市、县）农村常住居民人均可支配收入及增速比较

资料来源：贵阳市统计局、国家统计局贵阳调查队：《2016 贵阳统计年鉴》，中国统计出版社，2016。

6. 社会消费品零售总额增速第一

"十二五"期末，息烽县社会消费品零售总额达到 19.53 亿元，同比增长 12.7%。对比贵阳市 10 个区（市、县）（见图 15），息烽县社会消费品零售总额排名最后，低于排名第八位的乌当区 14.56 亿元。与排名第九的修文县相比，低了 3.15 亿元，差距较为明显。对比增速来看，息烽县排名首位，比增速第二的清镇市和开阳县高了 0.1 个百分点，比增速最低的云岩区高出 1.6 个百分点。对比全市来看，息烽县2015年社会消费品零售总额占全市份额较低，仅占全市份额的1.70%，增速相比全市的11.5%高1.2个百分点。息烽县农村和城镇常住居民人均可支配收入较低，社会消费品零售总额也较低，一定程度上反映出息烽县三产发展滞后、商业发展落后。

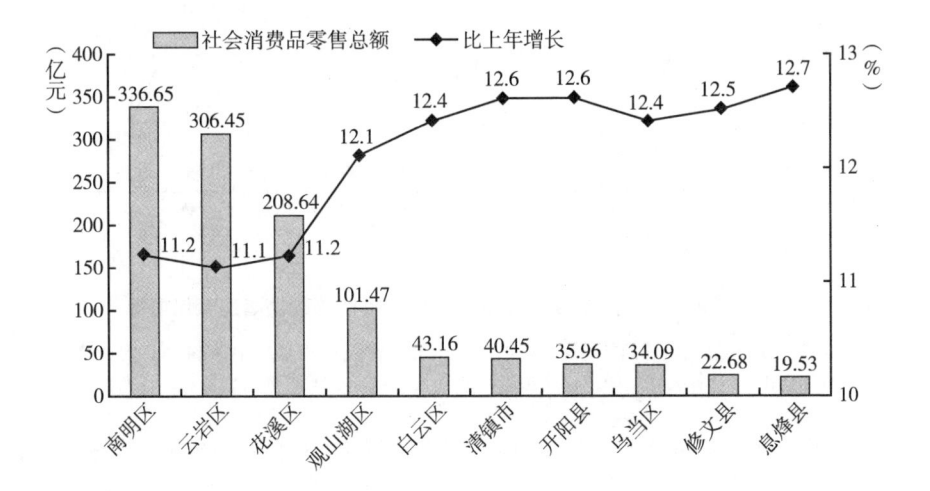

图15　2015年贵阳各区（市、县）社会消费品零售总额及增速比较

资料来源：贵阳市统计局、国家统计局贵阳调查队：《2016贵阳统计年鉴》，中国统计出版社，2016。

7. 外贸进出口总额增速明显

2015年，息烽县外贸进出口总额完成3228万美元。对比贵阳市10个区（市、县）（见图16），息烽县外贸进出口总额排名第七位，高于清镇市、开阳县和花溪区，比排名末位的花溪区高了2838万美元。但是，与排名第六的修文县相比，低了4950万美元。从增速来看，观山湖区、白云区、开阳县同比都实现了增长，云岩区、南明区、乌当区、修文县、息烽县、清镇市、花溪区2015年外贸进出口总额同比出现大幅下降。

8. 全社会单位GDP能耗降幅较大

"十二五"期末，息烽县全社会单位GDP能耗为1.1吨标准煤/万元，同比降低4.7%。对比贵阳市10个区（市、县）（见图17），2014年息烽县全社会单位GDP能耗排名第5位。息烽县全社会单位GDP能耗每万元比清镇市低了4.39吨标准煤，比排名首位的云岩区高了0.80吨标准煤。息烽县2014年全社

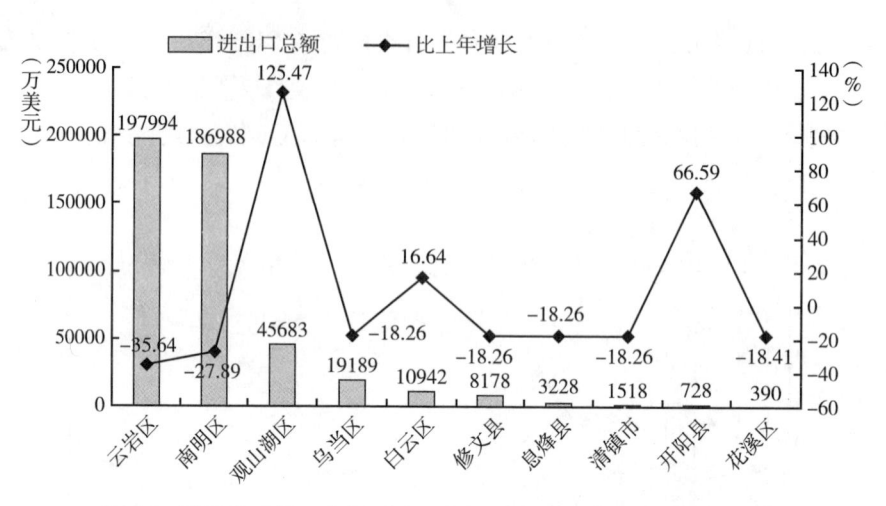

图 16　2015 年贵阳市各区（市、县）进出口总额及增速变化情况

注：2015 年进出口总额的增速是根据《2016 年贵阳统计年鉴》中 2014 年、2015 年数值计算得出的。计算公式：增速 =（2015 年进出口总额 - 2014 年进出口总额）÷2014 年进出口总额 ×100%。

资料来源：贵阳市统计局、国家统计局贵阳调查队：《2016 贵阳统计年鉴》，中国统计出版社，2016 年。

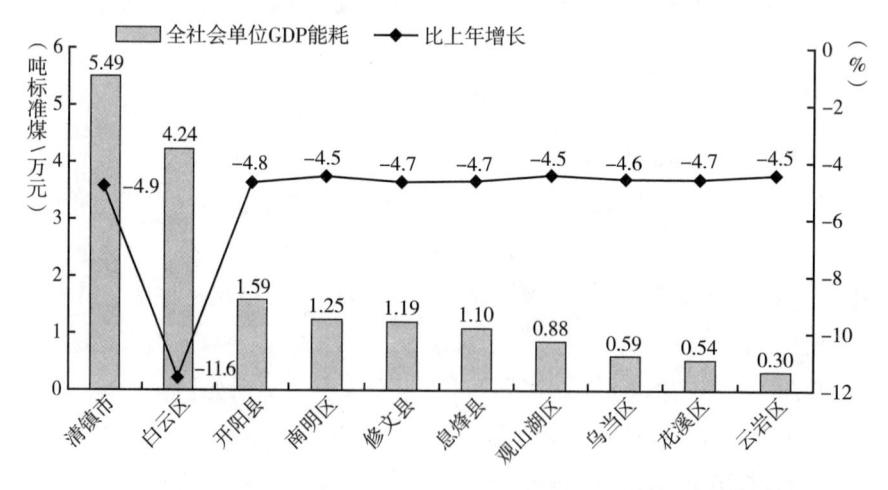

图 17　2014 年贵阳市各区（市、县）全社会单位 GDP 能耗及增速比较

注：2014 年贵阳市各区（市、县）全社会单位 GDP 能耗及增速为《2016 贵阳统计年鉴》最新数据。

资料来源：贵阳市统计局、国家统计局贵阳调查队：《2016 贵阳统计年鉴》，中国统计出版社，2016 年。

会单位 GDP 能耗相比贵阳全市的 1.22 低了 0.12 吨标准煤,增速与全市的 -5.1% 相比,高 0.4 个百分点。可见,"十二五"时期息烽作为贵阳市的生态保护支撑,仍保持着大力践行绿色的发展理念,在工业结构的转型中逐步突破能源依赖现状,撤销了大量单位 GDP 能耗较大的企业。

三 息烽县"十二五"规划重点项目推进情况的分析

息烽县"十二五"规划重大建设项目共计 205 个,涉及总投资 578.57 亿元。其中:农业类 21 个,总投资 22.66 亿元;工业类 83 个,总投资 240.45 亿元;服务业类 18 个,总投资 80.37 亿元;社会事业类 26 个,总投资 9.31 亿元;基础设施类 57 个,总投资 225.78 亿元。工业、农业、服务业、社会事业、基础设施项目基本完成。未完成的项目含工业类项目 59 个、服务业类项目 15 个、社会事业类项目 5 个、基础设施类项目 7 个。息烽县将企业和项目培育作为推动工业经济发展的第一举措,不断强化项目攻坚,发展后劲逐步增强。引进了朗致集团、西南管道、贵阳正大饲料等 61 个项目,累计引进市外、省外到位资金和直接利用外资分别达到 285.62 亿元、241.38 亿元和 6159.5 万美元,年均分别增长 66.75%、175.3% 和 66.5%,是 2010 年的 14.88 倍、67.05 倍和 15.36 倍。2014 年荣获全省"项目推进十佳区(市、县)""社会经济环境十佳区(市、县)"称号。投资拉动作用突出。组建旅游文化投资开发、产业园区投资开发等 7 个融资平台公司,累计融资 64.66 亿元。实施省级重大工程和重点项目共计 51 个,实施县级重大工程和重点项目达 656 个。固定资产投资累计完成 728.07 亿元,比"十一五"时期翻了两番。向上争资成果丰硕,加强内部统筹、整合资源要素、精心编报项目、强化考核激励,累计争取上级项目资金 58.42 亿元,比"十一五"时期增长 190.7%。

(一)建成了重点园区,产业发展基础得到夯实

建成园区标准厂房 14.85 万平方米,新入园企业 15 家,规模以上工业企业达 38 家,总产值达到 246.01 亿元,实现翻番,年均增长 16.4%。高新技术产业及现代制造业占规模以上工业增加值比重由 8.75% 上升到 17.2%。建设

以循环经济磷煤精细化工工业区、永靖食品医药工业园、温泉庵工业园、西山金星工业园、养龙司工业园等"一区四园"为主的息烽经济开发区、新型工业化产业示范基地，产业以磷煤化工、食品、医药、建材、装备制造为主，产品主要有高浓度磷复合肥、电子级和食品级特色精细化工、环保建材和绿色食品、药品、汽车零配件等。结合磷煤精细化工工业园区发展，建成10亿块新型磷石膏砖生产线技改等一批循环经济项目，每年可消耗磷石膏约100万吨，大大提高了磷石膏的综合利用能力。坚持"统筹规划、共同开发、优势互补、资源共享、互利共赢"的原则，与高新区、市城投公司合作，积极探索跨区域共建园区的路子，探索实行"经济开发区+联合指挥部+平台公司"管理运营模式，共建"飞地园区"。开工启动建设永靖食品医药工业园区，加快发展电子信息、机械制造、新医药、特色食品、物流等产业，努力形成新业态，逐步向产业结构空间布局合理化发展。

按照"一圈四带五基地"和十大产业的布局，以示范引领，辐射带动农业发展。农业示范园区从无到有，葡萄、蔬菜、肉鸡三个园区进入全省农业示范园区。都市现代农业逐步发挥品牌效应。建成1个省级重点示范园区、2个省级示范园区，入驻30家涉农企业，建设21个农产品交易市场，成立138家专业合作经济组织。主导产业中，果品产业占全市市场份额为10%，蔬菜占全市市场份额为15%，肉鸡占全市市场份额为32%。不断夯实农村基础设施建设，加强培育和打造农产品品牌，获评国家地理标志产品2个、有机农产品1个、无公害农产品99个。农业总产值24.77亿元，年均增长10.4%，畜牧业占比达到28.8%。

（二）淘汰了落后产能，产业发展方式逐步转变

息烽县"十二五"期间通过摸底排查，制定淘汰落后产能计划。2010年淘汰关停了贵阳金元铝业有限公司，息烽黔豫、宏达等4家造纸厂；2011年淘汰了贵州开磷磷业有限责任公司4台6300KVA黄磷生产装置及附属设备、息烽合力化工有限公司1台6300KVA黄磷生产装置及附属设备；2012年淘汰拆除了贵州息烽磷矿6300KVA黄磷生产线、贵州息烽仁都建材有限公司Φ2.8×10机立窑生产线；2013年6月底全面完成了贵阳市息烽光辉水泥有限责任公司Φ3×11机立窑生产线的淘汰。随着食品医药、汽车零部件、建材等

行业的不断发展，工业结构正在摆脱磷煤化工"一枝独秀""一磷独大"的局面，逐步向产业结构空间布局合理化发展。将企业和项目培育作为推动工业经济发展的第一举措，不断强化细化措施，通过培育规模以上企业和项目攻坚，努力增加企业、项目的数量，提高发展的质量。磷煤化工比重由80.06%下降到68.68%，产业逐渐由单一走向多元。

（三）完善了基础设施，城乡人居环境得到改善

借助"美丽乡村"建设契机，不断完善乡村基础设施建设。坚持"美丽乡村"与"三农"工作协调发展的思路，打造"四美乡村"，建设美丽乡村23个"提高型"示范点、4个"升级型"精品点、126个"普及型"创建点。其中，红岩村获得"贵州省十佳美丽乡村"之"最具魅力特产乡村"称号。初步形成"红壤碧珠·甜蜜家园""红色经典·生态家园""问禅山水·养生家园""龙马故里·巾帼家园"四条精品示范带。美丽乡村建设和农村环境综合整治工作2015年排全市第一。承办了贵阳市美丽乡村建设观摩会。实施"三良工程"，启动粮食、森林等保险，投保面积为86.65万亩。2014年实现30个贫困村"减贫摘帽"和4560个扶贫开发对象脱贫。以"六项行动"计划①全面推进"农村9通"工程，2014年实现通电、通油（水泥）路、通电话、通广播电视的村达到100%，通客运的村达95%，通公路的村达95.16%，通串户路的村达95.78%，通自来水（自流水）的村达99.32%，居民户通互联网率达93.79%。2015年"农村9通"工程全面达到100%。2014年全面小康社会总体实现程度为96.5%，环境质量指数中6项指标均已达到标准值。2015年率先全面建成小康社会。

配合抓好过境快速铁路、高速公路建设，建成息烽至金沙大塘渡大桥并启动配套公路小寨坝至流长段一期工程建设。交通建设投资超过10亿元，建成通村油路375公里，农村公路通车里程达1418公里，全县公路总里程超过1700公里。建成乡镇客运站2个、停车场5个、建制村招呼站161个。开通运营城市公交线路4条，实现了城市公交零突破。水利建设投资超5亿元，建成廖九寨、马家庆水库，启动建设视槽沟、高洞水库。与

---

① 水、电、路、讯、房、寨"六项行动"计划。

省水务集团合作，对县城供水设施实行整体划转开发。完成238处农村饮水安全、冬修人饮及农村集中式水厂工程，解决12.99万人饮水困难，全县饮水安全普及率达96%以上。电力设施投入资金6亿元，实现村村通高压线，组组通四平线。

新增房地产开发面积为122.11万平方米，人均住房面积30.47平方米。"十二五"期间息烽县5个棚户区改造项目共计3362套、32.17万平方米，总投资9.73亿元，完成投资7.4亿元。全县5个棚户区改造项目共计3362套、32.17万平方米，总投资9.73亿元，完成投资7.4亿元，新建房屋3081套、30.02万平方米。荣获"全省住房保障示范县"称号。建成规模为7000吨/日的县城污水处理厂、800吨/日的九庄污水处理厂并投入使用，有序推进了县城污水处理二期工程、温泉污水处理厂等项目。建成了县城垃圾填埋场并启动二期建设前期工作。完成巩固退耕还林基本口粮田3673亩；推广省柴节煤炉4922台、太阳能热水器1180台；建成户用沼气池700口，农村清洁工程7个，大型中温沼气工程建设1个，完成常温小型沼气工程15个、农村沼气后续服务网点建设42个；新建机耕道120.2公里、串户路230公里；推广新型农机具5168台、农机总动力达19.9万千瓦。

（四）打造了旅游景点，旅游配套逐渐得到完善

重点打造温泉旅游、森林旅游、红色旅游、乡村旅游"四张名片"。温泉疗养院片区改造提升全面推进，胡家湾温泉点钻水成功，新萝温泉、底寨文旅度假综合项目启动建设。息烽集中营革命历史纪念馆升级为国家4A级景区，建成九庄红军烈士陵园、养龙司半边天文化陈列馆。打造了养龙司幸福村、小寨坝镇红岩村、青山苗族乡冗坝村、西山乡林丰村、鹿窝乡鹿龙渔村、温泉镇洪水坝等一批乡村旅游点。建成了息烽大酒店和温州国际大酒店等一批酒店，全县15间房间以上的宾馆酒店达33家，床位1818个，入住率在80%以上。发展乡村客栈670户，床位5770个，示范户234家，餐位16200个。接待乡村旅游人次310.92万人次，乡村旅游收入12.06亿元，年增长30%以上。商贸流通业规模不断扩大，社会消费品总额、外贸进出口持续增长，市场体系日臻完善，市场秩序进一步规范。

（五）创建了示范小城镇，辐射带动作用得到发挥

2012年，息烽县4个镇被列入示范小城镇，其中小寨坝镇为省级示范小城镇、九庄镇为市级示范小城镇、永靖镇和温泉镇为县级示范小城镇，截至2015年，全县示范小城镇共实施项目102个，总投资376908万元，已完成投资267008.4万元。加快建设了小寨坝农民安置新村，全面完成了永靖镇环城路安置小区、温泉镇疗养院安置点、鹿窝镇安置小区一期工程建设，西山镇、养龙司镇、九庄镇、石硐镇、流长镇等乡镇小城镇建设得到扩展。通过发挥示范小城镇建设带动作用，进一步完善全县各类小城镇功能，自我发展能力、集聚要素能力、吸纳就业能力和辐射带动能力提高，大力推进了城镇化、集约化发展。

四 息烽县"十二五"规划主要任务完成情况的分析

息烽"十二五"期间，以转变经济发展方式为主线，以"工业强县、城镇化带动""三化联动"为主战略，完成了各项经济社会事业发展目标任务，推进全面小康社会建设，任务完成情况较好、成绩突出。产业结构调整、发展循环经济取得新成绩，总体经济实力增强；建设美丽乡村，统筹城乡发展，为发展增强后劲；加大改善民生力度，统筹城镇和农村民生工程建设，提高人民群众幸福感；不断推进社会管理体制机制创新，推动民主法治进程；以改革促进开放为契机，突破体制机制障碍，打破发展瓶颈；以坚持生态底线不动摇，生态建设取得新成效。

（一）以调整产业结构为主导，壮大县域经济整体实力

一、二、三产增加值分别实现15.73亿元、71.25亿元、62.11亿元，三产比重进一步提升，二、三、一的产业格局进一步优化。按照"跳出能矿产业抓工业"的总要求，工业转型步伐加快，盘活了存量，做大了增量。开工建设永靖产业园，形成"一园两组团"布局。磷煤化工比重由80.06%下降到68.68%，产业逐渐由单一走向多元。服务业发展呈现新态势。承办了2012年贵阳市第六届旅发大会，打造了一批乡村旅游景点。交通运输、通信信息、金融、房地产、物流、批发零售贸易等服务业加快发展。

（二）以统筹城乡发展为重点，增强更好更快发展后劲

成立了息烽县规划委员会，抢抓城乡规划"多规融合"省级改革试点县机遇，完成《息烽县"多规融合"规划专章》《息烽县城乡总体规划（2015~2030年）》《贵阳国家高新技术开发区永靖园区控制性详细规划》《息烽县民营经济孵化园修建性详细规划》等修编，形成了统一衔接、功能互补、相互协调的规划体系。

全面拉开城镇开发建设序幕。虎城大道和开磷城房地产开发基本完成，累计开发122.63万平方米，县城建成区扩展到9平方公里，建成区绿化覆盖率达47.98%，人均公共绿地达12平方米。城镇人口达10.1万人，城镇化率达41.28%。完成10个棚户区改造74.69万平方米、廉租房（公租房）15.6万平方米，将符合条件的3078户、7695人纳入住房保障范围，发放住房补贴852万元，实现应保尽保，荣获"全省住房保障示范县"称号。投资70余亿元打造小寨坝、九庄、永靖、温泉4个示范小城镇。

建立创文、创卫长效管理机制。创建国家卫生县城，通过省级暗访评估，息烽县名列全省第一，城市环境面貌实现大变样，居住环境明显改善，群众满意度显著提高。美丽乡村建设和农村环境综合整治工作2015年排全市第一。

（三）以切实改善民生为目的，提升人民群众幸福指数

累计民生支出63.58亿元，占公共财政预算支出比重的71.55%，年均增长22.14%。

狠抓扶贫开发第一民生。结合"六个到村到户"，全力实施"六项小康行动计划"，累计投资9670.7万元实施"三良工程"良种良肥计划，投资1.46亿元实施扶贫开发，九庄等5个贫困乡镇及84个贫困村实现了"减贫摘帽"，17154户、35646人实现脱贫。

教育发展长远民生。建成县第一中学新校区并投用，成功申办"省级三类示范性高中"，高中阶段毛入学率达90.24%；建成11所乡镇幼儿园，实现9镇1乡都有公办幼儿园目标，学前三年入园率达89.2%；建成11所中小学综合楼、宿舍楼和食堂，新增校舍面积10.6万平方米，实现100%的学校宽带网络班班通，九年义务教育巩固率为97.05%；率先在全市实施农村

义务教育学生营养改善计划，实现100%享受免费午餐。在全省率先实行寄宿制学校设立医疗点。新增劳动力平均受教育年限达11年。义务教育均衡发展通过国检，基本普及十五年教育通过省督导考核，提前两年实现"新两基"目标。建成"阳光少年之家"35所，规范化公办幼儿园和寄宿制学校实现了乡镇全覆盖，100%有意愿的初中毕业生有机会接受高中阶段教育。留守儿童关爱服务体系作为全省唯一的全国试点工作通过验收并得到省领导批示在全省推广。

科技文化智力民生。建成技术研发中心8个，科普教育基地2个，成立专业学会7个，完成专利申请200多件，专利授权81件，连续两轮通过国家科技进步考核，综合科技进步指数达到46%。2015年创建公民科学素质先进县工作名列全省、全市第1位。累计引进高层次人才58人，招聘专业技术人员601人，全县中高级专业技术人才达到209人。建成国家二级图书馆和档案馆，建成9个乡镇文化站综合楼、10个乡镇文化信息资源共享基层服务点；芦笙舞"蒙代央"荣获第九届全国民运会表演项目金奖；编辑出版非物质文化遗产书籍100余万字。实施广播电视"村村通""户户通"工程31433户。打造"四月八"苗族文化周、红岩葡萄节等群众文体活动品牌。息烽花灯戏、苗族服饰列入第四批省级非物质文化遗产名录。

医疗健康重要民生。积极探索"先住院、后付费"住院模式，率先在全省建立重特大疾病医疗救助制度，投资3320万元救助困难群众82375人次，新农合参合群众达22万余人，参合率为99.82%，累计为群众报销医疗费用3.4亿元。改扩建2所县级公立医院、10个乡镇卫生院及137个村卫生室，县人民医院、中医医院成功创建为二甲医院。每千人执业助理医生数达1.53人、床位数达到3.76张。

创业就业根本民生。累计实现城乡统筹就业51353人，技能培训13426人，发放小额贷款22768万元。扶持微型企业625户，带动就业3125人。创建"充分就业社区"10个，实现"零就业家庭"动态为零。城镇登记失业率控制在3.5%以内。

社会保障基础民生。城镇职工基本医疗达到85.6%，基本养老达到85.3%，失业、工伤和生育保险覆盖率达到90%，城乡居民基本养老保险覆盖率达95.5%，失地农民养老保险参保率达92%，累计发放养老金2.36亿元。完成城乡低保提标，发放各类低保、救助、补助资金2.8亿元，获国务院授予"全国新型农村和城镇居民社会养老保险工作先进单位"荣誉称号。加强劳动关系创建，追讨农民工工资5764万元，县仲裁院获"全省劳动人事争议示范仲裁院"称号。实施"零就业家庭"和农村"零转移就业家庭"就业援助计划，农村累计出现1049户"零转移就业家庭"，已援助成功1049户，援助成功率达100%。

（四）以社会管理创新为突破，推动民主法治进程

社会综合治理实现新突破。以创全国"平安建设先进县"为载体，实施"六大工程"。刑事案件从2011年的1741件下降到517件，年均下降20%以上，连续七年保持命案全破，2015年群众安全感为99%，首次排在全省第一位，连续四年排在全市第一位，获全省"十佳和谐区（市、县）""全省平安建设示范县"等荣誉称号。关爱农村留守儿童试点经验案例荣获全国社会治理创新优秀案例。深入持续开展禁毒工作，配备禁毒专职人员47人，161个村（居）均成立了禁毒工作站，建成美沙酮维持治疗门诊、县人民医院"特殊病监区"、社会化戒毒康复站（阳光驿站）等机构。"新华社区阳光驿站"志愿服务项目在2015年第二届中国青年志愿服务项目大赛上获得银奖，2015年禁毒工作满意率排全省第一位，获全省"无毒害"创建工作先进县称号。

政务服务体系建设进一步完善。向社会公示政府部门权力清单、责任清单和负面清单。完成第三轮审批事项清理，保留行政审批86项、行政服务178项，进一步减少审批环节，简化审批程序，压缩办事时限达到50%以上。廉政建设取得新成果，加大对政府投资、重大工程和涉及民生专项资金的审计监察力度，累计节约政府采购资金0.43亿元，评审审减资金5.93亿元，审计审减工程款2.44亿元，压缩行政经费1920万元用于教育事业发展。

社会管理不断加强。深入贯彻实施信访"一号工程"暨"百日攻坚"，努力化解各类矛盾纠纷，狠抓社会治安综合管理，扎实推进"两严一降"。2011年获"和谐贵州个十百千万工程"评选活动第一名，获得全省"十佳和谐区（市、县）"称号。2014年经省测评群众安全感达99.15%，排名全省第五、全市第一。被评为贵阳市唯一的2014年全省平安建设示范县。按照"五统一"的模式建成161个农村社区，通过"一站式"服务，全程为民代理，极

大地方便了群众。全县实现了火化率、入墓率、县城规范治丧率均达到100%，惠民政策在全县全覆盖。

根本转变工作作风。开展了党的群众路线教育实践活动和"三严三实"专题教育，促进了作风的根本转变。始终保持惩治腐败的高压态势，累计查处党员领导干部案件242起，挽回经济损失1773万元。安全生产监管保持良好势头。扎实开展安全生产大检查、"打非治违"和各类安全专项整治检查，突出抓好重点行业安全生产大排查、大整治专项行动，严厉打击各类非法、违法、违规、违章行为，安全生产各项指标均控制在市下达范围内。事故起数连续四年同比下降或持平，2014年、2015年连续两年获全市安全生产工作考核第一名。

依法行政获得新进步。完成政府机构改革及职能转变。对行政执法人员的培训力度逐步加大，推进法制规范化建设。接受县人大及其常委会的法律监督和工作监督，接受县政协的民主监督，累计办理876件人大代表意见建议，563件政协委员提案，满意和基本满意率为100%。扎实推进政府信息公开工作。积极开展普法宣传，获全国"五五普法"先进县称号。

（五）以改革促进开放为契机，完善体制机制建设

推进国家、省、市各类改革试点共19项，通过先行先试，积累了经验、释放了活力、惠及了群众。留守儿童关爱服务体系试点得到省、市领导批示肯定。深化小型水利工程管理体制改革，有效解决了"建、管、养、用"脱节的问题。全国土地承包经营权确权颁证登记试点工作顺利开展。公立医院改革明确了功能定位及政府办医职责，建立了科学补偿机制，为全省探索出可复制的经验。推进了机关事业单位养老保险制度改革，启动了公车改革。完成县酒厂等10家县属国有企业改制工作。城市基层管理体制扎实推进，组建了新华社区，新增居委会4个。完成了西山、石硐、养龙司撤乡设镇。

（六）以严格保护生态为底线，生态建设取得新成效

成立了生态文明局，统筹全县生态文明建设。成功创建省级文明城市，创建生态文明机关、企业、医院、学校132个，乡镇社区8个、村36个，家庭45174户。单位GDP用水量、规模以上工业增加值能耗、主要污染物排放总量

均控制在规定范围。圆满完成"创模"各项工作,在全市率先完成"十二五"淘汰落后产能任务,县城以上集中式饮用水源一级保护区内村民全部搬迁。实施了小寨坝、温泉镇等2767人的易地搬迁生态移民工程。建成污水处理厂4座、垃圾填埋厂1座、空气和水质自动监测站各1座。完成人工造林1.53万亩、封山育林2.5万亩,石漠化治理95.68平方公里。县城和农村垃圾无害化处理率分别达100%、87.5%。县城污水处理率达到86%。环境空气质量达二级以上标准天数达97.3%。获"全国生态文明先进县""中国绿色名县""全省绿化模范县"等称号。申报省级生态村3个,生态乡镇有青山乡、永靖镇、九庄镇。大力推广使用电热、液化气、沼气、太阳能等清洁能源,户用沼气池19950口可减排SO_2 480吨,城镇清洁能源使用率均达标。

五 息烽县"十二五"规划落实存在的问题分析

成绩可以增强信心,问题也不容忽视。在充分看到规划中主要项目、主要任务顺利完成的同时,也要看到贫穷落后是息烽县的主要矛盾,加快发展步伐是根本任务的基本县情依然没有改变。发展还面临不少困难,规划实施中还面临许多问题。

(一)部分经济指标不能如期完成

息烽县"十二五"时期经济增长在一定程度上还依赖于资源消耗,仍处于产业链的前端和价值链的低端。支撑发展的后劲不强,缺乏吸附能力大、带动能力强的发展平台。地方财政总收入、社会零售消费总额、城镇化率、城镇居民人均可支配收入、农民人均纯收入等几个指标未如期完成规划目标。

(二)三次产业结构调整有待加强

一产结构调整有待加强。现代农业、特色农业处于起步发展阶段,农民持续增收难度较大。一产发展受喀斯特地质条件的影响较大,农业基础设施较为薄弱,一产中传统种植业占比仍然较大,工程性缺水依然严重。机制体制和模式创新速度缓慢。全县保守的一家一户生产经营格局使在土地整合、标准化生产、产品销售方面出现较多难题,很大程度上制约着现代农业的发展。农业新技术的推广和农业各项措施的落实不同程度上受到基层农技推广服务体系体制不顺、人力及投入不足等诸多问题的制约。此外，虽然随着人民消费水平的提高和观念变化，公众对农产品质量安全日益关注，但农产品质量安全监管的资金投入严重不足，检测体系不完善，监管手段单一，保障农产品质量安全的压力较大，农产品质量监管工作开展不顺。

二产中"一磷独大"的局面未根本性转变。第一，高新技术、装备制造、现代服务等业态发展滞后。民营经济和轻工业"短板"还未切实补上，磷煤化工精深加工率不高，科技含量和附加值较低，受市场价格波动影响大，且磷煤化工产业独大现状一时难以转变。息烽县磷煤化工产业占全县规模以上工业总产值的85%，轻工业、高新技术产业和现代制造业比重过低，产业发展极不协调。第二，高新技术人才短缺。虽然核心企业已经有一批经验丰富的管理和技术人员，但缺乏新技术产业项目支撑。尤其是随着高技术含量的化工生产项目不断上马，需要更多的企业和项目管理人员、技术研发和产业化方面的中高级人才，以及高素质的工人队伍。但是受息烽县发展环境影响，人才资源十分短缺，劳动力素质普遍不高，特别是中高级人才明显不足，制约着产业发展速度和质量。第三，现有企业产业较为低端、技术含量不高、生产模式不优。企业在科技研发方面投入较少，产品依然存在"量大质低"的现象，抵抗市场竞争和抗风险能力较弱，急需增强自主创新能力、加强产学研合作。产业结构不优，导致工业综合增加值过低。

三产处于粗放型发展阶段。旅游、商贸流通、饮食服务等传统产业比重大，而物流、中介服务、科研与信息服务等新兴行业发展相对缓慢，仍处于初级发展阶段。旅游服务业发展、大健康产业发展的质量也不高。虽然息烽县服务业占国民经济30%左右，但服务于工业经济的能力还有待提高，旅游基础设施配套不尽完善。城市公共交通、停车场、文化休闲等基础设施建设不足，一定程度制约服务业的发展。同时与群众的消费需求存在差距，产业发展仍欠缺整体规划和政策支持，还处于粗放型发展阶段，在总量和质量上都有待提高。

（三）部分项目建设缓慢或未实施

受国家产业投资导向和市场的影响，致使息烽县"十二五"规划内项目开工建设率较低和投资额不足。由于投资结构不够优化，大项目落地少，产业项目投资比重不高，新增产能不足。同时，息烽县的经济总量较小，财政收支缺口大、矛盾突出，仅2015年财政支出缺口就达25424万元。无较多的资金配套大项目建设，"十二五"规划内部分项目不符合县域经济发展的导向，为了更好地使项目投资服务发展县域经济，实施了更有利于经济发展的规划外项目。这样一来，导致"十二五"规划中的205个重大项目还有86个未开工。如开磷集团的氯碱化工项目、两岔河水库、小寨坝至流长二级公路、温泉至息烽港公路等未实施，苏宁电器商场建设、物流中心建设缓慢，旅游项目西望山景区、新萝温泉、多缤洞、黄沙河野外训练基地等项目开发计划未能实施。

六 息烽县"十二五"规划实施的成效与启示

息烽站在新的历史起点上，把握国内外、各省形势的新变化和新特点，结合县域实际，注重统筹兼顾、综合平衡，特别是资金平衡、资源平衡、城乡平衡、区域平衡；注重科学决策、科学管理、科学实施"十二五"规划，增强规划的严肃性；注重"十二五"规划与年度计划相衔接，总体规划与专项规划相协调。通过"十二五"的实践，息烽县呈现出经济发展全面进步、城乡面貌大为改观、生活水平明显提高的良好态势，规划实施的成效和启示为"十三五"发展打下了坚实基础。

（一）突出项目带动，增强发展后劲

坚持实施项目带动战略不动摇，围绕重点项目建设任务，全力加快项目建设，拉动经济持续快速增长。

强化责任抓项目。继续实行重点项目建设"三个一"包抓工作机制（一支队伍、一个责任制、一个考核办法），进一步明确目标任务、进度要求、完成时限和奖惩措施，按照队伍不变、力度不减的要求，夯实包抓项目责任制，全力推动签约项目早动工、动工项目早投产、投产项目早见效。强化措施促项目。严格实行月通报、季评比、年考核工作制度，掌握项目建设进度。认真分析项目建设进度缓慢的原因，并采取"倒计时"工作法明确建设节点和时限，确保项目建成投产。强化项目攻坚，着力达产增效。对下达的目标项目，集中人力、财力、物力，保障项目的资金、土地、人员等要素供给，明确专人负责

联系目标项目，动态掌握项目进展情况。强化项目资金管理。管好用好中央和省预算内投资，做到及时下达投资计划及资金计划，对项目资金实行专户存储，专款专用，专账核算，确保中央和省的投资用在规定建设领域。按月召开投资运行分析会、协调会、及时通报投资完成情况，发现和解决好运行中存在的困难和问题，确保重点项目加快推进和投资计划按进度运行。按月对责任单位项目工程进度进行督察，及时掌握工程推进情况。对工程进度慢的，查明原因，找出问题，提出整改措施，督促责任单位加快进度。建立与金融部门合作机制，积极向金融机构推介项目，增强金融部门投资的积极性与主动性，争取银行信贷支持，争取更多引资项目落地息烽县，提高引资项目履约率。

此外，以国家产业扶持政策为契机，抢抓机遇，全力推进重点项目建设。解放思想，加大与上级部门对接的力度，争取更多的资金投入项目建设；出实招破解项目建设中的难题，进一步优化重大项目建设环境，对重大项目建设服务事项、服务流程、服务规范和服务承诺等要组织"回头看"，进一步优化办事程序、减少办事环节、提高办事效率。

（二）突出生态保护，转变发展方式

坚持以"走科学发展路，建生态文明县"为总路径，逐步发展能源资源节约型产业，形成保护生态环境的产业增长方式和消费模式。扎实抓好退耕还林及成果巩固、天保公益林建设、石漠化综合治理等生态工程，严格控制生态脆弱地区自然资源开发，形成林带生态屏障，严禁开发不符合主体功能定位的各类活动。加强环境保护执法力度，严格监管建设项目环境，建立和实施主要污染物排放总量控制、排放许可和环境影响评价制度。实现乡镇均有污水处理厂（站）和垃圾填埋场。实施城镇清洁能源建设，逐步取缔城镇燃煤。加强测土配方施肥，合理使用化肥、农药、农膜，防治化学污染和面源污染。综合整治乡镇饮用水源地环境。

（三）突出园区建设，产业融合发展

完善园区内水、电、交通等重大产业基础设施，全力做好煤、电、油、运等生产要素保障，重点争取发展政策和环境容量等方面的最大支持，夯实园区建设基础。扶持园区企业做大做强，通过定期召开例会、县领导联系企业等制度,协调解决企业遇到的手续办理、融资等实际困难,确保企业满负荷生产。让规模以上企业延长产业链,拓宽产业幅,快速扩大产能。以园区重点工业项目建设为依托,提高园区发展水平和单位土地面积投入强度。注重推进园区工业生态化。实现工业经济生态化是可持续发展战略的重要内容和推动经济增长方式转变的必由之路。产业由单一向多元转变,以多产业耦合为特征,磷煤精细化工、医药食品、新材料、新型建材等产业同步发展,大力发展循环经济,减少三废的产生和排放,降低环境污染,提高综合效益。

(四)突出助农增收,推进"三农"发展

以增加农民收入为核心,以改善农村民生为重点,着力推进农业增效、农民增收、农村稳定。以抓好基本农田、美丽乡村、高效示范园区项目建设为重点,不断完善农村基础设施建设,改善农民生产生活条件,让更多的公共服务深入农村、惠及农民,逐步缩小城乡公共事业的差距。调整优化农业产业结构,加大"三农"投入。财政支出重点向"三农"工作倾斜,确保财政对农业投入的增长幅度高于财政经常性收入增长幅度,积极引导信贷等要素资源投向"三农"。实施"三良工程",对农业的投入和农民进行补贴,鼓励发展农业。加快农业产业结构调整步伐。优先发展绿色特色优势产业,以"一乡(镇)一特、一村一品"为标准,重点建设县级生态农业示范基地和乡级示范点;鼓励和带动群众(企业)自筹资金重点发展"粮油、蔬菜、肉鸡、肉牛、生猪、水产品、果树、中药材、虫茶、烤烟"等十大产业,通过建设基地提升优势农产品品牌效应,注重引进优良新品种,提高农产品的科技含量,推进农业产业化进程,全面提高农业综合生产能力。拓宽农民增收渠道。大力开展农业实用技术培训,提高农民素质,对农民进行免费的实用技术培训,促进农村劳动力就地转移或外出就业,增加农民工资性收入。积极探索农村集体和农户以土地、劳动力等生产要素入股参与当地资源开发,增加农民财产性收入。

(五)突出旅游活县,拉动三产健康发展

强化旅游业在三产中的龙头作用,扩大财政预算的旅游发展专项经费,以旅游业的快速发展带动三产大发展。优先发展特色旅游。采取市场机制,吸引更多的资金开发品牌旅游景区景点和配套设施建设。充分利用乡村优势,发展

乡村旅游。对已有的旅游点继续巩固，并着力打造具有文化内涵和特色的乡村旅游示范点，支持具备条件的10个乡（镇）地区发展农旅一体的乡村旅游，让乡村旅舍和农家乐成为农民增收的渠道，吸引更多的外地游客来农村观光体验、休闲度假。充分利用红色文化优势稳步发展文化旅游，开展"四月八"苗族文化周、半边天文化、红岩葡萄节、长征文化、星火传承·红歌会五大主题的文化旅游节庆活动，增强旅游的文化气息。以旅游品牌建设拉动金融、房地产、商贸等第三产业稳步发展。围绕游客和城乡居民消费需求，巩固发展商贸流通、餐饮、住宿、娱乐、交通运输等传统服务业，积极发展物流、金融、保险、信息、中介、社区服务等现代服务业。

（六）突出建管并重，加快城镇化步伐

息烽县抓住省、市重点打造贵遵城市带重要节点城镇的机遇，加强城镇建设和管理，力争不断提高城镇化率。首先，始终坚持规划先行。成立城乡规划委员会，聘请专家指导规划建设工作，统一县城建筑特色，提升城镇品位。建立和完善城乡规划管理和督察制度，强化规划执法，严格按照规划进行建设，切实维护规划的严肃性。其次，高标准建设城镇基础设施，增强县城综合承载力。着力加强乡（镇）市政基础设施、电网改造、棚户区改造、环境整治等工程实施，加快乡（镇）集镇建设，提升城镇品位。最后，注重城镇管理。通过理顺城市管理体制，健全管理制度，运用行政、法律、市场等多种手段，使管理由大街向小巷延伸，由部门管理向全民共建转变。并探索整脏治乱工作的常态长效管理机制。严格按照招、拍、挂方式出让土地，土地储备力度不断加大，有序推进土地市场的健康发展。营造"人人支持城镇建设、全民参与城镇管理"的良好氛围。

参考文献

息烽县发展改革经贸局：《息烽县2011年国民经济和社会发展计划执行情况及2012年国民经济和社会发展计划报告》，息烽县第十六届人民代表大会第一次会议，2012年1月5日。

息烽县统计局：《息烽县领导干部手册2012》2012年8月。

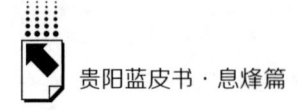

息烽县统计局：《息烽县领导干部手册2013》2013年7月。

息烽县发展和改革局：《息烽县国民经济和社会发展"十二五"规划纲要中期评估报告》2013年12月2日。

息烽县统计局：《息烽县领导干部手册2014》2014年7月。

息烽县发展和改革局：《息烽县2014年国民经济和社会发展计划执行情况及2015年国民经济和社会发展计划报告》，息烽县第十六届人民代表大会第四次会议，2015年2月11日。

息烽县统计局：《息烽县领导干部手册2015》2015年5月。

息烽县文体广电旅游局：《息烽县"十二五"规划纲要工作总结》2015年8月26日。

息烽县生态文明建设局：《息烽县"十二五"林业生态建设工作总结》2015年10月28日。

息烽经济开发区、工业园区办：《关于十二五完成情况及十三五发展思路情况汇报》2015年12月11日。

息烽县投资促进局：《息烽县2010~2014年招商引资情况》2015年12月11日。

息烽县发展和改革局：《息烽县2012年国民经济和社会发展计划执行情况及2013年国民经济和社会发展计划报告》，息烽县第十六届人民代表大会第二次会议，2013年2月27日。

息烽县发展和改革局：《息烽县2013年国民经济和社会发展计划执行情况及2014年国民经济和社会发展计划报告》，息烽县第十六届人民代表大会第三次会议，2014年2月19日。

卓飞：《在市"十三五"规划调研组来息调研座谈会上的讲话》2015年9月28日。

中共息烽县委：《关于制定息烽县国民经济和社会发展第十三个五年规划的建议》，中共息烽县委十二届五次全会，2016年1月8日。

息烽县发展和改革局：《息烽县2015年国民经济和社会发展计划执行情况及2016年国民经济和社会发展计划报告》，息烽县第十六届人民代表大会第五次会议，2016年2月17日。

息烽县统计局：《息烽县领导干部手册2016》2016年4月。

息烽县人民政府：《息烽县国民经济和社会发展"十二五"规划纲要实施评估》2016年7月28日。

贵阳市委、市政府联合调研组：《息烽县发展情况调研报告》2016年11月9日。

陈刚：《在市委常委会听取息烽县工作汇报时的讲话》2016年11月12日。

息烽县：《中共息烽县委　息烽县人民政府关于息烽县工作情况的汇报》2016年11月12日。

理论篇
Theory Reports

B.3 公园城市建设管理与运行模式研究

摘　要： 贵阳市在"五大发展理念"的指引下，在"守底线、走新路、打造升级版"的总体要求下，强力推进"千园之城"建设，构建"五位一体"的公园城市体系。本文主要以公园城市建设管理与运行模式为切入点，阐明了公园城市建设管理与运行的"三项原则"与"三个重点"，探讨了从立法与行政管理、游憩管理、社区和居民管理、经营管理四个维度构建公园城市建设管理与运行的体系，提出了需完善公园城市建设管理与运行的协作机制、参与机制、融资机制、激励机制与奖励机制。

关键词： 公园城市　建设管理模式　运行模式　保障机制

　　公园城市建设是促进绿色化发展的重要载体。早在党的十八届三中全会就提出要建立国家公园体制。目前，我国在公园建设方面具有多种形式，如国家森林公园、国家湿地公园、国家地质公园等,但是关于这些公园形式是否属于国家公园体系一直存有争议。近年来,我国不少学者都对国家公园体制进行了研究,并且也极力倡导建立中国国家公园管理体制。本文立足贵阳市建成生态文明示范城市的目标,基于打造"千园之城"的背景,研究探讨公园城市建设管理与运行模式。

一 贵阳市公园城市建设背景分析

(一)推进"千园之城"建设行动计划

贵阳市坚持以"五大发展理念"为指引,大力实施公园城市工程。在"守底线、走新路、打造升级版"的总体要求下,坚持以需求和民生为导向,因地制宜,突出特色,强力推进"千园之城"建设。打造"千园之城"的目标即是在已有的365个公园基础上,新建660个公园,到2018年达到1000个以上(见表1)。2020年,建成人均公园绿地面积17平方米,新增公园面积1.7万公顷,实现市民出行"300米见绿、500米见园"。"千园之城"的打造是一个系统综合的工程,涉及对公园编制规划、制定标准、完善配套设施、推动项目建设、增加文化内涵、强化管理服务等一系列的重点。① 要加强对公园城市建设的投融资模式及管理运营模式进行探讨研究,从而推进公园建设,优化公园服务,提升公园品质,助力打造生态贵阳升级版,为建成全国生态文明示范城市提供有力支撑。

表1 贵阳市打造"千园之城"各区(市、县)公园建设任务分解

区市县\年份	2015	2016	2017	2018	总量
云岩区	17	68	38	12	135
南明区	24	21	30	5	80
花溪区	7	13	65	4	89

---

① 中共贵阳市委办公厅贵阳市人民政府办公厅:《贵阳市推进"千园之城"建设行动计划(2015~2020年)》,2015。

续表

区市县＼年份	2015	2016	2017	2018	总量
乌当区	9	15	27	21	72
白云区	27	44	7	6	84
观山湖区	1	33	20	5	59
清镇市	3	12	10	0	25
修文县	1	7	7	1	16
息烽县	1	4	3	3	11
开阳县	1	11	6	6	24
高新开发区	0	0	2	3	5
经开技术开发区	0	16	14	0	30
贵阳综保区	0	3	4	3	10
航空港经济区	0	2	4	14	20
总量	91	249	237	83	660

（二）构建"五位一体"公园城市体系

贵阳市根据自身的资源优势，以公共空间系统和绿地系统为基础，规划、改造、提升、建设一批不同层次和不同类型的公园，形成由森林公园、湿地公园、城市公园、山体公园、社区公园构成的"五位一体"公园城市体系。各类公园建设的年度具体任务见表2。

表2　贵阳市各类公园年度具体任务分解

年份＼类型	森林公园	湿地公园	城市公园	山体公园	社区公园	总量
2015	0	4	24	10	53	91
2016	14	12	46	30	147	249
2017	16	7	116	29	69	237
2018	9	5	26	16	27	83
总量	39	28	212	85	296	660

资料来源：《贵阳市推进"千园之城"建设行动计划（2015~2020年）》。

公园城市体系建设的导向是注重功能实现。公园城市中的各类公园不但应为人们提供游憩设施，而且要对人类面临的环境问题进行宣传，宣传公园绿地对保护生态和提升城市应对经济、人口压力具有重要的支撑作用。公园城市在城市中的功能应具有叠加性，如社会文化功能、经济功能、环境功能及其他功能。社会文化功能主要是指休闲游憩功能，为精神文明建设和科研教育基地传播精神文明和大众文化，保护文物古迹等；经济功能主要是指为城市未来发展预留土地，带动地方经济社会发展，促进城市旅游业的发展，防灾减灾等；环境功能主要是指维持城市生态平衡，促进城市可持续发展等。其他功能还有增进人们之间的社会交往，化解人情淡漠，降低人口密度，节制过度城市化发展，组织城市空间和人的行为，改善交通条件等。在"五位一体"公园城市体系中，不同类型的公园所具备的功能定位不一样（见表3）。

表3 五类公园概念及功能

公园类型	概念	功能
森林公园	森林公园是指以森林资源为依托，具有一定规模和质量的森林风景资源与环境条件，可以开展森林旅游，并按法定程序申报批准的地域	有助于改善城市系统的生态失衡问题，缓解城市热岛效应。此外森林公园具有多样性的生物物种资源，在为人们提供游憩、疗养、避暑的功能时，还可以开展生物物种科普和科教活动
湿地公园	湿地公园是指拥有一定规模和范围，以湿地景观为主体，以湿地生态系统保护为核心，兼顾湿地生态系统服务功能展示、科普宣教和湿地合理利用示范，蕴涵一定文化或美学价值，可供人们进行科学研究和生态旅游，予以特殊保护和管理的湿地区域	维护城市生态系统、提供生态产品、保护生物多样性等
城市公园	城市公园是指位于城市建设用地范围内，向公众开放，有一定游憩和服务设施的绿地	以游憩为主要功能，兼具生态、景观、文教和应急避险等功能
山体公园	山体公园是指城市规划区范围内，在原有山体地形地貌和动植物现状的基础上进行布局、造景的公园	集生态保护、登山健身、森林探秘、种植体验等功能于一体
社区公园	社区公园是指直接为市民在居住区附近利用与享受的公园绿地系统	具有中等的旅游休闲功能、生态价值和防灾减灾的功能

二 公园城市建设管理与运行的三项原则：生态完整、文化融入和主体多元

（一）生态完整性是公园城市建设的首要目标

公园城市在建设过程中，不但需要满足人们开展相关活动的需求，而且要满足生态涵养的需要，相关主体在公园城市建设管理过程中所做出的一切决策均应以保护生态完整性为首要目标。"当一个生态系统的结构和功能都没有遭到人为引起的威胁以及当生态系统的生物多样性保持完好时，可以称为具有完整性。"[①] 公园城市建设本身有利于维持生态完整，可以说公园建设是城市生态系统的核心。公园城市建设非常注重人与生态、人与环境、人与自然的协调发展，在满足人们休闲游憩和观光的基础上，能保护自然、顺应自然、保护生物多样性。

（二）文化融入是公园城市建设的灵魂

文化是灵魂，在公园城市建设中注入文化内涵，不仅能赋予公园独特的文化品位，也能提升游客的休闲体验。在公园城市建设中首先要注重历史，收集第一手资料。任何地方都有自身的历史渊源与独特的文化，公园城市改造设计过程中要积极增加公园景观的文化内涵，传承城市的历史文化。其次要寻找文化的亮点，挖掘文化中历久弥新的精髓。公园城市在设计过程中，要研究、梳理当地的社会背景与文化变迁，挖掘出它们共有的亮点和精髓，融入公园城市的建设当中，体现地方的文化特色。最后，公园城市在建设过程中，也可以借鉴其他地方的文化，当然借鉴不等于"拿来主义"，而是要挖掘出所借鉴文化的深刻内涵和本质，让公园成为历史片段叠加与记忆的综合空间。公园城市建设过程中，融合特定的地域文化，保持文化的本质，移植具有代表性符号与元素的文化片段，不仅能提升游客的体验，还能向游客展示城市的历史，从而延续和发展城市文化[②]。

---

① 刘鸿雁：《加拿大国家公园的建设与管理及其对中国的启示》，《生态学杂志》2001年第6期。
② 姚章义：《浅谈如何在公园建设中挖掘和传承文化——以墨池公园建设为例》，《江西建材》2016年第3期。

（三）主体多元化是公园城市管理的重要形式

多元参与是公园城市管理的核心。公园城市的管理主体是由政府、社区、非政府组织构成的行动者系统。在这个系统中，政府主要提供规划设计、法律保障、资金保障，还涉及调节群众问题、招商引资、管理养护等。政府为了增加公众的可接受度，在公园城市建设中通常不会大刀阔斧地推行全新策略或进行改革；社区当地居民在公园城市管理中最主要的是传承并展示原生文化，例如蓬莱仙界等公园，当地的风俗习惯、文化故事等如果能由当地住户展示出来，则能更好地提升游客的游览体验，更有利于为地方发展提供经济动力；非政府组织在公园城市建设管理中主要具有两个方面的作用，一方面是维护公众利益，非政府组织通常代表公众利益去争取资源和权限，能从公众的角度去思考利益分配问题。另一方面能对公园建设运行进行监督，避免一方独立决策带来不良影响。①

三 公园城市建设管理与运行的三大重点： 形式创新、可达性与城乡统筹

（一）强化公园形式创新，应对用地紧张问题

中国人多地少的突出矛盾致使城市建设用地极为短缺，在此情况下绿地率和公园绿地指标必然会受到制约。公园城市建设则为城市绿地建设带来契机，不但有利于重构城市绿地空间，而且有利于重塑整体城市结构。在用地紧张的情况下，加强公园建设的形式创新十分重要。这可以借鉴美国公园建设的混合式开发思路，即在不变更用地性质的基础上，在各种潜在的绿化游憩用地建公园，如在废弃的道路、停车场、垃圾填埋场、开放式校园绿地、公共建筑屋顶等地方建设公共游憩绿地，使这些地方具备公园的实际使用功能。②

---

① 周武忠、徐媛媛等：《国外国家公园管理模式》，《上海交通大学学报》2014年第8期。
② 骆天庆：《美国城市公园的建设管理与发展启示——以洛杉矶市为例》，《中国园林》2013年第7期。

（二）注重公园服务品质，提升公众获得感

在很长一段时间里，公园的增量化建设发展较快，这种建设模式比较注重绿地的绝对数量，而非综合效益和服务品质。重数量不重品质的建设模式引发了各种问题，特别是在大城市中，公园绿地的增量主要建设在新开发区，这些地方通常路网密度低、交通不便，即便公园面积大、数量多，但由于可达性不高，致使游憩出行率降低。[①] 公园城市建设过程中，应注重公园服务品质，包括充足的面积、完善的基础设施、设计的人性化及良好的维护等，可为公众提供充足的休憩空间。

（三）结合美丽乡村建设，统筹城乡公园发展

加快美丽乡村建设是提升生态文明建设水平的重要任务，是统筹城乡公园体系发展的重要载体。美丽乡村建设的指向目标主要在于四个方面："一是塑造空间特色，彰显乡村风貌品味；二是推进绿色化发展，促使生产空间集约高效；三是改善农村人居环境，让人们生活在良好的生态空间中；四是进行文化宣传与教育，促使人们形成健康和谐的生活方式。"[②] 美丽乡村的建设在很大程度上契合了公园城市体系建设的目标，即优化生活空间、促进绿色发展、提升村社宜居度、转变民众生活方式等。公园城市建设是一项民生工程，需要满足城市居民及农村民众的精神文化需求与休憩空间需求；公园城市建设是一个综合体系，不仅能综合反映各类公园的建设管理与运行情况，更能综合反映城乡生活品质的提升。

四 公园城市建设管理与运行四个维度的体系构建

（一）立法和行政管理是公园城市建设的前提

遵循法律依据，完善公园城市建设管理机制。规划和建设公园城市体系是一个非常复杂的过程，涉及确定重要的自然区域、对公园建设的可行性进行评

[①] 骆天庆：《美国城市公园的建设管理与发展启示——以洛杉矶市为例》，《中国园林》2013年第7期。
[②] 陆冰、王熙：《加快美丽乡村建设 打造绿色都市》，《唯实》2014年第2期。

估、按照法律建设公园等。因此，公园城市建设需要依循一定的法律依据，并且依法制定相关的管理规划。有关公园建设管理的立法工作，美国和韩国的经验值得借鉴。1916年美国通过的《国家公园基本法》明确规定了国家公园管理局的各项职责，并且赋予民众监督权，任何美国公民若发现国家公园管理局有不作为或错误的行为等现象均可以提起诉讼。20世纪80年代韩国颁布了《自然公园法》等法律法规，以法律的形式明确规定了国立公园管理各事项，如在第六章明确规定了公园管理公团设立的步骤和程序，公园管理公团的性质是什么以及其运转的经费来源等。法律法规不仅是保护历史文化资源和自然资源的重要手段，也是公园城市建设的基本依据。从各类公园的建立到公园城市系统的形成都需要制定、颁布和实施法律，有关公园城市建设的任何决策、建设、经营管理等都需要按照法律法规所制定的程序进行。①

加强顶层设计，明确公园城市的管理主体。目前对公园的管理国外主要有协作共治共管、属地自治管理、中央政府管理等模式。英国是协作共治共管模式的典型代表，该模式以政府、社区、非政府组织等多个利益相关者为主导力量，彼此之间加强合作，并且共同分担决策权力与责任义务。澳大利亚是属地自治管理模式的典型代表，该模式下中央政府主要负责对内引导协调和对外沟通交流，而公园主要由各地区或各领地的属地管理部门进行管理，在关于国家公园的立法、决策等事项上，属地管理部门具有较强的决定权和自主权。美国和韩国都是中央政府管理模式的代表，相同点在于两国的中央政府都具有很强的公园管理权限。所不同的是，对于国家公园的管理，美国实行的是垂直领导体系，分别有单个国家公园管理局、地方管理局和内政部国家管理局，其中内政部国家管理局主要承担公共服务，并且直接管理国家公园内的资源，州及地方政府的国家公园没有行政执行权，其他的机构或者个人也必须在获得国家公园局许可之后才能参与管理。而韩国则是实施一元化的管理体制，即由国立公园管理团对每个国立公园负责，可以说韩国的国立公园管理团具有绝对的权威，在管理决策上基本不受地方政府及企业的干预。②

加快地方立法，探索公园城市建设和管理新模式。贵阳市目前仍然缺乏相应的法规来保护和管理公园城市建设，这使公园城市建设和管理步履维艰。由

---

① 李祗辉：《韩国国立公园管理探析》，《世界林业研究》2014年第5期。
② 李祗辉：《韩国国立公园管理探析》，《世界林业研究》2014年第5期。

于缺少强有力的法律约束，将难以避免有的公园不按照总体规划进行布局建设，并且难以避免出现一些单位和部门强行插手公园管理，破坏生态环境，扰乱公园内正常的经营管理秩序等问题。因此，建议尽快为公园城市建设提供法律依据，转变公园城市建设和管理无法可依的被动局面。同时，在规划建设方面制定一整套行之有效的技术标准，促进公园城市建设与旅游开发能力和水平的提高，使公园城市建设发挥出应有的生态、社会和经济效益。① 此外，公园城市体系建设涉及多个部门，为避免管理混乱而产生矛盾，加强顶层设计、加快明确管理主体十分重要。一旦确定管理主体，便可结合市情探索研究需要采取垂直型管理模式还是采取委托管理模式，抑或其他模式。

（二）游憩管理是维护生态完整性的重要基础

在自然保护的前提下充分给予公众游憩权。长期以来，贵阳在公园的建设方面要么偏重保护自然而忽略经济发展，要么偏重旅游赢利却又忽略保护自然，在保护和开发之间很难找到一个平衡点。在建设公园城市的过程中应正确认识其具有疏解城市功能、重构生活空间、涵养生态、传承文化等功能，可以在保护自然的同时也为人们提供游憩空间。可以说，公园城市建设既可以保护人们的生态家园，又可以为人们提供文化家园，体现了"保护自然"和"开发利用"之间的协调发展，是贵阳市建成生态文明示范城市的重要抓手。因此，要加快绿色化发展，加强可持续发展，树立"天人合一"的理念，明确公园城市的建设是在自然保护的前提下进行开发利用。②

游憩利用应在维护生态完整性的基础上进行。公园城市建设是一项民生工程，其建设目标之一即是通过公园建设，提升人们的生活品质，优化人们的生活空间，增强老百姓的获得感。可以肯定的是，各类公园建设完成后，必然会向民众开放。但是，向民众开放后也会随之产生一些问题，特别是森林公园、湿地公园等的生态完整性问题。因此，公园城市建设的首要目的应该是保护生态的完整性，但同时并不排斥旅游活动，只是旅游活动需要在保护生态的前提下进行，人们的游憩只能限于对环境影响最小的活动。加拿大在保护生态完整

---

① 陈维伟：《瑞典森林公园建设管理经验及其借鉴》，《中南林业调查规划》2008年第3期。
② 李祗辉：《韩国国立公园管理探析》，《世界林业研究》2014年第5期。

性方面有很多值得借鉴的经验,其在1994年就出台了相关的指导原则和操作政策,为了保护和利用的双重目的,加拿大国家公园通常会划分为公园服务带、户外游憩带、自然环境带、原始生境带和特殊保护带,机动车严禁进入特殊保护带,同时在特殊保护带也禁止修建大型的游憩设施,所有游憩活动可能会对生态完整性造成什么影响都有详细的评估。除上述外,加拿大在某些公园还会限制游憩者进入的时间和季节,以此来保护公园内种群的生存。①

(三)社区和居民管理有利于增强公众参与及文化融入

在公园城市建设过程中,当地居民可以承担起保存自然遗产、传承原生文化、自发提供经济动力的作用。以英国为例,英国的国家公园内农场占据相当大的面积,且大多为当地农户私人所有,国家鼓励这些农户继续保留这种原生传统的农场文化,一方面保证自然生态环境的存续,巩固环境承载力;另一方面为乡村旅游提供经济动力。如向公众开放的农场步行道,为城市居民提供手工作坊体验以及特色农产品的供应皆可为当地农户带来良好的经济收益。② 贵阳市在"千园之城"的建设过程中,可以引导各区(市、县)深入了解自身文化,对于提升改造及新建的公园要挖掘当地的文化,融入公园建设中。特别是对处于少数民族地区的公园,例如白云区的蓬莱仙界等,可以多向当地民众了解有哪些地方文化和传说,在建设公园的同时也讲好故事,这样才能吸引更多想听故事、想看美景、想有体验的游客前来,为公园景区的经济发展助力。

在公园城市建设过程中应引导公众参与,最大限度地发挥公众在公园管理中的作用。例如加拿大,公众参与公园管理有明确的法律保障,加拿大民众有机会参与公园建设管理的政策制定、管理规划等相关事宜。有的公园在建设完成后,与当地的原住民保留地重合,加拿大政府会积极宣传并引导原住民参与到公园管理中去,并与原住民建立起真正的协作伙伴关系,充分发挥原住民文化在生态完整性建设中的重要作用。此外,在公园管理中,原住民还会参与一些巡逻工作,对公园养护和安全工作起到重要作用。③ 贵阳市在建设"千园之

---

① 刘鸿雁:《加拿大国家公园的建设与管理及其对中国的启示》,《生态学杂志》2001年第6期。
② 周武忠、徐媛媛等:《国外国家公园管理模式》,《上海交通大学学报》2014年第8期。
③ 刘鸿雁:《加拿大国家公园的建设与管理及其对中国的启示》,《生态学杂志》2001年第6期。

城"的过程中,应当充分动员公众参与,在规划设计阶段可以多开展调研和座谈会,了解公众对公园位置、形式、功能等的需求,真正建设符合公众期盼的公园。在建成后,鼓励公众自觉维护公园里的公用设施和生态环境,激发公众的主人翁意识,提升公众对公园建设和养护"人人参与、人人受益"的理念。同时,可以引导公园所在地公众开展多种形式的文化活动,传承当地文化,引入优秀文化,培育起浓厚的文化氛围。

(四)经营管理有利于促进公园城市建设的有序发展

公园城市体系下的各类公园应规范经营管理,以此避免无序发展。在规划设计上,为确保公园城市建设规划设计风格的协同性和整体性,可以集结专业规划设计人员和遗产保护专家进行研究探讨。在公园工作人员管理上,一方面可以考虑向员工支付较为丰厚的报酬,同时与员工签署较为稳定的劳动合同关系,以此吸纳具有专业背景和专业技术的人员。另一方面可以考虑指定机构统一调配公园管理人员,例如在美国就是由国家公园局统一调配公园管理人员。在工作人员考核上,建议开设公园建设管理及养护等相关方面的培训机构,对公园的工作人员进行理论培训和实践操作能力培训,并进行专业技能考核。在经营权上,可以借鉴美国的经验,国家公园管理局只具备管理权,公园的经营权则通过公开招标的方式承包出去,将经营权推向更有活力、更加高效的市场。在具体经营方面,可以借鉴澳大利亚的经验,通过建立环境监测评价指标对自然生态进行保护,通过经营权限设定,如禁止在公园内建设大型吃、住、娱等设施,以保证公园有序发展。在运营宣传上,可以充分发挥非政府、非营利性组织的作用,吸纳志愿者为公园城市建设提供服务。

五 完善公园城市建设管理与运行的五项机制

(一)协作机制:部门统筹是公园城市建设的重要保障

贵阳市在实施"千园之城"的过程中需要多部门通力协作,建立部门统筹协作机制是公园城市建设能顺利实施的重要基础。公园城市建设的过程会涉及规划制定与任务分解、项目规划、项目审批、资金保障与审计、土地保障、文化融入、项目监督、宣传维稳等各方面的工作。仅以息烽县为例，在实施公园城市建设的过程中，需要涉及的部门就多达二十多个（各部门的职责如表4所示）。如果区（市、县）行政范围内设有特区等，则还需要统筹协调区（市、县）与特区之间的合作。例如白云区就需要与综保区、高新区统筹协调相关工作，做好各项工作的衔接与服务。但是就目前的行政体制看，横向部门之间的工作独立性强，彼此之间的沟通协作不多。贵阳市在公园城市建设中需要健全与完善部门统筹协作机制，厘清各部门的职责，保障"千园之城"建设的顺利实施。

表4　息烽县各部门关于公园城市建设的职责

部门名称	相关职责
县委群工委、县群工中心	牵头解决公园建设中群众反映的诉求,调解群众问题
县新闻中心	牵头公园建设宣传工作
县编委办	负责指导成立公园管理机构及调整其人员编制
县发展改革局	牵头负责公园建设项目的立项和项目的申报
县工业和信息化局	负责指导将智能化、信息化管理技术用于公园管理服务
县文体广电旅游局	牵头负责体育、旅游设施的资金申请、项目建设和指导
县财政局	负责统筹公园建设资金的筹措,保障公园规划经费
县国土资源局	负责提供公园建设相关图纸,牵头相关手续的办理及部门项目资金的申请和项目实施
县民政局	负责对规划区内的困难户或因公园建设造成的拆迁困难户,给予帮助救助
县生态文明局（县林业绿化局）	负责统筹全县公园建设工作,负责牵头编制《息烽旅游（公园—乡村—温泉）总体规划》和单体规划设计,牵头解决建设中遇到的困难及问题
县生态文明局（县环境保护局）	负责完善环评相关手续的办理、争取本部门建设项目的资金申请和项目实施
县住房城乡规划建设局	负责完善相关手续的办理及部门建设项目的资金申请和项目实施
县城投公司	负责牵头制定公园建设政府融资方案,筹措建设资金
县交通运输局	负责交通项目的资金申请及项目实施
县农业局	负责农业项目的资金申请及项目实施
县水务局	负责水利项目的资金申请及项目实施

续表

部门名称	相关职责
县城管局	负责县城规划区公园环境卫生保洁、垃圾清运及公厕的维护和管理,指导各乡(镇)做好县城规划区外公园的环境卫生及公厕的管理和维护
县法制办	负责为公园建设项目提供法律服务
县投资促进局	负责牵头公园建设项目的包装和招商引资
县公安交警大队	负责公园及周边交通秩序管理
县规委办	负责团圆山地质公园、南山驿站公园的项目规划编制
县土储中心	负责落实公园建设用地耕地占补平衡指标
县金融服务中心	负责协调驻县各银行金融机构加大公园建设资金的支持力度
各乡(镇)人民政府、新华社区	公园的直接责任人,负责公园建设项目的上报和实施,做好辖区内公园管理

(二)参与机制:广泛动员公众参与公园城市建设

当前,我国城市公园在建设的过程中面临着趋同化等问题,并且在管理层面面临资金缺乏和后期管理维护不到位等问题。产生这些问题的原因主要在于现阶段城市公园建设没有充分发挥公众的主体作用,而是以政府和设计师为主导,导致公众的需求没有得到充分体现,其主人翁意识和参与积极性也没有很好地激发出来。因此,注重公众参与不仅能体现公园城市规划设计的地域特色和人性化,满足公众需求,提升公园的品质及增强其服务功能;还能提高公园管理维护的效率,促进其可持续发展。例如,美国明尼阿波利斯公园在建设过程中最大的特点就是通过完善制度框架和设立组织机构鼓励公众参与,从规划设计、资金筹措、设施提供及管理养护等多个环节都体现了公众参与的影子[1]。同时建立公众参与的核心平台——明尼阿波利斯公园与游憩委员会,为市民提供各种参与机会,共同维护公园的持续发展。

贵阳市在公园城市建设过程中,可以通过座谈会、问卷调查及访谈等形式收集有价值的规划方案建议;通过传统媒体和新媒体结合的手段广泛宣传

---

[1] 尹若冰、邹涛:《公众参与对城市公园建设的作用——以美国明尼阿波利斯公园系统为例》,《2012中国城市规划年会论文集》,2012。

"千园之城"，提升公众的相关认识；还可以开展形式多样的活动收集建议，例如开展"画出我心中的公园"，鼓励儿童与青少年参与并画出他们心目中的公园，这不仅能为规划设计师提供灵感，也是了解儿童与青少年对公园需求的重要渠道。

（三）融资机制：引进社会融资参与公园城市建设

政府"输血式"投资无法满足公园城市建设的资金需要，引进社会融资参与公园城市建设具有必要性与可行性。公园城市建设有很强的社会公益性质，在建设上主要是靠政府投资，并作为福利事业向社会开放。政府既是公园的生产者，也是公园的管理者。然而，随着"千园之城"的实施，土地置办、基础设施完善、绿地建设等需要大量的资金作为保障，虽然政府不断"输血"，但资金缺口仍然很大。引进社会融资参与公园城市建设，缓解财政压力，促进公园城市发展，有很大的必要性。公园城市在前期建设和后期养护上都需要投入大量的资金，虽说从表面上看似乎是一项纯消耗性的公益事业，但其实也有很大的潜在价值。城市公园建成后周边土地的价值也会大大提升，对于开发商而言这是一项有形资产。因此，公园城市建设引进社会融资具有一定的可行性。

引进社会融资参与公园城市建设的模式主要有BT模式、BOT模式、政企合作绿化模式、土地置换模式与社会认建模式（见表5）。贵阳市在公园城市建设过程中可以根据实际情况引进社会融资，但也要制定科学的设计规范、严格审查经营项目、规范融资制度，避免融资市场混乱、过度经营等问题。

表5 社会融资五模式概念

模式名称	模式内容
BT模式	即"建设—移交"模式，是政府通过特许协议授权企业对项目进行融资建设，项目建设验收合格后由政府赎回，政府用以后的财政预算资金向企业支付项目总投资并加上合理回报的过程
BOT模式	即"建设—经营—移交"，是指政府或其附属的公共部门将由其控制的资源以招标的形式选择企业，通过与其签订协议，授权其为此项目筹资、设计、建设，并授予其在项目建成后的一定期限内，通过经营收回投资、运营、维修费用和一些合理的服务费、租金等其他费用，以及取得一定利润等投资回报的特许权，在协议期满后，项目无偿转让给政府或其附属公共部门

续表

模式名称	模式内容
政企合作绿化模式	即政府主导、企业承办、政企合作的绿化模式,实现政府要绿、企业要利、群众受益的目的
土地置换模式	即在城市发展过程中,利用级差地价置换土地改造老城区
社会认建模式	即机关、团体、企事业单位及个人通过一定的程序,自愿负责一定面积的公共绿地、小游园、道路绿化、居住区绿地及古树的建设行为

（四）激励机制：优化员工激励机制推动养护管理

激励是指为了有效实现成员和组织目标,通过采取一定的方法来满足员工的需求,从而激发员工的工作积极性和创造性的过程。激励机制是激励主体和激励对象相互影响的过程,有利于挖掘员工的潜能,提升员工的忠诚度。随着各类公园的发展,公园景区也面临着激烈的市场竞争,这对员工的工作素质提出了更高的要求,因而也对人力资源管理提出了更为严峻的挑战。

长期以来,公园发展的激励机制普遍存在四个方面的问题。一是管理观念落后,缺乏长期的顶层规划统筹,从而造成公园发展缺乏持续性和竞争力,公园发展缺乏长效性,也造成员工缺乏责任心,甚至造成人才流失;二是管理人员的学历不高,整体素质不高,服务质量不理想,其工作能力、积极性、创造性等都有待提高;三是培训机制不完善,员工缺乏一些有创新性和长效性的培训机会,导致员工业务能力无法得到进一步提升,也缺乏长期的发展目标;四是薪酬福利不高,公园发展逐渐向微利发展,员工的薪酬待遇普遍不高,心理落差较大,工作积极性受影响。

公园景区是典型的"情绪型产业"[①],服务是景区提供的主要产品。服务对象是游客,而游客在游览过程中的需求具有多样性,这就要求公园景区的员工具备较高的服务素质以及应对各种情况的能力,而这些都与员工的工作积极性和热情息息相关。因此,优化激励机制十分重要,不仅能激发员工的服务热情,也能提升员工养护管理公园的自觉性。在具体的实施过程中,应从物质激励和非物质激励双管齐下,在物质激励方面各类公园可以根据自身具体情况提

---

① 付佳琳：《香山公园员工激励机制优化研究》,北京林业大学硕士学位论文,2012。

升金钱福利、实物福利、服务福利和机遇福利（见表6），在非物质激励方面可以评选先进、颁发荣誉证书等。

表6 物质福利种类一览

种类	具体内容
金钱福利	交通燃油补贴、降温费、取暖费、特殊节假日补贴、医药保健品报销、养老费、子女教育补贴、生日礼金、平时及节假日加班费
实物福利	体育设施、免费工作餐、免费职工宿舍、电影及话剧等票
服务福利	免费学习设施、员工通勤车服务、相关保险服务、提供心理及法律等方面的咨询
机遇福利	集体文体活动、带薪休假、公费深造、在职脱产培训

（五）奖励机制：政府设立专项资金作为奖励基金

贵阳市在公园城市建设过程中，可以设立专项资金作为奖励基金，对按照"千园之城"要求完成公园建设任务的区（市、县）、机关事业单位、乡镇、社区、企业给予奖励。主要有建设奖励与管护奖励两个方面，对于新建的园区按照面积的大小不同给予不同额度的建设奖励。对于续建、扩建、已建成或尚需完善的园区可以给予适当奖励；对于新建、完善、现有的园区给予管护奖励，按每平方米每年一定额度来奖励各园区的管护经费，每个园区的管护经费可以规定上限。对于封闭式的物业管理小区，以及已纳入城区绿化管护范围的园区不予管护奖励。奖励资金可由市财政安排专项资金。验收达标后，直接拨付给各区（市、县）统筹管理使用。

参考文献

贵阳市：《贵阳市推进"千园之城"建设行动计划（2015~2020年）》，2015。
息烽县委办政研室：《息烽公园县建设行动计划（2016~2020年）》，2016。

B.4
关于息烽县"特色公园县"建设规划的研究与思考

摘　要： 建设"千园之城"是纵深推进全国生态文明示范城市建设的重要抓手。贵阳市规划在"十三五"期间发挥城市生态资源禀赋和比较优势，以建设公园为核心提升城市品位。息烽县作为贵阳市生态支撑，具有"红色、温泉、森林、乡村"四张名片，具备建成独具"城乡一体化统筹发展"特色的公园县的基础条件。本文从"千园之城"建设背景入手，立足息烽县"十三五"实施公园建设工程的实际和现实条件，充分分析县域公园城市建设中应坚持的城市与乡村、旅游与扶贫、创新与绿色相结合三大原则，旨在为建设好一批具有示范引领作用的标志性公园和保障公园城市建设规划有序实施提供借鉴。

关键词： "千园之城"　城乡统筹　城市公园　乡村公园　扶贫

一　建设背景：贵阳确立建设"千园之城"的目标任务

（一）"千园之城"是打造发展升级版的一个重要载体

贵阳的发展升级，生态是不可或缺的部分。"十三五"期间，贵阳提出推进"六大工程"，其中之一就是推进公园城市工程，打造贵阳生态升级版。"十二五"时期，贵阳市生态文明获得大发展——获批建设全国首个生态文明示范城市并取得阶段性成效,"蓝天""碧水""绿地""清洁""田园"五项保护计划有力推进,环境空气质量优良率90%以上,集中式水源地水质达标率100%,森林覆盖率45.5%,建成区人均公共绿地达10.95平方米。①

站在"十三五"的新起点,"千园之城"成为推动贵阳生态升级、建成全国生态文明示范城市的重要载体。按照相关规划,贵阳市将通过"改造、提升、建设、规划"等手段,构建"五位一体"② 公园体系。到2020年,预计城市绿化覆盖率达50%以上,建成区人均绿地面积达17平方米,③ 达到建设"千园之城"的目标,实现贵阳市生态全面升级。

从长远看,"千园之城"更是推动贵阳发展全面升级、打造创新型中心城市的优势竞争力和亮丽名片。首先,创新型中心城市的发展与核心功能的实现,离不开良好的生态环境作为支撑。其次,未来贵阳城市空间的合理布局、城市功能的日趋完善,也有利于汇集人才、资本、技术等各类资源,形成更加适宜"大众创业、万众创新"的城市氛围,推动贵阳发展全面升级,建成创新型中心城市。

(二)"千园之城"是探索新型城镇化的一种创新实践

中国特色新型城镇化的核心在于以人为本,实现产业结构、就业方式、人居环境、社会保障等一系列由"乡"到"城"的转变。④ 而打造"千园之城"的核心正是从以人为本出发,通过公园建设调整城市空间结构,实现城市环境、公共配套、产业业态等一系列的优化。从功能实现的角度来看,"千园之城"亦是探索新型城镇化的创新实践。

打造"千园之城"可有效改善贵阳的城市环境与功能。"五位一体"公园体系的布局和建设,将从空间结构上彻底改变贵阳市当前中心城区人口密度大、建筑密集、活动空间少、绿化水平低的环境状况,并以空间结构的优化来实现城市生态、服务、管理等功能的完善。

---

① 《构建"千园之城"新体系 展现绿色发展别样魅力——省"两会"内外热议做优生态长板奋力建成全国生态文明示范城市之三》,《贵阳日报》2016年1月31日。
② "五位一体"公园体系,即"森林公园、湿地公园、城市公园、山体公园、社区公园"。
③ 贵阳市生态文明委、市规划局:《贵阳市绿地系统规划》,2015。
④ 徐绍史:《坚定不移走中国特色新型城镇化道路》,《人民日报》2014年3月17日。

打造"千园之城"将进一步推动城乡融合发展。通过结合"疏老城、建新城"改造棚户区城中村，推动建设"千园之城"，不仅能实现新老城区"扩园增绿"，同时也将优化城市公共服务设施的规划布局，引导城市人口、功能逐步向新建城区疏散，推进城镇基本公共服务常住人口全覆盖，推动农业转移人口市民化，使全体居民共享城市建设发展成果，在城镇化过程中促进人的全面发展和社会公平正义。

打造"千园之城"也是调整产业结构、推动产城融合发展的契机。在"十二五"期间，贵阳逐渐探索出以大数据为引领的创新发展之路。以打造"千园之城"为契机，贵阳市将优化生产、生活、生态空间均衡配置，鼓励和引导绿色产业发展，进一步推动产业结构"腾笼换鸟、凤凰涅槃"，构建资源消耗低、附加值高的现代产业体系，进一步推动贵阳产城融合发展。

（三）"千园之城"是提升百姓获得感的民生工程

良好生态环境是最公平的公共产品，是最普惠的民生福祉。从本质上来说，"千园之城"是一项旨在提升百姓获得感的民生工程。

打造"千园之城"有利于人与自然和谐共生。地处喀斯特高原的贵阳自身生态十分脆弱，"十二五"期间贵阳积极探索生态环境治理与保护的路径，在全国首个提出创建生态文明示范城市。当前"千园之城"的建设规划中明确要以提高环境质量为核心，加大对生态环境的保护力度，促进人与自然和谐共生。

打造"千园之城"让城市生态环境更宜居。以绿地系统和公共空间系统为基础，按照有关规划，"到2020年，贵阳市预计将新增各类公园660个，全市公园达1000个以上，实现中心城区出行'300米见绿，500米见园'"[①]，为居民生活创造宜居的生活环境，切实提升居民的获得感。

打造"千园之城"是提升居民生活品质的重要保障。"千园之城"建设不仅是城市环境建设，也是制度和文化的建设。按照"千园之城"的推进要求，贵阳也要推动生产生活方式的绿色化，健全生态文明制度体系，加快形成生态

---

① 中共贵阳市委办公厅、贵阳市人民政府办公厅：《贵阳市推进"千园之城"建设行动计划（2015~2020年）》2016年3月4日。

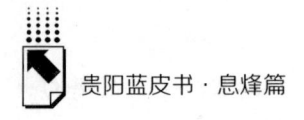

文明建设的良好社会风尚。这些举措无疑都将为居民生活环境与生活品质的持续提高提供重要保障。

二 理论背景：城乡统筹发展与公园城市建设

城乡统筹发展是指改变"城市工业、农村农业"的二元思维方式，将城市和农村的发展紧密结合起来，统一协调，全面考虑，树立工农一体化的经济社会发展思路，以全面实现小康社会为总目标，以发展的眼光，统筹的思路，解决城市和农村存在的问题。① 2013年7月22日，习近平总书记在城乡一体化试点的鄂州市长港镇峒山村考察时说道："实现城乡一体化，建设美丽乡村，是要给乡亲们造福，不要把钱花在不必要的事情上，比如说，'涂脂抹粉'，房子外面刷层白灰，一白遮百丑。不能大拆大建，特别是古村落要保护好。""即使将来城镇化达到70%以上，还有四五亿人在农村。农村绝不能成为荒芜的农村、留守的农村、记忆中的故园。城镇化要发展，农业现代化和新农村建设也要发展，同步发展才能相得益彰，要推进城乡一体化发展。"②

公园作为一种公共物品来说，在城市建设中逐渐得到重视，但是对于县、镇、村一级的公园建设却是相对滞后的，城乡之间还存在较大的差距。因此，要城乡统筹发展，缩短城市与农村的公园建设差距，着力在公园建设上处理好与美丽乡村建设、农业园区建设、精准扶贫、旅游发展的关系。

（一）公园建设是美丽乡村建设的重要因素

公园建设为美丽乡村建设提供项目支撑。从字面上理解，美丽乡村就是美丽的乡村，美丽代表好看、漂亮、品质好等。其深层次含义是，有满足物质生活需求的形式美，还要有满足思想文明、可持续需求的发展之美，即美丽乡村建设并不是仅仅美化乡村的外表，更是要使乡村发生质的变化。美丽乡村建设涉及"改善乡村的人居环境""发展乡村特色产业""建立完善基础设施"

---

① 中共贵阳市委办公厅、贵阳市人民政府办公厅：《贵阳市推进"千园之城"建设行动计划（2015~2020年）》2016年3月4日。
② 360百科，http://baike.so.com/doc/8771359-9095231.html。

"提高农民的生活水平""推动农村经济快速发展"等方面。而公园建设不仅能够改善乡村人居环境、提高农村居民的生活品质,也为城市可持续发展提供生态支撑。因此,在美丽乡村建设中,公园建设变成重要项目和重点工程,在乡村建设中贯穿公园城市建设理念,凸显和展现实质意义上的"美丽",也让这项民生工程真正贴近人们生活。

公园建设是建设美丽乡村的重要载体。良好的生态人居环境是农民群众生活水平提高的体现,而公园建设与人居环境提升的紧密结合,是建设美丽乡村的重要载体。当然,美丽乡村建设与维护,从长远来看,需要激发自身动力,壮大自身实力,也就是要壮大乡村生态产业经济,为建设美丽乡村提供必要的经济和物质基础。只有逐步发展乡村产业经济,才能更好地完善乡村基础设施,提高人居生活环境,从而不断缩小农村与城市人居环境差距,体现乡村和城镇实现共同发展的良好态势。

(二)公园城市建设是发展旅游和扶贫攻坚的重大工程

公园城市建设是城市统筹发展理念的一次更新。随着城镇化水平的不断提高,人们对生活质量和健康生活的意识也不断增强。一方面,现代人们在工作学习闲暇之余越来越多地增加了对自驾郊游、徒步、每日健康步行的需要,而公园是城市开放空间的一个重要有机组成部分,不仅影响城乡空间结构形态的演变,也为人民健康生活提供必要的场所。一定程度上,人们日益增长的对公园的需求促使着公园城市建设的步伐不断加快,公园城市建设理念深入人心。另一方面,城市统筹发展理念在简单地完善交通、医疗、教育等公共服务之外,更加重视城市品位的提升,不断践行绿色发展理念,公园作为城市的重要生态体现,更是显得具有科学合理性。因此,在公园中建设城市,在城市中灌输公园建设理念,对城市统筹发展也是一次理念的革新。

公园城市建设为发展旅游和扶贫攻坚提供了契机。第一,公园城市建设强调生态优先、完善城市绿地系统,发展旅游的重要标准是对于环境的要求,因此,公园城市建设可以为发展旅游提供较好的外部环境。第二,公园城市建设需要投入大量的人力和财力,既是民生项目也是带动乡村旅游发展的项目,是城乡一体化、统筹发展的推进路径之一。县域、乡镇发展旅游是富民工程,是提高当地农民收入的重要途径之一,公园建设过程中实现了多种要素的集聚、各类资源的整合,为乡村旅游发展打下良好基础。因此,公园城市建设与发展旅游有着紧密的联系。第三,对于贫困地区来说,建设乡村公园,一方面可以完善乡村的基础设施,美化乡村生活环境;另一方面,公园建设中需要大量的园林工人、日常维护管理人员,为贫困户增添就业岗位,从而有效增加贫困人口收入,是一种"造血式"的扶持和帮助。

(三)建设城乡公园体系是打造"特色公园县"的标志

"城乡公园体系是以实现'城市—自然—人'相协调的可持续发展为目标,保护城市和乡村的山、水、林、田生态环境为基础,通过优化城市用地空间布局,完善城市公园网络体系,打造集生态、生活、文化为一体的山、水、林、城、园共融的空间体系"。① 既包括资源型的水网湿地公园、森林郊野公园,又包括服务型的中心城镇特色公园、社区村居公园,是建立覆盖"主城区—新城—中心镇—村庄"的公园体系。建设城乡公园体系是统筹城乡发展的重要内容,一个完善的城乡公园体系也是建设"特色公园县"的重要标志。这里更加强调城市和农村建立起相均衡的公园体系。

三 现实条件:红色经典、可饮温泉、原始丛林、美丽乡村

息烽建设"特色公园县"基础良好,拥有"红色、温泉、森林、乡村"四张名片,充分发挥好四张名片的作用,要以提高人民群众生活质量为根本,以构建城乡一体化的公园体系为重点,以公园城市理念为指导,保留现有规模、区位、产业、历史文化资源等综合评价较高的村庄,以集约节约用地为导向,推进基本公共服务和市政设施建设,加强农村环境治理。

(一)文化资源:拥有经典的红色文化和非物质文化

息烽县拥有贵阳市唯一的红色旅游经典线路、唯一的全国爱国主义教育基地——息烽集中营革命历史纪念馆、张露萍烈士墓、红军横渡乌江等红色资

---

① 郑智维:《任何时候都不能忽视"三农"工作》,《民生周刊》2016 年第 3 期。

源。息烽的红色文化是中国共产党领导的新民主主义革命在息烽地区所创造的特定区域文化，包括革命遗址、遗物、先烈墓等物质文化和革命历史、革命精神、革命文艺等非物质文化。物质文化尤以红军战斗遗址最为有名，例如在鹿窝乡有阳寨村的江口渡口战斗遗址；在流长乡有小冬坳战斗遗址、大塘渡战斗遗址和梯子岩战斗遗址；在小寨坝镇有黄连沟战斗遗址、盘脚营战斗遗址、潮水战斗遗址；在西山乡有底寨战斗遗址；在九庄镇有九庄街反空袭战斗遗址和永靖镇北蚕桑坡顶、坪上坡顶及阳朗坝战斗遗址等。

息烽的红色文化独具特色、数量多、品质高、形式多样。与西望山的佛教文化、底寨的土司文化及科举文化等历史文化交相辉映，体现了息烽文化的多元性。

（二）温泉资源：拥有亚洲第一、贵州唯一的可饮用氡泉

息烽温泉是我国"八大名泉"之一、世界三大最佳含氡温泉之一，可与法兰西维琪温泉的优质矿泉相媲美。从清同治年间，就在此"挖坑为池，露天沐浴"。1945年，贵州省主席杨森拨款并组织开发。息烽温泉属承压裂隙型循环性温泉，具有水温高、能治疗多种疾病、富含30多种微量元素的显著特征。含有人体必需的14种微量元素，含氡量为11.14马赫/升，感官、限量、微生物、污染物和放射性指标均符合国家饮用矿泉标准，水质优良，终年长流，如喷珠吐露，从不间断，昼夜总流量保持1032吨，日涌出量1000余吨且常年水温53℃~56℃的天然氡泉，是国内少有的可以直接饮用的地下热矿泉，也是世界少有的可饮可浴温泉，是休闲疗养、旅游度假的绝佳胜地。

息烽温泉具有极高的医疗价值，其机械刺激作用、温热刺激作用、化学作用，特别是放射性氡增强机体各种代谢和免疫功能的作用，对风湿性关节炎、肌筋膜综合征、类风湿性关节炎、心血管疾病、神经慢性妇科疾病、皮肤疾病以及铝、砷、锰中毒等疾患都有较好的疗效，堪称天下神汤，有先人留下"峰回溪曲桃花岸，一沐神汤万病除"的佳句。

（三）森林资源：拥有"西望山、南望山、团圆山、天台山"四大原始丛林

息烽县的总体森林面积由"十一五"末期的72.2万亩上升到80.54万亩（含非林地上的有林地），增加8.34万亩，年均增加1.668万亩；森林覆盖率由

"十一五"期末的45.83%上升到51.8%,增加5.97个百分点,超目标任务3.8个百分点,年均增加1.194‰;林木蓄积量由"十一五"期末的219.84万立方米上升到271万立方米,增加51.16万立方米,年均增长10.232万立方米。

西望山位于息烽县中部,距县城13公里,贵遵高等级公路、川黔铁路和210国道依山而过。山上木本植物有77科220多种,有国家二级保护树种鹅掌楸、杜仲,三级保护树种银杏树、楠木、紫荆等,还有珍稀植物三尖杉、南方红豆杉、四方竹等。南望山地处息烽县境东部,植被保护良好,树种繁多,树龄数百年者比比皆是,在绵延二十多公里的奇峰峭岭中,有高山湖泊群、森林石林、间歇泉、杜鹃林及神态各异的奇峰、摇钱树等景观和稀有植物,还有高山种养殖场、农家山等供休闲娱乐的人文景观。位于小寨坝镇南极片区的森林石林,是南望山景区的一大奇观。团圆山紧邻县城,面积2平方公里,山区平均海拔1250米,森林植被保护良好,属省级森林公园。天台山位于息烽县东北40公里,该地地处贵州中部,属亚热带季风性湿润气候,冬无严寒、夏无酷暑、雨量充沛、雨热同季,是低中山丘陵湿性常绿阔叶林带。

(四)乡村资源:拥有优美的田园风光和村庄

息烽是一个农业县,拥有优美的田园风光和村庄资源,生态环境大多良好,具备打造节约型公园的条件。乡镇、村由于远离城市废气和污染,具有天然的园林造景条件,以及清新的空气、清澈的溪流、丰富的植物资源、朴实怡人的乡村农舍等优越的自然美景,这些优势让公园适度改造提升、扩大区域间的开放、融入乡村本土文化造景都唾手可得。息烽特色公园的建设可采用节约型园林模式,有效汇集乡土元素,节省造园成本。

四 对息烽县建设规划"特色公园县"基本思路的思考

息烽"十三五"建设"特色公园县"基本思路是坚持系统规划,构建层次分明、分布均衡、城乡一体的公园体系;突出特色彰显,打造个性鲜明、形象各异的公园;完善设施配套,强化面向大众、服务大众的功能定位;加强全程监管,打造操作规范、质量过硬的示范工程;要创新建管模式,积极探索健康运作、可持续的发展路径。其重点是突破基本原则、示范引领、规划实施三大难题。

（一）基本原则：注重三个结合

在规划建设时要注重"三个结合"，城市与农村、旅游与扶贫、创新与绿色相结合。公园城市的建设要提升城市和乡村品位、呼应群众需求，与发展旅游产业等载体建设有机结合。

1. 城市与乡村相结合

利用城镇发展优势，结合农村环境资源，布局公园建设项目；加强城乡资源互补，实现资源利用最大化，分散城市人口压力，促进乡村旅游发展，打造城乡公园建设体系。

在城市公园的建设中构造乡村意境。城市公园以观赏性、休闲性、娱乐性为主要特点，市民是主要客源。城市中的公园让城市、人和自然三者和谐共存，发挥着绿色平台作用。随着城镇化的不断进程，公园建设既要体现现代化的元素，又要营造留得住乡愁的乡村意境。在城市公园中构造乡村意境，就是要力求自然生态、乡村野趣，并注重乡土文化的表达，满足人们的乡村情结，给人强烈的归属感。因此，要从城乡居民的突出需求出发，一方面要注重对乡村景观意境的塑造，另一方面要注重乡土文化的表达。既包括具有乡村个性特征的景观所形成的乡村印象，也包括其中蕴含的乡村文化内涵以及所焕发出来的乡土气息。

在乡村公园的建设中体现城市品位。必须始终把服务城市发展、服务社会大众作为出发点和落脚点，把提升老百姓幸福感作为目标和方向，充分认识乡村建设公园具有柔化城市轮廓的作用。其一，在县、镇、村的环境建设中，注入园林景观规划理念，重新规划建设半天然式的外部环境。其二，对于县域公园的景观规划和建设而言，营造一个具有当地特色的田园式景观绝对是物美价廉的。其三，县域公园使用人群大多是村镇居民，而村民的观念认识、生活方式和节奏存在显著的特点。因此，乡村公园的景观规划一定要基于对乡村生活需求的理性分析，而不能盲目地照搬城市公园景观规划中相对先进的理论。[①]

---

① 《珠海公园之城规划公示 实现城乡公园体系全覆盖》，《珠海特区报》2016年9月9日。

2. 旅游与扶贫相结合

息烽公园县建设将从促进乡村旅游与精准扶贫两方面入手。在覆盖范围上，将利用城镇发展优势，结合农村环境资源，加强城乡资源互补，最大限度增加公园对贫困乡村的覆盖面，打造城乡公园建设体系，促进乡村旅游发展。在项目布局上，因地制宜发展产业、精心设计旅游线路，通过公园建设、美丽乡村等，帮助农民脱贫致富，实现更高水平全面小康。

以往贫困地区或欠发达地区是旅游扶贫的重点，关注较多的也是旅游产业自身的发展及其对当地经济的带动作用，却忽视了扶贫的本质目标，即贫困人口脱贫致富，导致出现了旅游扶贫"帮富不帮穷""目标被置换""贫困人口被排斥在旅游扶贫大门之外"等问题。[①] 公园在建设和管理过程中，以旅游景区带动的"景区+农家"模式，强调贫困人口参与旅游发展受益，突出体现贫困人口自身能力的提升。

"十三五"时期，息烽利用现有旅游资源，提升改造旅游项目、夯实乡村旅游基础设施是重大任务；扶贫攻坚和乡村公园的项目建设为乡村旅游提供有力支撑。要把旅游扶贫作为产业扶贫和精准扶贫的重要抓手。扶持农民发展城郊休闲型、通道景观型、进取辐射型、农业观光型、养生保健型等复合型乡村旅游，通过多重渠道实现自主创业增加收入。最大限度增加公园对贫困乡村的覆盖面。

3. 创新与绿色相结合

坚持创新、绿色和可持续发展，优先保护生态，禁止破坏生态环境，守住发展和生态"两条底线"。进一步探索以美丽乡村带动的"生态+文化"模式创新。根据不同的生态系统类型划定生态景观控制线，实施生态景观空间管制，优先规划保护农田保护区、自然保护区、饮用水源保护区、森林公园、风景名胜区、重要湿地等生态景观功能保护区。对划定的生态景观控制线要制定管理制度，加强监督。对生态景观控制线范围内非法建设建筑物、构筑物，非法侵占林地，非法采石、采砂，非法排放污染源、破坏生态环境资源等违规行为进行清理和整治，实现区域内生态系统的基本稳定、景观系统的连续协调。

---

① 李萍：《城市公园中乡村意境的营造研究》，西南交通大学硕士学位论文，2010。

（二）示范引领：建设标志性公园

"十三五"期间，《贵阳市推进"千园之城"建设行动计划》中息烽建设各类公园 11 个，其中：森林公园 1 个、湿地公园 1 个、山体公园 1 个、城市公园 5 个、社区公园 3 个，其中市级示范性公园 2 个，分别是南山驿站公园（山体公园）和团圆山地质公园（城市公园）。

息烽县为进一步发挥生态优势，"十三五"期间规划建设各类公园 100 个（含市计划的目标）。其中：建成 1 个国家级森林公园，1 个省级森林公园，2 个市级示范性公园，28 个县级示范性公园，建成普通型城市公园 7 个、社区公园 3 个，城镇公园 10 个，美丽乡村提高型示范点小公园 48 个。重点公园的具体计划见表 1。

表 1 息烽县"十三五"时期建设重点公园情况

序号	公园建设级别	公园名称	公园类型	公园建设地点	启动时间（年）	建成时间（年）	公园建设主题
1	国家级公园	新萝森林公园	森林公园	息烽县永靖镇新萝村	2016	2019	森林、温泉主题康养基地
2	省级公园	息烽温泉省级森林公园	森林公园	息烽县永靖镇、西山镇、温泉镇	2016	2020	森林、养生、观光综合性公园
3	市级示范性公园	南山驿站公园	山体公园	息烽县永靖镇黎安村	2016	2016	农旅联动、美丽乡村观光、度假旅游区
4		团圆山地质公园	城市公园	息烽县永靖镇团圆山	2016	2018	陨石主题公园、互动体验式恐龙科普乐园
5	县级示范性公园	玄天洞山地公园	山体公园	息烽县永靖镇老厂村	2016	2017	爱国主义红色教育、山地户外
6		阳朗湿地公园	湿地公园	息烽县永靖镇阳朗村、猫洞村、立碑村	2016	2018	湿地自然景观观光
7		红岩葡萄沟公园	湿地公园	息烽县小寨坝镇红岩村、大寨村、潮水村	2016	2017	葡萄产业及美丽乡村

续表

序号	公园建设级别	公园名称	公园类型	公园建设地点	启动时间（年）	建成时间（年）	公园建设主题
8	县级示范性公园	上寨温泉公园	森林公园	息烽县小寨坝镇上寨村	2016	2020	温泉主题旅游度假
9		清水河公园	森林公园	息烽县温泉镇温泉村	2016	2017	森林、温泉主题游乐园
10		天台丛林公园	森林公园	息烽县温泉镇天台村	2016	2019	原始丛林素质拓展训练基地
11		九庄竹花公园	湿地公园	息烽县九庄镇碾子沟水库	2016	2019	休闲、观光
12		多缤洞	山体公园	息烽县九庄镇桐梓村	2016	2020	喀斯特溶洞特色景观
13		西望山公园	森林公园	息烽县西山镇西山村	2016	2019	户外山地旅游探险
14		石硐樱花公园	山体公园	息烽县石硐镇石硐村	2016	2020	樱花主题公园
15		半边天主题公园	社区公园	息烽县养龙司镇堡子村	2016	2017	"半边天"文化主题公园
16		龙马公园	社区公园	息烽县养龙司镇幸福村	2016	2019	龙马文化主题公园
17		大塘渡公园	湿地公园	息烽县流长乡乌江河上游沿岸	2016	2018	乌江自然峡谷观光体验
18		乌江峡公园	湿地公园	息烽县鹿窝乡乌江河上游沿岸	2016	2018	乌江自然峡谷观光体验
19		鹿鸣谷公园	森林公园	息烽县鹿窝乡三友村	2016	2018	户外休闲、徒步
20		青山苗族文化公园	社区公园	息烽县青山乡大林村	2016	2018	民族特色文化体验
21	普通公园	东门公园	城市公园	息烽县老年活动中心	2016	2016	城市休闲绿地
22		西门公园	城市公园	息烽县永靖镇文化北路	2016	2016	城市休闲绿地
23		北门公园	城市公园	息烽县永靖大道	2016	2016	城市休闲绿地
24		滨河公园	城市公园	息烽县实验幼儿园旁	2016	2016	城市休闲绿地

续表

序号	公园建设级别	公园名称	公园类型	公园建设地点	启动时间（年）	建成时间（年）	公园建设主题
25	普通公园	南门公园	城市公园	息烽县客车站	2016	2017	城市休闲绿地
26		中心公园	城市公园	息烽县永靖镇县府路	2016	2017	"双拥"主题公园
27		椤槽沟公园	城市公园	息烽县永靖镇椤槽沟水库下游	2016	2019	观光旅游、美食文化主题
28		阳光公园	社区公园	息烽县阳光地带居住小区	2016	2016	小区休闲绿地
29		开磷城公园	社区公园	息烽县永靖镇下阳朗村	2016	2016	小区娱乐、健身、休闲绿地
30		世纪城公园	社区公园	息烽县城世纪广场居住小区	2016	2016	小区娱乐、健身、休闲绿地
31	其他公园	每个美丽乡村建设点建设一个小区公园	社区公园	各乡（镇）美丽乡村建设点所在村寨	建设点建设年度		娱乐、健身、休闲绿地

资料来源：中共息烽县委办公室、息烽县人民政府办公室：关于印发《息烽公园县建设行动计划（2016~2020年）》的通知。

1. 户外运动体验园——南山驿站公园

南山驿站公园是息烽县第一个市级示范性公园，地处息烽县南望山丛林怀抱中，规划总面积为193.5公顷，南山驿站是一座以守护乡村面貌、留住故乡记忆为主题的"村庄公园"，集森林、草场、田园、农舍等为一体。公园东西长约2.5公里，南北宽约1.7公里，预计投资2亿元。公园规划有南山观稼书院、植树园、百花谷、精品民宿、小教堂、百鸟园、茉莉花房等特色板块，让游客在这里体会到散发着泥土芳香的乡村情怀。

息烽县打造南山驿站公园"农旅结合、以农促旅、以旅强农"的永靖、黎安至坪上等示范样板区，采用"公司+农户"的经营模式，实行政府主导、市场主体、群众参与，以经营多种类型特色民宿及特色农业种养殖产业为主，紧紧围绕果、蔬、禽、草、花、木等特色产业，精准包装一批涵盖休闲娱乐、保健养生、运动体验、观光游览等的农旅一体化产业项目。园内结合传统的农耕文化、红色文化、民族文化和古驿道文化，使这片区域成为各种特色文化交织的多元载体。在南山驿站公园举办大型户外聚会，现场举行搭帐篷比赛、彩虹跑、歌手献唱、看露天电影等活动，让户外爱好者在活动中感受健康与快乐。形成体验、观光、休闲、智慧农业，推进新型农业经营主体与村集体经济之间利益连接机制。

2. 陨石坑地质景区——团圆山地质公园

陨石坑就是陨石体高速撞击地表或其他天体表面所形成的坑穴，又称陨石冲击坑。在月球、水星、火星上，陨石坑是很普遍的现象。团圆山森林公园属贵州省级森林公园，位于息烽县城边。因其在地质资源的挖掘中既有历史沿革又有不断更新，所以"十三五"时期息烽要打造团圆山地质公园。团圆山景区现有资源见表2。

表2 团圆山现有资源详情

序号	现有资源	位置	详情
1	龙奔山恐龙化石发掘地	位于团圆山最高峰山麓	1998年在此发掘出两条长10余米、生长于1.7亿年前的食肉类巨型恐龙化石。据国际恐龙学会和中科院古脊椎动物与古人类研究所专家实地考察论证，这里曾是恐龙的家园，地下还掩埋有恐龙化石群，有很高的科学研究和科普开发价值
2	红岩坡地裂	位于团圆山景区内	地裂长450米，宽0.4米，是正在演变的地质灾害构造区，有较高的科学考察价值
3	团圆山"陨石坑"	团圆山一带	2001年，滑翔伞运动爱好者在息烽进行野外训练时，无意中发现息烽县城郊团圆山一带的地形走势十分奇特，所有的山脉均以环形结构分布，而不像喀斯特地区的山脉那样相对独立，其形状与"陨石坑"十分相似。于是调集卫星图片，对这个"陨石坑"的范围进行了确认，坑内环直径约3公里，外环直径约20公里。据有关专家推测，团圆山"陨石坑"是7000万年前由天体陨石撞击形成，有很高的科学研究和科普开发价值
4	红林甘泉	丹霞地貌	景区地质构造为侏罗纪石英砂质岩，不溶于水，团圆山区水质为砂岩地层渗水，水质甘甜，水质清澈，达到国标I类水体，县城居民每天结伴上山取水。是开发休闲避暑、健身康体旅游的理想去处

3. 温泉旅游度假区——新萝国家级森林公园

息烽新萝温泉旅游度假区位于息烽县永靖镇新萝村，背靠息烽南山国有林场，区域森林植被丰富。同时，紧邻贵遵高速和210国道，处在息烽集中营革命历史纪念馆以及正在建设中的黎安嘉年华度假区的中间地带。度假区总体定位为"神汤温泉·贵州首席养心休旅小镇",是一个集温泉度假、运动游乐、现代农业观光、养生养老等功能为一体的休闲旅游度假区,计划总投资30亿元。度假区将以温泉为载体,以温泉养生为核心,围绕客人"汤、宿、食、游、乐、购"六要素,建设精品休闲"山林谷地"特色的温泉旅游小镇。将建设汤馆、主题酒店、亲子客栈、山地汤宿、汤街、后勤服务区、景区道路、给排水、照明绿化、停车场等基础设施,总建筑面积4.25万平方米。预计全年可接待游客25万人次,实现营业收入5000万元、利税1000万元。

息烽县打造百里氡温泉大健康产业集聚区迈出实质性一步。息烽将温泉旅游开发作为供给侧结构性改革的重要支撑,结合正建设中的已探明的10个温泉资源,举全县之力建设息烽百里氡温泉大健康产业集聚区。总投资近10亿元的息烽温泉疗养院扩建工程正稳步推进。同时,开建神奇国际森林温泉水世界、底寨片区旅游综合体、林丰生态园等以温泉开发或以温泉为依托的一批投资上亿元的重大旅游项目。

(三)规划实施:加强思想意识

行动计划的实施重点是在思想认识上还需进一步提高。在公园建设项目谋划工作中,一些乡镇及部门对公园建设的最终目的和意义理解不深,仅仅立足于为建公园而建公园,并没有深入思考建公园的目的和意义,在项目谋划上也没有尽心尽力,心中无数,对公园建设的认识与县委、县政府的工作要求还存在一定差距。因此,从建设层面来说,加强思想意识,要完善领导机制,充实建设队伍;要强化规划引领,丰富建设内涵;要统筹项目整合,拓宽资金渠道。

1. 完善领导机制,充实建设队伍

充实领导队伍,提供人才保障。息烽县委、县政府成立以主要领导为双组长,相关班子成员为副组长,县直相关单位及各乡镇主要领导为成员的公园建设领导小组,领导小组定期听取和研究公园建设工作,加强公园建设推进力度。领导小组下设指挥部,由县政府分管领导任指挥长,将指挥部办公室设在县林业绿化局,从其他单位抽调两名人员整合到指挥部办公室,充实公园建设统筹协调队伍,为公园建设的快速推进提供人才保障。

深入调研考察,提升工作水平。首先,现场调研明确方向。县公园建设指挥部组织县财政、交通、农业、文旅等相关单位，组成调研小组，对10个乡镇申报的公园建设点逐个进行现场调研，听取乡镇对公园县建设的打算，踏勘公园建设的具体范围，调研项目前期建设及准备情况，指导各乡镇谋划公园建设，并督促各乡镇制定公园建设方案、梳理建设项目上报，明确公园建设的主要内容及方向。其次，考察学习提升水平。要充分学习县外公园建设的先进经验，对公园建设的规划、基础设施建设、项目申报、资金筹措方式、管理模式、景观打造及基础设施布置等方面进行全面考察，通过考察学习，提升息烽县公园建设的理念、进一步拓宽建设与管理的思路。

2. 强化规划引领，丰富建设内涵

以"五大发展理念"为引领，强调多规融合。结合息烽县城市总体规划、土地利用总体规划、饮用水源保护规划、绿地系统规划、林地保护利用规划，充分发挥息烽资源比较优势，围绕推进旅游业实现大发展和快发展，坚持"多规融合、保护优先、以人为本、科学布局、合理设计"的原则，编制《息烽旅游（公园—乡村—温泉）总体规划》和单体规划设计。

以"规划先行"为准则，强化统筹共进。息烽县坚持规划先行，明确由县规委办牵头负责公园建设规划工作。由清华同衡设计公司完成南山驿站公园和团圆山公园修建性详细规划，正在启动全县100个公园总体规划和28个县级示范性公园单体设计。在规划设计工作中，主要领导提出了规划要结合文化特色、地域风情、旅游开发、产业布局的要求，进一步丰富公园建设的内涵，实现公园建设与地方生态经济发展、扶贫攻坚工作的全面融合。

3. 统筹项目整合，拓宽资金渠道

公园建设与项目建设有机整合。各乡（镇）、部门要把公园建设与"四在农家·美丽乡村"、"一事一议"农业园区建设、旅游建设、扶贫攻坚项目及农业、林业产业项目等工作有机结合起来，认真对照公园建设内容，采取分散立项的方式，根据公园规划设计，梳理、细化建设项目，对项目进行分类、打包，纳入县、乡两级"十三五"项目规划，积极向上争取项目实施。在项目实施方面，向公园建设倾斜，从而带动息烽县公园建设快速推进。将公园建设项目进行分类处理，由相关部门归口将项目纳入"十三五"规划项目库。

多渠道筹措资金确保公园建设。公园建设项目资金筹措要坚持"多个项目整合、多种方式融资、多种方式建设"的原则，确保公园建设资金保障到位。采取分解公园建设内容，积极包装项目，采取向上争取资金的方式，争取公园建设资金；采取项目包装融资的方式，争取贷款，筹措公园建设资金；充分利用项目的利益带动，采取招商引资或PPP合作模式，引进社会资本，完成公园建设项目。

4. 严格督察调度，实现有序推进

建立公园建设推进例会制度，由公园建设指挥部指挥长每月召开一次工作推进会，总结本月工作，安排下一步工作，解决各部门及建设单位工作中存在的实际问题。由县督办督察局、县"千园之城"建设指挥部办公室等单位督促全县公园建设工作进度，将公园建设任务进行分解纳入政府目标考核，由县督办督查局对公园建设情况进行不定期督察。

参考文献

住房和城乡建设部：《关于进一步加强公园建设管理的意见》，2013年5月3日。

中共息烽县委：《关于制定息烽县国民经济和社会发展第十三个五年规划的建议》，2016年1月8日中共息烽县委十二届五次全会通过。

息烽县人民政府：《中共息烽县委 息烽县人民政府关于息烽县工作情况的汇报》，2016年11月12日。

息烽县人民政府：《息烽公园县建设行动计划（2016~2020年）》，2016年3月29日。

息烽旅游广电局：《息烽景区点简介》，2014年5月28日。

息烽县生态文明建设局：《息烽县公园建设工作进展情况汇报》，2016年9月23日。

许加谋：《城乡一体化背景下广州美丽乡村建设研究》，仲恺农业工程学院硕士学位论文，2015年6月。

林达里：《功能为主导的乡村公园评价指标体系和设计研究——以福州市为例》，福建农林大学硕士学位论文，2015年4月。

卓飞：《在市"十三五"规划调研组来息调研座谈会上的讲话》，2015年9月28日。

柳兰芳：《从美丽乡村到美丽中国：解析"美丽乡村"的生态意蕴》，《理论月刊》，2013年第9期。

刘圣伟：《城乡公园规划与新农村建设初探》，《中国农业信息》，2012年第15期。

王玺：《新农村建设背景下的乡村公园景观规划研究》，山东农业大学硕士学位论文，2010。

江俊浩：《城市公园系统研究——以成都市为例》，西南交通大学博士学位论文，2008。

调研篇
Investigation Reports

B.5
息烽县社区调研报告

摘　要： 近年来，随着经济社会的快速发展，城市基层管理面临着新形势和新挑战，传统的基层管理体制和运行机制亟待改革与创新。在此背景下，"十二五"期间，贵阳市积极开展城市基层管理体制改革工作，通过撤销街道办事处，设立社区服务中心，推动了"市—区—街道—社区"四级管理体制向"市—区—社区"三级管理体制的转变，探索出了新型社区建设的"贵阳经验"。为进一步了解基层管理体制改革的后续发展情况，贵阳市委政研室、北京国际城市发展研究院和贵阳创新驱动发展战略研究院联合组成课题组，通过"实地调研+座谈+访谈"的方式，对息烽县新华社区进行了深入调研。本文按照理论研究与实证调研相结合的方法，总结当前息烽县基层治理创新的相关做法与典型经验，客观剖析街居制转变为社区制之后面临的新问题，并有针对性地提出相关建议，以期为息烽县完善基层治理体制与运行机制提供决策参考。

关键词： 息烽县　社区　基层治理体制改革　经济社会　调查　建议

一　前言

（一）调查意义与目的

随着我国城市化进程的加快，城市管理体制改革不断深化。[①] 贵阳市"十三五"时期如何健全社会治理格局与健全基层社会治理体制，如何最大限度激发社会创造活力、最大限度增加和谐因素，对贵阳市打造成为创新型中心城市显得格外重要。

2012年起，贵阳市陆续施行《贵阳市社区管理暂行办法》《贵阳市社区工作条例》《关于进一步加强和改进社区工作的十条意见》等文件指导和推进社区建设。在较短时间内，通过各级重视、广大社区工作者努力工作、社区居民的主动和热心参与，贵阳市的社区建设工作已取得了典型成效。但作为体制改革的一项新尝试，贵阳社区建设总体上仍处于试验和探索阶段，息烽县新华社区就是这个阶段建设成长起来的一个实践产物，是息烽县唯一的城市社区。

（二）调查时间与过程

息烽县社区发展情况的调研分为预调研和集中调研两个阶段。其中，2015年8月的预调研，主要是资料收集和实地走访了解基本情况；2015年12月16日的集中调研，主要是座谈和访谈。

2015年12月16日上午，由贵阳市委政研室、北京国际城市发展研究院和贵阳创新驱动发展战略研究院三家单位组成的联合课题组，与涉及息烽县社区建设与管理的相关负责人就该县社区工作以及社会组织发展情况进行座谈，参会人员包括县委政研室、县群工委、县委组织部、县民政局、团县委、县群工中心、新华社区党委、新华居委会、县社区社会事务科多个部门人员及志愿者

[①] 国务院：《2016年中央一号文件》，《人民日报》2016年1月。

代表。课题组首先介绍了本次调研的目的和会议主题,邀请参会代表就社会领域党建情况、社会组织基本情况、社会组织自身发展情况和面临的困难、志愿者参与社区自治的情况和志愿者服务体系建设四个方面的问题提出意见和建议。

2015年12月16日下午,课题组成员分别对与会的县群工委常务副书记、息烽县新华社区党委书记、息烽县新华社区北门居委会党支部书记及新华居委会党支部书记进行访谈。主要了解了新华社区发展历程、现状、存在的问题以及居委会的发展情况等。

(三)调查方法与对象

本次调研对象为息烽县新华社区,调研主要采用座谈会与实地走访两种形式,调研方法主要有访谈法、观察法与文献法。

本次调研的座谈和访谈人员分选定对象和随机对象两类,涉及县级分管领导、社区主要领导、社区一线工作人员以及志愿者代表共计15人次(见表1)。

表1　息烽县新华社区访谈对象一览

编码	性别	所在部门	编码	性别	所在部门
XHS1	男	县委政研室	XHS7	女	新华社区
XHS2	男	县群工委	XHS8	男	新华居委会
XHS3	男	县委组织部	XHS9	男	北门居委会
XHS4	男	县民政局	XHS10	男	县社区事务科
XHS5	男	团县委	XHS11	男	团县委
XHS6	女	县群工中心	XHS12	女	团县委

注:文中访谈者姓名处均采用编码标示。

二　息烽县社区整体概况与重点调研内容概述

(一)息烽县社区基本情况

息烽县新华社区成立于2011年7月,是隶属于县政府的正科级事业单位。

辖区总面积约 3.9 平方公里，现有住户 9710 户，3.2 万余人，辖新华、龙腾、北门 3 个居委会，辖区内有 6 个党支部，正式工作人员 12 人，领导班子 6 人，协管员、计生专干等临聘人员 40 余人。

新华社区是息烽县唯一的新型城市社区，按照贵阳市城市社区"一委一会一中心"的组织架构，建立了社区党委、社区居民议事会和社区服务中心，内设社区便民服务大厅，党政、社会事务、城市管理、群众工作四个工作部，社区司法所和社区派出所。现有办公及公共服务用房 830 平方米，10 个综治大网格，36 个服务小网格。

（二）重点调研内容概述

调研内容主要围绕新华社区建设和社会治理情况。主要包括：新华社区社会领域党建基本情况，包括新经济组织、新社会组织的两新组织党建的情况等；新华社区社会组织基本情况，包括社会组织数量、社会组织类型、专业化社会组织数量及种类等；新华社区社会组织发展情况，包括如何进行服务购买、购买了哪些服务、怎么支持社会组织发展、社会组织发展过程中面临的一些瓶颈和困难等；新华社区志愿者参与社会自治基本情况，包括志愿者参与到社区的主要服务内容有哪些、服务的回馈方式等。

三 息烽县社区建设与管理发展存在的问题

（一）制约社区建设与管理提速发展的四个现状

1. 民生服务需求旺盛

新华社区入驻居民正快速增长，服务需求数量成倍增长。民生服务需求主要集中在生活服务类、便民政务类、维权帮扶类、文明卫生类、文娱宣传类五类，其中文明卫生类、维权帮扶类需求最为旺盛。随着域内修建楼盘的逐步完善，社区所辖居民预计将达 5 万余人，域内民生服务需求将更加旺盛。新华社区典型民生服务需求见表 2。

表2 新华社区民生服务需求主要内容

类别	服务项目概述	部分表述再现
生活服务	养老服务、社区照料、家政服务、临时救助	XHS7说:"我们这个社区老年化很严重,孤寡老人、留守老人多,单位人变成社会人这种人员很多,他们认为家政服务业、养老服务业、社区照料服务业、病患陪护家庭服务业的发展都很有必要。"
便民政务	综合服务窗口设置、绿色通道开通	XHS7说:"比如廉租房、公租房申请、低保户申请评审、小额贷款信贷,还有合作医疗等事项的初步审定、调查摸底、上报都是我们在做,我们需要设置更多的综合服务窗口和一些绿色通道提供服务对接,特别是息烽南大街开发建设以后。"
维权帮扶	房屋质量问题、非法集资问题、地质灾害、施工噪声灰尘问题、拖欠农民工工资问题	XHS7说:"我们社区因群体性纠纷引起的维权帮扶需求非常多,主要集中在房屋质量问题、非法集资问题、地质灾害、施工噪声灰尘问题、拖欠农民工工资问题等。"
文明卫生	垃圾清运、污水管网、化粪池清理	XHS7说:"2015年新华社区12319公共服务热线共820多件投诉,城市管网建设方面的投诉占270多件,主要集中在垃圾清运、化粪池清理、污水管网三大方面,而污水管网投诉占总投诉的1/3以上。"
文娱宣传	多载体宣传、文娱活动、文娱场地	XHS7说:"所有的大小型活动,我们月月有主题、月月有活动。""我们增加了很多休闲娱乐设施后,群众满意度、知晓率、幸福感、安全感方面的测评有了很好的提升。"

资料来源:由2015年调研期间新华社区提供资料整理所得。下同。

2. 安全形势日趋复杂

随着新华社区规模的日渐扩大,治安维稳风险因素逐年增加,一些社会建设和治理零星隐形隐患问题开始显现,域内安全形势日趋复杂,处置方式、方法也随之疑难化、多样化和复杂化。调研中,XHS2说:"这些问题都是社会发展到一定阶段,社会治理方面带来的一些隐形问题,也是阶段性的一些表现。如果上升到政府治理的这个层面,一旦处理不当,它就可能引起社会问题,甚至上升为社会稳定问题,确实不能小觑。"新华社区安全形势分析见表3。

表3　新华社区安全形势分析

表现特点	概况分析	部分表述再现
主体多元化	从纠纷的主体看,矛盾纠纷主体正向多元化发展,包含群众自身内部纠纷及其与基层自治组织之间、与企事业单位之间、与行政机关之间的纠纷等	XHS2说:"2013年,一辆无证摩托车在公路上发生交通事故,一死一伤,也找政府,说是政府的事。""像开磷在息烽这么多年了,还有国营二厂,前期矛盾纠纷不少,需要组织乡镇政府、企业负责人和周边群众代表及反映强烈的群众代表每两个月定期召开一次联席会议,让他们面对面交流沟通。"
类型多样化	从矛盾纠纷类型看,包括家庭、婚姻、抚养、赡养等传统类型,还包括非法集资、征地拆迁、劳动用工、涉法信诉、拖欠农民工工资、环境污染、涉军群体等新型的矛盾纠纷类型	XHS7说:"我们社区群体性纠纷非常多,尤其是房屋质量违约金的支付问题。""还有涉军群体、非法集资的群体、南大街地质灾害群体、农民工工资拖欠维权群体。""这个社区始终是息烽县的政治经济文化中心,大家有了闲钱也想去做这种投资,很多非法集资最后造成血本无归的,社区要及时掌握情况,疏导排解,并配合相关部门及时化解避免矛盾恶化,稳定人心以避免事件升级。"
规模群体化	在房屋质量维权方面,众多房屋业主、居民成为纠纷当事人。在农民工维权方面,众多农民成为纠纷当事人。在企业用地方面,因土地补偿金等利益冲突,厂矿企业与驻地周围有关人员成为纠纷当事人	XHS2说:"涉事利益主体的诉求各不相同,不可能全部得到满足,又或者是其他原因,主体多了,涉及人数多了,都易诱发集体、越级上访等。"
纠纷复杂化	域内个体经济利益的获取不平衡、有差异是客观存在,而矛盾纠纷呈"一因多果"或"多因多果",矛盾纠纷关联诸多不稳定因素,其后果涉及众多当事人利益,这增加了当前矛盾纠纷的复杂性	XHS2说:"我们县城旧城改造已经七八年了,当初对风险、群众利益考虑得不是很周到,加上网上炒作,引起了非常大的群体性访闹,逐渐消化到现在,但是还有个别的隐患,一些遗留问题都没有完全解决。""还有一个大一点的,乌江库区价值上百万元的鱼死亡这个事件,波及了息烽、金沙、修文等,最后查明是天灾人祸。该事件经过北京的一些律师、媒体炒作后无限放大,老百姓听不进去,就要闹。所以,有一些话由政府工作人员去解释会更乱。这件事最后是考虑到养殖户的损失和情绪,由省农林厅来协调,通过政府采取救灾救济的方式来解决的,几年才把这个事情解决。2015年好像又死了一批鱼,仍然有一些人又闹事。"
矛盾易激化	有些纠纷激化过程短,并非利害冲突,在行进中、工作中一触即发,短时间内快速激化。有的纠纷潜伏期较长,表露不明显,经过矛盾集聚、炒作,突然激化后引发集体上访或群体性事件	
处置疑难化	当前矛盾纠纷复杂性增加了,因此也增加了解决矛盾纠纷的难度。同时,在有关基层部门,一些重大复杂的矛盾纠纷往往很难及时得到解决,从而会导致纠纷迟迟得不到妥善处理	

3. 资金短板凸显加剧

新华社区缺乏长效的财政建设专项资金运行机制。县财政预算中没有用于新华社区建设的专项资金，社区建设资金预算尚未正式列入县政府的社会经济发展规划，各级政府财政投入表现为随机性和间断性，社区建设经费在诸多方面得不到落实和长效性保障。另外，社区自治尚未形成，想通过驻区内的企事业单位、社会性募捐和个人捐款等方式筹集资金都还比较困难。总体而言，新华社区存在资金短板，同时又承受着沉重的支出负担。新华社区资金短板案例见表4。

表4 新华社区资金短板案例

类别	社区资金投入需求案例概述	部分表述再现
基础设施建设投入	增加休闲娱乐设施、体育设施、绿化美化环境以及交通出行优化等	XHS7说："2015年，我们改造和完善社区基础设施，增加很多休闲娱乐设施，给很多小区划定停车线，规范停车线。"XHS4说："市委每年有一个社会治理建设资金，但我们非常难争取得到。"
现有设施改善提升	找不到责任主体的废水管网、垃圾清运、污水管网、化粪池清理等	XHS7说："比如一些公路下水管网、楼盘废水管网、楼道管网破损，找不到买家都是打12319，我们要从公益性事业经费中协调一部分资金去解决。还有一些小区的建筑垃圾清运，没有物业管理，依然找我们。"
特殊救助和社会保障	社区老年人照料中心、病患陪护、社区劳动就业保障等	XHS7说："我们社区现在老年化很严重，我们的综合服务设施建设要加大投入，特别是劳动就业、社会保障、社会服务平台建设，发展一些家政服务、养老服务、社区照料服务、病患陪护、社区老人照料中心。"
公共设施建设和维护保养	群众自治项目土地补偿金、办公用房建设资金、设施完善资金等	XHS7说："我们群众自治方面项目的资金投入量比较大。农民拿出土地需要一定的土地补偿。修了办公用房要完善设施和维护，我们这部分建设和维护资金非常困难。"
居委会开展工作	慰问贫困儿童和留守老人、居民水管修缮、公共设施维修、办公经费等	XHS8说："居委会每年工作经费2万元，办公经费都紧张，我们加班吃饭都是自费。但如遇到需要及时修好破裂的居民水管，我们找人修理又变成自己的负担了。"
培育社会组织	用于购买社会组织服务的专项经费、社会组织活动经费	XHS10说："社会组织要生存，经费是相当困难的。像市区有上千万元的资金支持社会组织，但是我们缺少经费支持。"XHS4说："我们息烽有100多家社会组织，都是比较低级的，政府购买服务，拿什么购买？政府财力有限。"

4. 部分措施实操困难

新华社区施行的政策中存在部分"一刀切"、不符合实际情况、形式化、优化不足的措施现象。① 它们大多都有一个共同特征：与考核挂钩，但实操落地困难。新华社区实操困难政策个案见表5。

表5　新华社区实操困难政策个案

类别	案例概述	部分表述再现
社会治理类	城市管理、交通安全、消防等	XHS2 说："现在息烽社区有些事写起来容易，具体的运行过程当中，有些事无法做到，比如社区综合管理方面，有些事社区不具备行政职能，如城市管理、交通安全，没有执法权社区怎么管？还有消防等其他一系列问题，有的方向对了，但是我们有些措施跟不上，无法建设。"
党建工作类	两新组织发展（在非公经济组织、新社会组织建立健全党的基层组织）	XHS2 说："社会领域基层党建还值得研究，两新组织党建工作，不像体制内的。我们不能只顾给领导吹嘘一通，最后出台一些政策，甩下去下面的同志都要叫苦连天。重点应在于指导，少考核，少形式，避免这样方案，那样总结，今天参观、总结，明天交接、上墙管理、贴标语等现象出现。"
综合执法类	社区综合执法	XHS2 说："社区是服务性的组织，社区不具备行政职能、执法职能。但又要求以社区为主牵头落实强化社区执法工作，社区怎么为主？社区怎么牵头？"
发展指标类	要求发展志愿者人数要在居住人口的80%以上	XHS2 说："志愿者必须要达到80%以上。难道就坐在办公室里面头一热，三万多人或两万人都去当志愿者吗？""往往就是上面考核指标太多了，太机械了，太不切合实际，而且没有做到实事求是。"
经济指标类	一刀切，一把尺子，末位淘汰	XHS2 说："我们不能把发达地区有些东西照办照抄拿回来，各类考核经济指标，要区别对待，不能一刀切。还有各类工作动不动就实行末位淘汰制、一票否决，要让考核指标制定者了解基层的工作情况和工作量。"
出具证明类	社区无法出具，但有关部门要求必须由社区出具证明	XHS2 说："比如证明我的父亲是我的父亲；证明这个居民失踪了好久；证明他在自己家里摔倒；户口簿上都讲他们是父子关系，还叫我出具父子关系的证明。"XHS8 说："母子户口不在一个本上，要证明他们是母子关系，因为我知道他们是母子关系，所以我们给他打了证明，那不知道的呢？我们有3万多人，工作人员不可能一个一个都记得清楚。"

---

① 中共贵阳市委办公厅、贵阳市人民政府办公厅：《关于进一步加强和改进社区工作的十条意见》2015年7月。

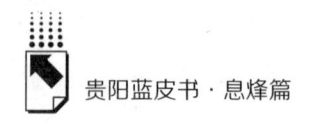

（二）阻碍服务治理建设能效提升的四个欠缺

1. 职能职责划分叠加，欠明晰

职能职责划分不规范增加社区工作矛盾，未对社区职责职能和部门职责职能进行明确有效的划分，社区和部门之间的摩擦就客观存在。社区职能职权划分不规范必然造成多重工作任务和压力，人心无法稳定，社区管理更是难以理清。XHS7 说："虽然社区名义上去掉了行政职能，但实际上很多地方履行的又是原有的行政职能。社区职责职能不清，工作开展举步维艰，如果将社区定位为小政府，政府就得按原有小政府职能职责和乡镇的总构架运营。如果要探索新型社区，要创新，就要为社区彻底减掉行政职能事宜。"XHS2 说："既然社区是服务性的组织，又要强化社区的这个执法工作。社区加强配合执法这个没有什么说的，但是如何来操作和执行，谁是主体？怎么来运作？值得研究。"

2. 考核评估机制繁复，欠协调

冗杂不匹配的考核评估机制增加社区工作负担，社区无力承担。针对社区的考核指标比较机械，实际很难操作。对基层工作人员来说，基层干部不能减负，直接导致无法把精力和热情用在工作上。XHS7 说："社区各种考核多，评比创建多，这很大程度上牵制了社区绝大部分精力，根本抽不出多余的力量做好服务，造成社区无法减负，但是老百姓的事都得办。"XHS2 说："从另一个角度看，也浪费了大量人力、物力、财力。现在贵阳市针对新华社区的考核指标就多达 180 多页，而且各级各类达标反复检查，我们部门的同志也无奈。关键是现在的考核，太机械化、太程序化了，一点儿都不灵活，下层很难操作。"

3. 机构编制设置僵化，欠改善

总体上，新华社区机构编制设置僵化，欠改善。调查中 XHS2 说："新华社区 26 个工作人员（约 20 个事业编制）要对接全部的部门、全部的乡镇，人少事杂，加上新华社区人员居住又密集，外来人口相当多，不管是县内流动和县外流动都聚集在这里，对比城关镇（永靖镇），它们有 200 多个职工履行社会职能，所以社区管理非常累、非常难，社区的干部工作强度极大。"XHS2 说："市里面要求如果要新建一个可以，撤一个机构再建，但又要求指标、人员、内部条件平衡，什么都只叫你做，但是什么都不让你去闯。"XHS7 说：

"我们编制少,人多事杂,工作推进压力大,累而艰难,举步维艰。我们一个人既是组织委员又是宣传委员,还是统战委员,还兼副书记。"

4. 队伍素质整体薄弱,欠拔高

现有干部队伍难以适应形势和社区建设发展需要。目前,新华社区一线的工作人员基本上没有受过系统性、专业性城市社区工作培训。老干部基本沿用政府行政管理手段从事社区管理,未来将难以胜任新华社区建设和发展的需要。而新招聘的社区干部多为刚刚毕业的大学生,客观上缺乏思想工作的经验且敬业意识和奉献精神不足。加之社区近年来的工作内容及任务在不断地增加,如今的社区已难以承受,因此,社区干部队伍建设必须顺应形势以适应未来社区建设和发展的需要。XHS7说:"人员素质的提高是一个大问题,要加大学习培训的力度,要让他们了解发达城市社区发展的理念,要让他们明确社区的重点工作。"

(三)影响工作积极性持续激活的三个不足

1. 人才选拔与培养机制不健全,革新不足

个别领域存在人才匮乏现象,表现为外来引进人才困难,本土人才潜力挖掘不够,同时选拔培养机制不健全,缺乏革新。但只要立足自身需求,充分挖掘当地人才、鼓励培养地方人才,最大限度地发挥基层人才队伍潜力就能破解人才困局。XHS2说:"人的因素非常关键,站在规划上来讲,用人选人对地方经济、部门工作影响太大。一类是管理队伍的干部人才,一类是搞业务的专业技术人才。想引进外来人才对我们来说很困难。我们要鼓励地方人才脱颖而出,让他们以后不亚于专家,不管什么专家来,也得靠这些人去落实推进,所以这方面非常关键。"

2. 干部交流与提拔渠道淤滞,畅通不足

如何完善社区和县职部门之间的干部交流机制,畅通事业身份社区领导干部的交际与提拔渠道是确保新华社区干部队伍工作积极性的根本保证。XHS7说:"社区干部的积极性和主动性不高,主要体现在,社区干部施行全事业身份,有行政编制身份的同志到事业单位去不能任职。同时还要畅通事业单位和行政单位领导的交流渠道,不能到社区去了就永远待在社区,虽然市里面反复下文,老人老办法,新人新办法,但实际是没有人管,没有人问,这些文件制定下来又落实不到位，完全解决不了事业身份的问题、进退流转的问题、选拔任用的问题。对于社区干部的现状是，矛盾纠纷和所有事情都拿给他们做，提拔任用靠边站，他们自然不会有多大的积极性。"

3. 工作量与福利待遇不对等，匹配不足

社区人手严重短缺且工作任务重、压力大，村干部和居委会工作人员没有社会保障，收入与付出严重不均衡，所以一般干部、一线工作人员一有机会就会调动和流失。另外，当前社区"责、权、利"的平衡木出现了严重的倾斜，"责"重、无"利"、无"权"。XHS7说："社区事最多又最杂，特别辛苦，最重要的是抽调行政编制身份的同志到社区就变成事业编制，很多优惠政策就会因身份问题都不能享受。"XHS4说："支部的工资和居委会的工资有区别，支部委员基本上都是1300元，支书、主任是1500元，村干部和居委会不纳入保险范围。我们还是8小时工作制，自从创卫以来，我到现在没有休息一天，没有星期天。"XHS7说："我们居委会的职保主任和城管人员马上要辞职，他们只有1300元钱一个月，我们这有一个城管，他天天出去检查卫生，晚上要做资料，资料太多了，而且差一个图片都不行，都要扣分，计生一票否决，'两严一降'一票否决，所有东西考核都是搞一票否决，他们那1300元扣了可能没有了，还倒贴，不辞职才怪。"

（四）影响社会组织成长环境现状改善的两个脱节

1. 认识观念陈旧落后，培育和扶持脱节

越是经济发达的地方社会组织参与度越高，社区资源整合就越好。新华社区社会组织非常薄弱，政府性购买服务践行极少。社会组织认识观念陈旧落后，培育和扶持脱节。XHS2说："就息烽而言，我们很多基层同志连社会组织是什么都搞不清楚，尤其是再加一个枢纽性社会组织，更不清楚是什么事。我感觉在发展经济的同时，要加强宣传引导。社会组织在成立登记注册过程当中，受部门条条框框的影响，手续总是难以办下来。"XHS7说："政府就是安排部门搞好服务，他需要什么，你就要去引导帮助他，指点他怎么做就行，有些东西按照实际行动就是，但是大家都不愿意承担风险，不愿意多事。"XHS4说："下一步我们应根据各个居委会的实际情况，引导和培育一些公益性社会组织参与社会服务和管理。"

2. 登记备案程序冗长，简政和放权脱节

社会组织登记的法律法规出台了，扶持的方向就是要在民政登记注册备案。XHS2 说："需要证明谁是谁的妈妈，谁是谁的儿子这种事，类似的事情太多。这不是基层老百姓群众有想法，就是我们部门出现了这些壁垒。国家政策三年五年要简化一下，要方便群众，但是现在部门从上到下，这都是硬性规定。贵阳市社会组织原来要求注册资金为 3 万元，现在特殊的可以为 5000 元。但是新华社区备案和得到扶持的极少，市里一家都不认可。"XHS7 说："社区名义上可以进行社会组织登记备案，可是目前没有一家备案成功的。"

四　息烽县社区建设与管理发展对策建议

（一）围绕一个中心，实现一个目标

面对经济发展的新形势，社区建设与管理面临着新挑战。"十三五"时期，新华社区应聚焦主要矛盾，步步为营，展示新作为。应以"强化服务设施、优化服务内容、壮大服务队伍、完善服务机制"为目标和内容。进一步增强服务意识和服务效能，进一步提升社区干部的服务水平和社区工作的服务质量，使党群干群关系进一步密切，以优质服务的新成效凝聚起社区建设贵阳市"新型社区·温馨家园"和全省县级城区新型示范社区的强大力量，为推动息烽县率先建成小康社会释放巨大动力。①②

（二）打好五个硬仗

1. 加速推进社区服务内容多层次和多样化

加速推进新华社区公共服务全覆盖。大力推进社区公共服务体系建设，要依托各类专业化服务机构，充分发挥域内综合服务设施的作用，面向社区全体居民开展涉及劳动就业、社保、公共服务和环境综合治理等服务项目，切实保障老幼病残、流动人口等社会群体对社区服务的需求。要做好特殊人员（刑

---

① 息烽县新华社区：《息烽县新华社区 2015 年度工作汇报》，2015 年 12 月。
② 息烽县新华社区：《息烽县新华社区 2016 年工作要点》，2016 年 3 月。

释解教等）的管理和服务工作。要对域内外来务工人员、其子女及随居亲属等加强社会管理和改进公共服务。另外，创先争优活动还需进一步推进，在这个过程中社区党委还要充分发挥好核心领导作用，并最终推动创先争优活动能长效化和常态化。最后，就是要建立起一种由党委统一领导、由基层政府具体主导和推进、由社区组织从旁协助和由社会力量共同参与的新型化社区公共服务的格局。①

大力发展社区便民、利民及相关服务。对社区商业结构的布局进行优化，对域内便民、利民等服务网络进行完善。要鼓励和支持居民服务业发展，特别是要加快引导各类社会组织、各类公司企业和私人的兴办或参与。另外，新华社区网络平台的建设要加速推进，对于一些能到社区设立便民利民服务网点的实力企业要大力鼓励和支持，而那些有连锁经营性质的更要加以支持。还有，社区居民的生活需求正在日益增长和多样化，为了满足需求，社区要鼓励一些公用事业相关单位增加在新华社区的设点服务频次。针对社区派驻单位，要大力推动社会化的后勤服务。要建立起新华社区和物业管理相联动的机制，要大力推行新华社区所有居民小区都实行物业管理服务，最终使新华社区整体物业服务质量水平得以提高。党委、政府还要加以领导和扶持，并最终建立起一种由社会主办、社区组织协助的新型化便民利民服务格局。

社区的互助性和志愿性服务事业还需进一步发展。要根据新华社区的居民构成情况，针对不同类型和不同层次服务主体培育更多社区级的志愿型服务组织。对各种社会力量，要广泛地鼓励和支持他们真正参与到新华社区的各类具体志愿服务活动中，可采取政府购买服务的方式同社会组织广泛进行合作，以推动新华社区志愿服务水平和质量更上新台阶。要鼓励和支持群众性的自我互助服务活动，要倡导并组织社区派驻单位与社区居民开展的邻里互助、公益捐赠、承诺服务等活动继续深入基层。要建立起一种由党委、政府宣传倡导、社区机构帮助扶持、党员先进和专业社工带头带领、社区居民及派驻单位等共同参与的新型化互助、志愿服务格局。②

---

① 梁波、金桥：《城市社区治理中的社会参与问题调查与分析——以上海宝山社区共治与自治为例》，《城市发展研究》2015年第5期。
② 张健：《城市社区建设中思想政治工作方法创新》，《经贸实践》2016年第2期。

2. 进一步推进社区服务设施、优化网络建设

服从整体布局，加快服务设施网络更新和改造。尤其对于域内人口总体规模的适度性、相关功能的齐全性、社区服务管理和资源配置的方便性与有效性及居民的志愿自主性等要求，社区服务设施在数量和种类上、建设方式的安排和功能划分上、选址布局和整体效果上等都须进行综合确定。按照国家有关要求，对住宅小区等新建楼盘、旧城区棚户区改造等相关建设单位要严格把关，特别是对其相应的建设、规划、设计等方案中关于配套建设的公共服务设施要进行严格把关，而工程建设的设计环节、施工环节及验收使用环节，均应广泛征求社区居民及所在居委会的意见。积极争取该项目和资金，加大辖区绿化、通电通信排污管网、照明、环卫设施、健康娱乐设施的建设与改造。①

加速完善和补充社区服务设施的功能。政府进行公共服务，居委会只是一个终端，要实现居民真正的自我化教育、自我化管理和自我化服务及自我化监督，就务必要保证域内居民有足够的知情、表达、参与、监督四大权利。因此，居委会可通过文体娱乐、关爱特殊群体、爱心志愿、便民利民、社会组织服务等多类服务事项，开展具体的居民自治服务，党团、政务及社会事务代理。

要强化社区信息化基础，更要加速提升信息化建设水平。新华社区入户宽带接入率还需加快推进，现有的信息化基础设施仍需继续改善，信息化通识操作措施还需加快宣传推广，域内居民各种需求仍要进一步满足，以提高域内居民的信息化基础技术运用技能。对社区公共服务信息进行整合，面向社区居民发展劳动就业、社会保障、低保事宜、卫生医疗、文化培训等"一站式"服务。全面建立新华社区的综合信息管理服务平台，要使之能尽快实现信息数据的资源多方共享和一次采集，要能充分发挥它在基层政府各机关、各企事业单位、各社区组织和居民之间的沟通和交流作用，真正做到便民和增进和谐。

3. 加速推进社区服务人才队伍的建设和制度的健全

以新华社区党员和域内自治组织人员为骨干成员，以新华社区专职服务工作人员为重点人员，以政府派驻机构人员、其他社区相关服务从业人员及社会

---

① 张龙：《社会主义新传统与社区治理——以珠海市为例》，《山西农业大学学报》（社会科学版）2016年10月。

志愿者为补充人员,"三员组成"构建新华社区的服务人才队伍。同时,鼓励、吸引社会上优秀的人才向新华社区流动,并同步研究制定相应的服务人才队伍培养和发展计划。要积极推进社区服务人才队伍专业化,还要合法合规选齐配优社区具体领导班子,把辖区居民委员会的直接选举范围逐步扩大。辖区居民的监督委员会以及居委会的下属委员会要继续建立健全,各居民小组长、居民楼栋长和小区业主委员会要继续配全配强。也可根据具体工作需要,公开招聘一定数量的社区专职工作人员。

强化社区内服务人才的培养和激励制度。一方面,要立足岗位实际,鼓励社区服务人员自学成才。另一方面,要将现有社区服务人员的培训方式进一步多元化,才能快速增强他们的服务意识,提高他们的职业素质和提升专业水平。同时,还要使社区的人才激励制度更加健全。一方面,要向社区服务人员落实各种允诺的福利待遇,如生活补贴、工资、社保等。另一方面,还要多关心社区工作者,如按相关规定为社区居委会成员、专职工作人员等施行参保覆盖,争取逐步落实住房公积金缴交事宜等。

4. 加速推进社区服务组织建设和服务流程优化

加速推进建立和健全社区服务组织。一方面,要加速创新域内城乡社区治理结构,还要建立和健全域内党组织、居民自治组织和专业服务机构,才能更好地实现对新华社区全体工作人员的全员化、无缝隙式管理。同时,继续加强和推进社区内的党建工作与党群共建工作,群众组织服务活动制度要进一步建立、健全,群众组织、社会组织参与或承办社区相关服务及活动要大力支持。另一方面,服务型、公益型、互助型社会组织及其他公益性组织要加大力度进行培育,特别是组织的负责人,要注重培养。要为不具备登记条件的社区社会组织提供适当帮助,如帮助组织运作活动、提供活动场地等,并为其实行帮扶备案制度进行精准扶持。还要注重相关扶持政策的制定和落实,如通过政府购买一些服务、设立专项项目资金、补贴活动经费等方式,引导一些社会组织、志愿者能更好地参与新华社区的具体管理和服务。

社区的职责权限及相互关系仍需进一步理顺。遵照"权随责走、费随事转"的基本原则,积极推进新华社区公共服务向"一站式"服务转化,缩减繁复的管理层次,精简冗余的服务流程,整合现有服务资源,合并相近项目、相同项目,优化人员组成结构,整体增强社区服务的专业、标准、品牌能力,进一步推进和提高社区服务水平与质量。

5. 加速推进扶持政策的落地和保障措施的有力施行

进一步完善和落实社区服务的相关扶持政策。如争取将新华社区的服务体系建设整体纳入县级层面，即将其纳入息烽县的经济和社会发展规划中、城市规划中以及土地利用总体规划中，争取将域内闲置的宾馆、学校、公益福利设施等优先用于新华社区的社区服务中。同时鼓励发展壮大域内服务业态，落实域内公用事业性收费优惠政策，落实域内企业用工保险优惠政策、完善域内企业工商和社会组织登记流程。

进一步增强社区服务体系的制度化及标准化。进一步完善现有工作规则、服务标准体系及社区管理办法。进一步完善新华社区服务标准体系，对域内综合服务设施和基础商业网点进行科学规划与配置，并对其用途施行严格管制。进一步完善域内公共服务目录及准入制度和居民对社区服务的满意度测评体系。

进一步拓宽资金渠道和加大资金投入。拓宽社区服务体系建设资金筹集渠道，鼓励政府、企事业单位、社会机构、团体、私人等参与或兴办社区服务事业，建立起多元化的社区投入分担资金机制。① 可视实际情况，依法依规对一些现有的服务设施建设和维护经费、信息化服务建设经费，一些服务人员的工资报酬，一些服务性工作经费等予以适当解决。如部分可采取委托性服务事项或财政补贴等方式进行解决，力争将居委会年度工作经费、服务设施建设等经费纳入财政预算考虑。

参考文献

中共贵阳市委办公厅、贵阳市人民政府办公厅：《关于进一步加强和改进社区工作的十条意见》，2015年7月。

贵阳市委、市政府联合调研组：《息烽县发展情况调研报告》，2016年11月9日。

息烽县：《中共息烽县委 息烽县人民政府关于息烽县工作情况的汇报》，2016年11月12日。

---

① 余红：《贵阳社区建设：症结与出路》，《贵州政协报》2006年10月。

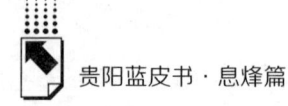

中共息烽县委:《关于制定息烽县国民经济和社会发展第十三个五年规划的建议》,2016年1月8日中共息烽县委十二届五次全会通过。

息烽县统计局:《领导干部手册2016》,2016年4月。

息烽县统计局:《息烽县历年领导干部手册（2011~2016年版）》,2016年4月。

息烽县新华社区、息烽县委办政研室:《息烽县新华社区"十三五"社区服务体系建设规划》,2016。

陈刚:《在市委常委会听取息烽县工作汇报时的讲话》,2016年11月12日。

卓飞:《在市"十三五"规划调研组来息调研座谈会上的讲话》,2015年9月28日。

B.6
息烽县居委会调研报告

摘　要： 近年来，随着中国经济与社会改革发展的不断深入，城市管理体制正在发生着深刻的变化。贵阳市作为全国社会管理创新综合试点城市，2010年贵阳市全面推进基层管理体制改革，通过撤销街道办事处，设立社区服务中心，变"市—区—街道—社区"四级管理为"市—区—社区"三级管理，实现了管理体制扁平化；构建"一委一会一中心"组织架构，增强了社区服务、管理、凝聚、维稳功能；实行"一社多居"，强化了党组织的领导核心地位；推行"居政分离"，促使居民自治回归，逐步探索出一条新型社区建设的"贵阳经验"。为进一步了解基层管理体制改革在居委会这一层面的情况，贵阳市委政研室、北京国际城市发展研究院和贵阳创新驱动发展战略研究院联合组成课题组，对息烽县的相关居委会进行了深入调研。本文通过实地调研，对居委会自治取得的成效和存在的问题进行梳理与分析，并提出相关建议，以期为息烽县乃至贵阳市进一步完善城市基层治理体制改革提供决策参考。

关键词： 息烽县　居委会　自治　基层治理体制改革　调查　建议

一　前言

（一）调查意义与目的

本次调研的开展，不仅有利于整体把握息烽县居委会的发展现状及存在的问题,也有利于了解基层干部关于居委会发展的思路与想法。本次调研的目的主要有三个方面:总结息烽县居委会发展的成效;探讨息烽县居委会发展在工作机制、基础设施建设、日常管理、福利待遇与居民素质方面存在的问题;针对息烽县居委会存在的问题提出对策建议,以期为政府"十三五"基层发展思路提供决策参考。

(二)调查时间与过程

息烽县居委会发展情况的调研分为预调研和集中调研两个阶段。2015年8月,课题组赴息烽县进行预调研,调研方式有座谈会与实地走访等,调研方法主要采用访谈法和观察法。通过预调研,课题组基本掌握息烽县的发展概况并进行前期资料收集。8~11月,课题组集中精力对息烽县相关资料进行研究,并多次召开研讨会,制定《息烽县"十三五"规划思路集中调研工作方案》,拟定农村基层干部等的访谈提纲。

集中调研的时间段是2015年12月14~18日共五天,通过访谈法等调查方法初步了解息烽县所有居委会的工作情况。12月16日,课题组主要针对居委会书记进行深入访谈,了解居委会发展中的成效与存在的问题,以及对居委会接下来发展的对策建议。通过集中调研,课题组收集了息烽县居委会发展的一手资料,为其后期研究奠定了坚实的资料基础。

(三)调查方法与对象

1. 调查方法

资料收集方法。本次调查采用的资料收集方法有文献分析法、深入访谈法与问卷调查法。文献分析法主要是对收集到的国家、省份、息烽县的相关政策文件与规划,息烽县地方志以及关于居委会发展的期刊文献等资料进行研读与分类整理;深入访谈法是针对息烽县新华社区所辖的新华居委会书记与北门居委会书记进行一对一的结构式访谈,了解居委会发展的成效与问题等;问卷调查法主要是针对新华社区及其所辖新华、北门与龙腾三个居委会发放调查问卷,并收集相关定量资料。

资料分析方法。对于访谈而来的定性资料采用归类总结分析;对于定量资料,使用可视化呈现,对相关的问题及观点进行分析。

2. 调查对象

本次调研对象主要是新华社区所辖新华居委会书记和北门居委会书记。两名调查对象的基本情况见表1。

表1　息烽县居委会访谈对象基本情况

编码	性别	年龄	所在单位	职务	个人简历
XFJ1	女	52岁	新华居委会	支书	高中文化,1993年加入中国共产党。1981～1998年在息烽医药公司(国企)工作,后国企改制,从2010年至2013年任新华居委会主任,2013年至今任新华居委会党支部书记
XFJ2	男	43岁	北门居委会	支书代主任	大专文化,退役军人。1993～1996年在部队服役,1996～2003年在贵州铁合金厂(国企)工作,2005～2009年为息烽县政法委临聘人员,2010～2013年任北门居委会主任,2013年至今任北门居委会党支部书记

注：文中访谈者姓名均采用编码标示。

二　息烽县居委会整体概况与两个重点调研居委会的基本情况

（一）息烽县居委会整体概况

息烽县共有13个居委会,其中3个属于新华社区,另外10个属于乡镇所辖居委会。13个居委会的总人口数是67689人,而新华社区所辖3个居委会的总人口数是33318人,占13个居委会总人数的49.2%。各居委会所属乡镇、总人口、面积及所在区域的基本情况见表2。

表2　息烽县所辖13个居委会整体概况

所属乡镇（居委会数量）	居委会名称	总人口（人）	面积（平方公里）	所在区域
新华社区（3个）	新华居委会	17438	1.4	东:虎城大道至虎城大厦 南:虎城大道 西:文化西路至龙泉大道 北:文化西路口至文化北路

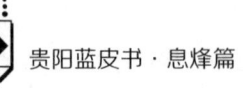

续表

所属乡镇 （居委会数量）	居委会名称	总人口 （人）	面积 （平方公里）	所在区域
新华社区 （3个）	北门居委会	7986	1.3	东与河滨路为界，与东门居委会相邻；南与花园东路、东门路为界，与新华园居委会、南门居委会相邻；西与花园东路、文化北路为界，与西门居委会相邻；北与镇府路为界，与东门居委会相邻
	龙腾居委会	7894	1.2	东至火车站家属区，南至息烽客运站，西至希望城，北至南大街8号楼
温泉镇 （2个）	石头田居委会	1471	3	石头田社区位于镇中心，是镇政府所在地
	西洋居委会	2256	—	位于温泉镇西面，坐落在尹庵境内，是贵州西洋肥力有限责任公司驻地，距镇政府所在地石头田约4公里
永靖镇 （3个）	南门居委会	8495	1.82	位于息烽县永靖镇南部，东与龙爪村相连接，西与永红村相邻，南与南门村毗邻，北与北门居委会相交
	西门居委会	5193	1.3	东面与东门居委会接壤，距离永靖镇政府700多米
	东门居委会	2837	1.5	位于息烽县城主城区的东面，地处永靖镇西面，居委会驻永靖镇育才路，东面与红旗村相邻，南面与南门、北门居委会毗邻，西面、北面与西门居委会接壤
小寨坝镇 （3个）	黑神庙居委会	3253	1.8	黑神庙居委会位于镇集镇中心
	磷兴园居委会	4820	0.58	位于小寨坝镇中心
	复兴居委会	3660	3.5	位于小寨坝镇南山安置小区
养龙司镇 （1个）	养龙司居委会	766	—	镇政府所在地，东与西洋公司接壤，南与小寨坝毗邻，西与流长乡相望，北与乌江镇相连
九庄镇（1个）	新街居委会	1620	0.48	位于九庄镇腹地

注：表格数据与案例篇数据截止时间不同，存在不一致的情况。

资料来源：2015年调研期间由各社区、乡镇提供。

（二）两个重点调研居委会的基本情况

1. 新华居委会的基本情况

新华居委会位于息烽县文化西路移民办处，总面积1.4平方公里，服务半径 0.6 公里。总人口 17438 人，以汉族为主，有苗族、土家族、布依族、侗族、回族、彝族、仡佬族等。新华居委会原辖于永靖镇，在 1992 年时永靖镇将原有的一个居民委员会撤建为新华、南门与铁路三个居委会，新华居委会辖七个居民段；2010 年 10 月，新华居委会转为新华社区所辖；2011 年 2 月，永靖镇将原属南门居委会的人事劳动局至文化西路部分划归新华居委会管辖。在教育资源方面，有 1 所幼儿园和 1 所高中。在基础设施建设方面，有 1 个老年活动中心，6 个公共停车场。在社区综治维稳力量方面，有 1 个派出所及 14 名巡警。

2. 北门居委会的基本情况

北门居委会成立于 1989 年，地处息烽县城中心地段，东北连东门居委会，南接南门居委会，西北靠西门居委会，所辖镇府路、河滨路、东风路、北一路、北三路、交通路、花园路、农贸市场、文化路等 9 个居民段。总面积 1.3 平方公里，服务半径 1.5 公里。居民总户数 2314 户，常住人口 6942 人，流动人口 2000 多人。居委会办公室位于北门桥金地商住楼二楼，面积 480 平方米，各项服务设施齐全，有活动室一间，集娱乐、健身、图书阅览为一体。有远程教育室一间，面积 60 平方米，课桌椅 25 套，电脑一台，投影机一台，电视机一台。正式党员 64 名，预备党员 5 名，入党积极分子 4 人。

三 息烽县居委会发展的成效

（一）居委会志愿者队伍建设粗具规模

在志愿者规模与人员构成上，新华居委会有 100 多名志愿者，主要来自正式党员、入党积极分子、文艺队、宣传队、老年人等。北门居委会有 82 名志愿者，主要来自正式党员、入党积极分子、文艺队的成员等。两个居委会的志愿者队伍建设粗具规模，极大地助推了居委会各项活动的顺利开展。

（二）居委会工作人员职业认知较强

新华社区所辖居委会的基层干部虽然文化程度不高，但是职业认知较强，具备居委会工作的职业意识和职业技能。从表 3 可以看出，新华社区所辖居委会基层干部的年龄结构以壮年为主,女性占比较高,受教育程度集中于大专与高中,可见居委会基层干部的文化程度普遍不高。但是其职业认知较强,一方面表现为职业意识强,具备较强的责任心、公德心和担当意识;另一方面表现为掌握一定的职业技能,具备学习能力、协调能力,了解国家的各项政策与大政方针。正如XFJ1所说:"基层工作人员必须具备责任心、公德心、上进心和爱心,还必须有担当。要不断学习,总是在原地踏步也不行。"个案XFJ2在此基础上补充说道:"基层工作人员在处理工作事务上要公平公正,要多熟悉业务,了解相关的法律法规以及国家的政策与大政方针。"

表3 息烽县新华社区所辖居委会工作人员基本情况

居委会名称	职务	年龄(岁)	性别	民族	文化程度
新华居委会	书记	52	女	汉	高中
	主任	29	女	汉	大专
北门居委会	书记(代主任)	43	男	汉	大专
龙腾居委会	书记	39	女	汉	高中
	主任	42	女	汉	高中

四 息烽县居委会发展存在的问题

(一)职能部门与居委会之间的工作联动机制需建立完善

1. 有关职能部门少作为

息烽县相关职能部门存在监管不力与权责分离等少作为问题。各职能部门具有执法权,但是很多时候却把行政性工作委派或转移到居委会身上,例如表4中的案例2,居委会承担了本该由交警队、消防部门、城管部门和计生部门承担的工作。然而,居委会作为基层自治组织,最大的特点之一就是不具备执法功能,在管理城市基本生活秩序上常常"有心无力"。这样就导致互相推诿的现象经常出现,不仅影响工作效率,也影响民众的生活质量与幸福感。

表4　关于息烽县职能部门少作为的具体案例

案例	案例简述	访谈对象
案例1：职能部门监管不力	房屋质量监督与验收问题。新华居委会的矛盾纠纷主要集中于居住用户反映新住进去的房屋存在质量问题，如墙面开裂，排污管道堵塞等。主要原因在于企业缺乏社会责任心，同时政府职能部门在验收的时候也没有认真把关	XFJ1
案例2：职能部门权责分离	(1)居委会需承担本该由交警队承担的统计车辆工作；(2)本身不懂消防知识，却要协助消防部门下整改通知；(3)承担本该由城管部门管理的占道经营等工作，但由于缺乏执法权，占道经营的商贩根本不听居委会工作人员的劝阻；(4)承担计生部门的相关工作，与计生部门签订目标责任书，如果哪里出现问题，居委会工作人员就会被一票否决	XFJ2

2. 居委会职责范围不明晰

从理论上讲，居委会作为城市基层群众的自治性组织，需要在计划生育、公共卫生、优抚救济、社会治安等工作方面协助政府及其派出机构。从本质上来看，政府及其派出机构与居委会之间是指导与被指导的关系，但是在发展实际中，指导与被指导的关系变成了领导与被领导的关系，政府许多职能部门为实现本部门的工作目标，惯于使用考核、评分等形式支配居委会工作，使居委会日渐远离自治本性。其职能范围逐渐不明晰，不仅承担了原本应由各职能部门承担的工作，还需要出具各项"令人哭笑不得"的证明（见表5）。

表5　新华社区所辖居委会不合理证明案例

案例序号	案例简述	访谈对象
案例1：耗子咬烂钱证明	有一名老年人将200元钱放在家中被耗子咬烂了，去银行兑换的时候被拒绝，并被告知需要到居委会打证明，证明"钱是被耗子咬烂的"	XFJ1
案例2：水湿钱导致钱损坏证明	某一名居民将钱放在家里被水弄湿了，导致钱币受损。到银行兑换的时候遭拒绝，并被告知需要到居委会打证明，证明钱是在家中被水弄湿导致损坏的，而不是人为损坏	XFJ2

（二）居委会服务设施建设无法满足工作与居民生活需求

1.居委会工作服务设施亟须完善

新华居委会与北门居委会在工作服务设施上亟须完善的是办公场地。如表6所示，访谈对象XFJ1和XFJ2分别提到办公场地寄居到其他单位以及办公场地产权不明的问题。居委会的办公场地，不仅是居委会干部开展走家串户工作之余进行总结与讨论的重要场所，其存在对推进居民群众自我管理、自我服务和自我监督也具有很强的社会意义。办公场地不完善，不仅会影响居委会工作人员的工作积极性，也会影响居委会的规范化与标准化建设。

当然，由于不具备经济职能，居委会的经费捉襟见肘，不能满足日常工作的开展，正如XFJ1所说："基本上办公经费都会超支，工会的经费也很少，制约了对特殊人群及做出贡献的环卫工人等人群开展慰问活动，而且也无力承担办公场地的修建工作。"

表6 新华与北门居委会关于办公场地问题的访谈内容

访谈对象	关于办公场地需完善的阐述
XFJ1	新华居委会的办公场地是寄居在移民局，虽然是单位对单位，但对一些工作开展还是带来诸多不便
XFJ2	北门居委会的办公场地是在福利彩票资助建立的老年活动中心，不过办公场地存在产权不明的问题

2.居民文化娱乐设施需进一步完善

新华社区所辖三个居委会的文化娱乐基础设施建设不完善，主要表现在种类单一、发展不平衡及现有资源缺乏系统规划等问题，无法真正满足居民日益增长的文娱需求与休闲需求。如表7所示，新华社区所辖三个居委会均没有健身园和休闲游憩的公园，并且公共广场和老年活动中心建设也不完善。辖区内有老年活动中心的居委会，也存在老年娱乐文化建设管理的系统化、科学化待加强的问题。文体娱乐设施不足，不仅不利于居委会开展文化活动，也会造成居民文化生活匮乏，不利于提升居民的文明素质、生活质量和幸福指数，由此影响居民对居委会的认同度和归属感。

表7　新华社区所辖居委会现有文娱场地数量统计

单位：个

文娱场地 居委会	公共广场	老年活动中心	公园	健身园
新华居委会	0	1	0	0
北门居委会	1	0	0	0
龙腾居委会	1	1	0	0

资料来源：2015年调研期间由新华社区提供。

（三）居委会日常管理工作"事情多人员少工作压力大"

1. 人口构成复杂增大服务难度

新华社区处于息烽县的城中心位置，其所辖三个居委会外来人口多，人口流动性较大，在一定程度上增加了社区开展管理工作及提供基本公共服务的难度。从图1可以看出，新华居委会人户分离和外来人口的人数都是户籍人口的两倍有余，龙腾居委会的人户分离和外来人口的人数是户籍人口的三倍左右，北门居委会外来人口的数量也不少。居委会工作人员的职责之一就是对流动人口进行管理和服务，而新华社区所辖三个居委会外来人口多、人口流动性大的现状在客观上加大了居委会工作人员关于辖区内居住者相关信息的统计、公共服务的供给等压力。

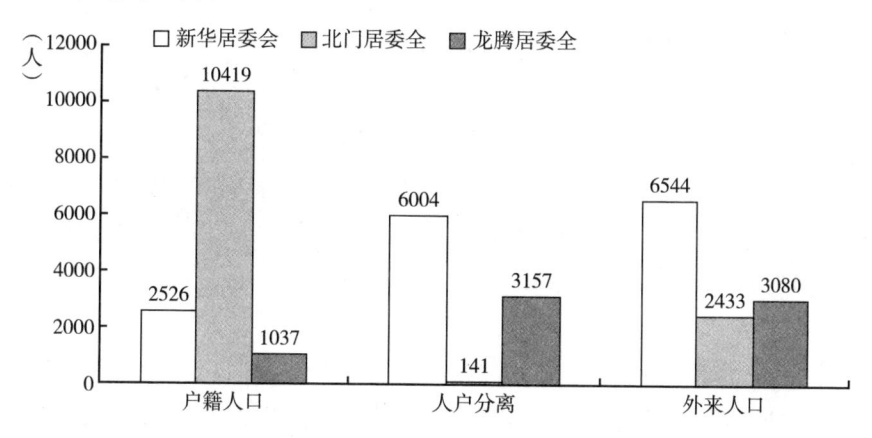

图1　新华社区所辖三个居委会人口结构

（新华居委会：户籍人口2526，人户分离6004，外来人口6544；北门居委会：户籍人口10419，人户分离141，外来人口2433；龙腾居委会：户籍人口1037，人户分离3157，外来人口3080）

各部门间关于流动人口管理的信息数据共享难。派出所、卫生、计划生育、劳动等部门均从部门管理角度采集了流动人口的相关信息数据，但是由于管理权限等方面的问题，相互之间缺乏沟通与合作，这不仅影响居委会提供服务的有效性，也造成流动人口管理的信息资源和设施资源浪费。

2. 班子成员较少难以满足日常服务需求

新华社区所辖居委会班子成员较少，对上需要对接的部门与工作多，对下需要服务的居民多，日常服务工作压力大。从表8可以看出，三个居委会的专职人员都很少，与其所要服务的总人数形成十分鲜明的对比。此外，居委会专职人员少也致使每位工作人员需要对接的上级工作多，可谓是"上面千条线，下面一根针"，正如个案XFJ1所说："我们的群众工作站只有1名工作人员，但是需要对接社区群众工作部的6个人，他们每人都有一项工作，那么我们1个人就要对接六项工作。"

表8 新华社区所辖三个居委会总人数及专职人数对比

单位：人

居委会名称	总人数	专职人数
新华居委会	7894	3
北门居委会	7986	5
龙腾居委会	17438	6

资料来源：2015年调研期间由新华社区提供。

在居委会专职人员本就很少的情况下，原本应该由居委会管理的劳动协管和计生专干却属于新华社区管理，他们虽然做着居委会的工作，但居委会的书记和主任却无法对其工作进行管理和安排。据调查，新华居委会有4名劳动协管和8名计生专干，北门居委会有4名劳动协管和6名计生专干，但是据个案XFJ1反映："由于社区没人，就把三个居委会的劳动协管和计生专干纳入到社区工作了，他们不在我们居委会管辖内，我们对他们没有管理权限。"

人手少还逢事情多，大大增加了居委会服务工作的难度。居委会的工作职责包括管理职责、服务职责、教育职责和监督职责，需要做的工作涉及自治管理、社区保障、文化、卫生、治安、便民利民服务与针对特殊人群的福利性服务、劳动就业保障、法制教育等。居委会的工作可谓是"上知天文地理，下管鸡毛蒜皮"，既要高大上，又要接地气，而且接地气还非常的重要。在新华社区所辖三个居委会人手配备极少的现实情况下，使其公共服务供给与管理工作雪上加霜。

3. 居民参与居委会发展的意识不强

居委会的居民是社区自治的主体，对社区及居委会开展自我管理、自我服务和自我监督有着重要作用。但是新华居委会和北门居委会的现实情况是了解居委会工作、关心居委会公共事务、主动参与居委会活动的居民人数比例很低，而且参与的人也大多是退休老人、贫困低保人群。居委会主流人群大多都表现为民主意识淡薄，关心、了解、参与居委会活动的积极性不高。此外，辖区内社会组织支持、参与、配合居委会工作的积极性也有待提高，非营利性民间组织的发展也不成气候。居委会资源共有共享、居委会发展共建共享的格局还没有形成，居委会的建设缺乏社会力量的参与，没有形成合力。这也导致居委会在开展工作上面临较大的困难。

（四）居委会工作人员的薪资福利待遇水平需进一步提升

1. 居委会工作人员的待遇与其承担的工作量不匹配

居委会工作人员作为基层接触群众的触角，承担的工作任务覆盖了接受检查、评比、统计、会议、盖章等，居委会的事务越来越繁杂，每位居委会工作人员都在超负荷地工作。但是，居委会工作人员的薪资待遇却与其承担的工作量不匹配。虽然待遇是一直反映的问题，也得到了一定程度的解决，如个案 XFJ1 所说："群工委之前来调研的时候我们都反映过待遇问题，也得到了一点解决，已经从以前的 900 块钱变成现在的 1500 块钱。"但是，相比目前的物价水平及人们的生活质量需求，居委会工作人员的待遇仍然是杯水车薪。

2. 针对居委会工作人员的激励机制与奖励机制不健全

居委会工作人员的待遇与其承担的工作量不匹配的背后是激励机制与奖励机制不健全的问题。例如，居委会中存在一身兼多职的情况，在网格长或网格员缺位的情况下，居委会书记或主任就需要补位。但是，在这种情况下，工资却就高不就低，也就是说补位的人员只能领取两份差事中薪资高的那份待遇，不能兼得两份差事的待遇。再如，新华社区所辖三个居委会的劳动协管与计生专干受社区直接管辖，其奖金也由社区发放。据个案 XFJ1 所说："有时候他们的奖金比我们都还高，同样做居委会工作但是待遇就是不一样。"这无疑让居委会工作人员认为自身的劳动没有受到尊重，极大地影响了居委会工作人员的积极性，甚至影响其工作的创造性。

（五）居民素质普遍不高导致无法适应城镇化发展的需求

1. 居民素质提升与城镇发展速度不相适宜

当前新华社区所辖三个居委会的发展取得了一定的成效，但仍然存在居民素质提升与城镇发展速度不相适宜的矛盾。"所谓居民素质是指一个城镇的居民在思维方式、价值信仰、道德心理、知识能力、审美情趣和生理状况等方面形成的集体人格，或者说所具有的总体水平"[①]。新华社区所辖三个居委会在这方面存在的问题主要体现在居民的公共物品爱护意识欠缺、环境保护意识较差、文明礼仪缺失、素质教育滞后、规范意识缺乏等。不文明现象依然存在，极大地影响了城镇的文明形象。

2. 农转居人员的生活方式和行为习惯与城镇发展不适应

随着息烽县城镇化建设的不断深入发展，新华社区所辖三个居委会中农转居的居民数量不断扩大。特别是新华居委会，从乡村来的居民较多，有的是在新华居委会所辖区域内买了房，有的是跟随自己的子女进城来生活的乡村人。虽然乡村来的人们具有很多优良的品质，但是其行为习惯和生活方式与城镇发展不相适应。据调查，在新华居委会主要体现为三个方面，一是居民的卫生意识较差，仍然存在随意扔垃圾等现象。二是居民交物业管理费的意识较差，由于较多住户不交物业管理费或者经常延后交，导致居委会的卫生状况差，居住环境不理想。居委会工作人员也因此需要进行清理垃圾等工作，其工作压力增大。三是参与居委会发展的意识不强，农转居的住户从"熟人社会"转向"陌生人社会"，对所在的社区归属感还不强，从而参与意识不强，一定程度上导致居委会工作难开展。

---

① 吴转丰：《浅谈如何提升居民素质以适应城镇发展的需要》，《北大荒日报》2012 年 11 月 10 日。

五　息烽县居委会发展的对策建议

（一）完善沟通与强化作用，避免职能部门不作为

1. 建立完善上下级沟通机制

政府及其派出机构与居委会之间是双向沟通机制，双方都需要为建立高效的沟通机制做出努力。居委会工作人员需要对居民自治、便民利民服务、社会保障、卫生、计生、治安、文化管理等方面的工作及时总结，并分析成效、存在的问题及解决问题的思路。而政府及其派出机构在指导居委会工作的时候，需要引起对居委会工作的足够重视，并要对居委会工作人员有足够的尊重，实实在在地解决居委会发展中存在的问题。通过访谈发现，居委会工作人员关于居委会如何发展具有一些较好的思路和想法，上级部门需要多开展实地调研，了解基层干部的想法，尊重居委会发展实际，从而更好地指导和协助居委会的发展。

2. 强化机关职能部门的作用

完善"两个体系"。健全完善岗位责任体系与监督管理体系，从而明确各级人员的岗位职责，促进职能部门工作人员履行好其应负的职责；培养居委会工作人员的学习能力与执行能力，培养学习能力是因为居委会在实际发展中不是一成不变的，在对其进行指导的时候要避免"老办法不管用，新办法不会用，好办法不敢用"的问题。培养执行能力主要在于"实干才是水平，落实才是能力"；强化"三个意识"，强化工作人员的表率意识、责任意识与服务意识，更好地促进职能部门工作人员深入实际与现场开展工作，避免形式主义，杜绝发生"门难进，脸难看，事难办"等问题。

（二）厘清居委会的职责清单，为居委会减负

1. 居委会承担的事务性工作应与自治组织的角色和职能相适应

居委会的应然角色是基层自治组织，而实然角色却是代表政府管理社会的力量，日益远离了自治本性。随着越来越多的事务下派到居委会，居委会的工作人员负担过重、疲于应付。政府需对社区及居委会工作事项进行"地毯式"

清理、制定减负工作的相关意见，特别是减少考核评比，避免居委会承担的行政事务多、检查评比多、会议台账多、不合理证明多等问题①。以此减轻社区及居委会的工作压力，调适其应然角色与实然角色之间出现的冲突。

2. 政府部门应收回并承担委派或转移到居委会的行政性工作

政府部门收回并承担委派或转移到居委会的行政性工作的本质在于社区居委会的去行政化，这是居委会工作减负的重点。政府各职能部门应理顺与居委会的关系，虽然居委会工作人员的薪资待遇来源是政府财政支出，但是从本质上来说政府是协助方，而居委会是实施协助方，协助即辅助，并不对应该由职能部门执行的行政事务负主要责任。有关职能部门应"在其位，谋其职"，对本该由自身负责的事务负责到底。

（三）完善服务设施建设，提升民众的获得感

1. 完善居委会服务设施，提升工作积极性

投资新建、提升、改造居委会服务设施，是解决服务和联系群众"最后一公里"的重要举措。首先，需要重点解决居委会办公场地问题，提升居委会工作人员的工作积极性；其次，需要重点解决休闲娱乐场所的修建与改造，例如老年活动中心、图书阅览室、电子阅览室、多功能活动室等。通过修建图书阅览室与电子阅览室，不仅能为辖区居民提供"充电"的场所，也能为辖区内的学生放学后提供自习的场所；通过修建多功能活动室，方便居委会开展活动，为文化社团如文艺队等提供固定的活动场所。

2. 构建居委会网络公共空间，提升居民生活质量

网络虚拟社区是社区管理的新型公共空间，居委会在实际工作开展中要充分利用社区的网络资源，提升公共服务的质量。例如可以利用现代化的载体，在网络空间中开设社区党校，采用"网上讨论+网下座谈"的形式创新党性教育的形式。同时可以开设监督平台，让群众点评和监督党员的行为，充分发挥党员的先锋模范作用。

除此之外，网络空间是一种全新的邻里交际模式，可以为新型社区的民主

---

① 贺勇：《北京年内完成社区减负，厘清职责实行准入制——"1个居委会17块牌子"将终结》，《人民日报》2016年5月3日。

自治提供良好的基础。现在的人们工作繁忙，下班了也是"各回各家，关门闭户，不相往来"。网络公共空间可以为人们提供居务公开、居委会论坛与教育、福利保障、青少年专栏等内容，人们可以在上面针对小区的各项事务进行交流，形成全新的邻里交往模式，满足人际交流的需求。当然，线上熟悉之后，人们实际生活中在一起参与居委会活动的时候就会更有积极性。这不仅能让"陌生人社会"中的人们更快地熟悉彼此，也能满足人们交流的意愿，提升居民的生活质量。

（四）壮大居委会服务队伍，提升日常工作效率

1. 提升居委会工作人员的专业性

居委会工作覆盖面广，服务人群数量大，各种事务繁多杂，因此需要提升居委会工作人员的专业化与职业化水平，促进工作人员掌握专业的知识与技能，并引导其运用专业的方法服务居民，帮助居民解决各项难题。首先，提升专业化与职业化的方法之一是参加社会工作师资格证的考试，考取资格证虽然不是衡量工作能力的唯一标准，但在一定程度上能让工作人员掌握专业的服务理念、方法与协调沟通技巧。其次，创新考取社会工作师的加分事项。居委会工作人员每天的工作任务量都很重，并且年龄结构也偏大，文化程度也不高，所以在考取社会工作师的过程中，可以创新加分事项，对其做出的突出贡献或个人荣誉有一定的加分。这在一定程度上也能提升居委会工作人员工作及进行自我提升的积极性。再次，开展各项知识与技能培训班，如社会工作师考试培训班、居委会工作技能与方法培训班等，并组织居委会工作人员外出考察学习好的经验做法。居委会开展好每一项工作的背后都需要不断地进行相关知识与经验的累积，服务好每一位特殊或困难对象都需要采取不同的沟通与服务技巧，因此加强学习对提升专业性也很重要。最后，需要强调的是专业性与职业性并不是说一定要考取社会工作师资格证，其本质应该是要增强居委会工作人员的利他主义意识，掌握科学的方法进行助人服务活动。以此基本形成一支专业素质较高、服务能力较强、社区居民满意的服务队伍。

2. 提升居委会书记与主任的胜任力

社区居委会书记或主任是居委会管理工作的主要实施者，是居委会建设与发展的重要人物，他们的素质高低、能力是否得到充分发挥，直接影响到居委

会的建设与发展。如何让优秀的人担当居委会书记或主任，充分发挥其才能从而胜任岗位，是一个十分关键的问题。在具体实施中，可以从人际关系、团队合作、成就驱动、角色认知、学习能力与创新精神、积极主动与坚韧不拔、个人品质、专业知识八个特征来考察居委会书记或主任的胜任力，对优秀者进行奖励，对欠缺者进行培训。

3. 完善居委会工作人员精神激励机制

在建立完善居委会工作人员精神激励机制方面，可从三个方面开展工作：首先，建立促进沟通交流的论坛网站，在上面可以设置心理辅导、征求意见和建议、与网友交流等内容，这不仅能为居委会工作者提供一个宣泄情绪的合理场所，也便于上下级部门沟通交流，促进信息流畅；其次，建立薪资待遇与工作年限和考核挂钩的机制，增加工龄工资，同时对身兼多职的工作人员能考虑工资累加发放，调动工作人员的积极性与创造性；最后，建立基层政府与居委会工作人员配合协作机制，有效促进公共服务供给。[①]

（五）注重鼓励社会力量参与，强化和谐居委会建设

1. 强化居民参与居委会发展意识

采取多种方式提升居民参与积极性。一方面，加强宣传的针对性和多样性，增强居民的主人翁意识。注重宣传居民的共同需求与共同利益，将民生"痛点"作为工作重点，从而调动居民广泛参与居委会自治的积极性。另一方面，建立和完善居民参与机制，通过法定程序和民主程序制定相应的规章制度，将居民参与推向制度化和规范化。同时，完善居民参与的激励机制，对积极参与居委会活动特别是公益活动的有关居民可以采用"奖励积分＋积分换购"等形式，保持居民参与的热情与主动性。

2. 培育社会组织参与居委会建设

大力培育社会组织，提高社会组织广泛参与居委会建设的积极性。首先，针对居委会、社区及相关职能部门的工作人员开展社会组织知识培训班，加强向其宣传关于社会组织培育、社会组织管理、购买社会组织服务、如何与社会

---

① 台红、刘辉：《城市社区工作人员关怀激励机制的建立与完善》，《中国青年政治学院学报》2010年第2期。

组织协同治理等方面的知识，从而加强工作人员对社会组织的了解，以更好地促进社会组织参与居委会建设发展。其次，组建社会组织孵化基地，以此助力社会组织登记注册，避免受部门条条框框影响社会组织组建的便捷性与有效性。加大对社会组织的资金支持与项目支撑，扶持并形成一批有代表性的社会组织。最后，总结共建共享经验，进一步完善社会组织参与机制体系建设，逐步把居委会建设推向标准化、规范化与品牌化。居委会及相关部门需要不断探索多种形式营造社区共建共享的氛围，提升社会组织参与居委会建设发展的积极性，促进居委会与社会组织的共同发展。

参考文献

梁慧、王琳：《"村改居"社区居委会管理中的问题及对策分析》，《理论月刊》2008年第11期。

夏维军：《浅谈如何进一步提高机关职能部门的作用》，《人力资源管理》2013年第6期。

陈钰：《社区居委会主任胜任力模型研究——以南昌城市社区为例》，江西财经大学硕士学位论文，2006。

B.7
息烽县乡镇调研报告

摘　要： 2016年4月25日，习近平总书记在安徽凤阳县小岗村召开的农村改革座谈会上强调，中国要强农业必须强，中国要美农村必须美，中国要富农民必须富。贵州作为农业大省，始终把解决好"三农"问题摆在全省经济社会发展"重中之重"的位置，连续13年以一号文件形式聚焦"三农"。贵阳市作为贵州省经济社会发展的"火车头"和"发动机"，紧紧围绕"农业强、农村美、农民富"的奋斗目标，大力推动现代高效农业示范园区和美丽乡村建设，积极探索都市现代农业体系，着力促进农业发展、农村和谐和农民增收，为率先在省内实现全面建成小康社会，打造贵阳发展升级版提供了有力支撑。为深入了解当前贵阳市农村发展情况，贵阳市委政研室、北京国际城市发展研究院和贵阳创新驱动发展战略研究院联合组成课题组，通过"实地调研+座谈+访谈"的方式，对息烽县的相关乡镇进行了深入调研。本文按照理论研究与实证调研相结合的方法，总结当前息烽县乡镇发展的主要做法，梳理乡镇存在的发展瓶颈，并有针对性地提出建议，以期为息烽县乡镇下一步发展提供决策参考。

关键词： 息烽县　乡镇　"三农"问题　经济社会　调研　建议

一　调研背景

（一）调研目的与意义

乡镇经济是整个县域经济的基础和重要组成部分，乡镇经济发展对增强县域经济实力、增加农民收入，全面建设小康社会具有重要意义。"十三五"时期是息烽县为贵阳市经济社会发展打造新引擎的关键时期，也是息烽转变发展模式、实现产业深入调整的重要时期。为了解贵阳市息烽县"十二五"乡镇经济社会发展情况，进一步全面摸清乡镇在"十二五"发展中面临的主要问题，厘清"十三五"期间息烽县各乡镇发展的具体思路，由贵阳市委政研室、北京国际城市发展研究院和贵阳创新驱动发展战略研究院三家单位组成联合课题组对息烽县所在的9镇1乡展开了专题调研。

（二）调研时间与过程

2015年是"十二五"的收官之年，2016年是"十三五"的开启之年。课题组选择在2015年下半年展开调研，调研分为预调研和集中调研两个阶段。2015年9月，调研小组成员赴息烽县进行预调研，调研开展方式有座谈会与实地考察，重点了解精准扶贫、民生问题、重点企业的发展等情况。在2015年12月14~18日进行了为期五天的集中调研，采取座谈会和深度访谈的形式，在12月15日下午召开了10个乡镇干部及村级干部代表就经济社会发展的情况开展专题研讨会，着重了解"十二五"乡镇经济社会发展情况，听取书记（镇长）对该乡镇发展的意见，12月16~18日课题组分小组对乡镇的书记（或镇长）进行了面对面访谈和交流。

（三）调研方法与对象

1. 调研方法

调研的方式以实地考察和深度访谈为主，文献收集法为辅。通过预调研，调研组成员基本掌握息烽县的发展概况并进行前期资料收集。2015年10~12月，课题组成员集中精力对息烽县相关资料进行研究，并多次召开研讨会，拟定农村基层干部等的访谈提纲。采用深度访谈法分别针对部分党委书记或乡（镇）长进行专访，了解息烽县各乡镇"十二五"发展过程中的重点突破和存在问题、乡镇发展存在的优劣势以及"十三五"期间乡镇的总体构想。

2. 调研对象

调研活动以各乡镇为主要对象，完成8镇1乡的书记、镇长、乡长的访谈，其中小寨坝镇因特殊工作原因未能接受专访（见表1）。

表1　息烽县乡镇访谈对象情况

编码	性别	所在乡镇	编码	性别	所在乡镇
XFXZ1	男	永靖镇	XFXZ6	男	流长镇
XFXZ2	男	温泉镇	XFXZ7	男	鹿窝镇
XFXZ3	男	九庄镇	XFXZ8	男	养龙司镇
XFXZ4	男	西山镇	XFXZ9	男	青山苗族乡
XFXZ5	男	石硐镇			

注：文中访谈者姓名处均采用编码标示。

二　息烽县乡镇的整体情况

（一）息烽县九镇一乡的基本情况

息烽县总面积1037.66平方公里，辖区由九镇一乡，174个村、居，总人口25.53万人，其中苗族、布依族等17个少数民族占总人口的6.2%①（见表2、图1）。

表2　息烽县九镇一乡基本情况

序号	乡镇	总面积（km²）	总人口（人）	农业人口（人）	森林覆盖率（%）	所辖村、居	地理位置
1	永靖镇	155.92	50311	31763	43	24个村，3个居委会	地处息烽县东南部，地处黔中经济圈中心地段，南离省城贵阳68公里，北至遵义80余公里，地处两城市中心；川黔铁路、贵遵高速公路、210国道南北贯穿
2	小寨坝镇	138.08	35513	29613	56.56	20个村，2个居委会	位于贵阳与遵义之间，地处黔中产业带腹地。离息烽县城12公里，距省城贵阳82公里，素有贵阳市"北大门"之称
3	温泉镇	85.032	22245	19845	50.03	11个村	位于息烽东北部41公里，乌江南岸

---

① 息烽统计局：《领导干部手册2016》，2016年5月。

续表

序号	乡镇	总面积（km²）	总人口（人）	农业人口（人）	森林覆盖率（%）	所辖村、居	地理位置
4	九庄镇	114.36	32328	30514	39.74	25个村，1个居委会	位于息烽西北部，距县城33公里，是贵阳市连接毕节地区金沙县、黔西县并通过航运连接遵义市的重要交通枢纽，都格高速公路穿境而过
5	西山镇	74.19	18077	17753	49.60	13个村	位于息烽县城西部，距县城仅6公里
6	石硐镇	120.56	26408	25308	48	18个村	地处息烽县西部，东与青山乡、永靖镇相邻，距县城21公里
7	流长镇	105.9	21750	21010	48.35	15个村	位于息烽县西北部，距县城33千米，川黔国道及贵遵高速21公里
8	鹿窝镇	97.858	16775	16369	53.50	13个村	位于息烽城西北部
9	养龙司镇	96.26	24624	23164	37.60	17个村，1个居委会	地处贵阳与遵义的交界，北抵乌江与遵义县乌江镇接壤，距县城30公里、贵阳98公里、遵义70公里。境内贵遵高速公路、川黔铁路、210国道纵贯全境
10	青山苗族乡	49.5	7228	7143	51.20	5个村	位于息烽县西南部，距县城19.5公里

注：表格数据与案例篇数据截止时间不同，存在不一致情况。
资料来源：2015年调研期间由各乡镇提供。

（二）息烽县九镇一乡的基本情况与主要特点

1. 农业是乡镇的主要产业

通过调研得知，在息烽县10个乡镇中，农业人口占总人口数在94%以上的有7个，分别是石硐镇、青山苗族乡、西山镇、养龙司镇、鹿窝镇、流长镇和九庄镇。其中，青山苗族乡农业人口占比高达98.9%，温泉镇、小寨坝镇、永靖镇的农业人口占比分别为89%、83%、63%。永靖镇属城关镇，是所有乡镇中农业人口占比最低的乡镇，城镇化率最高。因此，息烽县主要以发展农业为主，是农业大县（见图2）。

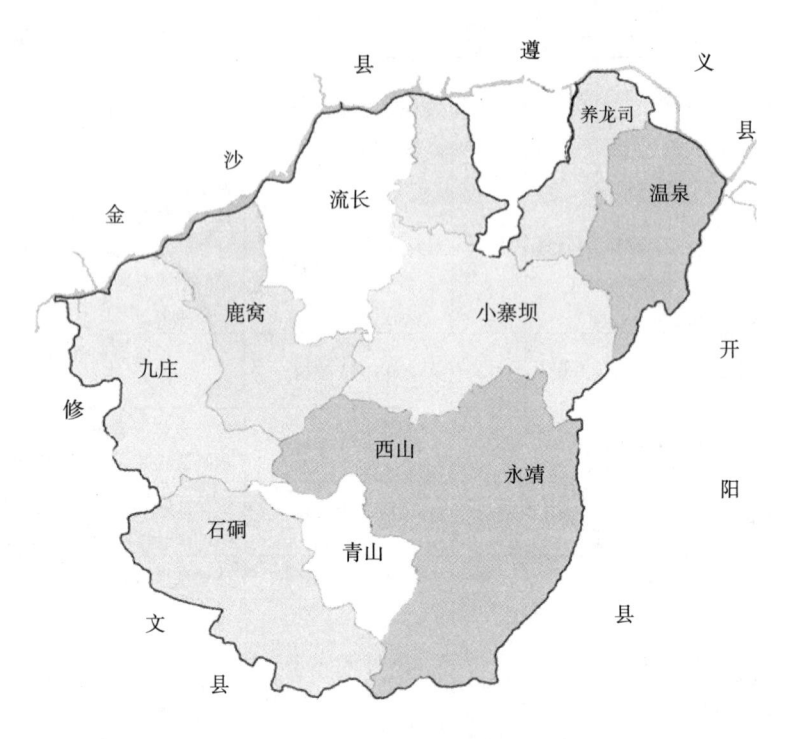

图 1 息烽县行政规划示意

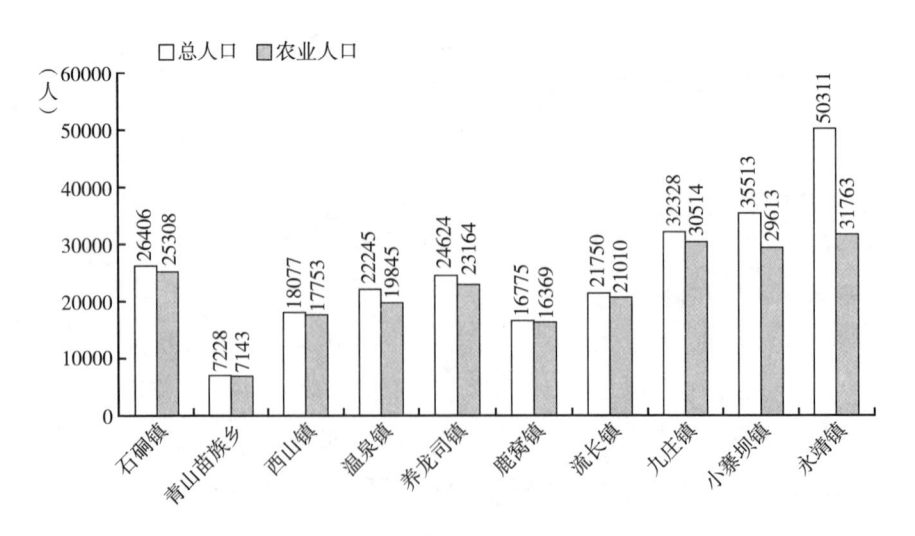

图 2 息烽各乡镇总人口与农业人口统计

2. 拥有较为丰富的旅游资源

息烽因拥有集中营革命历史纪念馆、息烽乌江峡两大全国红色旅游经典景区，而被作为贵阳市唯一列入全国30条红色旅游精品线和100个红色旅游经典景区名录的（区）县。红色文化多样，还有全国妇女教育基地——养龙司镇堡子村的半边天文化。西望山被称为"南来佛教第一山"，息烽温泉闻名遐迩被称为"天下第一神汤"，更有"亚洲第一地下长廊"多缤洞、"天地大冲撞"团圆山陨石坑等著名景区景点。可以说，息烽各乡镇的景点构成了享天然大氧吧"洗肺"、观炼狱集中营"洗脑"、游浪漫乌江峡"洗眼"、登佛源西望山"洗心"、泡天赐温泉浴"洗身"、品美味阳朗鸡"洗胃"的"六洗"旅游品牌。

3. 森林覆盖率较高

在息烽县10个乡镇中，森林覆盖率占48%以上的有7个乡镇，分别为石硐镇、青山苗族乡、西山镇、温泉镇、鹿窝镇、流长镇和小寨坝镇。从图3可以看出，息烽县拥有较高森林覆盖率，自然生态条件良好。

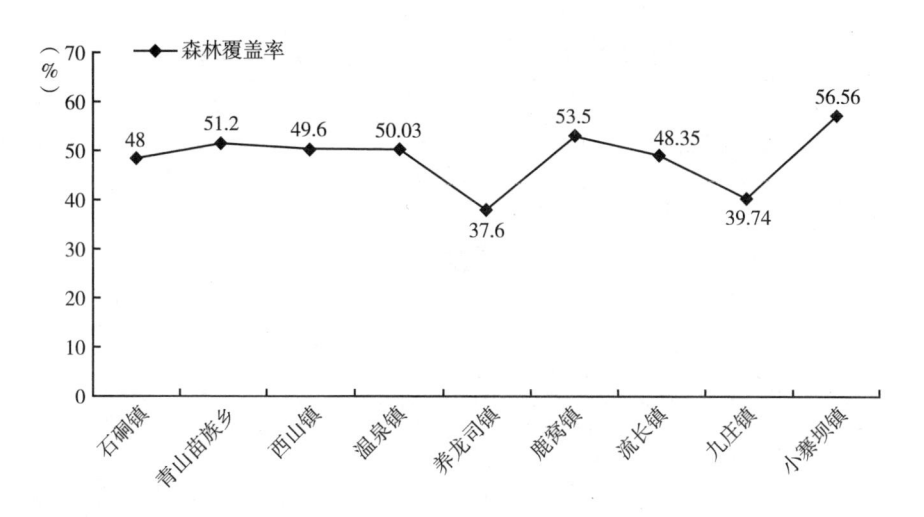

图3 息烽县九镇一乡森林覆盖率

三 息烽县乡镇经济社会发展的四大突破

在对乡镇书记（镇长、乡长）的专访中了解到，"十二五"期间，各乡镇在精准扶贫、小康建设、基础设施建设、产业结构调整等方面取得了重大突破，群众感受到了"十二五"期间的发展带来的巨大变化。

（一）精准扶贫成效进一步凸显

精准扶贫、精准脱贫是国家"十二五"的基本方略，贵州省开展大扶贫战略行动，竭力发挥教育"造血式"扶贫功能，深入推进教育精准扶贫，坚决打赢教育脱贫攻坚战，息烽县全力推进扶贫攻坚。[①] 通过摸清底数，分类落实帮扶措施，积极开展遍访贫困村、贫困户、结对帮扶、产业化扶贫、设施扶贫等一系列扶贫工程，使全县在产业发展、提高农业农民增效、改善农村贫困人口基本生产生活条件等各方面取得显著成效（见表3）。实现了九庄镇、养龙司镇、青山苗族乡、石硐镇、鹿窝镇等乡镇"减贫摘帽"和84个贫困村"减贫摘帽"，全县贫困人口由2010~2015年的5.14万人减少到2182人。基本消除绝对贫困现象[②]。

表3　息烽县九镇一乡部分乡镇精准扶贫的开展情况

乡镇	精准扶贫开展情况
九庄镇	落实帮扶资金103.03万元实施项目抓脱贫。实施大葱种植1000亩、生猪养殖1050头、高粱种植2400亩等扶贫项目，贫困户户均可增收1600元以上，成功实现"减贫摘帽"。"九庄原来是全省100个一类的贫困乡之一，通过多年党委政府以及村干部共同的努力，2013年就已经摘帽了。"（访个案XFXZ3）
鹿窝镇	2012年全面实现"减贫摘帽"，摘掉了省级一类贫困乡镇帽子。"我们原来的八个贫困村，减了4个，有2个国家级贫困村。脱贫人口由原来的3892人减少到现在的1147人。如果建设脱贫档案，那只有110户，242人。"（访谈个案XFXZ5）
养龙司镇	开展了产业化扶贫、结对帮扶、镇干部包村包组帮扶、素质提升、就业技能培训、提高群众自身"造血"能力等一系列扶贫工作，荣获"省扶贫开发重点乡（镇）'减贫摘帽'工作先进单位"称号。 "养龙司有1个国际级的贫困村，2个省级的贫困村，有275户贫困户，对于有能力恢复生产的贫困户，我们还是以产业扶贫为主，要实现稳定脱贫，对贫困户实行结对帮扶，丧失劳动力的贫困户目前都由民政兜底，解决他们的基本生活问题。"（访个案XFXZ8）

---

① 贵州精准扶贫实施方案，http：//www.sanwen8.cn/thread/8ig99c.html。
② 息烽县人民政府：《息烽县"十三五"经济社会发展规划》，2016年5月。

续表

乡镇	精准扶贫开展情况
青山苗族乡	开展了产业化扶贫、结对帮扶、遍访贫困村贫困户、素质提升工程、精准扶贫、设施扶贫等一系列扶贫工程。全乡贫困人口从2011年498户1100人减少到2015年130户245人(含低保、五保户),基本消除绝对贫困现象。"在册的54户,2015年12月按照精准扶贫的要求,对每户都进行了包帮,在精准扶贫的名单里面的贫困户都有科级以上的干部,进行对口帮扶。"(访个案XFXZ9)
石硐镇	消灭贫困就必须要针对贫困户有精准化的扶贫措施,这几年我们争取扶贫资金、项目投入帮助贫困户脱贫致富,由这种原来是"输血式"扶贫转变成"造血式"扶贫。"这几年贫困人口大幅度的减少,我去的时候贫困户是3000多户,7000多人,18个村有13个村是贫困村,通过这几年的努力到目前为止全镇只有4个贫困村,帮扶贫困户220户,帮扶对象703人。"(访个案XFXZ5)

(二) 基础设施建设进一步完善

"十二五"期间,息烽县以完善基础设施建设为抓手,强力推进交通、水利等设施建设,加速立体交通网络体系建设。各乡镇在破解交通瓶颈制约、农田水利和饮水工程及缺水难题上取得了较大进展(见表4)。

表4 息烽县九镇一乡交通、水利基础设施建设改善情况

乡镇	交通设施改善情况	农田水利设施改善情况
小寨坝镇	建设跨镇、进村四级公路四条共计25.2公里,四个跨村四级公路41公里,完善其他村组公路硬化60公里	完善机耕道建设60公里;解决全镇6000人饮水难问题,确保2.6万人饮水安全,完善小山塘、小渠道、小泵站、小水池、小堰闸建设
九庄镇	全镇村级公路硬化155.44公里,村级串户路硬化77.47公里。"全镇的机耕道路,凡是从我们乡村过的基本上都已经硬化了,我们余下8公里的路,在'十二五'期间都解决了。全镇的村公路基本上已经形成了过段路。作为机耕道进行补助的这些生产路,基本上已经得到了硬化。"(访个案XFXZ3)	"十二五"期间建设高洞水库并于2016年投入使用,基本解决九庄镇农村用水难和生产用水问题。"实行淹水隔断,实施小农水的配套方案,实行提水。基本上五个村全覆盖,可以说现在基本解决了生活用水的问题。"(访个案XFXZ3)

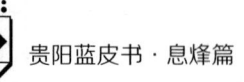

续表

乡镇	交通设施改善情况	农田水利设施改善情况
流长镇	交通建设成效显著。修建乡村公路23公里,硬化进村公路48公里、串寨路52公里,"这五年131个村民组硬化上投资额接近2000万元左右,这对乡镇来说是非常大的支持。""机耕道这五年修下来应该是80公里。"(访个案XFXZ6)	"第一年争取了40万元,修下面的水池,第二年从省移民局争取180万元,把中间扬程300多米的两个管道接通,是整个息烽县吃上扬程最高的水,15个村中有14个村吃上了自来水。我的设想是2015年农历年底基本上实现90%的组,村已经是全部覆盖的,就是要实现90%的组用上自来水。"(访个案XFXZ6)
鹿窝镇	通组公路硬化率达到90%以上。"我们村级公路维修了125公里。现在村村通路,只有两三户没有通路。"(访个案XFXZ7)	实施了雨淋河烟水配套工程及杨寨片区二期饮水工程等一批水利项目,逐步解决饮水及耕地灌溉的难题。"水利建设方面,息烽全县实施水利体制改革,基本上我们全乡都实行了。"(访个案XFXZ7)
养龙司镇	2011年,完成茅坡冉家寨、芭蕉沟、高坡桃子坪等村寨串户路28.5公里,修建5个村11公里进组路,2012年,建成旅游客场一个。2013年,完成硬化进组公路5.6公里,完成通村油路建设30公里,实施串户路9公里。2014年实施"一事一议"进组公路硬化项目8个,硬化进组公路13.1公里,实施通村公路建设项目2个	2011年,完成"三小"水池1200立方米,整修完8口山塘。从根本上解决了6500余人的饮水困难。2013年,山塘整治7个,小水窖建设2000立方米,提灌站检修4个,新建饮水工程6处800立方米,安装饮水工程管网32000米。2014年,完成村渠道防渗8公里,新建小水池606立方米,完成幸福村王家寨山塘整治工程和茅坡街上组、坝上村下坝组饮水官网改造5680米
温泉镇	完成通组路硬化70公里,串户路150公里,完善温泉景区道路建设6.8公里,完成公路硬化21.8公里。西洋公司至赶子公路全面硬化	完成冬修水利小水池220口、饮水工程29处,解决1万余名群众安全饮水问题,新建沟渠27公里,大山冯家寨提灌站建成,天台拦河坝修建完工,完成温泉排洪工程和疗养院供水改造工程
石硐镇	村级公路普遍硬化,农村路网基本形成。"我刚去石硐的时候,进村、进组的串户路只建了40%,通过这四年的努力,所有三个类型的路达到95%了,只有5%没有实现,如果再用一年的时间我们能全部覆盖完。"(访个案XFXZ1)	"水池、机耕道、生产便道这些,通过争取土地整治后,这几年我们连续争取了市级和省级的土地整治项目,耕作的生产条件得到了很大的改善。"(访个案XFXZ5)

续表

乡镇	交通设施改善情况	农田水利设施改善情况
青山苗族乡	全乡实现村村通公路,组组通硬化路;覆盖全乡5个村57个村民组;通信无盲区,"村通"工程覆盖率达90%。"全乡的通足公路、串户路全部进行了硬化,通过一事一议,村公路的建设项目都全部硬化完毕,每家每户都可以开车到家门口了。"(访个案XFXZ9)	实现100%的村民饮上自来水,"三小"工程小水池802口,改造集镇水厂建设,解决2500人的饮水问题。"在全乡通自来水、自流水达到了100%,基本实现了饮水安全的全覆盖。"(访个案XFXZ9)
永靖镇	全镇24个行政村覆盖性通车率达100%,累计已硬化进组路19.2公里,全面完成农网改造,自来水管网安装达100%。"我们是严格按照六个100%和两个85%的要求来创建小康的指标,所有的村居实现水电路线的全覆盖。"(访个案XFXZ1)	建成了一期污水处理工程,污水处理率达到90%;建成了后坝丫米寨、新萝沙闹等16处山塘、1处提灌工程承包;完成了24个村级水利员的配备工作,成立了21个用水合作组织对76处渠道、58处饮水工程、2处提灌工程、28处蓄水工程等水利工程进行管理
西山镇	完成实施4个村机耕道项目建设9.3公里,4个村实施串户路项目建设22公里。"基础设施建设得到了长足的发展,到目前为止我们所涉及的13个村,102个村民组,有101个村民组都通了硬化路,基本上村村都实现了通油路或者是硬化水泥路的目标。"(访个案XFXZ4)	完成农田水利基本建设20处,新修渠道近10千米,维修灌溉渠道12处,新建小水池72口,人饮工程10处,解决近3500人、2000余头大牲畜饮水问题。"水利设施建设得到了极大的改善,在全镇有1个小二级水库,有30多口山塘。"(访个案XFXZ4)

（三）产业结构调整进一步优化

"贵州省是一个经济社会发展对资源条件依赖程度很高的省份,在我国工业化、城镇化、农业现代化快速发展进程中,优化产业结构与增加农民收入、缩小城乡居民收入差距和区域经济发展具有密切关系。"[①] 为促进贵州经济又快又好发展,"十二五"期间,息烽县依托特殊地形条件和气候因素,坚持因地制宜、突出特色原则,大力推进各乡镇产业结构调整,优化产

---

① 罗明华:《加快贵州产业结构调整、缩小城乡收入差距》,《贵州财经学院学报》2009年第5期。

业结构。九庄镇、流长镇、温泉镇、小寨坝镇的产业结构调整得到进一步优化（见表5）。

表5 息烽县九镇一乡部分乡镇产业结构调整优化情况

乡 镇	产业结构优化情况
九庄镇	农业进一步强劲,三产迅速崛起,工业发展稳步推进,三次产业比重从2010年的54.2∶2.8∶43调整为2015年的38.3∶15.7∶46.0。农业支柱地位更加凸显
流长镇	工业进一步强劲,三产迅速崛起,农业发展不断加快,三次产业比重从2010年的54.2∶2.8∶43调整为2015年的38.8∶13.3∶47.9。工业支柱地位更加凸显
温泉镇	做大做强工业经济。三产比重从2010年5.0∶85.6∶9.4调整为2015年3.6∶84.4∶12.0,产业结构更趋优化
小寨坝镇	到2015年,生产总值（GDP）达到33.45亿元（其中第一产业完成20748万元；第二产业完成261395万元；第三产业完成52450万元）。结构逐渐从"一二三"向"二一三"优化调整。

（四）生态环境得到进一步改善

"十二五"期间息烽县围绕生态保护发展区功能定位，始终严守发展和保护"两条底线"，多措并举，加强对生态环境的保护，重点抓好天然林资源、乡镇及以上集中式饮用水源地、集中基本农田保护区等禁止开发区的保护和综合整治，强化实施石漠化、城区生活污水、集镇垃圾的治理（见表6），从而推进美丽乡村建设，构建宜居宜业环境。

表6 息烽县九镇一乡部分乡镇生态环境建设情况

乡镇	生态环境建设情况
九庄镇	实施补植补造改善生态环境,"种植核桃可以解决生态、石漠化的治理问题,这既可以治理水土流失又可以增加收入。"（访个案XFXZ3） 完成退耕还林补植补造1050亩,植被恢复荒山造林补植1650亩；完成石漠化综合治理林业被建设18700亩,补植补造8495亩、封山育林27600亩；城镇生活污水处理率85%；中幼林抚育2860亩
鹿窝镇	累计造林面积8500亩,森林覆盖率为64.3%,居全县首位,2013年成功被省政府命名为省级生态文明乡镇。先后获得"中国绿色名乡""全国文明先进乡""全国十佳生态文明乡镇"的荣誉称号

续表

乡镇	生态环境建设情况
永靖镇	实施下红马水库流域水土流失治理工程,实施天然林资源保护97568.7亩,完成石漠化营造林2万亩、退耕还林、封山育林0.2万亩。"我们城镇人均公共绿化面积达到15平方米以上,农村饮用水安全率达到100%。城镇污水无害化处理达到96%,城镇生活垃圾无害化处理达到85%。"(访个案XFXZ1)
温泉镇	实施兴隆等4个村"中德项目"间伐活动及镇域内公益林管护工程,完成石漠化治理和植被。"我们要发展温泉,也要保护好这个资源。""生态没有得到保护,势必就会影响温泉的水温、水量。"(访个案XFXZ2)
石硐镇	石漠化治理工程、植被恢复项目、德援项目取得了良好成效,退耕还林保护了生态环境,鼓励种植核桃,促进生态优化和农民增收。实施荒山造林、经济林种植,绿化荒山2100亩。"我们镇生态环境较好,所以要严守发展和生态底线,如果发展工业会破坏生态,那我们发展农业产业既不破坏生态,又能保证就业增收。"(访个案XFXZ5)
青山苗族乡	累计完成义务植树20余万株,发放退耕还林补贴56.5万元,公益林生态效益补偿85万元,完成石漠化综合治理工程封山育林4998亩的封育管护及补植补造工作,完成农村清洁工程2个,进一步强化小桥河一级饮用水源地保护工作,确保饮用水源安全
西山镇	完成退耕还林、退粮进经、公益林补偿等共计800余万元,切实做好了56951.64亩天然林保护工程

四 息烽县乡镇经济社会发展存在的突出问题

息烽县乡镇经济社会发展在"十二五"期间取得不同程度的突破,但是也面临着诸多发展瓶颈,产业结构不优、经济发展缓慢、基础设施不完善、民生投入吃紧等突出问题依然存在。

(一)产业结构不优,经济发展缓慢

产业结构调整仍然有局限性。例如,XFXZ1说道:"永靖镇虽然是城关镇,但它还是有很多的问题,产业结构的不优化,主要表现为一二产占经济发展比重仍然较大,三产所占的比重没有取得决定性的主导地位。""财政收入较低,税收比较薄弱,像我们一个镇,也就是7000万左右的财政税收,还很薄弱,相当一部分行政村还没有项目来支撑,没有产业来支持,这是一大短板。"

村集体经济的发展基础条件薄弱影响了乡镇经济发展。特别是镇里偏远的村，可开发资源较少，交通跟不上，信息不灵通，技术落后，发展空间较少。由于农民知识文化水平相对较低，思想保守，导致发展的意识不强，对于规模化种植（养殖）通常持有怀疑和不愿意冒风险的态度，缺乏集体意识和大局意识。例如，XFXZ1说："村级集体经济还是比较薄弱，比如说有些贫困村，又有一些是少数民族聚集的，照搬某个产业不适合那个地方的发展。""立碑村虽然有了农村电商，但还是在起步阶段。一是规模小；二是从宣传力度上还有待进一步加大；三是如何做大做强电子商务还值得深思，相当一部分的老百姓没有真正调动起来，对这个东西还是一知半解，或者说很陌生。"XFXZ2说："温泉的品质这几十年一直在检测没有变化，但是如果环境没有得到很好的保护，如果周边的生态没有得到保护，势必就会影响水温、水量，所以要加强对生态进行保护和治理。"XFXZ9说："青山自'十二五'以来就作为限制开发区，因为乡里面有一个饮用水源，是水源保护区，没有工业，以前都是传统的种植业，所以发展上面还是有些局限，土地面积少，耕地又不连片。在发展上面，也不能轻易盲目地开发旅游项目，还需在保护中逐步来开发。目前产业还是比较单一，除了核桃种植之外，其他没有上规模、上档次的。"

（二）扶贫方式不当，施策不精准

扶贫是"十二五"时期的重点任务，是实现小康社会不可绕开的议题。精准扶贫政策的实施更是让农村扶贫有了质的突破，实现了"减贫摘帽"。政府兜底、补贴等措施为贫困户的生活带来了真正意义上的帮助和扶持。但是，在精准方面，特别是方式方面还存在不完善的地方，特别是在对象的审定上，还缺乏科学合理性。例如，XFXZ9说："按照政策规定是以户为单位，就是以一家人为单位的，有些家就评不上，比如说四口人，两口加一个小孩，这个小孩两岁，上面还有一个老人，老人平时生病一家人收入就难以维持开支，这四个人都全部纳入低保，这群众就有意见了，那个小孩才一两个月，就能够享受低保的政策，一个月还要去领200多块钱，所以这个就有问题，我们在想这种政策是不是可以灵活一点。比如说在一家人中，老人生病了，长期生病要靠年轻人，除非是特别有稳定收入的，收入比较高的，不用低保，有这种赡养的能力，但是像这种一年生病住院要花几千块的，特别是慢性病的，我们对这种家庭中老人就可作为低保对象,年轻的不评,小的不评,我们通过低保评审团的灵活操作来确定。"

(三)民生投入不足,基础设施不完善

区位条件对小城镇的发展影响有三个方面:其一,区位条件决定了一个小城镇与其他小城镇、城市的空间关系,这种空间关系通过它们相互之间的交通联系所决定的距离成本而对其经济增长产生作用;其二,区位条件大体上决定了一个区域所处的大的自然环境;其三,小城镇在全国经济社会发展大格局中的位置不同,其获得的外部发展机会以及国家对其的政策支持和直接投入也会有差异。

交通瓶颈仍未打破。XFXZ2 说:"我们温泉镇这么好的资源,但是因为交通的问题,没有得到很好的开发,一定层面上是限制了这个地方的发展,成为一个死角。"XFXZ4 说:"西山镇最大的瓶颈就是道路交通建设,到县城只有唯一的一条西久公路,也就是一条县道,道路本身不宽,而且弯道大。只有这一条路的话会极大地制约我们西山的发展。"

居住条件仍未改善。XFXZ9 说:"以前的房屋比较陈旧了,那个房子已经住不了了,要修缮;用地指标规定不能再修,所以也只有请示县政府就在原址基础上再加一层。现在房屋的搬迁成本比较高,县里面的相关部门和领导也到青山乡实地调研过,整体搬迁也不是不可能,只是现在能够整合的资金资源还是比较有限,达不到整体搬迁的要求。另外,那个区域还达不到因生态环境恶化而必须搬出来的程度。"

饮水问题依然存在。XFXZ6 说:"这个地方缺水,虽然我们守着乌江,但是没有水喝。在农村,大量饮用水既不干净也没有保障。特别是到伏旱、冬旱和春旱的时候,有时候能干几个月,老百姓吃水非常困难。"

(四)队伍建设不强,流动性较大

乡镇干部队伍年龄老化、流动性较大。一方面,由于城市化的推进,农村人口迅速向城市集中,导致乡镇人口数量减少,一些有知识、有资金、有技术的青壮年劳动力大量流失,有能力有经验的寥寥无几。另一方面,乡镇条件和发展前景有限,从自身发展来看,年轻有为的也难以留住。

XFXZ2 说:"我们农村的整体经济发展水平是落后的,大量的年轻劳动力、知识青年都外出了,留在当地的、村内的都是年纪较大的,或者文化程度偏低的群众和党员。在组织建设方面,特别是党员的年龄结构老化,是困扰基层党委的难题。有些村的党支部书记不合适,或者有这样的问题,但是找不到比他更合适的人来。"XFXZ9 说:"干部的发展意识、干部的精神状态还是有些不足。青山乡比较怪,其他乡镇都愿意往青山走,青山的干部结构就出现了青黄不接、两个极端的状况,要么是 40 岁以上的,要么是 30 岁以下最近两三年招考的公务员,中间年龄段的人员就断了,就出现年纪大的不愿意调走,有点工作经验的都被县里面调走了,年轻的有能力的留不住。"XFXZ6 说:"乡镇里水平高、能写材料的被县里面调去了,留下的是一帮工作一两年、工作经验较少的刚考进来的公务员。"

(五)管理体制不顺,责权不对等

乡镇管理体制不够完善。乡镇管理体制需要改革创新,任何事物的良性发展都需要一套完整的管理体制,这样才能统筹各方面的事务。但现实的情况是,乡镇政府权限和资金有限,就使各方面工作开展不顺。

XFXZ2 说:"比如说我们在开展征地搬迁发展的过程中,因为政策的原因,征地赔偿标准低,他就认为其他地方高,我们为什么低,由于这种障碍,对于我们的工作就不支持、不配合。这个方面要浪费一定的精力去处理。"XFXZ6 说:"这些年,体制限制了发展。我们当地的老百姓反而因为体制原因,就是划了一个区域说是省级风景名胜区,这个名胜区之内不允许进行建设,批准老百姓只能适当地修缮。老百姓三代人都还住在几十平方米的房子里,得不到有效的改善,所以此区域的老百姓住房条件甚至比其他偏远的农村还要差。"

五 息烽县乡镇经济社会发展应处理的三大关系

要破解乡镇发展中存在的产业结构不优、扶贫方式不当、民生投入不足、队伍建设不强、管理体制不顺的困难和问题,需要从乡镇实际出发,把农业增效、农民增收作为出发点和落脚点,充分利用好资源优势,不断调整结构,处理好内容与形式、目标与方法、投入与产出三大关系，逐步提高综合经济实力，推进乡镇经济社会实现跨越式发展。

（一）处理好内容与形式的关系，加强人员队伍建设

乡镇干部是党在农村基层的执政骨干、是联系群众的桥梁纽带。乡镇要积聚各类优秀人才，解决基层一线人才匮乏的问题，培养大批经过实践锻炼、深刻认识国情市情、了解民意民声、与群众有深厚感情的好干部，为各级领导班子和干部队伍建设提供源源不断的人才支撑，就迫切需要加强乡镇干部队伍建设。

内容的具体性体现出形式的规整性，形式的多样性为内容的实质性提供支撑。加强人员队伍建设的重点是要处理好内容与形式的关系，内容即明确干部应该具备什么样的素质和能力，形式即强调以什么样的机制让人才能够很好的得到发展和提升。干部队伍建设内容上突出问题导向，拓宽来源渠道，稳定乡镇干部队伍，强化教育培训，着力提高乡镇干部能力素质，从严监督管理，加强乡镇干部作风建设，完善激励保障机制，激发乡镇干部干事创业的能力和潜能，形成终身学习的意识，转变学习观念，不是依靠某一次集体的培训学习，而是自己主动学习。从形式上来说，要制定能够吸引人才、留得住人才的制度，就需要采取经济和精神激励相结合的方式，让专业技术人才、教育工作者、基层乡镇干部等能来得了，留得住。

（二）处理好目标与方法的关系，加快特色产业培育

乡镇建设的目标是实现可持续增收，要以产业结构调整为抓手，着力发展特色支柱产业。各乡镇应积极探索经济高效快速发展的规律，以自然条件和资源为依托，坚持"一镇一业""一村一品"的差异化发展，理顺一产二产三产的比重关系，不断优化产业结构。

农业产业化发展，以加工带动种养。加强农产品精深加工，以绿色环保为品牌，建立起从种植到包装再到销售的链条，以大数据产业发展的突破口大力发展农村电商，健全管理机制，把工作人员配备到位，技能培训到位，设施设备安装到位，把运营商招到位，把电商点建起来，把线路连接起来，把产品开发包装出来，提升农产品附加值和经济效益。

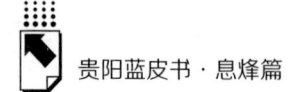

以市场需求为导向，加强品牌建设。要坚持以现有传统产业为基础，加强现代农业产业体系构建。拓展农业发展的内涵和外延，挖掘农业多种功能，走农旅融合发展之路，推进农业产业化、一体化经营，切实保证结构不断优化升级。围绕"农味十足、趣味无限、庄园引领"的宗旨，朝着"以农促旅、以旅带农、农旅互动"的方向，大力发展绿色观光、农事体验等休闲农业。实现以农业为基础、以旅游为核心，融合农业产业、观光休闲、科学教育、养生度假、商务会议等多种功能于一体的农旅联动精品示范品牌。

（三）处理好投入与产出的关系，加强基础设施建设

面对乡镇财政薄弱、投资建设社会事业窘境的情况，应争取优惠政策吸引民间资本投入社会事业建设，打破以往社会事业建设政府独大的格局，通过降低市场准入门槛，建立多元竞争机制，在基础设施、特色旅游等领域引进民资。推进项目落地，主动对接好政策，争取基础设施项目立项，集中力量多渠道多途径解决资金缺口问题。

强化乡村经营。道路建设，污水、垃圾的处理都是一项浩大的工程，需要大量的财政资金投入。要坚持经营乡村的理念，在打造宜居乡村的基础上，进一步完善乡村基础设施建设，提高乡村的审美性和娱乐性。

加大民生投入。强化乡镇卫生院标准化建设，进一步缓解群众"看病难、看病贵"问题。推进县人民医院门诊大楼改造、卫生院改扩建等工程建设。加大科教文化事业投入，巩固提升义务教育均衡发展，加大文化、体育、广电公共服务设施投入力度，加强农村文化队伍建设，发展农村文体协会。坚持把脱贫攻坚作为第一民生工程，确保全面小康持续提质，使全县农村低收入困难群体人均可支配收入整体越过标准线。

参考文献

贵阳市委、市政府联合调研组：《息烽县发展情况调研报告》，2016年11月9日。

中共息烽县委：《关于制定息烽县国民经济和社会发展第十三个五年规划的建议》，

2016 年 1 月 8 日中共息烽县委十二届五次全会通过。

息烽县：《中共息烽县委　息烽县人民政府关于息烽县工作情况的汇报》，2016 年 11 月 12 日。

陈刚：《在市委常委会听取息烽县工作汇报时的讲话》，中共贵阳市委，2016 年 11 月 12 日。

卓飞：《在市"十三五"规划调研组来息调研座谈会上的讲话》，中共息烽县委，2015 年 9 月 28 日。

B.8
息烽县行政村调研报告

摘　要： 十八大以来，习近平总书记多次就"三农"问题做出重要指示，中国要强农业必须强，中国要美农村必须美，中国要富农民必须富。贵州省面对贫困人口最多、贫困面积最大、贫困程度最深的严峻挑战，连续13年以一号文件形式聚焦"三农"，始终坚持把解决好"三农"问题作为全省各级党组织工作的重中之重不动摇，坚持强农惠农富农政策不减弱，全面深化农村改革不懈怠，推进农村全面小康建设不松劲，不断巩固和发展农业农村好形势，努力实现农业强、农村美、农民富。在此背景下，为深入了解当前贵阳市农村发展情况，贵阳市委政研室、北京国际城市发展研究院和贵阳创新驱动发展战略研究院联合组成课题组，对息烽县的相关行政村进行了深入调研。本文通过实地调研，对目前息烽县行政村发展的现实情况以及存在的问题进行梳理与分析，并提出相关建议，以期为息烽县乃至贵阳市下一步更好地解决"三农"问题提供决策参考。

关键词： 息烽县　行政村　"三农"问题　经济社会　调查　建议

一　前言

（一）调查目的与意义

当前，我国农业农村发展环境发生重大变化，既面临诸多有利条件，又必须加快破解发展新型城镇化、缩小城乡差距、转变农业发展方式,实现绿色发展和资源永续利用等各种难题[①]。贵阳市农村经济社会的良性运行与协调发展,关乎着能否建成更高水平的全面小康社会。本次调研的开展,不仅有利于整体把握息烽县在"三农"发展方面的现状及问题,也有利于了解基层干部关于农村发展的思路与想法。在"十三五"的开局之年,为农业农村发展形势把好脉、定准位。

本次调研目的主要有三个方面:了解息烽县农业、农村及农民发展现状;探讨制约息烽县集体经济发展的要素、基础设施建设及农村基层治理等方面的问题;针对息烽县农村发展过程中存在的问题提出对策建议。

（二）调查时间与过程

息烽县农村发展情况的调研分为预调研和集中调研两个阶段。2015年8月,课题组成员赴息烽县进行预调研,调研开展方式有座谈会与实地走访,调研方法主要采用访谈法与观察法。通过预调研,课题组成员基本掌握息烽县农村的发展概况并进行前期资料收集。2015年8～11月,课题组成员集中精力对息烽县相关资料进行研究,并多次召开研讨会,制定《息烽县"十三五"规划思路集中调研工作方案》,拟定与农村基层干部访谈提纲。

集中调研从2015年12月14～18日共五天,通过访谈法开展息烽县所有行政村的发展情况调研。12月16日课题组成员分别针对部分基层干部进行深入访谈,了解行政村"十二五"发展过程中的亮点与不足、村庄发展存在的优劣势以及在"十三五"期间的发展想法。通过集中调研,课题组成员收集了大量农村经济社会发展等一手资料,为其后期研究奠定了坚实的资料基础。

（三）调查方法与对象

1. 调查方法

资料收集方法。本次调查采用的资料收集方法有文献分析法与深入访谈法。文献分析法主要是对收集到的国家、省份、息烽县对农村经济社会发展的相关政策文件,以及关于农村经济社会发展的期刊文献等进行研读与分类整理;深入访谈法主要是针对息烽县20个村的20名村干部进行一对一的结构式

[①] 国务院:《2016年中央一号文件》,《人民日报》2016年1月。

访谈,了解农村集体经济、基础设施建设等方面的内容。

资料分析方法。本次调研大量采用访谈法,对于访谈而来的定性资料采用归类总结分析。

2. 调查对象

本次调研对象涉及息烽县 10 个乡镇中 20 个村,访谈了 20 名村支书,其基本情况及编码见表1。

表1 息烽县农村调研访谈对象基本情况

编码	性别	所在单位	编码	性别	所在单位
XFC1	男	永靖镇立碑村	XFC11	男	温泉镇尹庵村
XFC2	男	永靖镇坪上村	XFC12	男	温泉镇三交村
XFC3	男	小寨坝镇小寨坝村	XFC13	男	养龙司镇灯塔村
XFC4	男	小寨坝镇潮水村	XFC14	男	养龙司镇茅坡村
XFC5	男	西山镇小堡村	XFC15	男	石硐镇红星村
XFC6	女	西山镇鹿窝村	XFC16	男	石硐镇前丰村
XFC7	男	九庄镇竹花村	XFC17	男	流长镇前奔村
XFC8	男	九庄镇大槽村	XFC18	男	流长镇流长村
XFC9	男	鹿窝镇田坝村	XFC19	男	青山苗族乡冗坝村
XFC10	男	鹿窝镇胡广村	XFC20	男	青山苗族乡大林村

二 息烽县农村整体概况与二十个重点调研村的基本情况

(一)息烽县农业农村整体概况

息烽县十个乡镇辖 161 个行政村(161 个村整体的基本情况见附件一)。"十二五"期间,重点发展种植业和养殖业,分别是粮、菜、果、烟、油、药、茶和鸡、猪、牛、鱼共十大产业。共建设了养龙司幸福堡子农业产业基地、西山供港蔬菜基地、葡萄生态示范基地、特驱养殖示范基地、阳朗现代农业示范基地和 60 个乡级示范点。农业总产值达 24.77 亿元,农民人均收入 10822 元[①]。

---

① 息烽县人民政府:《息烽县"十二五"规划纲要农业规划实施情况评估报告》2013 年 12 月。

"十二五"期间,年实施杂交水稻、玉米、油菜、脱毒马铃薯种植面积30万亩,年实施玉米高产、油菜高产创建3万亩,年实施粮油增产工程15万亩;建无公害蔬菜基地12万亩;年蔬菜种植面积达25万亩;果树产业巩固现有3.2万亩经果林,新增果树面积4.5万亩;县域内高级公路沿线25度以上坡耕地、一级饮用水源保护区实现经济林全覆盖;中药材种植抚育面积达6.55万亩,其中种植中药材4.55万亩,抚育2万亩;虫茶规划新增茶园面积1.5万亩;烤烟产业发展烟田7.5万亩。建肉鸡养殖小区14个,出栏优质肉禽达1000万羽;建肉牛养殖小区8个,出栏肉牛2.5万头;建生猪标准化养殖场6个,生猪出栏达26万头;水产品不投料及名特优网箱养殖产量达3000吨。

(二)二十个重点调研村的基本情况

本次调研了10个乡镇的20个村,分别是永靖镇立碑村、坪上村,小寨坝镇小寨坝村、潮水村,西山镇小堡村、鹿窝村,九庄镇竹花村、大槽村,鹿窝镇田坝村、胡广村,温泉镇尹庵村、三交村,养龙司镇灯塔村、茅坡村,石硐镇红星村、前丰村,流长镇前奔村、流长村,青山苗族乡冗坝村、大林村。除小寨坝村以发展三产为主,尹庵村以发展工业为主,红星村发展二产、三产外,其他村主要以种植、养殖业为主。各个村都有外出务工的人员,近几年随着园区建设、产业发展,返乡的务工农民逐渐增多。

1. 永靖镇立碑村、坪上村基本情况

立碑村主要是以种植为主,将土地流转给公司来发展苗圃。同时还发展乡村旅游、交通运输和建筑业,村集体成立了立碑乡村旅游开发有限公司、一家运输协会和五个工程队,村民发展乡村客栈50余家,壮大了村集体经济。坪上村农户经济收入主要靠外出务工、种植业、养殖业,主产水稻、玉米、土豆、蔬菜和葡萄。目前,葡萄种植面积达到1000亩。村内还成立了农业综合发展有限公司,通过公司形成农村合作社性质的种植,村集体负责一些协调与管理工作,村集体经济已经突破20万元。同时,村内有优势资源——双龙井河,水质非常好,适合鱼类养殖,已经获得20万元的政策扶持用于修建野生鱼垂钓场。

2. 小寨坝镇小寨坝村、潮水村基本情况

小寨坝村人多地少,主要经济作物有蔬菜、油菜、水果等,以自给自足为主。交通方面有210国道,贵遵高速公路,川黔铁路横穿,且有一个货运站

台，交通比较发达，具备发展商业、运输业、加工业等三产的条件。潮水村属于工业园区和农业园区的接合部，土地肥沃、交通便利，以种植业为主，主要经济作物有水稻、玉米、姜、油菜。同时，在西望山脚下，水资源丰富，可利用潮水河发展旅游业。

3. 西山镇小堡村、鹿窝村基本情况

小堡村距县城较远，但交通便利。以土地流转方式进行蔬菜种植。鹿窝村以种植业为主。规模种植方面，通过引进龙头企业种植大葱，农户私人种植杨梅、葡萄。村集体经济方面，通过承包一些工程，按照分成壮大村集体经济。

4. 九庄镇竹花村、大槽村基本情况

竹花村粮食作物以水稻、玉米为主，经济作物以大葱、大头菜、高粱、油菜为主。村内注重抓点带面，充分以村党支部、村党员为示范，分别在全村开展了大葱、高粱、科技核桃及生猪、肉鸡养殖的示范带动工作。目前，流转2000亩土地种植吊瓜，通过吊瓜实现农旅一体化发展。大槽村以种植核桃、艳红桃和外出务工为主，外出务工人员占全村人口的1/3左右。

5. 鹿窝镇田坝村、胡广村基本情况

田坝村主要是种植，有极少部分的养殖，还有外出务工。村集体经济来源就是200亩的村用林，每年的收入有七八万元。胡广村是一个农业村，以种植业、养殖业为主，另外农民收入来源就是外出务工。养殖方面，以养殖肉鸡为主，采取了公司加农户加基地的发展模式。

6. 温泉镇尹庵村、三交村基本情况

尹庵村处在温泉镇工业园区内，村内有西洋肥业公司。西洋肥业属于化工企业，尾气和废渣都比较严重，不适宜种植和养殖，村里大部分青壮年在厂里面务工，外出务工比较少。三交村属于息烽县二类贫困村，主要是以种植业为主，种植有椪柑2000亩，核桃2000亩。农民最主要的经济收入还是外出务工的工资性收入，有400多人在省外务工。

7. 养龙司镇灯塔村、茅坡村基本情况

灯塔村以农业为主，有省级示范农业园区，土地流转基本完成。机耕道等基础设施建设、美丽乡村建设使灯塔村村容村貌明显改善。村内有牡丹种植公司、巨峰葡萄公司、幸福物流公司，实现就业全覆盖，外出务工人员比较少。村里成立劳务公司，输出劳务，以收取管理费作为村集体经济。茅坡村地理条件非常特殊，和养龙司中间夹了一个遵义县的乌江镇，是息烽县最偏僻的地方。以农业为主，成立了合作社，主要种植辣椒。外出务工600多人，占全村人口的1/3。

8. 石硐镇红星村、前丰村基本情况

红星村矿产资源丰富，有一家民营的煤矿。主要收入来源是采矿业和运输业。村里有息烽县聚友汽车运输有限公司，主要做煤矿运输。同时，种植了烤烟，有一个专门的烟草合作社，进行烤烟加工，同时还承接周围村的烤烟加工。前丰村以种植蔬菜为主，主要品种是叶菜和西红柿。同时，也有烤烟种植大户。流转土地300亩种植猕猴桃，成立了前丰生态农业发展有限公司、大地农丰蔬菜种植农民专业合作社壮大村集体经济，增加农民收入。

9. 流长镇前奔村、流长村基本情况

前奔村以种植经果林为主，包括梨和椪柑，年轻人外出务工的比较多，农村集体经济组织有仙人掌旅游开发有限责任公司，集农产品生产、销售和旅游开发为一体的经营模式。流长村是镇政府所在地，以种植蔬菜、烤烟为主，息烽县的烤烟种植有独一无二的光照条件，烤烟品质较好。同时还发展了小农经济。

10. 青山苗族乡冗坝村、大林村基本情况

冗坝村土地肥沃，以种植包菜、西红柿为主，适当发展养殖业，制约发展的问题是交通瓶颈和饮水水源保护区限制；大林村生态环境良好，主要种植淡季蔬菜，还开办了彩瓦厂，有一定的村集体经济。村内地形问题和机耕道问题制约了发展，农业种植产值不高。农业收入较少，也使外出务工人员比较多。

三　息烽县农村发展三大亮点

（一）推进农业产业化发展，逐渐形成"一村一特"

"十二五"期间，息烽县每个村形成特色种植，种植的有苗圃、蔬菜、烤烟、经果林等。且个体种植逐渐被产业化种植取代，通过土地流转、公司运营方式实现各村统一规划种植，形成产业化规模。正如个案 XFC1 所说："我们主要是以发展苗圃种植，就是把所有的土地流转完，然后公司来发展苗圃。"个案XFC2说："我们组织了党员和群众及包工头把通往外面的路修通。种了1000亩的葡萄，然后有1000亩的蔬菜。"个案XFC5说："我们流转了将近2000多亩土地，种植吊瓜。"个案XFC14说："我们'一村一特'主要种植辣椒。2015年，辣椒种植达100万斤左右，收入达800万元左右。"个案XFC15说："我们村种植了经济作物烤烟，同时流转了120亩地种植高标准的有机猕猴桃。"个案XFC16说："村里面集体经济流转了300多亩地，引进了一家种猕猴桃的种植大户种了几百亩猕猴桃。我们村同样也有烤烟种植大户，多达9户，种了将近400亩，每户50亩左右。"

息烽县乡村养殖以供应息烽特产阳朗辣子鸡的肉鸡养殖为主，养殖分为规模养殖和散养两种。XFC5说："我们竹花和九庄都有肉鸡养殖，其中有三户的规模养殖，每户可以养1万只以上。"

（二）培育新型农业经营主体，引领农村经济发展

息烽县一些村在"十二五"时期，通过建设园区，充分发挥龙头企业的带动作用，合理规划利用土地资源，充分开发带动农户适度规模经营，创新合作运营模式，解决当地农民就业问题，增加农民收入，吸引外出务工农民逐渐返乡。XFC13说："我们村有省级示范农业园区，园区内有牡丹种植公司、巨峰葡萄公司、幸福物流公司共三家。外面务工的人比较少，即使是五六十岁的农民在园区内一个月也能挣两千多元。"

息烽县一些村通过成立公司和合作社，培育了一批新型农业经营主体。采用"公司＋村集体＋合作社＋农户"的产业化经营模式发展村集体经济，以分红或获取服务费用等方式壮大了村集体经济，增加了农民收入。XFC1说："村成立了农业综合发展有限公司，通过这个公司把老百姓的种植搞成农业专利合作社性质，村里面负责协调各方面和上面的政策支持、技术培训，提10%；通过这些，我们的集体经济已经突破20万元。"XFC15说："几个村民成立了息烽县聚友汽车运输有限公司，还有两个种植公司、一个专业合作社，村集体经济有15万元。"XFC16说："村里成立了前丰生态农业发展有限公司，利用公司，加上地农丰蔬菜种植农民专业合作社，再加农户的模式，村集体经济达15万元～20万元。"XFC17说："2014年，村内合作社成立了仙人掌旅游开发有限责任公司，其采取集农产品生产、销售和旅游开发为一体的经营模式。"

（三）发展乡村旅游业，实现绿水青山就是金山银山

息烽县旅游资源丰富，极具开发价值。县境内红色文化、佛教文化、半边天文化、黔商文化、工业文化、民族民间民俗文化各种人文景观富集。红色、温泉、生态、文化等旅游资源分布在息烽县各个行政村。"十二五"期间，各个村结合当地旅游资源进行开发，发展观光旅游、乡村旅游，做好农家客栈，打造知名品牌，使农民增收致富。XFC1说："老百姓主要是发展乡村旅游，我们在集中营的边上，属于红色旅游区。息烽县政府出台了相关的发展乡村旅游和农家客栈的政策，息烽的辣子鸡就是我们村的品牌化产品。"XFC5说："吊瓜是一个特色产业，在成熟的时候很好看，小个的金黄色，可以通过这个吊瓜产业来争取国家的产业扶持做成农旅一体化。而且我们那里有历史林园、多滨洞、龙山洞等旅游景观。"

四　息烽县农村经济发展存在的主要问题

（一）农村基础设施建设亟须完善

"十二五"时期，息烽县狠抓基础设施建设，共投入水利建设资金1亿余元，实施了一批水库、水池、山塘、拦河坝、渠道、农村饮水工程等水利项目，修建进村公路、新建桥梁、维修改造县乡村公路、建设客运站、渡口等。整合财政、国土等部门资金，实施土地开发及治理、石漠化治理、农业综合开发、进组公路硬化、机耕道建设，明显改善农村生产生活环境，农村面貌焕然一新。但是，尚有一些偏远的农村还存在基础设施不完善的问题，主要表现在一些农村地区交通、水、电、机耕道设施不完善，撤点并校后学生的住宿、校车问题。

1. 偏远农村生活环境还有待提高

由于地理和历史原因，农村建设和发展不平衡，偏远地区还存在基础设施不完善，水电不通，道路不畅的问题。XFC8说："下一步重要的是基础设施建设的投入。"XFC10说："精准扶贫在'十三五'规划当中是列为一个重点的。现在说扶贫到村、到组、到户、到人，但是我觉得到人的这个概念应该来

说还是要减一点，应着重是要到村、到户、到组。到组就是改善基础设施建设。"XFC14说："我村没有主干道，只有一条县道。路况很差，没有办法走。人居环境较差，特别是安全饮水和用电得不到保障。我们好多村寨还没有水吃，喝的是房顶上的水。还有些寨子，电力供应不足，电一般只有20A，照明勉强能解决，但电饭锅都带不动。"

偏远农村地区经济发展落后，使农村剩余劳动力外出务工，有的夫妻一起外出，家中小孩由祖辈照顾，甚至有的无人照看，就出现了留守儿童问题。如XFC7说："目前最大的问题是什么？一是我们基础设施比较薄弱；二是要争取国家的产业扶持和各方面的支持；三是地区偏僻，交通不便。但是还有一个问题，有一小部分的村民外出务工后，就把子女留在家，其子女没有人管理。"

2. 撤点并校后存在缺乏校车的问题

自2001年起，中国为了优化农村教育资源配置，对农村教育资源进行整合，摒弃村村办学的方式，进行撤点并校，调整农村中小学布局。息烽县自2014年春季开始以鹿窝为试点进行撤点并校，将鹿窝5个村级校点，全部合并到鹿窝九年制寄宿学校，石硐、流长、养龙司也陆续推进。这样做整合了教学资源，加强了对留守儿童的教育。但在周末、节假日的学生往返中，没有统一规范的交通车，存在超载、黑车等安全隐患，各个地方应该加强重视。如XFC15说："我们一个老大难的问题是，有的孩子上学离学校3公里半，更远的有7公里。但都没有交通车，目前都是采取家庭面包车运送孩子上学。这就造成了很多安全隐患。因为私人的面包车，买的保险有可能不足，没有按客车的规定办理。还有一些驾驶员安全意识薄弱，超载现象仍然存在，如果一旦出了事情怎么办？"

（二）农民参与农村发展意识不强

1. 部分农民不愿流转土地

一些村在农业产业化发展的过程中，存在部分农民不愿流转土地的问题。第一，个体经营的收入比较高，土地流转费用谈不成；第二，无一技之长，对土地依赖性强，农民参与农村发展的意识薄弱。如XFC15说："从2013年开始，我们就针对村的情况，尝试种植贵州特产刺梨。我们流转土地400亩。现在的问题是什么呢？群众没有很大的支持。一方面，自己种得好的就不愿意流转。另一方面，他把土地流转给你了，他又没有一技之长。还有可能我们的宣传不够，群众的素质也有问题。有一些群众宁愿丢荒，也不愿意配合。"

2. 外出务工人员多，农忙季节劳动力不足

各个村都有外出务工的情况（见表2）。周边乡镇有工业园区的，能就近解决就业，外出务工要少一些；没有工业园区的，外出务工人数比较多。

表2 各村外出务工人员统计

镇/乡	村名	总人口（人）	外出务工人口（人）
永靖镇	立碑村	1547	就近务工
	坪上村	1586	就近务工
小寨坝镇	小寨坝村	1700	就近务工
	潮水村	1548	就近务工
九庄镇	竹花村	1800	无企业，出去打工者比较多
	大槽村	1100	400~450
流长镇	流长村	2145	不详
	前奔村	1300	492
鹿窝镇	田坝村	1208	466
	胡广村	1206	200
养龙司镇	灯塔村	2100	就近务工
	茅坡村	1828	600
西山镇	鹿窝村	2195	不详
	小堡村	1100	不详
温泉镇	尹庵村	1600	就近务工
	三交村	1880	400
石硐镇	红星村	1300	就近务工
	前丰村	1100	400
青山苗族乡	冗坝村	1009	286
	大林村	2177	800

注：表格数据与案例篇数据截止时间不同，存在不一致的情况。
资料来源：2015年调研期间由各社区、乡镇提供。

从表2可以看出，靠近企业、园区或者本身有企业的村，基本是就近务工，如灯塔村、尹庵村等。没有园区的村，出去打工的比较多，有的高达1/3，相当于劳动力都外出务工了。如九庄镇、青山苗族乡辖的四个村。

由于外出务工人员的增多，在农业园区发展过程中，劳动力出现不足。

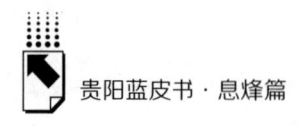

XFC16说:"因为现在我们村有一家合作社,有一家协会,但目前村面临的问题就是劳动力不足,开春种植蔬菜需要大量的劳动力,而正当需要大量工人的时候,却要跑到外面去招。"

(三)工业企业破坏生态环境

在招商引资过程中,为了发展经济,难免引进一些有污染的企业,破坏了当地的生态环境。如XFC11所说:"尹庵村和赶子村两个村的范围内,以前的松树比较茂盛,植被覆盖比较好,但这两年那一片树木大量枯死,连小树苗都没有。"

五 息烽县农村经济社会发展对策建议

(一)完善基础设施,优化农村环境

农村基础设施建设对农村发展、农业增效、农民增收具有关键作用,息烽县在"十三五"发展期间,仍需进一步推进与完善农村农田水利等工程以及机耕道。需要及时修复农村道路破损路面,进一步加强对道路的硬化。需完善饮水工程,进一步加强对刚需住房与农房改造等方面的基础设施建设。需开通农村专线交通车,方便村民出行,特别是开通学生专用校车,保障学生上下学安全。需加强美丽乡村建设,改善农村生活环境,防止出现污水横流。需加快农村信息基础设施建设和宽带普及,加强农村物流服务网络和设施的共享衔接,加快完善农村物流体系。

(二)推进科技助农,提高农民意识

1. 加大良种引进培育力度和科技培训力度

良种的引进对提高品质、加强质量、提升产量具有重要作用。息烽在农村发展中应加强动物新品种选育和良种推广繁育,加大核桃、葡萄、猕猴桃等优良水果的引进和培育,加强生猪、肉鸡等纯种、良种的引进,改良本地畜禽质量,提高生产能力。

除引进良种外,还要加大农业科技投入,有效整合科技资源,推动产学

研、农科教紧密结合，重点支持生物技术、良种培育、高产创建、精深加工、产品安全、节水灌溉、循环农业等关键领域科技创新。加快形成农业机械化，使农机作业领域不断拓宽，提高农机服务水平。派送人员到科研院校进修学习，提高农业科技人员服务能力。采取"集中教室讲理论、田间现场讲操作"的模式，通过科技人员直接到户、良种良法直接到田、技术要领直接到人，造就一批有文化、懂技术、会管理、善经营的新型职业农民队伍，逐步实现农民持证上岗，使之成为发展都市现代农业的主力军。

2. 规范土地流转制度

产业化、规模化的形成免不了土地流转，一些农民不愿意土地流转的部分原因就是土地流转制度不完善。完善现有的土地流转制度，进一步加快农村土地承包经营权流转服务网络体系和信息平台建设，切实做好农村土地承包经营权流转规范化管理和服务，制定耕地撂荒治理措施，根本遏制农村土地撂荒问题。还应深入推进农村改革，坚持以深化农村产权制度改革和农村经营制度改革为重点，扎实开展农村产权制度改革，建立规范有序的产权流转机制。开展农村集体建设用地使用权制度改革，盘活农村闲置土地，建立农村土地承包经营权管理长效机制。

3. 建立新型农业经营主体诚信制度

通过开展诚信教育活动，不断提高农村经营主体、农民和村干部的信用意识，通过信息采集、信用等级评定、信息应用和共享机制，构建新型农业经营主体信用体系，培育良好资信等级和信誉度高的农业经营主体，提升经营主体在市场和农民中的形象。对资信良好、信誉度高的农业经营主体给予项目资金、贷款贴息等扶持，降低融资成本，扩大融资范围，促使经营主体讲诚信、守诚信。

（三）培育新兴产业，保护生态环境

1. 发展农村电商

2015年，国务院办公厅发布的《关于促进农村电子商务加快发展的指导意见》，农村电商是转变农业发展方式的重要手段。息烽县应建标准、树品牌，推进蔬菜、肉鸡、葡萄等特色农产品标准化生产，提升农产品质量，打造息烽特色农产品品牌，积极宣传品牌意识，增强农民对本地品牌的认识、保护和发展。还应健全农产品监管体系,建立农产品追溯体系,保证输出农产品的安全。此外,应加快农村电子商务发展,引进京东、淘宝等大型电商平台,把农产品与电商有机结合,扩展农产品销路。通过农民技术培训,培育农村电子商务市场主体,引领农村电商发展。

2. 促进农旅一体化

传统农业向现代农业转型是促进农村经济发展的战略选择,农旅一体化是转型发展的路径。农旅一体化可以增加农业价值以外的旅游价值,为农村经济创造新的增长点;为农民增加增收渠道,发展配套服务业;有利于保护生态环境;通过减少外出务工,进而减少留守儿童和留守老人数量。息烽县农村以蔬菜种植、经果林种植为主,可以发展观光旅游。同时,农村生态环境好,临近乌江,具有红色、少数民族文化资源,有温泉休闲养生资源。在发展过程中可以依托自然资源优势,发展旅游业,同时结合山地特色农业和农业产业化发展,加强旅游基础设施建设,完善配套服务,促进农旅一体化发展,增加农民收入,促进城乡统筹发展。

3. 建立特殊扶持政策

息烽县应创新扶持本地企业发展的政策。政府在招商引资的时候,不仅要以"开放"的理念积极招进一批外来企业,更重要的是要以"造血"为目标创新本地企业发展的扶持政策。本地企业才真正知晓本土情况,了解本土特色,知悉本土问题,可以静得下心来,并扎根本土积极发展,在带动农民就业等问题上也会更加具有社会责任感。另外,息烽县还应建立针对旅游发展的扶持政策。大力发展旅游业要建立相应的配套政策,简政放权,在保证红线的基础上给农村发展旅游业一定的可操作空间。

参考文献

贵阳市委、市政府联合调研组:《息烽县发展情况调研报告》,2016年11月9日。
中共息烽县委:《关于制定息烽县国民经济和社会发展第十三个五年规划的建议》,2016年1月8日中共息烽县委十二届五次全会通过。
息烽县:《中共息烽县委 息烽县人民政府关于息烽县工作情况的汇报》,2016年11月12日。

息烽县统计局:《领导干部手册2016》,2016年4月。
息烽县统计局:《息烽县历年领导干部手册(2011~2016年版)》,2016年4月。
陈刚:《在市委常委会听取息烽县工作汇报时的讲话》,2016年11月12日。
卓飞:《在市"十三五"规划调研组来息调研座谈会上的讲话》,2015年9月28日。
王憼:《农旅一体化背景下的现代农业发展研究》,《价值工程》2015年第24期。
吕江:《打通电商督脉 助推农业产业化发展》,《江西农业》2016年第10期。
田亚玲:《农旅融合助推秀山县域经济发展初探》,《南方农业》2014年第8卷第34期。

附件一

161个村整体的基本情况

所属乡镇	行政村	总人口（人）	总面积（平方公里）	地理位置	数据时间
永靖镇（24个）	安马村	1516	7	距息烽县城17公里	2015.10
	管田村	1420	5	息烽县城北部，距县城4公里	2015.10
	河丰村	1510	7	息烽县城以南，距县城7公里	2015.10
	河坎村	948	7.5	位于息烽县城以北，距县城3.5公里，东与老厂村接壤，南与雨洒村毗邻，西与管田村相邻，北与小寨坝镇为邻	2015.10
	红旗村	5635	2	地处永靖镇政府所在地东部，村委会位于红旗村东二组，东与雨洒村相邻，南与新华社区南居委、永红村接壤，西面与东门社区、北居委毗邻，北接马当田村	2015.10
	后坝村	1269	4.9	位于息烽县城南面，距县城6.9公里，东与老街村接壤，南与立碑村毗邻，西与河丰村相邻，北与西山镇小堡为邻	2015.10
	老厂村	1612	16	位于息烽县东8公里	2015.10
	老街村	1151	4	距息烽县城6公里，210国道、原贵遵高速公路沿村而过	2015.10
	黎安村	1611	10	位于息烽县城南面，地处镇境南部南山山脉	2015.10
	立碑村	1542	4	位于息烽县永靖镇南部，东与猫洞村相连接，西与后坝村相邻，南与河丰村毗邻，北与老街村相邻	2015.10
	联丰村	1305	10.2	位于息烽县城东南面，距县城12公里	2015.10
	龙爪村	1897	1.5	坐落在息烽县郊城南面	2015.10
	马当田村	2588	16	位于息烽县城北部，距县城2.5公里	2015.10
	猫洞村	1474	4	地处息烽县城南，距息烽县城约3公里，东与下红马村接壤，南与新罗村毗邻，西与立碑村相邻，北接阳朗村	2015.10
	南门村	967	1.5	位于县城之中，是典型的"城中村"，东邻雨洒村，南接龙爪村，西至团圆山风景区，北与永红村相连	2015.10
	坪上村	1591	4	位于息烽县城南部，距县城17公里	2015.10
	上洪马村	904	15	位于息烽县城东南面，距县城18公里	2015.10

续表

所属乡镇	行政村	总人口（人）	总面积（平方公里）	地理位置	数据时间
永靖镇（24个）	下洪马村	1537	5	位于县城南面，西与猫洞村、阳朗村相邻	2015.10
	下阳朗村	4567	4.9	处于县城城郊接合部，东靠硬寨村，南临阳朗村，西连西山镇团圆村，北接龙爪村	2015.10
	新萝村	1356	8.4	位于息烽县城南，距县城12公里，与安马、坪上、梨安、河丰、下红马等村接壤	2015.10
	阳朗村	1756	2.5	位于息烽县城南，距城区仅4公里	2015.10
	硬寨村	2842	2.1	地处永靖镇东南部，村委会驻唐家湾，距息烽县城公路6公里	2015.10
	永红村	2100	4	位于息烽县城东、西城郊，东接雨洒村，南连南门村，西邻西山乡，北接红旗村	2015.10
	雨洒村	1437	6.5	地处永靖镇东南面，距县城4.7公里	2015.10
小寨坝镇（20个）	潮水村	1306	9.8	位于镇西南面，距镇政府8公里	2015.7
	大湾村	646	4.2	位于镇西面，距镇政府8公里	2016.3
	大寨村	1046	4.5	位于镇西南面，距镇政府10公里	2015.7
	高家坝村	1761	4.02	离贵遵高等级公路只有1公里左右，而且环绕开磷集团厂址	2013.9
	关岭村	743	6	地处小寨坝镇西面，西接红岩村，南接大寨村，东接潮水村，北接大湾村，距镇政府7公里	2013.9
	红岩村	1147	12	位于小寨坝镇北面，西山镇东面，鹿窝镇南面，流长镇西面，距镇政府12公里	2015.10
	茅草寨村	1236	5.76	位于镇东北面，距镇政府5~6公里	2015.7
	南桥村	1306	16	息烽县东北角，距息烽县城15公里，距镇政府13公里	2013.9
	南中村	1969	16	位于小寨坝镇东北面，距小寨坝镇14公里	2015.7
	排杉村	1717	8.5	位于小寨坝镇东北面，210国道及贵遵高速公路均贯穿村而过，距镇政府6公里	2013.9
	盘脚营村	3089	9.6	息烽至小寨坝镇政府、红岩葡萄沟的必经之路段，村内有川黔铁路、兰海高速公路、210国道等	2015.8
	前进村	675	4.5	位于镇西北面，距镇政府6公里	2015.7
	亲戚寨村	1765	16	位于镇东北面，与养龙司镇相邻，距镇政府8公里	2015.7

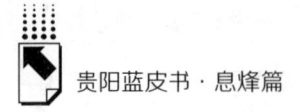

续表

所属乡镇	行政村	总人口（人）	总面积（平方公里）	地理位置	数据时间
小寨坝镇（20个）	上寨村	1529	6.2	地处小寨坝镇政府所在地东西,村委会驻地上寨,距镇政府0.5公里,距息烽县城10公里。东与南桥村接壤,南与盘脚营村相邻,西与中心村相邻,北与中心村、亲戚寨村相邻	2015.7
	石桥村	2310	14	位于镇西北面,距镇政府6公里	2015.7
	田兴村	1795	12.65	位于镇东北面,距黑神庙集镇13公里	2015.7
	王家坪村	1185	8	位于小寨坝镇西北面,距镇政府8公里,息流公路穿村而过	2015.7
	翁沙村	1156	5.7	位于镇西北面,距镇政府13公里	2016.7
	小寨坝村	1913	7.5	地处小寨坝镇东面,村委会驻耐头山组,距镇政府3公里,东接清洁寨村,南接上寨村,西接中心村,北接茅草寨村	2015.7
	中心村	806	11.23	位于小寨坝镇的中心	2013.9
西山镇（13个）	柏香山村	2797	3.91	位于息烽县城西面,距县城6公里	2013.9
	金星村	1829	7.5	位于息烽县城西面,距县城8公里,位于镇政府西北面,距镇政府2公里	2013.9
	联合村	1023	5.512	地处西山镇西部,距镇政府15公里	2013.9
	林丰村	1220	3.96	位于息烽县城西面,距县城1.5公里,位于镇政府东面,距镇政府2.5公里	2015.10
	鹿窝村	2195	7.933	位于镇政府西面,距镇政府8公里	2013.9
	胜利村	1234	7.23	位于息烽县城西面,距县城18公里,位于镇政府西面,距镇政府13公里	2013.9
	田冲村	1025	5.748	位于息烽县西面,距县城11.5公里,位于镇政府西部,距镇政府6.5公里	2013.9
	团元山村	854	6.06	位于息烽县城西北面,距县城5公里,位于镇政府东面,距镇政府5公里	2013.9
	文安村	1028	7	位于息烽县城西面,距县城7公里,位于乡政府西南面,距乡政府2公里	2015.10
	西山村	1026	9.1	位于息烽县城西面,距县城20公里,位于镇政府西面,距镇政府14公里	2015.2

续表

所属乡镇	行政村	总人口（人）	总面积（平方公里）	地理位置	数据时间
西山镇（13个）	小堡村	1337	2.7	位于息烽县城南面,距县城7公里,位于镇政府东面,距镇政府2公里	2015.10
	新寨沟村	828	3.99	位于息烽县城南面,距县城7公里,位于镇政府东面,距镇政府2公里	2013.9
	猪场村	1155	4.7	位于息烽县城西面,距县城10公里,位于镇政府西南面,距镇政府3公里	2015.10
九庄镇（25个）	柏茂村	1009	6.14	位于九庄镇西北部,距镇政府8公里	2011.9
	大槽村	1056	2.5	—	2013.4
	和坪村	1046	5.21	位于九庄镇北部	2013.1
	后陇村	1022	2.987	位于九庄镇政府东面3公里	2013.1
	黄沙村	1154	5	位于九庄镇东北面,距镇政府8公里	2015.5
	鸡场村	2610	8.83	位于九庄镇东部,距镇政府4公里	2011.9
	鲁仪衙村	1790	7.27	位于九庄镇东南部	2013.1
	青坪村	750	4.27	位于九庄镇北部,距镇政府6公里	2011.9
	清堰村	1214	3	—	2013.9
	三合村	969	3	位于九庄镇西南部	2013.11
	杉林村	986	3.5	距镇政府4公里	2011.9
	上坝村	911	1.2	位于九庄镇西部	2013.1
	天鹅村	1420	4.3	位于九庄镇正南部,距九庄街0.5公里	2013.5
	桐梓驿村	840	3	位于九庄镇南部,距镇政府4公里	2014.1
	桐梓村	2297	10.12	位于九庄镇南面,距镇政府3公里	2011.9
	团山村	810	6	位于九庄镇东北部	2013.1
	望城村	1377	5.4	位于九庄镇北部,距镇政府0.5公里	2013.1
	西门村	1530	0.86	位于九庄镇西部,地处九庄镇腹地	2011.9
	新街村	1518	1.5	位于九庄镇政府所在地	2011.9
	新沙村	1151	5.36	位于九庄镇西北面,距镇政府10公里	2013.8
	新田村	896	2	位于九庄镇政府北面2公里处	2011.9
	堰坪村	1078	2	位于九庄镇北面,距镇政府10公里,与周边清坪村、黄沙村和坪纸房村相邻,与金沙县隔江相望	2013.1
	腰寨村	1841	9	—	2011.9
	纸房村	963	4	—	2011.9
	竹花村	1112	4	位于九庄镇北部,距镇政府4公里	2013.9

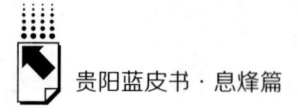

续表

所属乡镇	行政村	总人口（人）	总面积（平方公里）	地理位置	数据时间
鹿窝镇（13个）	大石头村	916	7.6	位于镇政府南面,距镇政府10公里,东与西山镇相连,南与九庄镇毗邻,西与华溪村相接,北与马屯村接壤	2015.10
	合箭村	913	6.6	位于镇政府东面,距镇政府15公里	2015.10
	胡广村	1332	7.9	位于鹿窝镇东部,距镇政府8公里,东与九庄镇接壤,南与瓮舍村毗邻,西与老窝村、鹿窝村相连,北与三友村相邻	2015.10
	华溪村	1354	7.8	位于镇政府北面,距镇政府8公里,东与九庄镇接壤,南与三友村毗邻,西与马屯村相连,北与大石头村、九庄镇相邻	2016.6
	老窝村	1088	6.2	位于鹿窝镇西部,地处乌江库区岸边,距镇政府3公里	2015.10
	鹿龙村	1584	7.8	地处鹿窝镇政府所在地,位于息烽县城的西北部,距县城42公里	2015.10
	马屯村	1465	6.6	位于镇政府南面,距镇政府6.5公里	2015.10
	三友村	1436	7.6	位于鹿窝镇东北部,距镇政府3公里,东与九庄镇接壤,南与胡广村毗邻,西与鹿龙村相连,北与华溪村、大石头村相邻	2015.10
	田坝村	1088	6.6	位于鹿窝镇东南部,距镇政府3公里,东与合箭村接壤,南与流长镇毗邻,西与老窝村相连,北与鹿龙村相邻	2015.10
	瓮舍村	1419	8.3	位于鹿窝镇西部,地处乌江库区岸边,距镇政府11.5公里,东与老窝、胡广两村相连,南与新民村毗邻,西与金沙县隔河相望,北与九庄镇接壤	2015.10
	西安村	676	5.4	位于鹿窝镇西北面,是贵阳市的一类贫困村。距镇政府10公里,东与马屯村相邻,南与合箭村接壤,西与小寨坝镇潮水村相接,北与西望山山脉相隔	2015.10
	新民村	1824	9.8	位于鹿窝镇西北部,距镇政府13公里,东与杨寨村相连,南与瓮舍村毗邻,西与九庄镇接壤,北与金沙县隔河相望	2015.10
	杨寨村	1426	6.6	位于息烽县鹿窝镇北面,距镇政府13公里	2015.10

续表

所属乡镇	行政村	总人口（人）	总面积（平方公里）	地理位置	数据时间
温泉镇（11个）	安江村	1344	6.2	位于温泉镇北面,乌江沿岸,距镇政府18公里	2015.10
	安龙村	1751	5.92	位于温泉镇北面,距镇政府12公里。东临遵义县,南与光荣村、高潮村相连,西与养龙司镇交界,北与安江村接壤	2015.10
	大尖山村	922	8.18	位于温泉镇东北角,距镇政府14公里。东临遵义县,南与三交村相连,西与赶子村交界,北抵光荣村	2015.10
	赶子村	1871	6.34	地处温泉镇西北部,距镇政府4公里。该村东邻本镇温泉村,南与天台村相连,西与尹庵村接壤,北接大尖山村、三交村	2015.10
	高潮村	1700	4.5	位于温泉镇北面,距镇政府7公里。东临安龙村,南与尹庵村相连,西与养龙司镇坝上村交界,北与安龙村接壤	2015.10
	光荣村	1665	4.86	位于温泉镇北面,距镇政府8公里。东临大尖山村,南与尹庵村相连,西与高潮村交界,北抵安龙村	2015.10
	三交村	1915	13.95	距镇政府7公里,地处温泉镇东北角,东邻开阳县,南与温泉村相连,西与赶子村、大尖山村接壤,北接遵义县	2015.10
	天台村	1387	5.74	位于温泉镇西南面,距镇政府3公里。该村东临赶子村,西与养龙司镇交界,南与温泉村、兴隆村接壤,北与尹庵村相连	2015.10
	温泉村	2414	10.63	位于温泉镇的中心,镇政府位于村辖区。东邻开阳县,南邻兴隆村,西与天台村接壤,北接赶子村、三交村	2015.10
	兴隆村	2335	12.64	地处镇政府西面,东接温泉镇温泉村,南邻开阳县,西接小寨坝镇和养龙司镇,北与天台村接壤	2015.10
	尹庵村	1621	9.8	位于温泉镇西面,距镇政府4公里	2015.10

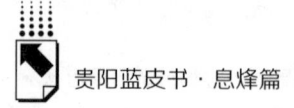

续表

所属乡镇	行政村	总人口（人）	总面积（平方公里）	地理位置	数据时间
养龙司镇（17个）	坝上村	2436	9.8	距镇政府3公里	2013.9
	堡子村	761	1.74	位于养龙司镇南面，距镇政府约2公里，东与幸福村毗邻，南与坪山村相连，西抵川黔铁路，北接灯塔村	2013.9
	大山村	1065	5.41	距镇政府10公里，东面与遵义县乌江镇核桃村连接，南面与小寨坝镇排杉村毗邻，西面与茅坡村相邻，背面与蚂蝗村接壤	2013.9
	灯塔村	2203	3.8	地处养龙司镇的南面，东与堡子村、坪山村相邻，南与小寨坝镇接壤，西与高坡村相邻，北与幸福村毗邻	2013.9
	高硐村	1390	8.75	位于养龙司镇西北部，东与龙塘村毗邻，南与茅坡村接壤，西与流长镇隔河相望，北与荆江村为邻，距镇政府16公里	2015.10
	高坡村	778	3.31	位于息烽县城北部，距镇政府4公里	2015.10
	光华村	887	3.91	距镇政府约11公里	2015.10
	江土村	1007	4.98	位于养龙司镇北面，东与温泉镇安龙村接壤，南与温泉镇高潮村相连，西与坝上村、新桥村相邻，北与龙门村相交，距镇政府约8.8公里	2013.1
	荆门村	1437	23	位于养龙司镇西部、乌江库区上游南面4公里处，距镇政府20多公里，东面与遵义县乌江镇坪塘村相邻，南面与本镇龙塘村、高硐村相邻，西面与流长镇水尾村相邻（隔河相望），北面与金沙县官田乡罗坝村相邻（隔河相望），是三县交界的地方	2013.9
	龙门村	1026	5.6	—	2014.12
	龙塘村	626	3.97	位于养龙司镇政府西北面约17公里	2013.9
	蚂蝗村	1062	2.4	位于养龙司镇西部	2015.10
	茅坡村	1820	11.33	位于养龙司镇西南部，距镇政府16公里，东与小寨坝镇下桥村相邻，南与流长镇南中村相邻，西与高硐村相邻，北与蚂蝗村相邻	2013.9

续表

所属乡镇	行政村	总人口（人）	总面积（平方公里）	地理位置	数据时间
养龙司镇（17个）	坪山村	1298	9.01	位于养龙司镇东面，距乡政府约4公里	2013.5
	新桥村	1137	11.33	地处养龙司镇政府北面，距镇政府10.5公里。南与本镇坝上村相邻，东北与江土村、龙门村接壤，西与遵义县乌江镇相邻	2013.9
	幸福村	2402	6.8	位于养龙司镇政府东面，距镇政府0.8公里，东与温泉镇尹庵村接壤，南与堡子村、坪山村相连，西与灯塔村、养龙司村相连，北与坝上村相连	2013.9
	养龙司村	2641	6.11	养龙司村位于镇政府所在地	2013.9
石硐镇（18个）	大洪村	1333	5	位于石硐镇西部，距镇政府8.5公里	2015.10
	高峰村	1253	3.1	位于息烽县石硐镇西部，距镇政府1公里	2015.10
	高青村	864	4.8	位于石硐镇东南部，距镇政府4公里	2015.10
	高寨村	1808	5.71	—	2015.10
	光明村	1085	4.5	位于石硐镇西北部，距镇政府8公里，距县城30公里，东至木杉村，南抵中坝村，西与修文县接壤，北至九庄镇鸡场村	2015.10
	何家洞村	1250	4.7	距镇政府约6公里	2015.10
	红星村	1299	4.22	位于息烽县石硐镇西南部，距镇政府4公里	2015.10
	龙坪村	1594	4.8	位于石硐镇西南部，距镇政府7.5公里	2011.9
	猫场村	1408	4.8	位于石硐镇西南部，距镇政府7.5公里，距县城31公里，东至高寨村，南抵泉湖村，西与修文县接壤，北至龙坪村、高青村	2015.10
	木杉村	2041	8.2	位于石硐镇西部	2015.10
	难冲桥村	2280	13.5	石硐镇南面，村委会距镇政府10.3公里，东北与永靖镇接壤，东南相邻修文，西南与泉湖村相连，西北与高寨村及新寨村比邻	2015.10
	前丰村	1486	3.9	位于石硐镇西部	2015.10

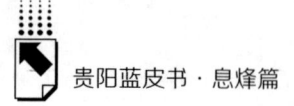

续表

所属乡镇	行政村	总人口（人）	总面积（平方公里）	地理位置	数据时间
石硐镇（18个）	泉湖村	863	4.8	位于石硐镇南部，距乡政府8公里，离息烽县城30公里，东与高寨村、难冲桥村相邻，西南与修文县久长镇、小箐乡接壤，西北直抵猫场村	2015.10
	石硐村	3892	21	地处石硐镇东南面政府所在地，东与青山苗族乡大林村、九庄镇马路岩相邻，北抵高峰村，西南与水头村、前丰村接壤	2015.10
	水头村	1586	5.1	距镇政府6公里	2015.10
	新寨村	1875	8.6	位于石硐镇东南部，距镇政府6公里。东与青山苗族乡核桃坝组相邻，南与石硐镇难冲桥村相邻，西与石硐镇高青村、水头村相邻，北与石硐村相邻	2015.10
	玉龙村	1227	3.9	位于石硐镇西南部，距镇政府5公里	2015.10
	中坝村	1332	5	位于石硐镇西北部，距镇政府7.5公里	2015.10
流长镇（15个）	茶园村	1149	30	地处流长镇东面。村委会驻青杠坡组。距政府4公里。东与小寨坝镇接壤，南与李安寨村毗邻，北与大兴村相邻，西接大水井村	2015.10
	长涌村	1024	17	地处流长镇西南面。村委会驻中寨组。距政府2公里。东与流长村接壤，东南与宋家寨村毗邻，南与鹿窝镇相邻，北与龙泉村接壤	2015.10
	大水井村	1437	28	地处镇政府东北。村委会驻袁家寨组辖区内。距集镇1公里。东南与茶园村接壤，西南与流长村毗邻，西与长涌村相邻，西北接大兴村	2015.10
	大兴村	1349	36	地处流长镇北面。村委会驻坝子组。距镇政府4公里。东与养龙司乡接壤，西与金沙县后山乡隔江相望，南与大水进村相邻，北接营中村	2015.10
	甘溪村	1461	32	镇政府东南。距镇政府12公里。东与小寨坝镇的瓮沙村接壤，南与鹿窝乡的合箭村毗邻，西与龙塘村相邻，北接李安寨村	2015.10

续表

所属乡镇	行政村	总人口（人）	总面积（平方公里）	地理位置	数据时间
流长镇（15个）	李安寨村	1329	23	地处镇政府南面。村委会驻李安寨组。距镇政府所在地3公里。东与茶园村接壤，东南与小寨坝镇瓮沙村毗邻，南与甘溪村相邻，西与宋家寨村连接，北与流长村相连	2015.10
	流长村	2145	53	地处镇中部。村委会驻乌江路、民谐路口，距息烽县城31公里。东与大水井村袁家寨组接壤，南与李安寨村宋家寨村毗邻，西与长勇村龙泉村相邻，北与大水井村邓家湾组接壤	2015.10
	龙泉村	1250	31	位于镇政府的西北面，距镇政府3.5公里，东与大水井村相连，南与长涌村毗邻，西与鹿窝乡接壤	2015.10
	龙塘村	718	26	地处镇正南方。村委会驻地下龙塘。距流长镇8公里。东与甘溪村毗邻，北与宋家寨相邻，西南与鹿窝乡接壤	2015.10
	前奔村	1341	36	前奔村位于镇北部，距镇政府4公里	2011.9
	水尾村	1708	7.74	地处镇北面。村委会驻半坡组。距镇政府12公里。东与养龙司镇荆江村隔河相望，南与新中村毗邻，西与四坪村相邻，北与金沙县官田乡青山村以乌江河为界	2015.10
	四坪村	2196	26	地处镇西北部。村委会驻竹林组。距镇政府8公里。东与新中村接壤，南与前奔村毗邻，西与金沙后山乡隔河相望，北与水尾村相邻	2015.10
	宋家寨村	1225	28	地处镇南部，村委会驻宋家寨组，距镇政府3公里。东与李安村相连，南与鹿窝乡田坝村相邻，西与长涌村相邻	2015.10
	新中村	2598	10.7	地处息烽县西北，流长镇北面。村委会驻新场大元两组所在地，距镇政府9公里。东与养龙司乡的平所组和南江河接壤，南与营中村堰坎组相邻，西与四坪村的陈家寨相接	2015.10

续表

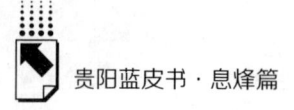

所属乡镇	行政村	总人口（人）	总面积（平方公里）	地理位置	数据时间
流长镇（15个）	营中村	1091	21	位于镇政府北部地区,距镇政府3公里。东邻新中村,南邻大兴村,西邻前奔村、四坪村,北邻新中村	2015.10
青山苗族乡（5个）	大林村	2178	18.7	位于该乡北部	2015.10
	绿化村	1825	7.6	位于青山苗族乡中部	2015.10
	马路岩村	683	7	位于乡东北部	2011.7
	青山村	1426	8.2	位于息烽县青山苗族乡中部	2015.10
	冗坝村	987	8	—	2015.10

注：表格数据与案例篇数据截止时间不同,存在不一致的情况。

资料来源：2015年调研期间由各社区、乡镇提供。

案例篇
Case Studies

B.9
城镇化带动　园区引领
打造息烽县转型发展新引擎

——息烽县永靖镇"十三五"发展思路研究

摘　要： 当前，我国城镇建设发展环境发生了重大变化，深入推进城镇化和产业转型面临诸多问题和挑战。本文从发展环境、基础和诉求三个维度分析永靖镇打造息烽县转型发展新引擎的条件与基础，梳理出了永靖镇"十三五"时期发展的三大战略重点，并对永靖镇如何打造转型发展进行任务分解，最后提出永靖镇打造息烽县转型发展新引擎的实现路径。以期"十三五"时期将永靖镇打造为息烽特色县域经济新引擎提供一定的理论参考和借鉴。

关键词： 城镇建设　转型发展　园区建设　美丽乡村　共享发展

贵州省委、省政府于2015年11月20日在贵阳召开了贵州省县域经济发展大会,部署全省县域经济相关发展工作。会议强调,要坚持以五大发展理念①为引领,思想认识上进一步深化、抓手方法上进一步把握、领导指导上进一步加强,以推动全省县域经济社会发展新跨越,以县为单位奋力实现建成全面小康社会。"十二五"时期息烽县经济社会有了长足发展,永靖镇为息烽县域经济的发展做出了重要的贡献,表1是对当前永靖镇概况、经济发展、基础设施建设、教育资源、文体建设、医疗卫生资源等基本情况的整理。

表1 永靖镇基本情况一览

	辖区面积	151.02平方公里			辖区人口				
概况	辖区范围	位于息烽县境东南部,东与开阳县金钟镇毗邻,南与石硐镇、修文县久长镇相连,西与青山苗族乡、西山镇接壤,北抵小寨坝镇	户籍人口		20155户		流动人口		2049人
					50126人				
	自然资源	有耕地4351.63公顷,林地6467公顷。境内有丰富的煤、磷、硅、硫铁、铝土等矿产资源;有息烽集中营、张露萍七烈士陵园、国际山地露营体验基地、阳朗旅游风情小镇等旅游景区	困难群体	低保人员	999人		外出打工		1038人
				60岁以上老人	8569人	建档立卡贫困户	450人		
			特殊人群	残疾人	1475人	失业人员	2970人	刑释解教人员	96人
				留守儿童	140人	吸毒人员	340人	缠访、集访带头人	0
				失学儿童	0				
经济发展	村(居)民可支配收入		地方财政总收入	村集体经济		一产总值	二产总值	三产总值	辖区内企业	招商引资		全社会固定资产投资
	村民	居民		总数	资金总额					签约金额	签约企业	落地企业	
	11550元	25825元	6247万元	27个	746万元	19819万元	14365万元	408696万元	238个	36.04亿元	28个	28个	11.88亿元

---

① 五大发展理念指创新理念、协调理念、绿色理念、开放理念和共享理念。

续表

基础设施建设	六个小康专项行动计划					
	小康路	小康水	小康房	小康电	小康讯	小康寨
	6.33公里	24个村全部通水	1576户	24个村全部通电	24个村全部通4G网络	18个
教育资源	幼儿园		小学		中学(初中和高中)		大中专及以上院校
	公办	民办	公办	民办	公办	民办	0
	2个	25个	7个	0	1个	0	
文体建设	人文资源		重点文化节庆活动		公共文体活动场所(包括广场、公园和体育运动场所等)
			百龙千鼓		24个村级活动广场,5个公园
医疗卫生资源	乡镇卫生院			1个	养老院	1个
	医护总数		床位数	床位占用率	村级卫生室	24个
	36人		10张	100%		

资料来源：表格数据由永靖镇提供。

一 从三个维度看永靖镇打造息烽县转型发展新引擎的条件与基础

永靖镇要打造成为息烽县转型发展新引擎，需具备一定的条件和基础。通过对贵州省大力发展县域经济的发展大环境分析，得出其"十三五"时期将永靖镇建设成为息烽县转型发展新引擎具有可能性；进一步对永靖镇"十二五"时期的发展基础展开深入剖析，得出是可行的；通过发展诉求寻找落脚点，将永靖镇建设成为息烽县转型发展新引擎是现实的。

（一）从发展环境看永靖镇建设息烽县转型发展新引擎的可能性

1. 贵州省大力发展县域经济的重大战略部署

我国县域经济在国民经济中占有较大比重，但发展水平还很低。在贵州省后发赶超、同步小康的大局中，县域经济发挥着基础性、根本性的作用，更关乎全局。大力发展县域经济对贵州省经济社会发展而言是一项重大的战略部署,其具有十分重要的战略意义。①

息烽县是贵阳市县域经济发展整体布局的基础点。息烽县紧紧抓住贵州省大力发展县域经济的机遇条件,因地制宜选择大力发展高新技术产业、现代农业产业、旅游产业。② 同时还要坚持城乡统筹协调、完善产业结构功能、聚焦产业聚集发展、突出重点发展产业。强力推进好域内及运用好周边的城镇化带动战略,为走出一条发展新路径提供可能性,为探索和打造现代农业产业园、高新技术产业园的转型升级思路提供可能性,为息烽县转型发展打造新引擎提供一个良好的发展环境。

2. 贵阳市建设创新型中心城市决策安排

打造创新型中心城市誓师动员大会的召开,吹响了建设创新型中心城市的集结号。在"十三五"新时期,贵阳市坚持把创新摆在贵阳发展全局的核心位置,实施大数据战略行动,推进创新驱动发展战略,着力构建创新生态链,奋力实现打造创新型中心城市的目标。③ 息烽县是贵阳市打造创新型中心城市不可或缺的一部分,也是贵阳市打造创新型中心城市一个极为重要的生态支撑。

息烽县"十三五"期间将深入开展"绿色息烽"行动计划,大力实施城市绿化景观提升工程,实现森林景观与城市绿化无缝连接,打造贵阳亮丽的北大门,持之以恒护"绿"、添"绿"、治"绿"。规划布局上要依托好现有的林带资源、天然湖泊、自然河流、山体资源等,以打造和展现具有优美山水格局的文化新名片,形成息烽特有的绿色生态走廊。④ 息烽县进行优化创新环境,无疑是打响"爽爽的贵阳·绿绿的息烽"生态文化品牌的风向标。

3. "三区两县"融合发展历史机遇

推进"三区两县"(指白云区、高新区、综保区和修文县、息烽县)协同、深度融合发展是贵阳打造创新型中心城市的重要支撑。这对贵阳市推动区域融合发展、"疏老城、建新城"和打造黔中城市群以及培育新的经济增长都

---

① 董晓燕:《贵州县域经济发展的战略模式》,《北方经贸》2014 年第 11 期。
② 林萌:《贵州县域经济发展大会:坚持五大发展理念为引领》,贵阳网,2015 年 11 月 21 日,http://www.gywb.cn/content/2015-11/21/content_4186381.htm。
③ 彭婷、李春明:《贵阳打造创新型中心城市路径之一》,贵阳网,2016 年 1 月 20 日,http://www.gywb.com.cn/content/2016-01/20/content_4515953.htm。
④ 陈舟游、樊荣:《做打造创新型中心城市的重要生态支撑——访息烽县委书记钮力卿》,《贵阳日报》2016 年 3 月 16 日。

极具战略意义。① 而欠发达、欠开发、欠开放的息烽县情决定了息烽县绝不能错过这个历史机遇,需要抓住和借助"三区两县"融合发展的东风。

息烽县在推行招商引智、推进智慧旅游服务、发展红色旅游、温泉大健康产业、美丽乡村、建设智慧旅游型景区景点等项目方面;在创新型企业培育、大数据运用、提升政府管理和社会治理能力,搭建县、乡、村信息服务平台等政策方面;在积极推动和重点支持大数据相关技术在全县的企业中研究、开发与设计应用上实现生产经营的信息化方面;在开展信息进村入户试点等措施方面,永靖镇无疑都是息烽县产业发展布局中一个极具潜力的"排头兵"。

4. 息烽县"守底线、走新路、打造新引擎"的发展目标

息烽县"十三五"将坚持协调推进"四个全面"战略布局,"五大发展理念",积极主动地适应未来发展的新常态,守住发展和生态两条底线,坚持主基调、主战略,突出抓好大数据、大扶贫两大战略行动,继续实施"工业强县、科教兴县、环境立县、旅游活县"战略。紧紧围绕"守底线、走新路、打造新引擎"目标,强化"五个功能"定位,始终坚持重大的产业发展、改革事项、生态建设、项目投资、平台支撑、区域布局、基础设施、民生工程"八个重大着力",奋力后发赶超,到2020年争取实现更高水平的全面小康。②

永靖镇是息烽县中心城区的核心区域,承担着息烽生产性服务和现代工业城镇职能,承担着县域交通枢纽和商贸中心、经济文化行政中心、生活性综合服务中心、产城联动关联服务中心、物流中心、都市现代农业示范中心职能,是息烽县"守底线、走新路、打造新引擎"的发展目标的坚实堡垒。

(二)从发展基础看永靖镇建设息烽县转型发展引擎的可行性

1. 区位优势明显

永靖镇是息烽政治、经济和文化交流中心。其位于息烽县东南,东经106°39′至106°47″,北纬26°58″至27°09″。东靠开阳县金钟镇,南临修文县久长镇,西连西山、青山、石硐乡,北接小寨坝镇。地处黔中经济圈中心地

---

① 《"三区两县"同城化发展战略规划征求意见会议举行》,贵阳网,2015年10月15日,http://news.gy.fang.com/2015-10-15/17689895.htm。
② 息烽县人民政府:《息烽县国民经济和社会发展第十三个五年规划纲要(征求意见稿)(2016~2020年)》,2015年12月。

段，南离贵阳68公里，北距遵义85公里，位于两城市中心。川黔铁路、210国道、贵遵高等级公路南北贯穿19个行政村，金阳公路连接全国三大磷都之一的开阳磷矿。有3个火车站、1个高等级公路出入口、1个汽车站和1个客货综合停车场，全镇组组通公路，客运、货运交通十分便利。①

2. 县域经济的重要支撑

2010~2015年，永靖镇经济增长提速，农民人均持续增收，城乡建设加快推进，民生改善不断推进，社会治理不断提升，实现了经济发展和社会稳定有效融合。2015年，生产总值完成572165万元，其中，第一产业为19819万元，第二产业为143650万元，第三产业为408696万元，经济增长方式为"三二一"。有四项经济指标均居息烽县各乡、镇之首②（见表2）。

表2 息烽县与永靖镇（2011~2015年）主要经济指标情况

单位：万元，%

年份	经济指标	全社会固定资产投资	财政总收入	第一产业	第二产业	第三产业	生产总值
2011	息烽县	852425	70883	69645	381315	195524	646484
	永靖镇	—	—	8900	82601	155254	246755
	占比(%)	—	—	12.78	21.66	79.40	38.17
2012	息烽县	1377050	95974	82520	497087	263807	843414
	永靖镇	—	—	9810	91748	205274	306832
	占比(%)	—	—	11.89	18.46	77.81	36.38
2013	息烽县	1732600	41686	96023	598847	348084	1042954
	永靖镇	69678	12777	10705	113575	250851	375131
	占比(%)	4.02	30.65	11.15	18.97	72.07	35.97
2014	息烽县	2341930	37167	125636	680622	478469	1284727
	永靖镇	86091	11599	15221	143370	314815	473406
	占比(%)	3.68	31.21	12.12	21.07	65.80	36.85
2015	息烽县	2917400	40733.29	157303	712455	621153	1490911
	永靖镇	118800	13024.7	19819	143650	408696	572165
	占比(%)	4.07	31.98	12.60	20.16	65.80	38.38

资料来源：息烽统计局：《领导干部手册2016》，2016年4月。

① 《永靖镇简介》，息烽县人民政府门户网站，2015年4月28日，http://www.xifeng.gov.cn/info/1459/31265.htm.
② 息烽县统计局：《领导干部手册2016》，2016年4月。

息烽县行政区划共九镇一乡，一个城市社区。对表 2 中指标数据进行分析，得到永靖镇历年财政总收入几乎占息烽县 1/3；历年第一产业远高于息烽县平均值；历年第二产业基本保持在息烽县总量 20% 左右水平；历年 GDP 均超过息烽县总量 1/3；历年永靖镇第三产业均在息烽县总量的 65% 以上。因此得到，永靖镇是息烽县县域经济的重要支撑，甚至可以说是主要支撑（见图 1）。

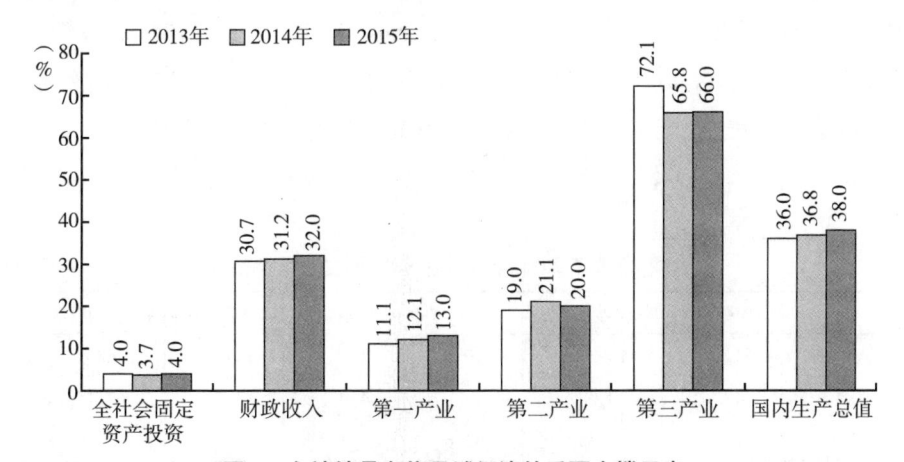

图 1　永靖镇是息烽县域经济的重要支撑示意

3. 园区发展势头强劲

贵州省提出"加速发展、加快转型、推动跨越"的主基调和重点实施"工业强省和城镇化带动"两大战略，加快实施"五个 100 工程"（指在全省重点打造产业园区、高效农业示范园区、旅游景区、示范小城镇和城市综合体各 100 个）。永靖镇作为息烽县"一轴两核"中的"一核"，是大力推进工业化、城镇化发展的重要支撑，在着力打造以新材料、新能源、节能环保、电子信息产业为重点的永靖工业园过程中具有十分重要的作用。[①]

息烽园区重点围绕"一园两组团"建设，永靖高新技术产业组团位于永靖镇、西山镇、小寨坝镇之间，以食品医药、节能环保、电子信息及现代服务业等高新技术为主导产业的新兴工业组团，规划面积 12.85 平方公里，可利用面积

---

① 《永靖镇简介》，息烽县人民政府门户网站，2015 年 4 月 28 日，http://www.xifeng.gov.cn/info/1459/31265.htm。

6.8平方公里。主要企业有太和药业、汉方药业、味美食品、苗姑娘食品及叶老大辣子鸡等。永靖组团含中关村贵阳科技园—息烽医疗器械产业园，位于永靖镇阳朗村南门坝地块，该园规划面积0.8平方公里，主要发展医疗器械产业。

4. 公共服务水平较高

永靖镇具有良好的义务教育、医疗卫生和社会保障条件，公共服务水平较高，社会矛盾纠纷排查调处率达100%，信访积案和重大矛盾纠纷办结率达100%。其中义务教育（以学生人数衡量）、医疗卫生方面（以病床数衡量）尤其突出，分别占45.1%、82.8%。同时第三产业（交通运输、仓储和邮政业，批发和零售业，非营利性服务业占比远高于息烽县其他乡镇）高达65.8%（见表3）。

表3 永靖镇2015年公共服务水平主要指标情况

名称	学校数（所）	在校学生（人）	医院数（所）	医生数（人）	病床数（张）	第三产业（万元）
永靖镇	12	15036	10	348	1072	408696
息烽县	43	33308	19	470	1295	621153
占比（%）	27.9	45.1	52.6	74.0	82.8	65.8

资料来源：《领导干部手册2016》，2016年4月。

5. 历史文化底蕴深厚

永靖镇境内息烽集中营旧址、张露萍烈士陵园、玄天洞以及邵云环烈士纪念馆均为全国爱国主义教育基地。息烽集中营是抗战期间国民党为关押共产党、爱国进步人士而设立的最大秘密监狱，与重庆白公馆、渣滓洞集中营、江西上饶集中营同为抗战期间国民党设立的四大集中营。其中，英烈事迹陈列展、营区、烈士陵园和玄天洞等"一线四点"参观线路的大型革命传统教育基地粗具规模。①

（三）从发展诉求看永靖镇建设息烽县转型发展引擎的现实性

永靖镇在"十二五"发展过程中，发生了巨大的变化。但是，地方财力

---

① 息烽集中营，360百科，2016年6月，http://baike.so.com/doc/6194939-6408199.html。

严重不足，新增财源少，财政收支矛盾突出，投入能力十分有限，投资不足，投资结构不合理，生产性投资比重偏低，投入支撑性的重大项目特别是产业项目储备不足；村级交通基础设施建设滞后，城镇基础设施建设仍然跟不上工业化、城镇化和经济社会发展的需要，生态环境建设和保护、城乡污染物的治理问题仍然没有全部解决；公共服务需求仍然不能满足发展需求；民生问题依然突出，城乡收入差距依然较大。这些存在的问题和发展障碍道出了发展诉求，迫切需要解决，只有解决了以上问题，才能使永靖镇真正充当起息烽县转型发展的引擎作用。

1. 基础设施建设滞后

永靖镇基本公共服务体系不健全，公共服务资源的配置效率较低，基本公共服务不均等，城镇功能尚不健全，综合承载能力弱，不能与未来人口集聚规模相适应。城乡发展规划和上级电网规划基础薄弱，教育现代化的基础刚刚起步，医疗标准化、医疗防控和服务保障体系建设有待加强，城乡文化基础设施滞后。

域内综合服务中心、休闲广场、酒店、农贸市场、超市、停车场等生活服务设施不足。城镇路网、综合管网、景区及周边配套基础设施等投入不足且投资不平衡。永靖产业园区基础设施配套功能尚未完善，园区配套设施建设不同步。镇区环境综合整治能力低，山水林田路综合整治、田间灌排配套建设滞后；通村路、进组路、串户路、机耕道、生产便道整合不足。

2. 公共服务供需矛盾突出

虽然永靖镇相对于其他乡镇来说，公共服务水平较高。但是，公共服务的供需矛盾依然突出。具体表现为拆迁安置、城镇棚户区改造、城镇住房保障、扶贫生态移民安置房和农村危房改造等。社区服务、物业、家政等居民生活保障性行业处于较低水平，社会救助、社会福利和优抚保障服务供需不平衡，精准服务不足，便民服务不佳。面临着多重任务、困难叠加，转型升级、生态文明建设、民生需求、社会治理挑战和要素资源聚集压力加大。

这也进一步印证了永靖镇综合信息服务体系不完善、建设滞后的现状。其背后的深层原因是，城市综合公共服务、农技服务、旅游服务水平质量不高，现代服务业发展迟缓、松散不聚集，缺少规模现代生产性服务业企业入驻，未形成特色优势服务业集聚区，公益性社会组织和村民组群众服务中心较少；文

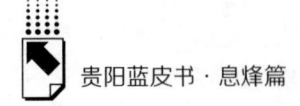

化软实力差，基本公共文化服务体系不完善，专业服务能力弱；金融服务领域狭窄，不能满足多样化金融服务的客观需求。

3. 居民收入水平不高与城乡差距扩大并存

居民收入水平不高。城乡居民收入差距依然较大，低收入群体增收乏力。城镇居民人均可支配收入达25095元（根据国家统计局发布《中华人民共和国2015年国民经济和社会发展统计公报》，2015年全国城镇居民人均可支配收入为31195元）。农民人均可支配收入明显提高，达10822元（2015年全国农民人均可支配收入为11422元），仅为城镇居民人均可支配收入的43.1%。

城乡差距扩大并存。城乡一体化程度不高，城乡发展不协调，城乡区域发展不平衡。城乡居民生活设施尚有较大的差距。用于城乡改善的整体投资不够，域内居民生活水平、工业发展、三产配套、农业生产等城乡间还有较大差距。交通综合设施还有待完善，工程性缺水问题也还未彻底解决，城乡二元结构没有得到根本的改变。城乡商贸流通网络和节点的规划建设滞后，城乡统筹就业有待进一步提升。

二　永靖镇"十三五"发展的三大战略重点

永靖镇作为息烽县域经济的支撑，其特点和优势明显。"十三五"时期，永靖镇需把握好以打造新的增长极为目标加强园区建设、以完善城市功能为重点推进城镇建设、以四大工程建设为依托加快建设美丽乡村三大发展战略重点，以期为当前和今后一段时期经济社会转型发展做好科学部署及安排。

（一）以打造新的增长极为目标加强园区建设

紧紧围绕县城"南移西扩北联"战略，配合推进马当田村坪上永靖镇工业园和老街村南门坝民营经济孵化园建设，做好园区招商和安商服务。以高新技术产业为依托，以大企业为主体，以重大项目为支撑，着力做大规模、做长链条、做强技术、做优品牌，全力打造高端装备和电气机械制造、电子信息、医药食品、高新技术等产业园，力争2~3年形成新的百亿级园区，届时，将形成以永靖高新技术产业为主导产业的新兴工业组团双轮驱动的产业园区空间结构，成为永靖镇经济发展新的重要增长极。

（二）以完善城市功能为重点推进城镇建设

大力实施城市带动战略，围绕贵阳城市圈内重要的产业发展、生态休闲城区和县域产业的服务基地与对外窗口打造，拓展县城空间和容量，着力抓好加快龙泉大道及沿线开发建设，同步配套交通、居住、教育、医疗、文化等公共设施，完善新城区城市功能，促进永靖和集中营等城区、景区互动融合。提升县城品位，将文化、历史元素融入县城整体风貌设计、统一规划，启动南门片区棚户区改造项目，加快蚕桑坡片区开发建设和完成县城城中村改造，使县城形象实现大变化。

（三）以四大工程建设为依托加快建设美丽乡村

按"产业美、生态美、环境美、精神美"的目标要求，以"基础设施建设、环境综合整治、产业打造提升、乡风文明建设"四大工程为主抓手，着力抓好"一核两带""四在农家·美丽乡村"建设攻坚战规划，打造"梨安—新萝—立碑—猫洞—阳朗"示范带，确保2017年完成全镇16个美丽乡村"普及型"创建点、3个"提高型"示范点和1个"升级型"精品点建设蓝图，使永靖镇农村产业更加多元、美丽乡村随处可见，同时还要大力发展阳朗、猫洞、立碑、梨安等村的乡村旅游，同步实现农民收入快速增长，精神面貌焕然一新。

三　永靖镇打造转型发展新引擎的任务分解及实现路径

永靖镇要实现成为息烽县县域经济转型发展的新引擎的总目标，不仅要进行科学的规划，更需要具体的实践步骤，为此将其打造新引擎的任务进行具体分解并指出具体实现路径至关重要。

（一）园区引领发展，推动经济转型升级

1. 以现代农业产业园为载体，打造永靖特色现代农业发展模式

以现代农业园区建设为抓手，抢抓国家加快水利发展的机遇，实施"五

小工程"（"五小工程"主要指面向干旱山丘的小型水利工程，是小水窖、小水池、小泵站、小塘坝、小水渠的总称）。加强农业基础设施建设，改善农业生产条件。继续通过修建人饮工程、改造供水管网、建设小水池、治理河道、新建沟渠、修建机耕道等全面解决饮水困难和经果林浇灌。科学规划农业产业布局，大力发展城郊农业、立体农业、生态农业、特色农业和以观光、体验为主的休闲农业，大力培育农业产业园区和基地，优化传统农业产业，发展新型农业产业，实施农业产业集聚，推进农业产业化。继续深入推进农业产业结构调整，充分发挥园区效应，优化农业产业结构，打造具有永靖特色的现代农业发展模式。

2. 以永靖工业园建设为抓手，开辟镇域经济新领域

以永靖工业园区建设为抓手，加强工业建设，为镇域经济发展开辟新领域。不断完善永靖工业园区和民营经济孵化园功能，创造一流环境，提高服务质量，抓好落地项目和企业的协调服务工作，引进投入少、资源消耗低、环境污染小、生产效益好、经济拉动力大的项目入驻。鼓励企业加快设备更新和技术升级，提高技术装备水平和技术创新能力，延伸高新技术加工产业链。支持企业发展，推进阳朗辣子鸡工厂化生产，做大做强工业产业，实现工业的再创业、大发展。

3. 以旅游产业为重点，注入经济发展新活力

整合现有旅游资源。以息烽集中营革命历史纪念馆4A级景区为突破口，扎实推进红色旅游产业升级。以大健康和养老养生产业发展为重点，扎实推进新萝温泉旅游产业开发。以生态文明、自然和谐为目标，积极推进团圆山为重点的城郊1个森林休闲健身目的地开发建设。以"环境美、产业美、生态美、精神美"的美丽乡村建设为契机，全力助推乡村旅游提速发展，重点打造永靖镇立碑乡村旅游示范点。依托县城扩容增量，认真做好建设中的拆迁征地和协调服务工作，推进红色旅游和温泉旅游的发展，积极培育休闲、避暑、度假等新型产业。

提升旅游服务品质。鼓励促进商贸、餐饮等服务业的提质发展，对乡村客栈进行星级评定，采用以奖代补的方式对乡村客栈进行奖励扶持。对旅游从业人员采取"走出去、请进来"的方式进行"一对一"的服务质量培训。以渝黔高铁开通等交通格局变化为契机，加快建成息烽县二级旅游集散中心并投入

使用，稳步提升旅游服务内涵。

以旅游商品开发扶持为重点，努力提高旅游产品商业化水平。鼓励扶持1~2家旅游商品企业，着力发展虫茶、核桃、中药材、辣子鸡、烙画、刺绣、柴灰豆腐、冰山泉、调味食品九大旅游商品，开发有强烈息烽文化符号的旅游纪念品，建成一批特色旅游商品和乡村旅游鲜活农产品销售市场。

（二）环境提升发展，提升中心城镇发展品质

1. 加强基础设施建设，打造优质便捷的城乡生活环境

完善道路及配套设施建设。以加强基础设施建设、提高城镇管理水平为突破口，继续织密城乡路网，畅通对外道路，改善、打造乡村舒适便捷的生活环境，推动镇域经济发展。要抓住贵阳市委、市政府支持息烽发展60条措施的机会，继续抓好省"五个100工程"，大力实施示范小城镇建设工程，完善城镇基础设施建设。要抢抓示范小城镇建设机遇，谋划好建设项目，力争将项目落地建设。加大镇村联动项目争取力度，力争实施房屋立面整治、村庄绿化、路灯亮化等环境卫生综合整治项目。

让新镇区作为农民变市民和加速城乡一体化的一个重要载体，加快提升人民居住环境。域内新型农民集中居住区的相关建设工程要有序稳步推进，要求农村新社区建设功能上要完善、环境上要优美、管理上要民主。继续推进并完成棚户区改造。镇区管理体制机制要继续创新和变革，以使镇区管理与服务水平进一步提升，更好地解决困难群众的衣食住行问题，共同步入美好的生活。

2. 创新社会治理方式，打造平安和谐的城乡社会环境

围绕"强治理、保平安"的目标，实行"德治、法治"融合，提升社会治理能力。探索在社区组建道德评议团（成员可由党员、居民和道德模范等群体的代表组成），对一些道德事项进行一定评判；探索依托社区现有文艺团队，在社区开展诚信教育、孝敬教育、慈善爱心教育等活动，为广大居民潜移默化地传承中华传统美德，打造崇善社会，筑牢德治根基。探索依托社区群众工作室，可聘请一些为人公正、能热心工作并熟知法律政策及知识的人士担任矛盾纠纷调解员，让矛盾纠纷在第一时间得以解决，用法治化纷争扬正义。

继续抓实"两严一降"，提升群众安全感。探索建立劳动纠纷、征地拆迁纠纷等专业调解委员会，实施治安基础信息平台人防网络、治安民生实事、治

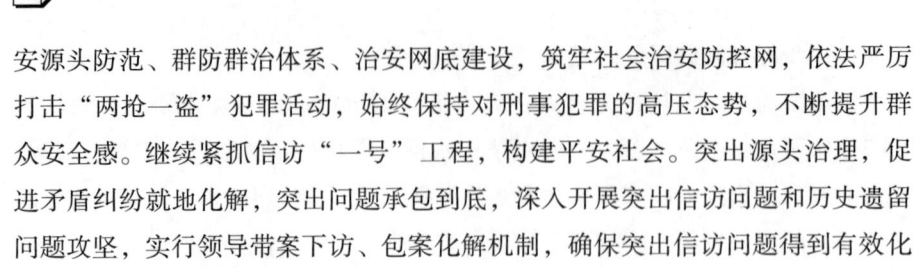

安源头防范、群防群治体系、治安网底建设，筑牢社会治安防控网，依法严厉打击"两抢一盗"犯罪活动，始终保持对刑事犯罪的高压态势，不断提升群众安全感。继续紧抓信访"一号"工程，构建平安社会。突出源头治理，促进矛盾纠纷就地化解，突出问题承包到底，深入开展突出信访问题和历史遗留问题攻坚，实行领导带案下访、包案化解机制，确保突出信访问题得到有效化解，促进社会和谐稳定。

3. 坚守生态底线思维，打造优美宜居的城乡居住环境

严格按照环境承载的上线，生态保护红线，环境风险底线，探索创建绿色乡镇，强化生态建设和环境保护，构建"蓝天、绿地、碧水"的生态环境。

实施"绿地保护"计划。加强自然保护区、风景名胜区、重要生态功能区生态保护与管理，加强植被保护，形成以南山山脉为核心的林带生态屏障，抓好荒山造林管护、石漠化治理、封山育林和退耕还林，落实专人管护封山育林，设立固定点定位检测；严禁砍伐和肆意破坏森林资源的行为，严格控制野外用火；坚持陡坡耕地退耕还林，消除水土流失；继续实施石漠化综合治理、森林植被恢复等重点营造林工程。

实施"碧水保护"计划。禁止在一级保护区内开荒种地，禁止在二级保护区规模化农作物种植，禁止在二、三级保护区内规模化养殖，对居住在一级保护区的农户进行整体搬迁，做好集中式饮用水源的保护，确保集中式饮用水源地水质达标。

实施"蓝天保护"计划，提升环境空气质量。对宅旁、路旁、沟渠旁、村旁的荒地开展绿化，打造"生态家园"模式，推广秸秆还田，实施建筑施工洒水防尘，倡议清洁能源汽车使用，减少机动车尾气排放，坚决不引进高污染、高能耗的企业。逐步取缔城乡经营性燃煤炉灶，提高居民生活用气、用电率。加强城乡垃圾的整治，探索符合实际的垃圾收集、清运、处理模式，加强对城乡垃圾妥善倾倒和无害化处理，借鉴外地的经验和做法，最大限度地回收和利用好垃圾，变废为宝。

（三）服务保障发展，建设廉洁高效法治政府

1. 建设廉洁政府

推进政府工作人员廉洁自律，认真贯彻落实党风廉政责任制。履行和践行

"一岗双责"及《廉政准则》，要将群众的利益竭力维护和发展好。提倡勤俭节约的办事作风，坚决抵制各类奢侈浪费行为。强化对一些重点部门、重点岗位、重点项目的监督和管理。进一步健全规划实施的监督管理制度和督促检查机制，强化对规划实施情况的督察。精心制定和组织实施好年度计划，自觉接受镇人大监督、媒体监督和群众监督。推进务实的举措落实。全力办实办好一些与群众生活密切相关的事，切实为群众解决一些实际困难和问题，同时还要加强与群众之间的沟通和联系，及时为人民群众排忧解难。

大力推行"首问首办责任制"。实行镇领导联系重大项目建设制度，提前介入、主动工作、敢于担责，加快项目申报、加快项目建设。以"铁的手腕"抓责任落实，坚决查处推诿扯皮、失职、渎职及影响项目申报、建设的行为。

2. 建设高效政府

办事效率、服务能力直接决定和反映着政府部门的形象。因此，要加快推进现有行政体制的改革和转变，在政府部门的办事能力和水平不断提升的同时，建成能赢得群众信任的、更加高效的服务型政府。

建设高效政府首先要转变工作作风。坚持解放思想，实事求是，与时俱进，着力改进工作作风，全面加强政风建设。坚持群众路线，加强调查研究，细化工作措施，狠抓工作落实。要下大力精简会议和文件，改进文风会风。要主动深入群众和村企，解决实际困难，为群众和投资者提供超前的、主动的、优质的和方便的服务。更要坚持讲实话、办实事、求实效，力戒形式主义、官僚主义。其次，要扎实推进机关效能建设。一方面，交办工作督查制和行政效能监察制等制度须进一步健全，以提高干部、工作人员的创新、执行和保障能力。另一方面，要强化基础、一线干部队伍的建设，在基层、拆迁安置、项目建设等一线工作中更加注重干部的培养、干部的检验和干部的锻炼。

3. 建设法治政府

领导带头学法，做法律明白人。把依法用权、依法办事作为破题之举，实现学法专题化、深入化，深化权力公开透明运行，加快制定实施"权力清单""负面清单""责任清单"，力促"行政权力进清单、清单之外无权力"。将所有行政权力全部录入行政职权目录，按照法定权力行使职责，坚决消除权力设租寻租空间。

强化服务意识，健全问责制度建设。始终以法治思维推进发展、服务群众,强化政府法治担当,坚守依法依规办理行政审批(服务)事项原则,建立群众守法信用记录,推动干部服务群众严守法律、坚持原则、依法办事,维护好群众合法权益。严格预防和惩治专权、擅权行为,落实重大决策终身负责制和错案责任倒查问责制。

让群众真正感受到公平正义。实行法律人员服务村(居)、对口帮扶诉讼困难群体,以制度形式固化和扩大法律便民服务措施和平台,让弱势群体真正愿意打、敢于打、打得起官司,捍卫法律面前人人平等的原则。

加强普法宣传及民主法治建设。开展法律文艺演出进村,群众参与悟法;开展入户以案说法,群众零距离知法,开展法律咨询服务,向群众讲法析理,通过宣法,传播法制知识,让法制观念落地生根,引导群众依法依规表达利益诉求。加强村(居)民主法治建设,规范村(居)干部用权清单、决策流程、议事规则、监督机制和表决制度,保障人民群众依法参与村(居)事务。

(四)共享推动发展,切实增强群众获得感

1. 发展城乡教育事业

调整教育布局,优化配置教育资源,利用现有政策优势,用好上级下拨的专项资金,扎实推进公立学龄前儿童教育,稳步提升民办幼儿园的办园质量。研究制定好匹配合理的小学教育资源、中学教育资源,提升改善学校环境,进一步完善镇域各个校区软硬件建设,全力塑造良好的教育体系。

2. 夯实卫生服务基础

加快落实卫生院改扩建、住院部大楼等卫生服务基础项目。加快完善行政村生态文明村卫生室改建配套以满足公共卫生均等化服务及基层卫生诊疗服务发展需要。加快建成并完善疾病预防控制体系,构筑全覆盖的卫生服务网络。创建老年病专科、妇科病专科、针灸疼痛理疗专科,力争建成特色专科并产生经济效益。

3. 抓好社会保障事业

加大政策宣传,强化城乡居民养老保险参保率、城乡居民新农合参合率、城镇登记失业率。要推动新增就业事业,建设人力资源和社会保障服务中心平台,建设镇级人力资源市场,完善劳动力就业服务信息网络建设,实现村居就

业服务网络全面开通。同步拓展社区就业渠道，尽可能增加就业岗位，满足就业需要。还要大力扶持创业，增加创业实体，全面推进创业带动就业，实现劳动年龄内人口全面就业和创业。

参考文献

息烽县统计局：《领导干部手册（2011~2016年版）》。

《息烽产业园省域区位》，息烽县人民政府门户网站，2015年8月18日，http://www.xifeng.gov.cn/info/1863/41829.htm。

郭安丽：《黔中经济区致力打造东西合作示范区》，新浪网，2012年10月，http://news.dichan.sina.com.cn/2012/10/17/581136.html。

《息烽县功能分区规划图》，息烽县人民政府门户网站，2015年2月18日，http://www.xifeng.gov.cn/info/1863/41832.htm。

《息烽产业区空间布局》，息烽县人民政府门户网站，2015年2月18日，http://www.xifeng.gov.cn/info/1863/41830.htm。

公共服务，360百科，2016年6月，http://baike.so.com/doc/33277-34708.html。

B.10
工业重镇产城融合发展模式的探索

——息烽县小寨坝镇"十三五"发展思路研究

摘　要： 城镇化是现代化的必由之路，十八大以来，我国不断推进新型城镇化建设，产城融合则是推进新型城镇化建设的有效路径。小寨坝镇作为贵州省示范小镇，承载着推进城镇化建设的示范带动作用，作为息烽县的工业重镇需要探索产城融合的发展模式。本文通过阐述小寨坝镇产城融合的发展基础与问题，分析"十三五"的发展思路与战略选择，探索产城融合过程中的具体做法，以求为工业重镇的产城融合发展提供借鉴。

关键词： 产城融合　五化协同　统筹协调　生态发展

小寨坝镇有着丰富的矿产资源（见表1），入驻了贵州开磷（集团）磷煤化工基地、林东矿务局南山煤矿等大中型国有企业。2015年，小寨坝镇生产总值（GDP）达到33.46亿元，其中第一产业完成20748万元，第二产业完成261395万元，第三产业完成52450万元，二产占比高达78.1%，是典型的工业重镇。产城融合是工业重镇推进新型工业化、城镇化、农业产业化的关键。息烽县城市功能定位、小寨坝的发展瓶颈决定了小寨坝镇需要探索产城融合发展的新模式。

表 1　小寨坝镇基本情况一览

概况	辖区面积	138.08 平方公里			辖区人口				
	辖区范围	小寨坝镇地处黔中产业带腹地，位于贵阳与历史名城遵义之间，距贵阳82公里、息烽县12公里、遵义78公里		户籍人口	14549 户		流动人口	5258 人	
					35876 人				
				困难群体	低保人员	540 人	外出打工	3825 人	
	自然资源	镇内主要矿产资源有丰富的硅、煤等，还有红岩葡萄、秋淡蔬菜、反季节蔬菜等主要经济作物			60岁以上老人	6500 人	建档立卡贫困户	986 人	
				特殊人群	残疾人	2100 人	失业人员	31 人	刑释解教人员	73 人
					留守儿童	126 人	吸毒人员	31 人	缠访、集访带头人	13 人
					失学儿童	0			

经济发展	村（居）民可支配收入		地方财政总收入	村集体经济		一产总值	二产总值	三产总值	辖区内企业	招商引资			全社会固定资产投资
	村民	居民		总数	资金总额					签约金额	签约企业	落地企业	
	11366 元	26570 元	7650.23 万元	19 个	367.768 万元	2.07 亿元	26.14 亿元	5.25 亿元	72 个	485000 万元	54 个	54 个	71060 元

基础设施建设	六个小康专项行动计划					
	小康路	小康水	小康房	小康电	小康讯	小康寨
	120 公里	23 个村（居）全面通水	100 户	23 个村（居）全面通电	23 个村（居）全面通4G网络	3 个

教育资源	幼儿园		小学		中学（初中和高中）		大中专及以上院校
	公办	民办	公办	民办	公办	民办	
	1 个	15 个	5 个	0	1 个	0	1 个

文体建设	人文资源	重点文化节庆活动	公共文体活动场所（包括广场、公园和体育运动场所等）
	花灯	红岩葡萄节	广场4个，公园2个，体育运动场所24个

医疗卫生资源	乡镇卫生院		1 个	养老院	1 个
	医护总数	床位数	床位占用率	村级卫生室	20 个
	48 人	48 张	70%		

资料来源：表格数据由小寨坝镇提供。

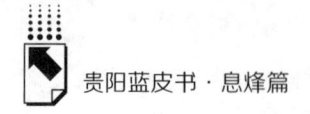

一 小寨坝镇推动产城融合发展的基础与问题

小寨坝镇作为工业重镇在推动产城融合发展中已具备一些发展基础。2015年,生产总值(GDP)达到33.46亿元,是2010年12.57亿元的2.66倍,年均增长达21.6%;财政收入预计完成4800万元,年均增幅达40%;固定资产投资完成8亿元,是2010年21800万元的近4倍;招商引资到位资金19.6亿元,年均增长近20%;规模以上工业总产值从2010年的51.83亿元增长到2015年的129亿元,年增长20%。但同时也面临一些问题,主要体现为三个方面。

(一)主导产业优势明显,但产业结构有待优化

磷煤生态化工基础牢固。已建成以磷煤生态化工为支柱产业的工业组团,规划面积30.56平方公里,可利用面积22.92平方公里,已建成面积8.23平方公里,建成的产业有磷化工、煤化工、氟化工、硅化工、氯碱化工、新型建材和化工装备制造等;促成了30万吨合成氨新增项目、5×5亿块石膏砖和30万吨/年二期合成氨、5万吨/年一期黄磷技改工程、1000吨/年无水氟化氢、2.5万吨/年氟硅酸钠、120万吨/年磷酸二铵二期按期建成投产,工业园区一期6万吨/年季戊四醇、30万吨/年硝酸、30万吨/年硝基复合肥、15万吨/年硝酸铵和5万吨/年工业食品级二氧化碳五个项目在高家坝奠基。已初步形成以精细磷煤化工为纽带的磷氨、硫酸、磷肥、磷石膏砌块循环经济产业格局,第二产业完成261395万元,"工业强镇"战略有效实施,为产城融合奠定了坚实的基础。

以红岩葡萄为主导的农业助农增收。小寨坝镇扎实开展社会主义新农村建设,坚定不移地推进农业结构调整和产业经营,促进农村经济持续稳定增长,实现助农增收。息烽县红岩葡萄种植示范园区作为贵州省100个高效农业示范园区之一,申报了红岩葡萄全国地理标志。以小寨坝镇红岩村6300亩种植面积为核心,辐射周边大寨、潮水、关岭、西安四个村及西山镇、鹿窝镇、流长镇,种植面积15000余亩,红岩村现有农村专业合作社、种植协会、村办公司、个体企业二十余家。2015年,获全省十佳美丽乡村之"最具魅力特产乡

村"称号。2015年园区总产值达8.84亿元①。小寨坝镇还建设了1个蔬菜标准园,新增蔬菜专业村基地1800亩,完成夏秋反季节蔬菜项目建设4500亩,次早熟蔬菜种植1000亩;分别在石桥、田兴、潮水、王家坪四个村创办水稻、玉米核心示范点;完成马铃薯示范0.5万亩,新增种薯扩繁面积1000亩。2010年粮食总产量仅11163吨,农民人均粮食占有量为400公斤,2015年粮食总产量达到9567吨,农民人均粮食占有量为550公斤,农业经济增长呈现良好势头,一产产值20748万元,农民人均纯收入达到11366元,在2010年基础上翻了一番,年均增幅为16.6%。

此外,打造了一批乡村旅游风景点,形成了商贸、餐饮、娱乐、观光、健身服务体系,为广大群众提供了健康文明的消费场所。2015年完成第三产业52450万元,与2010年15345万元相比,翻了一番多。

但是,一产、三产仍然发展缓慢。2015年,一产、三产在小寨坝生产总值占比仍然较小(见图1),产业结构不尽合理。

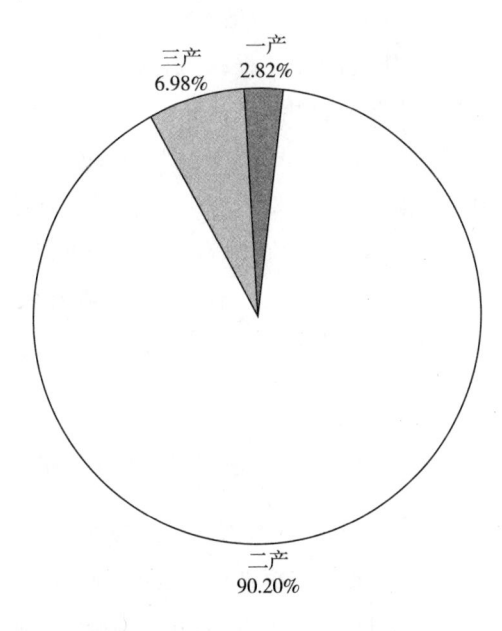

图1 小寨坝镇一、二、三产占比

---

① 李蓓:《息烽县红岩现代农业园区:"小葡萄"做成大产业》,多彩贵州网,2016年4月7日。

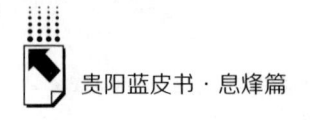

（二）村镇环境显著改善，但城镇功能仍需完善

小寨坝镇通过持续加大基础设施建设投入力度，以建设"南山拆迁安置小区""农村房屋立面整治""南极人饮工程"，以及电力、水利设施改造等为重点，使村镇生活条件得到显著改善。

居住条件不断改善。完成南山小区占地约270亩、建筑面积约11万平方米安置房建设；完成磷煤化工分院占地223亩，包括办公楼、宿舍、教学楼、体育场建设；安置拆迁户1136户。完成上寨村216套、建筑面积12000m^2公租房建设。大力推进农村危房改造，五年来共计改造危房350户，改善了贫困农户居住环境。

基础设施逐渐完善。完成行政办公楼建设。在交通改造方面，完成跨镇、进村四级公路20余公里建设，完成四个跨村四级公路41公里建设，完善其他村组公路硬化40公里及机耕道建设65公里。在饮水和农田水利方面，南极片区张家沟—岩脚引水工程的逐步贯通，完成了廖九寨小型水库——中坝水库建设。完成石桥廖九寨、瓮沙上中下寨等蓄、引、提水利工程18处，解决3160人饮水难问题。

村容镇貌得到改观。小寨坝镇以整脏治乱为突破口，完成集镇区污水收集管网改造27公里、上寨水处理厂建设及修建规范化垃圾池、更换果皮箱、规划停车场等加强集镇环境集中整治。对贵遵路沿线可视范围内房屋进行立面整治325户8万平方米。在潮水片区、石桥等村实施农业综合开发及土地整治3500亩，修建灌溉沟渠42公里。但是，小寨坝镇还存在农业基础设施脆弱、抗灾减灾能力不强、土地生产效率低下、农业规模化生产还没有形成、农民增收门路不多的问题。

（三）社会事业持续发展，但城乡差距亟待缩小

不断推进教育事业。每年投入30余万元，加强教育管理，建立教育目标考核和校长负责制管理机制，按照目标考核对全镇中小学优秀教师、先进教育管理学校进行表彰。进一步贯彻落实教育"9+3"制度，强化控辍保学举措，基本实现学生辍学率为零。以"职业素养教育"活动为载体，广泛开展全民教育和各种形式的争创活动，在全镇19个村建立完善了"农家书屋"，努力创建学习型机关、学习型村寨，使全镇干部群众的整体素质明显提高。

不断提高医疗卫生水平。加强农村医疗卫生网络和医德医风建设，着力改善医疗卫生设施，修缮了镇卫生院住院部。稳步推进新型农村合作医疗制度，设立镇级定点医疗机构 1 个，村级定点医疗机构 21 个，2015 年参合率达 98%。扎实推进新型农村养老保险试点工作，实现农村养老保险参保 13250 人。认真落实各项社会保障政策，实现应保尽保，至 2015 年纳入城镇低保 95 户 118 人，农低保 574 户 1014 人。老龄老干、双拥、基层政权建设等各项工作都取得了显著成效。

不断加强社会治安综合治理。建立健全防控体系，把巡防触角深入村寨，增强了巡防见警率，切实开展"严打两抢一盗，保百姓平安"专项行动，严厉打击各种违法犯罪行为，加大对校园周边环境整治，进一步净化了学校周边环境，维护了学校及周边治安秩序。严厉打击"黄、赌、毒"等社会丑恶现象，"平安小寨坝""无毒镇"巩固成效显著。积极做好新形势下信访工作，建立健全矛盾纠纷排查调处机制，在 20 个村居建立群众工作站，开展各类安全隐患排查 257 起，整改率达 100%。累计排查办理各类群众信访案件 4120 件，办结率达 100%，实现了"小事不出村，大事不出镇，难事不上交"的无群体性越级上访工作目标。认真落实安全生产责任制和责任追究制，深入开展安全生产专项治理活动，五年来无重特大安全事故发生。

群众生活水平切实不断提高。积极推进"家电下乡"工程，促进了农村消费水平。农村电话使用普及率逐步提高，有条件的村寨开通了互联网。积极开发公益性岗位，加强农村富余劳动力转移就业培训，解决城乡统筹就业 1580 人。小寨坝镇和息烽县农村居民和城镇居民可支配收入见表 2，小寨坝镇农村、城镇居民人均可支配收入均高于息烽县平均水平。但是，小寨坝城乡差距大。小寨坝镇城乡基尼系数为 2.37，高于息烽县基尼系数 2.30，城乡差距亟待缩小。

表 2　小寨坝镇和息烽县农村居民和城镇居民可支配收入情况

乡镇 项目	农村居民可支配收入（元）	城镇居民可支配收入（元）	基尼系数
小寨坝镇	11366	25795	2.37
息 烽 县	10822	25095	2.30

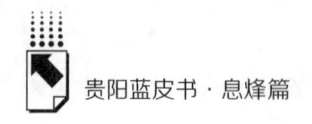

二 小寨坝镇"十三五"产城融合发展的战略研究

产城融合是息烽县乃至小寨坝镇"十三五"时期重要的战略选择。在产城融合中站在战略的高度和长远的角度，坚持五化协同、统筹协调、生态发展，解决发展瓶颈。

（一）产城融合是小寨坝镇"十三五"发展的重要战略选择

1. 从功能定位看：息烽县产城两核中的一核

"十三五"时期息烽县在城镇空间方面，重点进行城镇建设和发展城镇经济。立足于息烽县区位、交通、人口分布、经济状况、资源禀赋和未来发展需求，优化城镇空间布局。按照"协同引导、轴带发展、核心规模集聚、外围组团分散"城镇建设思路，确定为"一带两核多点"的城镇空间布局，巩固息烽现有产业在相关领域的区域辐射能力和专业服务能力，强化县内和周边市、县、区对接，形成工业化带动城镇化、城镇化助推工业化的发展格局。两核是指永靖产业园核心区和小寨坝产业核心区，小寨坝产业核心区重点发展磷煤化工产业、磷精细化工产品、磷矿半生资源产品、磷石膏等副产物综合利用、磷煤化工装备制造、节能环保产业、装备设计与工程服务、磷煤化工非标件制造等产业[①]。

根据城镇空间布局总思路，分为"1个中心城区、2个重点城镇、5个一般集镇"3级城镇等级结构。其中：1个中心城区包括县城、小寨坝、西山等区域；中心城区为生产性服务和现代工业城镇职能，承担县域交通枢纽和商贸中心、经济文化行政中心、生活性综合服务中心、产城联动关联服务中心、物流中心、都市现代农业示范中心职能；中心城区空间控制在规划干道内，建设空间以永靖镇、小寨坝镇纵向产城融合发展为主，成为全县最核心的城镇化建设区域。

2. 从发展需求看：破解发展瓶颈的重要突破口

小寨坝镇产业结构有待优化，二产发展迅速且一直占比攀高，一产、三产

---

① 息烽政研室：《息烽县国民经济和社会发展第十三个五年规划纲要》，2015。

发展缓慢，城镇功能还需完善，城乡差距亟须缩小，究其根本原因是工业园区建设还没有深入带动城乡发展，并且城镇化建设以完善村镇基础设施为主，尚未实现以产兴城、以城促产的发展格局，产城发展分离。《中共中央关于全面深化改革若干重大问题的决定》中指出，"坚持走中国特色新型城镇化道路，推动产业和城镇融合发展"。小寨坝镇作为息烽县的唯一一个省级示范小镇，要以产城融合为发展路径破解发展瓶颈，建设示范小镇。

3. 从发展趋势看：提升发展质量的重要路径

提升城镇品质和质量是推进新型城镇化建设的关键任务。产城融合促进公共资源均衡配置，完善基础设施建设；解决空间不断扩大蔓延的问题，强调对已有开发空间的集约高效利用；解决产城分离导致的产业园区配套不足，交通成本增加等问题。改善人居环境，促进产业发展，提升城市品质。

（二）小寨坝镇推进产城融合发展的基本思路与战略重点

1. 坚持五化协同

五化协同强调经济、社会和生态的关系。党的十八大报告中提出，坚持走中国特色新型工业化、信息化、城镇化、农业现代化道路，推动信息化和工业化深度融合，工业化和城镇化良性互动、城镇化与农业现代化相互协调，促进工业化、信息化、城镇化、农业现代化同步发展。2015年，习近平总书记主持召开中共中央政治局会议，提出协同推进新型工业化、城镇化、信息化、农业现代化和绿色化，并将其定为政治任务①。

五化协同是推进产城融合的发展思路，是推进社会转型和经济结构升级的重要手段。产城融合强调以绿色化为引领，以新型工业化为动力，以信息化为纽带，以农业现代化为契机，以新型城镇化为载体，互相推动，相互支撑，构筑城镇化新常态②。绿色化是产城融合的发展理念；新型城镇化是产城融合顶层设计的基础架构③，强调的是人的城镇化；新型工业化和农业现代化是产城融合的产业支撑；信息化是产城融合的技术手段。小寨坝镇在产城融合发展中

---

① 《习近平主持召开中共中央政治局会议：首提绿色化"四化"变"五化"》，中国共产党新闻网，2015年3月24日。
② 《"五化同步"引领综合扶贫改革》，光明网，2015年5月20日。
③ 陈柳钦：《产城融合托举新型城镇化发展之路》，《价值中国》2015年7月13日。

坚持信息化战略，以信息化推动工业化和农业现代化，促进以产兴城，同时推动生产、生活方式向绿色化发展。

2. 坚持统筹协调

产城融合要坚持统筹协调。2015年的中央城镇化工作会议强调城市工作是一个系统工程，要在统筹上下功夫，提出"五个统筹"。统筹空间、规模、产业三大结构，提高城市工作全局性；统筹规划、建设、管理三大环节，提高城市工作的系统性；统筹改革、科技、文化三大动力，提高城市发展持续性；统筹生产、生活、生态三大布局，提高城市发展的宜居性；统筹政府、社会、市民三大主体，提高各方推动城市发展的积极性[①]。产城融合发展是推进新型城镇化建设的有效路径，统筹协调各个方面是必然选择。

此外，小寨坝镇产城融合还应统筹协调城乡发展。针对城乡差距较大的问题，在城镇化建设中带动和辐射农村发展，促进资源向农村流动，加大农村资金投入，形成以工促农，以城带乡，城乡一体的发展模式。并加强城乡公共基础设施建设、产业发展、劳动力就业安置、社会管理等，带动乡村协同发展，缩小城乡差距。

3. 坚持生态发展

在党的十八届五中全会上，习近平总书记系统论述了创新、协调、绿色、开放、共享"五大发展理念"。五大发展理念将作为并长期作为一切工作的指导。坚持生态发展，即践行绿色发展理念，着力推进循环发展、低碳发展，保护生态环境，节约集约利用土地、水、能源等资源。

产城融合要坚持生态发展。产城融合，产业是支撑。产业发展应该是转型升级的产业，是绿色的产业，是科技含量高、环境污染小、资源消耗少的产业。坚持生态发展，就是要优化升级产业，淘汰落后产能，以产业的高端化、绿色化、智能化推动产城融合。

小寨坝镇应充分发挥和利用好区位优势，推动生态建设，走农业精致化道路，积极探索农业产业化发展，把生态环境转化为产业发展优势，让绿水青山变成金山银山。积极发展生态工业，坚守生态和发展两条底线。

---

① 《2015年中央城市工作会议》，新华网，2015年12月23日。

三 小寨坝镇创新产城融合发展模式的实践探索

产城融合的实现过程是以产促城、以城促产最后实现产城融合。小寨坝镇通过优化产业布局、发展生态工业、农业、服务业实现以产促城；通过完善功能设施，实现以城兴城，最后创新体制机制，实现产城融合。

（一）优化产业布局，提升产业发展质量，实现以产促城

1. 以息烽精细磷煤化工工业园区为核心，做强做优生态工业

小寨坝镇应坚定不移地继续实施"工业强镇"战略，加快息烽精细磷煤化工工业园区建设，加强厂地协调，搞好征地、拆迁、补偿、安置等服务工作，促进磷煤化工基地不断发展壮大，"十三五"期间，将加强磷煤化工磷氨、热源等基础产品建设，以精细化、高附加值产品作为基地产业未来发展的主要方向。稳定磷复肥生产，大力培育精细磷化工产业，产业链进一步延长，形成上下游产品配套的精细磷化工产业集群。将已有煤制合成氨项目延伸为煤制合成氨—精细化工产业链，发展多联产精细煤化工产业。

支持开磷集团构建磷、煤、氯碱、氟、硅一体化的精细化工产业发展新模式，以小寨坝磷煤精细化工工业园区为核心，加快上下关联产业发展，着力推进园区转型升级。积极配合园区办加快推进标准厂房、污水设施、园区铁路专用线项目、中水坝工程及园区线路迁改、上寨安置小区、磷煤化工分院等基础设施项目建设，提升园区整体形象。

2. 以三大农业示范基地为载体，发展特色现代农业

贯彻党的十八大以及中央和省委、市委农村工作会议精神，根据《贵州省关于加快推进现代山地高效农业发展的意见》《贵阳市都市现代农业发展规划（2014～2020年）》《贵阳市关于全面深化农村改革加快推进都市现代农业发展的实施意见》，以稳定粮食生产，调整农业产业结构为重点，以农业生态建设为支撑，以建立农业合作经济组织和农产品交易市场为载体，强化质量标准和科技推广体系建设，实行项目捆绑、资金整合、上下联动、部门协作，推进农业经济向市场化、产业化和现代化方向转变，发展优质、高效、生态农业，构建都市现代农业产业体系，增强农产品市场竞争力，促进农业增效、农

民增收。为推进小寨坝镇农业更好更快发展，重点抓好三个农业示范基地建设。

红岩高效农业示范园区。围绕"息烽红岩葡萄"国家地理标志保护产品，积极打造盘脚营至红岩一带省级现代高效农业示范园区建设，按照息烽县现代都市农业的总体规划要求，依托"种繁中心、展示中心、培训中心、检测中心"四大中心建设，深入开展新品种、新技术、新工艺、新产品的研发，推广生态化、标准化、精细化的栽培技术，打造地方特色精品水果，发展葡萄酿酒加工及葡萄系列产品研发，提高葡萄的精深加工率。充分利用葡萄文化节、潮水河自然风光，建成葡萄产业与乡村旅游为一体的葡萄示范园。进一步完善"合作社＋农户＋基地"发展模式，以提升葡萄品质和葡萄冷冻储藏、精深加工技术为突破口，积极引导龙头企业入驻红岩葡萄生产基地。加强统筹规划，以红岩葡萄沟为中心，葡萄基地种植大面积辐射到西山、鹿窝等乡镇，形成连片种植，将"红岩—大寨—潮水"省级现代高效农业示范园区打造成集休闲娱乐、水上观光、鲜果采摘、田园风光为一体的都市现代观光农业园区。

粮油示范基地。以"三良工程"为依托，加快农村高标准农田建设，稳步提高粮食产量，保证农村人口粮食基本自给，以王家坪、前进、大湾、石桥、排杉、茅草寨、亲戚寨等村为重点，实施杂交水稻、玉米、油菜等粮油增产工程。

蔬菜基地。推行蔬菜标准化种植，大力发展蔬菜产业，提升绿色有机蔬菜比重，打造地方特色蔬菜品牌。充分利用现有天蓬等养殖场粪便为有机肥，以清洁寨村上半部、南极片区为重点建立生态农业生产园区，发展脱毒马铃薯、秋淡蔬菜。利用瓮沙村低海拔地理优势，建设次早熟蔬菜生产基地。在茅草寨、亲戚寨发展无公害蔬菜。

同时，依托息烽特驱家禽养殖有限公司，以"公司＋合作社＋农户"及"六统一"发展模式，在排杉、南中、田兴等村新建优质肉鸡生态养殖园区，带动肉鸡产业发展。依托天蓬养殖场等企业，在南中、亲戚寨等村发展生猪产业；大力发展生态经果林种植，在亲戚寨村实施低产梨园改造500亩。在石桥、排杉、茅草寨、亲戚寨等村发展核桃种植新增面积3000亩，加强种管结合，打造生态农业示范样板。结合实际，因地制宜，在南桥、红岩开发虫茶及其他中药材种植。

3. 以配套延伸产业为支撑，加快服务业发展

小寨坝镇以城镇建设为载体，充分利用镇内的交通网络和区位优势，有针对性地招商引资，开发第三产业项目。大力发展交通运输业、商业零售业、城市服务业、旅游及餐饮业、乡村旅游业等配套延伸产业。

在旅游业方面，围绕重点景区、生态良好地区、农业产业园区，努力促进一产与三产的融合，推进传统农业向现代都市农业的转变，走农旅结合的发展模式。完善红岩—潮水片区休闲避暑、观光旅游业的发展规划，提升红岩葡萄品质，发展梨树种植，打造春赏花、夏戏水、秋摘果、冬品肴的乡村旅游示范点。结合"四在农家·美丽乡村"建设，把红岩葡萄沟创建成国家级乡村旅游点，发展农家乐配套乡村旅舍和乡村旅游示范户，实现乡村旅游快速健康发展。加快上寨养生温泉的招商引资开发力度，加快建成并投入运营。

在交通运输业方面，完善交通运输业，加快发展物流业。抓住贵阳到重庆快速铁路、息开高速公路和筑北港建设的机遇，提升交通基础设施水平，提高运行质量，增加客货运输能力，形成公路、铁路、航运等多种运输方式相结合、快捷便利且安全高效的现代化交通运输网络。建设息烽县小寨坝磷煤化工物流信息综合服务中心，为开磷集团息烽磷煤化工基地相关化工产品提供仓储、中转、配送、信息服务等物流服务。规范城镇货运车辆停车交易形成有形货运市场。以发展连锁经营、特许经营、物流配送、多式联运、电子商务等现代流通方式为重点，大力推进商贸、餐饮等传统服务业的改组改造，建立健全现代流通体系，不断扩大规模，提高档次，完善服务功能，形成多层次、多功能、开放型的市场体系。依托供销社积极稳妥地发展农村连锁超市，改善农村购物环境，建成集农业生产资料交易、配送、农资技术咨询服务为一体的农资综合配送中心。

其他服务业方面，鼓励发展商业零售业、餐饮业。以产业为支撑，发展新兴加工业，大力推行商业运行模式，农民以土地、劳力等入股，各类人员、团体、企事业单位以技术参股，带动全镇主导产业发展壮大和提升生产水平；依托磷煤化工基地、旅游景区发展特色中高档餐饮业，繁荣餐饮市场，满足广大居民和顾客的需要。

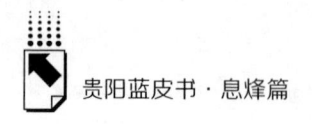

（二）推进示范建设，完善城市功能，实现以城兴产

加大基础设施建设投入力度，统筹好城镇基础设施与公共服务体系配套建设，建立从城镇到农村、从总体到专项的层次分明、互相衔接、完善配套的城乡规划体系。不断拉大城镇框架，完善城镇功能，使城镇的承载力、支撑力和吸纳力明显增强，促进形成农村人口向城镇有序转移的态势，以城镇建设促进产业发展。

1. 夯实基础设施建设

小寨坝镇以项目为支撑，将着力加强道路交通、农田水利、城镇建设、电力通信等为重点的基础设施建设，提升交通快速通达能力，基本解决工程性缺水问题，满足城乡用电需求，增强通信便捷水平，改善城乡人民群众生产生活环境，为产业发展提供必要的水、电、路人才支撑。

进一步优化交通网络系统。全面构建县、乡、村、组立体交通网络，全面提升镇村组干道服务水平。完成息烽至金沙公路、小寨坝至流长段公路建设及210国道息小段公路改造工程，改造村组道路40公里，组成一个纵横交错的公路骨架，以此为依托建立连接国道、省道、县道、乡村道路的服务便捷及内外畅通的公路运输网络，实现所有行政村（组）通客运班车。

保障居民生产生活用水。为保证工业生产用水和城乡人民生活用水，彻底解决资源性工程性缺水性问题，依托上级补助、地方政府配套以及争取社会资金，建设一批骨干水源工程、"五小"工程、农村饮水提质增效工程、长距离输水工程、山洪沟治理工程、生态小流域工程。加快大型引水和蓄水工程建设，改善温泉工业带供水条件。完成小桥河至小寨坝供水管网改造，为小寨坝镇城镇居民生产生活用水提供保障。提高城乡安全饮水保障率。继续加大投入改造农村饮水工程，拟建王家坪片区供水提质增效工程、南桥片区供水提质增效工程，对已建工程开辟第二水源，确保农村人饮工程大旱之年不缺水，力争解决全镇3000人饮水难问题，确保城镇、农村居民饮水安全。

改造和完善供电线路建设。为满足城乡经济社会发展需要，着力抓好供电线路建设，全面完成新一轮农村电网改造。规划建设城镇区新老街道的天网入地改造工程。

全面改善城镇风貌。开展棚户区综合改造，新建体育场、市民广场、公共停车场、保障性安居工程等，完善城镇道路、管网、路灯、绿化、垃圾处理、污水处理等基础设施，加强新农村村庄环境综合治理。

2. 发展各项社会事业

在教育发展方面，继续实施科教兴镇战略，坚持育人为本，全面实施素质教育，促进学前教育、义务教育、职业教育协调发展，提高入学率。

在卫生事业方面，深化农村卫生改革，统筹规划，合理配置，巩固初保成果，综合利用农村卫生资源，健全农村卫生服务体系，完善服务功能，稳步推进新型农村合作医疗制度，加强镇村医疗卫生服务体系建设，提高镇、村医疗机构常用器械抽检合格率、食品卫生合格率。

在科技方面，继续引进和推广适用科技，加强技术创新，推动科技成果转化和产业技术进步。不断引进高新技术产业，提高科技进步对经济增长的贡献率。大力引进高层次创业、创新领军型人才，为镇域经济发展提供人才支撑。积极培育使用本土创业创新人才，加快农业科技进步。以高新技术带动传统农业技术升级、促进农产品精深加工和确保农产品安全为主攻方向，重点支持粮食、畜牧、蔬菜、特色经济林优质品种的引进选育和良种繁育，积极开发应用农业节水、科学栽培、测土配方施肥和病虫害防治等新技术，实施一批高效特色农业科技示范工程。

在文化事业方面，加强文化基础设施建设，切实导向群众文化，将文体活动内容向农村推进，加强"农家书屋"及信息资源共享工程建设，为广大农村群众提供良好的学习环境和信息资源。发展城镇有线数字电视，各村实现地面无线数字电视全覆盖，有条件的村通光缆开通数字电视信息网络。进一步完善全民体育健身工程综合体育场建设，实现村村有农体健身工程。大力发展农村文艺宣传队伍，同时开展丰富多彩的文艺活动，实现镇有三大件（简易跑道、灯光球场、健身房）、村有两小件（农民健身活动室、水泥篮球场）。

3. 完善民生保障体系

扩大城乡就业，以创业带动就业。依托磷煤化工基地，统筹城乡就业。完善就业服务体系，健全镇、村（居）就业服务组织网络，强化各级就业服务功能，广泛提供岗位用工信息，提高职业介绍服务效率和质量。完善就业援助制度，提供集职业培训、技能鉴定、职业介绍为一体的综合就业服务。加大职业技能培训投入力度。根据市场用工需求，积极开展市场就业吸纳量大的各类

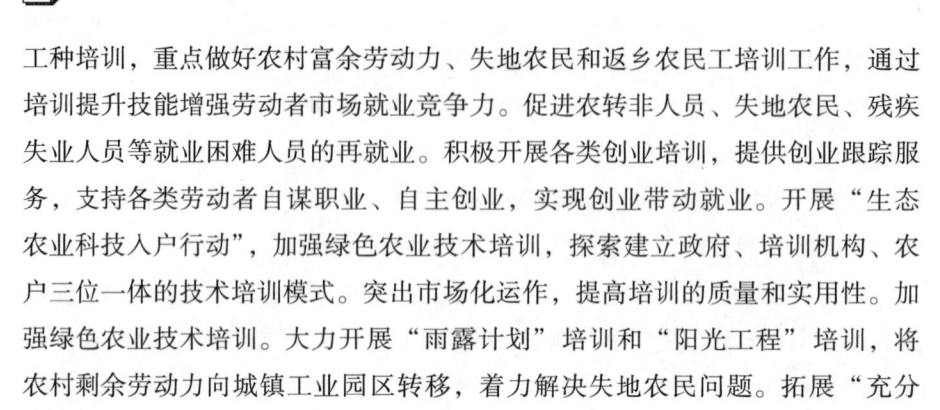

工种培训，重点做好农村富余劳动力、失地农民和返乡农民工培训工作，通过培训提升技能增强劳动者市场就业竞争力。促进农转非人员、失地农民、残疾失业人员等就业困难人员的再就业。积极开展各类创业培训，提供创业跟踪服务，支持各类劳动者自谋职业、自主创业，实现创业带动就业。开展"生态农业科技入户行动"，加强绿色农业技术培训，探索建立政府、培训机构、农户三位一体的技术培训模式。突出市场化运作，提高培训的质量和实用性。加强绿色农业技术培训。大力开展"雨露计划"培训和"阳光工程"培训，将农村剩余劳动力向城镇工业园区转移，着力解决失地农民问题。拓展"充分就业社区"创建工作，2020年实现100%就业。

进一步改善城乡居民住房条件。以全面建设小康社会、实现"住有所居"为宗旨，推进商品房、经济适用房、公租房建设。统筹进行危房改进，解决困难群体的住房问题。积极发展租赁业，规范发展物业管理业，不断提高居民居住水平和质量。

（三）创新体制机制，营造发展环境，实现产城融合

1. 加强顶层设计和规划引导

加强乡镇参与顶层设计。小寨坝镇应加强与县政府的沟通协调，争取能参与到落在小寨坝的项目规划设计中。小寨坝镇应向县级部门反映乡镇发展诉求，力求将乡镇相关负责人纳入产城融合发展领导小组，联合建立产城融合发展的整体推进机制，建立统一的统筹协调机制，制定相关部门职能和支持产城融合发展的各项制度。

建立科学的产城融合规划体系。规划应该是统一规划，不是就产业规划产业，就城市规划城市，在规划中合理布局，调整产业结构，使产业发展有利于城市建设，有利于服务民生。提高城市的产业承载力和人口承载力，使城市建设服务于产业发展，实现产城融合，促进产业和城镇功能高匹配、产业和城镇布局相统一、人口和产业合理分布。

2. 促进行政管理体制改革

深化改革、简政放权、转变职能，将产业园区发展的部分管理运营权限系统下放，使小寨坝镇可以参与到产城融合的规划和管理中。促进行政审批制度改革，进一步明晰政府投资审批权限。深入推动扩权改革，扩大小寨坝镇的经

济社会管理权限，激活发展活力。

创新产业园区与周边区域的协调管理机制，在项目建设、基础设施建设、文化建设等方面实施共建共享。息烽县在统筹基层政权建设、教育、医疗、卫生、计生等社会事业方面，小寨坝全力贯彻执行。

3. **助推完善财政管理体制**

理顺并明细息烽县与小寨坝镇的事权划分，梳理明确政府职责，规范两级政府的支出责任，按照"独立运作、协调发展、利益共享"的原则，实现财权与事权一致。完善利益分配机制和激励机制，协调息烽与小寨坝镇的利益分配机制，小寨坝镇按照配套服务管理收取适当利益。积极探索多元化投融资机制，充分调动政府、社会力量，形成多元化的投融资模式，并加强与各类金融机构的合作，整合投融资平台，盘活存量。

参考文献

陈航：《实施三化联动战略，助推彭水跨越发展》，《决策导刊》2012 年 12 月。

黎峰：《加快江苏新型城镇化建设的思考》，《中国国情国力》2016 年 4 月。

龙麒任：《新型城镇化进程中"产城融合"的体制机制创新研究——以湖南省为例》，《现代商业》2016 年第 9 期。

姚莲芳：《新城新区产城融合体制机制改革与创新的思考》，《改革与战略》2016 年第 7 期。

李光茂：《浅析推进湖南新型城镇化进城中"产城融合"的体制机制对策》，《科技经济与管理科学》2016 年第 8 期。

B.11
品牌引领 特色发展
全力打造休闲度假型城镇
——息烽县温泉镇"十三五"发展规划思路研究

摘　要： 随着中国城市化进程的不断推进，新型化创新型小城镇不断涌现。为此，息烽县温泉镇紧紧围绕打造休闲度假型城镇这一中心，不断夯实城镇化基础，深入践行新型化创新型小城镇建设。本文通过对温泉镇新型城镇化的相关情况进行分析，充分挖掘其发展经验，并总结其打造休闲度假型城镇过程中一些可借鉴的做法，以期为温泉镇后续加快推进休闲旅游型小城镇建设提供一些参考。

关键词： 温泉镇　生态旅游　发展模式　农旅互动

"十三五"时期，温泉镇将以"守底线、走新路、打造新引擎"为统揽，以改革创新为动力，以改善民生为根本出发点，着力调整经济结构、加快社会建设、提高投资效益，着力培育新兴产业、发展特色产业，实现总量、质量、均量三量齐升目标，抓实抓好"做实农业、做强工业、加快发展旅游业、加快城镇化建设"的各项具体工作，努力把温泉镇打造成都格高速公路节点重要新镇和息烽东部重要的功能区，不断巩固全面小康成果。表1是对温泉镇概况及"十二五"末经济发展、基础设施建设、教育资源、文体建设、医疗卫生资源等基本情况的整理。

表1 温泉镇基本情况一览

	辖区面积	85.032平方	辖区人口				
概况	辖区范围	东邻磷都开阳县金钟镇和永温镇，南接小寨坝镇，西连养龙司镇，北抵遵义县乌江镇和新民镇	户籍人口	7123户	流动人口	1117人	
				22086人			
			困难群体	低保人员	830人		
	自然资源	乡镇矿产资源丰富，已探明地下矿藏有煤、铝土矿、硫铁矿、褐铁矿、磷矿、重晶石、高岭土硅矿、石灰石9种。旅游资源丰富，有著名的息烽温泉		60岁以上老人	3802人	建档立卡贫困户	2553户	外出打工	5412人
			特殊人群	残疾人	576人	失业人员	23人	刑释解教人员	58人
				留守儿童	119人	吸毒人员	129人	缠访、集访带头人	8人
				失学儿童	0				

	村（居）民可支配收入		地方财政总收入	村集体经济		一产总值	二产总值	三产总值	辖区内企业	招商引资		全社会固定资产投资
	村民	居民		总数	资金总额					签约金额	签约企业	落地企业	
经济发展	11274.18元	25301元	2119万元	11个	292.3万元	9521万元	220184万元	31132万元	21个，其中规上企业11家	107740万元	6个	6个	97919万元

	六个小康专项行动计划					
基础设施建设	小康路	小康水	小康房	小康电	小康讯	小康寨
	145公里	11个村全部通水	559户	11个村全部通电	11个村全部通2G网络，其中部分村通4G网络	温泉村方井、洪水坝、尹庵村田坝、天台村官田坝、龙塘沟、三宝山6个

	幼儿园		小学		中学（初中和高中）		大中专及以上院校
教育资源	公办	民办	公办	民办	公办	民办	0
	1个	3个	2个	0	2个	0	

续表

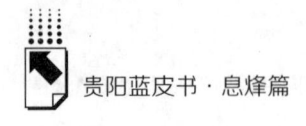

文体建设	人文资源		重点文化节庆活动		公共文体活动场所（包括广场、公园和体育运动场所等）	
	花灯,龙灯		春节、元宵节等传统节日		24个广场,1个体育运动场所	
医疗卫生资源	乡镇卫生院			1个	养老院	0
	医护总数	床位数	床位占用率		村级卫生室	16个
	26人	30张	78%			

资料来源：表格数据由温泉镇提供。

一 温泉镇打造休闲度假型城镇的基础与优势

温泉镇因得天独厚的温泉而得名，镇域地势南高北低，西高东低。大部分为褐色土壤。镇内西山北麓曾被描述为"灵渊神潢（地下喷出的水），随在涌现，不可枚举也"（《日下旧闻考》）。温泉村堂子山（又名显龙山）北的温泉，水温常年保持在36℃左右，明代以前就开始用于沐浴。温泉镇优越的地理位置和环境，赋予着温泉镇打造休闲度假型城镇的良好基础和优势。

（一）区位特点突出

温泉镇位于息烽县城东北部地区，该镇基础设施较为建全，区位优势得天独厚，距离贵州省会贵阳市110公里、距离历史名城遵义市74公里、距离息烽县城41公里，总占地面积85.032平方公里，东与开阳县永温乡接壤，西连息烽县养龙司镇，北邻遵义县乌江镇，南与息烽县小寨坝镇相交，地理位置优越。政府所在地距210国道、贵遵高等级公路14公里，离川黔铁路10公里，养温、永温、金温、南温公路连接周边县乡，与通往各村的十余条村级公路组成了四通八达的交通网络。

修建多条村级公路，硬化通村公路31公里、串户路113公里，规范性建设公益性墓地6处，村垃圾池16个，新建光荣、尹庵2个村综合楼，对其余9个村综合楼进行统一风格立面改造，构建功能完善的现代基础设施体系。村容村貌进一步改善，农村环境卫生、通村路治理效果显著，新建成的石头田和洪水坝两个群众文体广场，推进了以政府所在地为轴心的城市美化亮化工程，不断完善的城镇基础建设支撑着经济社会的各项发展，提升了城镇功能效能，凸显了城镇的区位优势。

（二）资源优势明显

1. 矿产资源丰富

矿产资源是人类重要作用的自然资源，具有巨大的开发利用使用价值，工业利用价值极高，是社会经济重要生产发展的物质基础，属非再生资源，其储量有限，丰富的矿产资源是一个国家一个地区重要的竞争力，现代社会人们的生活生产都离不开矿产资源。温泉镇矿产资源丰富，镇域内已探明硫铁矿、重晶石等丰富的矿产资源。各类丰富的矿产资源促进温泉镇的工业又好又快的发展。

2. 旅游资源多样

温泉镇旅游资源多样、优势明显，具有"与法兰西之维琪温泉相伯仲"的天赐神汤之称。温泉早在清朝时期就载入《大清统一志》，民国36年的省主席在"白石涌泉"峭壁上亲笔题字"息烽温泉"，温泉从此而得名，1991年底拆区并乡后改名为温泉镇。温泉常年水温53℃～56℃，无色无味，晶莹碧澈，含氡量12.54马赫/升，日出水量1032吨，为世界少有天然优质矿泉，与法国的维琪温泉不分上下，已广泛应用于医疗及饮用。温泉镇除天然矿泉浴和颇具民族风格的楼台亭阁外，还有雄奇壮观的"天台丛林、白石涌泉、奇石观瀑、慈云生佛、清流鸣琴、豸角凌云、天生高桥、洪水古营"八大景观及"老鹰岩、写字岩"等自然景观，加上构皮滩水库的建成和三交村筑北码头的修建，将大大促进镇域旅游业的发展。

3. 森林覆盖率高

温泉镇属于亚热带季风气候区，适宜粮、油、蔬菜、烟叶等多种农作物和柑橘林果类经济林木的生长，全镇耕地2.06万亩，其中田地0.66万亩，旱地1.4万亩。具有良好的光、热、水资源和优越的气候条件，森林覆盖率高，镇内有天然林57442亩，其中用材林44302亩，活立木蓄积量191411立方米，经济林（黄檗、杜仲、茶叶、枇杷、梨、柑橘等）5100亩，其中，国有天台丛林占地600余亩，有100余种树，国家级珍稀古树四十余种。另外有竹林

250亩，草地8900余亩，占全镇土地面积的7%，有水、金、斑、慈、苦等多种竹种，森林和竹类居全县前列，森林覆盖率达50.03%，森林覆盖率极高。

（三）发展态势良好

1. 产业结构逐步优化，经济总量显著提升

大力抓好尹庵工业园区建设。以尹庵工业园区建设为突破口，发展第二产业。按照县委、县政府实施"工业强县"战略的安排部署，充分用好、用足优惠政策，结合资源、能源、区位和产业现状，以延长产业链发展循环经济为导向，大力推动工业膨胀总量，全力推行企业优质协调服务工作，做大做强工业经济。继续加大返乡农民工创业扶持力度，认真做好微小型企业申报工作。

发展旅游服务业，促进三产结构的优化升级。修订完善疗养院景区编制修建性详细规划。积极做好疗养院景区开发的协调服务工作，2014年12月，县政府与省总工会息烽温泉疗养院签订合作共建提升景区相关协议，采取全国总工会支持、省总工会自筹和国开行贷款三个渠道计划筹资10亿元，启动景区项目建设工作，着力打造国内一流的温泉旅游。围绕温泉景区开发，大力发展乡村客栈及农家乐，进一步提升温泉镇旅游接待能力。大力发展温泉休闲、度假、观光旅游业，并形成以会议、度假为主的度假区。加强公路建设，提高镇内公路通行能力，群众对车辆的购买明显增强，温泉的交通运输业将会有一个更大发展。镇内已经实现了网络全覆盖，在石头田和西洋社区的网络利用已经规范，群众网络学习和利用网络资源能力提升，同时各村远程教育设备工作正常，全部普及了2兆网速的服务，远程教育学习和技术推广、传帮带户效果日益明显。

调整农业产业结构，实现助农增收。温泉镇大力实行"三良工程"，使群众农业收入持续增加。培育种植优质巨峰葡萄150亩，实现兴隆村土地流转600余亩。建成三交村椪柑基地，核桃种植以三交、安龙村为中心向四周辐射，在安江村、大山村、三交村巩固1000亩优质烤烟基地建设。全力做好全镇1.2万余亩核桃、2000余亩鲜果的后续管护培训。及时发放良种良肥及秸秆还田腐熟剂，兑现各类涉农补贴。探索产业发展新模式，在兴隆、三交村流转土地400亩发展猕猴桃种植，在高潮村种植金丝小枣1000亩，完成烟叶收购9万公斤、产值214.3万元，努力实现以点推面、促农增收的目的。实施兴隆等4个村"中德项目"间伐及镇域内公益林管护工程，完成石漠化治理和植被，恢复核桃种植7319亩，发放打坑补助90.9万元，发放第二轮退耕还林补助12万余元。实施1.2万余亩封山育林补植补造。

2. 基础设施建设持续加大，城镇宜居水平不断提升

温泉镇以逐步提升城镇功能效能为目标，不断完善镇区基础设施建设，完善各项基础服务，努力改善群众生活条件，提升城镇宜居水平，增加城镇居民幸福指数。

完成多条村级公路，实现扩建石头田街至温泉疗养院公路2公里，新建硬化兴隆村干沟至高峰公路硬化7.3公里、尹庵村田坝至高潮大坡公路3公里、赶子村进村公路3公里、安江长干子经大沙坝至乌江公路（温泉泉境内）5公里、坪上至冯家寨公路3.5公里，西洋公司至赶子公路全面硬化。全力改善群众出行条件，提升城镇宜居水平，增添城镇居民生活幸福感。

开展小型水利体制改革，新建沟渠27公里，建成大山冯家寨提灌站，修建天台拦河坝，完成温泉排洪工程和疗养院供水改造工程，落实全镇小型水利工程管护主体。完成29处人饮工程，小水池220口，解决群众安全饮水1万余人。

建设村级公共设施。新建光荣、尹庵两个村综合楼，对其余九个村综合楼进行统一风格立面改造，完成"一事一议"财政奖补硬化通村公路31公里、串户路113公里，规范性建设公益性墓地6处，村垃圾池16个，村容村貌进一步改善，农村环境卫生、通村路治理效果显著。大尖山等村1000亩石漠化土地治理工程全面完工。建成石头田和洪水坝两个群众文体广场，以政府所在地为轴心的城市美化亮化工程深入推进。

3. 公共服务能力不断提高，人民生活质量明显改善

温泉镇大力加强城镇建设，着力提升城镇功能效能，提高公共服务能力，改善人民生活质量，在2012年被市委、市政府列为县级特色示范小城镇。通过部署镇区"一街、二区、三节点"的总体格局，建成横贯集镇东西的特色旅游商业街、特色商旅服务区、特色小镇生活区，加快推进小城镇又好又快的建设。完成各项集镇街道附属设施，安装节能路灯200盏，绿化3000平方米，种植行道树400棵，实施"新农村环境整治"，使集镇面貌焕然一新、人民生活质量明显改善。

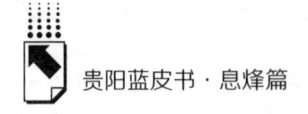

二 温泉镇"十三五"建设休闲度假型城镇发展思路探析

温泉镇得天独厚的发展条件,促使温泉镇大力发展旅游业,建设休闲度假型城镇,以旅游服务业和休闲娱乐为核心产业,打造一流的温泉小镇与息烽东部重要功能区,循序渐进探索发展思路,根据息烽县"十三五"规划的定位及发展目标,走出一条属于温泉镇的特色发展之路。

(一)总体布局:一园一区三带两线

息烽县"十三五"规划的定位及要求总体布局:"十三五"期间,围绕打造温泉旅游景观型城镇,着力抓好"一园一区三带两线"总体布局,明确经济社会发展主要方向,科学谋划未来发展与布局(见图1)。一园:稳步推进

"兴隆—温泉—三交筑北码头"一线二级公路建设

"两线"

"尹庵—高潮—光荣—安龙—安江"一线通村公路建设

尹庵工业园

"一园一区三带两线"

疗养院景区和石头田集镇核心区

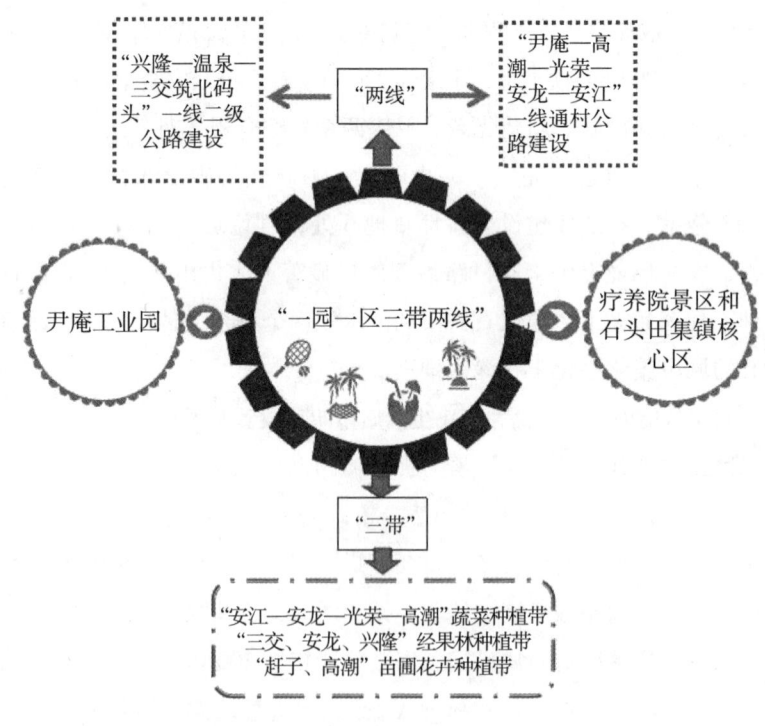

"三带"

"安江—安龙—光荣—高潮"蔬菜种植带
"三交、安龙、兴隆"经果林种植带
"赶子、高潮"苗圃花卉种植带

图1 "一园一区三带两线"总体布局示意

尹庵工业园区建设，着力抓好园区项目提升改造及扩产增容建设。一区：抓好疗养院景区和石头田集镇这一核心区开发建设，推进疗养院片区项目开发建设，立足"氡泉神汤"和"天台原始丛林"这两张名片，打造集镇示范小城镇建设。三带：在"安江—安龙—光荣—高潮"一带发展蔬菜种植，在"三交、安龙、兴隆"一带发展椪柑、核桃等经果林种植，在"赶子、高潮"一带发展苗圃花卉种植，加大农业产业结构调整力度。两线：全面提升镇内公路通行能力，抓好"兴隆—温泉—三交筑北码头"一线二级公路建设，抓好"尹庵—高潮—光荣—安龙—安江"一线通村公路建设。

（二）发展目标：休闲度假型城镇

抓住"以旅游服务和休闲娱乐为核心产业"的定位和"打造一流的温泉小镇与息烽东部重要功能区"重要目标，温泉镇全力发展休闲度假型城镇带动农村经济和社会发展，为推进开发温泉建设及打造温泉旅游景观型城镇，扎实开展"美丽乡村"建设，全面建设美丽温泉。围绕天台丛林的保护性开发、温泉疗养院片区开发建设，不断探索成立旅游服务公司，发展旅游业，壮大第三产业。

（三）基本原则

1. 坚持合作共建，实现错位发展

温泉镇坚持与温泉疗养院合作共建，主攻城镇化建设与旅游业发展，发展重点是旅游景观型城镇化发展，主要定位是做息烽县东部重要的功能区和都格高速公路节点重要新镇。积极盘活温泉资源，与温泉疗养院错位发展，疗养院发展高端旅游，温泉镇则为其做配套服务，发展中低端旅游。将老百姓安置在温泉疗养院景区入口处，同时培训引导老百姓与温泉疗养院融合发展，在不影响整体的旅游环境的情况下，与温泉疗养院协商让利于民，保证一户有一人能进入温泉疗养院工作，实现合作共建，错位发展。

2. 坚持品牌引领，实现特色发展

不断完善建设相关配套基础设施，着力打造一流的温泉小镇。温泉镇坚持品牌引领，打造特色温泉旅游产业，立足"温泉"这张名片，借助县政府与省总工会息烽温泉疗养院签订合作共建提升景区协议的政策优势，支持温泉疗养院加快推进劳模疗休养大楼、水上娱乐中心等项目建设，实施温泉景区基础设施及配套项目、建公厕、改造景区标志标牌、道路、绿化、路灯等，清理河道7公里和景观建设人行步桥、绿化，依托天台丛林等自然风光、天然氧吧，开发天台原始森林公园400亩，着力打造森林旅游景点，围绕乡村客栈和农家乐、美丽乡村示范点等项目建设，鼓励温泉景区周边群众大力发展农家乐及乡村客栈。发展温泉镇旅游观光农业建设，在兴隆—天台—温泉（热水坪）—三交旅游观光农业示范带进行特色经果种植，着力发展都市农业和旅游观光农业，实现以游带农目标，不断提升温泉景区乡村旅游服务水平，把"温泉、森林、乡村"打造成温泉响亮品牌，实现温泉镇特色旅游发展。

3. 坚守两条底线，实现共赢发展

温泉镇坚守发展与生态两条底线，强化生态环境建设，把绿色、循环、低碳理念融入经济社会发展各方面和全过程。坚持从资源消耗高、生产能耗高驱动经济发展逐步向绿色、低碳和科技创新引领经济发展转变。从经济增长与碳排放同比例增长做到碳排放与经济增长相对脱钩，以强化"节能减排"和发展绿色经济为重点，增强可持续发展能力。

强化企业协调服务，继续实施"工业强镇"战略，围绕精细磷化工、清洁煤化工产业的发展，在县工业园区建设办公室的领导下，组建专门工作力量为企业做好协调服务工作，及时妥善处理好企业"围墙外"的问题，为企业项目建设提供优质高效服务，积极促进企业投产、达产、增效。

4. 坚持环境改善，实现品质发展

温泉镇在坚持品牌发展的同时，注重环境改善，实现品质与品牌同步发展。强化能源、资源的节约利用，提高资源就地转换率，突出加强国土资源保护，确保耕地占补平衡，建设资源节约型社会。加强生态环境保护，建立健全饮用水源管理制度，不断完善集中饮用水源保护区建设，大力实施石漠化综合治理，杜绝各种环保事故发生，建设环境友好型社会。

三 温泉镇建设休闲度假型城镇的重点与路径

温泉镇聚焦建设休闲度假型城镇的功能定位，不断增强自身经济实力，一、二、三产业融合发展，完善基础设施，打造自身品牌，加快推进示范城镇化建设，走符合实际的创新驱动发展新路。

（一）聚焦功能定位，推动产业转型升级，提升经济实力

1. 推动工业转型升级

温泉镇积极推动工业转型升级，在工业愈渐巩固的良好态势下，以尹庵工业园区建设为突破口，努力建设"经济生态示范镇"。充分发挥尹庵化学工业园区的地理优势和温泉镇的资源优势，大力发展磷及磷化工企业，延长产业链。不断努力推动温泉镇工业转型升级，努力坚持工业提升质量、增加效能，推行企业优质服务，引导企业转型升级，促成企业达产增效，不断强化工业对温泉镇经济发展的龙头引领作用。争取在温泉镇不断地努力下，西洋公司复合肥总产量实现45万吨，息烽磷矿主要产品原矿50万吨、标矿60万吨，华信塑业新建厂房4000平方米、年产突破2万吨，闽福砂石厂年生产砂石8万方，龙泉矿粉厂生产过磷酸钙3万吨，捷浪建材生产磷石膏建材120万平方米。力争规模以上企业达10家，实现规模以上工业增加值22.5亿元，逐步实现从粗放型增长向质量效益集约型增长的转变。

2. 提升农业发展水平

温泉镇不断落实农业产业，优化调整农业结构，不断提高农业发展水平，努力实现农民农业增收增效的良好势头。坚持不懈地实施"三良工程"良肥计划、良种计划和"粮增工程"，在打造绿色农产品上下足功夫，坚持发展可持续生态农业，推进农业良性循环发展，增强农产品市场竞争力，提高农业的整体素质良性发展。发展蔬菜产业、精品水果业、畜牧业，三交村椪柑基地，实施果蔬种植3万亩，绿色蔬菜大棚基地建设15个，在光荣村光腊坝发展5个大棚、高潮村10个大棚，进行绿色蔬菜种植，辐射到金坪、安清场、甲板沟乃至整个村500亩。其中安龙辣椒种植500亩、马铃薯种植6000亩。发展中药材种植，在天台村引种试种再逐步扩大种植中药材500亩，大尖山村8个组种植木瓜200亩。发展经果林种植，光荣村种植兰枣100亩，板栗100亩；兴隆村板栗种植580亩，杨梅种植100亩，柑橘种植40亩；安江村种植板栗100亩，蓝莓种植200亩；温泉村种植砂糖橘200亩，茶叶种植800亩。在高潮、赶子两个村发展310亩苗圃花卉基地建设。在安江村、大山村、三交村巩固1000亩优质烤烟基地建设。不断夯实农业发展基础，提升农业发展水平。详见图2"十二五"温泉镇农业发展概述。

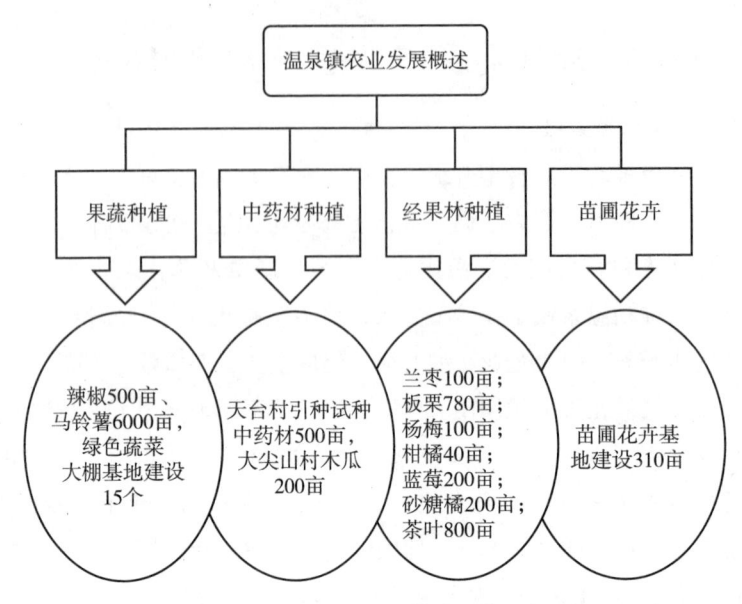

```
                    温泉镇农业发展概述
        ┌───────────┬───────────┬──────────┐
      果蔬种植    中药材种植   经果林种植   苗圃花卉
```

图2 "十二五"温泉镇农业发展概述

果蔬种植：辣椒500亩、马铃薯6000亩、绿色蔬菜大棚基地建设15个

中药材种植：天台村引种试种中药材500亩，大尖山村木瓜200亩

经果林种植：兰枣100亩；板栗780亩；杨梅100亩；柑橘40亩；蓝莓200亩；砂糖橘200亩；茶叶800亩

苗圃花卉：苗圃花卉基地建设310亩

3. 加大招商引资力度

温泉镇积极优化招商投资环境，牢固树立抢抓机遇加速发展的意识，进一步改善投资环境，搭建优良的引资平台。进一步在招商引资奖励、配套服务、设施等方面提供切实可行的优惠服务。建立和完善投资环境评价监测机制，营造良好的市场经济秩序和一流的行政服务环境。抢抓市委、市政府支持息烽发展60条政策措施和新阶段扶贫开发的机遇，积极谋划好"项目库"建设，加大项目"包装"投入，充分发挥温泉镇资源、区位等优势来加大招商引资力度。增强项目意识，坚持把上项目、抓投入作为经济发展的重点。做好项目策划、项目包装工作，超前做好项目引进及服务工作。结合温泉实际，找准自身优势，编制好招商引资手册，加大外宣力度，积极引进社会资本，重点引进资产质量优、投资规模大、科技含量高、环保节能的优质项目，促进经济从粗放型增长向精细集约并重发展转型，从速度型增长向速度质量并重发展转型。

（二）立足自身优势，加强品牌建设，提高发展效能

1. 加快疗养院景区提升，打好"温泉"牌

按照县政府与省总工会签订疗养院片区开发建设相关协议的要求，做好生态搬迁的土地、房屋征收相关工作，启动生态移民搬迁项目建设。支持温泉疗养院加快推进贵州劳模疗休养大楼、水上娱乐中心、职工文体活动中心等项目建设。围绕大健康、养生养老、休闲度假，启动息开高速公路兴隆出口—石头田—尧上的规划设计，围绕温泉疗养院—尧上公路做好招商引资项目，推进温泉疗养院景区开发，逐步解决景区开发瓶颈和当地群众居住难问题。

2. 促进生态与旅游结合，打好"森林"牌

温泉镇积极促进生态与旅游相结合，全力打好"森林"牌。长期坚持生态治理与经济林发展、旅游发展相结合，实施公益林生态补偿石漠化治理、植被恢复造林等工程，建设森林旅游景点，打造天台丛林"天然氧吧"品牌，实现改善生态环境和农民增收双赢。

3. 提升旅游服务水平，打好"乡村"牌

坚持旅游服务优先，大力开发温泉旅游，促进服务业发展，不断加强"天台原始丛林"和"氡泉神汤"等娱乐休闲旅游品牌的推广宣传，增加息烽温泉的国内外知名度，提升旅游服务水平。借助"四在农家·美丽乡村"建设契机，打好"乡村"牌，增强温泉镇综合实力，建设好乡村一切基础设施，建设具有特色的温泉镇。

（三）突出问题导向，推进环境建设，完善城镇功能

1. 继续完善基础设施建设

温泉镇不断完善农村基础设施建设，着力改善群众生存条件，积极争取国家支农惠农资金，大力实施涉农基建项目，加快实现新农村的建设。坚持以水利、道路设施建设为重点，不断完善市政功能，增强城镇凝聚功能，加快城市化步伐。使居民生活环境更加安全舒适、生活条件更加方便，农民更加安居乐业。不断提高医疗卫生、文化教育水平。

2. 继续加快示范城镇建设

温泉镇积极启动总体规划修编工作，明晰小城镇发展建设思路，对照示范小城镇建设目标，加快各项基础设施建设，完成石头田街道电力、通信线路迁改，实施石头田街道人行道铺装及绿化工程，完成温泉镇城镇雨水和污水系统新建、改造及扩建任务，实施农贸市场升级改造工程。实施垃圾收集转运站建设及垃圾场建设。实施息开高速兴隆匝道出口至温泉村尧上道路附属工程建

设，抓好排污建设、管线入地、城镇道路拓宽工程。实施棚户区改造及配套基础设施建设工程，不断推进温泉镇加快示范城镇建设的总目标。

3. 继续推进美丽乡村建设

在美丽乡村建设方面，积极推进美丽乡村建设，确定"产业美、精神美、环境美、生态美"四大主题，紧紧围绕主题开展实施"四在农家·美丽乡村"基础设施建设六项行动计划，按照"一核两带四连线"的布局，大力实施"基础设施建设、环境综合整治、产业打造提升、乡风文明建设"四大工程。实施扶贫生态移民及配套设施建设工程，抓好温泉疗养院片区扶贫生态移民搬迁及配套基础设施建设。抓好农村危房改造工程。实施房屋立面改造工程，对村公路沿线的民房进行立面改造（光荣村全村及其他村公路沿线）。抓好温泉村、高潮村的小康房建设工程。继续实施石漠化治理、植树造林工程，在尹庵、赶子、天台、大尖山4个村实施石漠化项目治理，抓好西洋公司周边绿化建设。认真实施公益林生态效益补偿工作，继续实施中德财政合作项目，做好兴隆村、高潮村、安江村林业经营。开展"山林贵州"绿色行动，造林和荒山绿化。加大生态文明创建力度，持续整治村寨脏乱差。大力发展经果林种植，做好核桃产业技术培训和管护工作，实现农民增收和改善生态环境双赢。深入实施村村通、户户通工程，全面推进"诚信村"建设，开展文明村（寨）和星级文明户创建活动。力争通过持续的努力，实现"环境美、生态美、产业美、精神美"的目标。

（四）坚持发展为民，改善民生事业，提高发展质量

1. 持续完善社会保障体系

在社会保障方面，实施镇敬老院升级改造项目。在各村实施老年活动室建设工程。做好困难群众的生活救助，扎实抓好城镇、农村低保工作，做到应保尽保。抓好城镇职工养老保险扩面、被征地农民养老保险办理及城乡居民社会养老保险收缴工作，新型农村合作医疗参合率保持在99%以上。不断完善医疗服务与公共卫生体系，使城镇提高对疾病的预防和控制能力，健全应对突发事件的应急处理机制。

在人口及劳动就业方面，创新人口与计划生育工作管理机制。做好农村富余劳动力转移培训，引导群众就近就地转移就业，大力支持返乡人员创业，继

续推进微型企业发展和小额担保贷款发放、努力新增城镇就业率。重点做好农村富余劳动力、城镇下岗失业人员和返乡农民工培训工作，促进城乡劳动力规模有序地进行劳务转移。

2. 统筹推进科教文卫事业发展

温泉镇大力统筹推进科教文卫事业的发展。在教育方面，全面推进素质教育，大力实施教师继续教育工程。继续推进教育"9+3"计划。改善教育设施和环境，确保实现义务教育基本均衡，实现中小学信息化建设全覆盖，改善农村义务教育学生营养标准，营造一个温暖舒适的校园学习氛围。还要不断推进教育改革，逐步调整学校布局，促进教育均衡发展，推进学校管理体制改革，加强教师队伍建设。

在卫生计生方面。深化农村卫生改革，合理配置、综合利用农村卫生资源，完善镇卫生院基础设施建设和医疗设备配置，继续完善初级卫生保健机制和新型农村合作医疗制度。实施镇卫生计生综合大楼修建工程，完善医疗业务用房及配套设施建设。抓好西洋社区卫生服务中心建设工程，完成医疗业务用房、配套设施及污水处理。实施卫生计生职工周转房修建工程，完成对口支援及院内人员住宿和生活配套设施建设。在温泉、天台、大尖山、高潮4个村实施村卫计室医疗设施配备工程，抓好彩色B超、X光机、生化设备，以及医疗业务用房、配套设施的配备和建设工程。实施计生站提升改造项目，完成厕所翻修、楼道布线、站内装修建设。

在科技方面。加快加强科学技术能力创新，推动科技成果转化实现，科学生产力不断增强，促进电子商务基础平台及服务系统的建设，鼓励学会使用大型专业批发市场和物流企业建立网上信息平台，促使农产品交易互联网化，形成网上洽谈、采购、交易、支付一体流程化。

不仅如此，还要大力推进文体广播电视方面的发展，每月定期开展法律讲堂、法制培训，加强电视广播等文化娱乐、旅游文化、大众体育等基础性设施的建设，不断推进科教文卫的发展，提高村民素质，形成良好友善和谐的文化氛围。

3. 全力维护社会和谐稳定

加强民主法治，着力构建"和谐温泉"。要认真执行人大决议、决定，自觉接受人大和社会的监督，社会法制环境不断优化，社会治理逐步创新，成立和谐温泉促进会，利用商会及其他组织积累和谐基金，协调解决信访案件、积极处理长期上访的问题，有效维护社会和谐稳定局面。强力推进依法治镇工作，坚持领导干部带头依法用权、依法办事，强化政府法治担当。加强村（居）民主法治建设，规范村（居）议事规则、监督机制和表决制度，保障人民群众依法参与村（居）事务。大力开展身边人学法用法典型宣传，推动全民守法，提高全镇的法治化管理水平。成立法制文化宣传队，大力开展法制宣传，通过"统、严、明、帮"四字工作法抓好"两劳"人员刑释解教工作。安全生产、森林防火、消防、道路交通安全等工作常抓不懈。不断推进平安建设，加大矛盾纠纷排查化解力度，开展社会治安群防群治、"两严一降"平安创建、"向毒品说'不'打一场禁毒的人民战争"、无邪教创建等工作，有效遏制刑事发案，提升人民群众安全感和满意度，保证社会长期的和谐稳定发展。

参考文献

贵阳市委、市政府联合调研组：《息烽县发展情况调研报告》，2016年11月9日。
息烽县人民政府：《2016年政府工作报告》，2016年4月19日。
中共息烽县委：《关于制定息烽县国民经济和社会发展第十三个五年规划的建议》，2016年1月8日中共息烽县委十二届五次全会通过。
息烽县人民政府：《中共息烽县委　息烽县人民政府关于息烽县工作情况的汇报》2016年11月12日。
陈刚：《在市委常委会听取息烽县工作汇报时的讲话》，2016年11月12日。
卓飞：《在市"十三五"规划调研组来息调研座谈会上的讲话》，2015年9月28日。
《息烽县：从10个方面推进精准扶贫》，人民网，http：//gz.people.com.cn/n2/2016/0513/c194849-28329539.html。
《贵州息烽：园区引领　远教发力　全域扶贫新面貌》，中国共产党新闻网，http：//dangjian.people.com.cn/n1/2016/1008/c117092-28759932.html。
吴成航：《息烽县生态文明建设情况、存在问题及建议》，2015。

B.12
探索绿色发展模式 打造县域西部绿色产业基地

——息烽县九庄镇"十三五"发展思路研究

摘　要： 当前，中国城镇建设发展模式发生了重大变化，探索绿色发展模式在国家、省区市、镇（县）各级层面都已成为经济社会发展的必然选择。本文从九庄镇发展的环境与条件和发展的现实基础两个方面剖析九庄镇的基本情况，对九庄镇在"十三五"时期需抓住的机遇和战略选择展开论述，并进一步得出九庄镇具备打造县域西部绿色产业基地的现实条件，从而提出将九庄镇打造成西部绿色产业基地的路径和重点。通过对九庄镇探索绿色发展模式的发展思路进行研究，以期为九庄镇"十三五"时期打造成息烽县域西部绿色产业基地提供一定的理论参考和借鉴。

关键词： 九庄镇　绿色发展模式　体制改革　生态农业　产业基地

九庄镇"十二五"时期主要发展农业及附属产业，农业支柱地位凸显，这为其奠定了坚实的生态基础，如何利用好自身优势、发挥特色是"十三五"时期九庄镇党委政府考虑的重中之重，而进行绿色发展模式探索无疑是较好的选择。[①] 从发展环境看九庄镇拥有巨大的机遇，从区域特色看九庄镇具备相应环境和条件，从发展现状看九庄镇具备客观现实基础（见表1）。

---

① 刘纪远等：《中国西部绿色发展概念框架》，《中国人口·资源与环境》2013年第10期。

表1 九庄镇基本情况一览

概况	辖区面积	114.36平方公里	辖区人口					
	辖区范围	九庄镇东与鹿窝镇相邻，东南与西山镇、青山苗族乡接壤，南与石硐乡相连，西与修文县六桶镇毗邻，北与金沙县后山镇、化觉乡隔乌江相望	户籍人口	11240户		流动人口	856人	
				33390人				
	自然资源	全镇现查明的木本科植物种类104科212种，其中列入国家一级保护的有银杏、榉木，列入国家二级的有刺楸、杜仲等。查明野生动物有130余种，列入国家重点保护动物有丛林猫、穿山甲、红腹锦鸡、眼镜蛇、大王蛇、五步蛇等。有钙、铁、硫等矿产资源，其中漆山坡硫铁矿已探明储量3000吨，铁含量超20%。旅游景点有"多滨洞"、"龙滩洞"、"黄沙河"、"五百门"遗址、蜂岩寺、红军烈士陵园等	困难群体	低保人员	1230人	外出打工	1340人	
				60岁以上老人	5506人	建档立卡贫困户	1606人	
			特殊人群	残疾人	837人	失业人员	18人	刑释解教人员	78人
				留守儿童	476人	吸毒人员	149人	缠访、集访带头人	0
				失学儿童	0				
经济发展	村（居）民可支配收入		地方财政总收入	村集体经济		一产总值	二产总值	三产总值	辖区内企业	招商引资		全社会固定资产投资
	村民	居民		总数	资金总额					签约金额	签约企业	落地企业	
	10298元	24892元	1564.21（本级）万元	25个	401.25万元	20789万元	8509万元	25013万元	0	18800万元	4个	4个	7.21亿元
基础设施建设	六个小康专项行动计划								
	小康路	小康水	小康房	小康电	小康讯	小康寨			
	35.7公里	26个村居全部通水	831户	26个村居全部通电	26个村居全部通4G网络	25个			

续表

教育资源	幼儿园		小学		中学（初中和高中）		大中专及以上院校
	公办	民办	公办	民办	公办	民办	0
	1个	1个	4个	0	1个	0	
文体建设	人文资源			重点文化节庆活动			公共文体活动场所（包括广场、公园和体育运动场所等）
	龙灯、花灯			—			30个
医疗卫生资源	乡镇卫生院				1个		养老院　1个
	医护总数		床位数		床位占用率		村级卫生室　25个
	59人（含聘用）		50张		70%		

资料来源：表格数据由九庄镇提供。

一　从区域特色看九庄镇绿色发展的环境与条件

九庄镇是传统的农业大镇，是贵阳市西北部重点城镇，商贸物流集散基础良好，农业基础条件优良，具有一定的特色旅游资源。区域特色较为明显，是息烽县农业产业发展的重要城镇。

1. 贵阳市西北部重点城镇

九庄镇位于贵阳市息烽县西部，贵阳市西北部，离贵阳市105公里。毗邻四乡两县，处于《黔中经济开发区规划》中以"贵阳—修文—息烽—开阳—遵义（含南白、新蒲）"为主轴的城市发展带上，同时也位于贵阳市城市经济圈核心辐射区，能享受区域性城镇化发展带动战略的辐射和相关政策优惠。随着江口至黔西都格高速的修通，将为九庄镇经济发展和交通发展带来更多的促进作用。①

2. 息烽西部最大的农贸集散城镇，商贸物流集散基础良好

九庄镇的黄沙渡口以前一直是川盐入黔的一个主要水运交通枢纽，在贵遵

---

① 郝栋：《绿色发展道路的哲学探析》，中共中央党校博士学位论文，2012。
息烽县人民政府：《息烽县国民经济和社会发展第十三个五年规划纲要（征求意见稿）（2016~2020年）》，2015年12月。

公路未修建通车之前，是九庄乃至息烽进入贵阳的一个重要交通节点，九庄镇区则成为物流中转站。此外，九庄镇还是息烽县西部最大的农贸集散城镇，赶集时镇区进行集贸活动的人流超过万人。

3. 传统的农业大镇，农业基础条件优良

九庄镇是传统的农业大镇，农业基础条件比较好，"十二五"时期，通过产业结构调整，烤烟、大葱、核桃、牛腿南瓜、优质大米、肉鸡养殖已经具备较好的发展规模。还成立了专门的大葱专业合作社和高粱专业合作社，其产、供、销逐渐步入正轨。建成了纸房贡米加工基地，实行合作社管理。引进特驱希望公司，采取公司加农户"六统一"模式，积极推动生态肉鸡养殖，实现农民增收400余万元。农牧业发展情况及耕地资源在息烽县处于领先水平（见表2、图1、图2）。

表2 2015年息烽县各乡镇农业生产情况

指标 乡镇	水田 （公顷）	土 （公顷）	有效灌溉面积（公顷）	农业 （万元）	林业 （万元）	牧业 （万元）	渔业 （万元）
九 庄 镇	663	1537	1050	18092	159	12743	156
永 靖 镇	830	834	1131.3	18580	242	9487	34
温 泉 镇	419	884.5	825	8170	172	5134	40
小寨坝镇	506	1086	950	22798	126	8204	29
西 山 镇	567	870	790	16788	90	5014	6
养龙司镇	368	1232	848	18621	50	6032	1680
石 硐 镇	651	1841	898	19885	74	7718	21
青山苗族乡	108	714.8	470	7039	64	3598	4
鹿 窝 镇	503	619	780	10171	115	7444	1376
流 长 镇	482.7	1121.3	946	9804	143	5908	6438

4. "九庄—石硐—新萝"现代产业带上的核心城镇

九庄镇在《息烽县城市总体规划（2010～2020年）》的产业发展布局中，属于"九庄—石硐—新萝"的现代农业产业带上的产业发展核心城镇，具备一定的产业经济带动辐射效应。在息烽县"十大特色生态产业"相关规划中，九庄镇属于"一圈四带五基地"中的"青山—石硐—九庄"干果产业带（以种植核桃为重点）以及特驱肉鸡养殖示范基地，产业发展上已经具备一定示

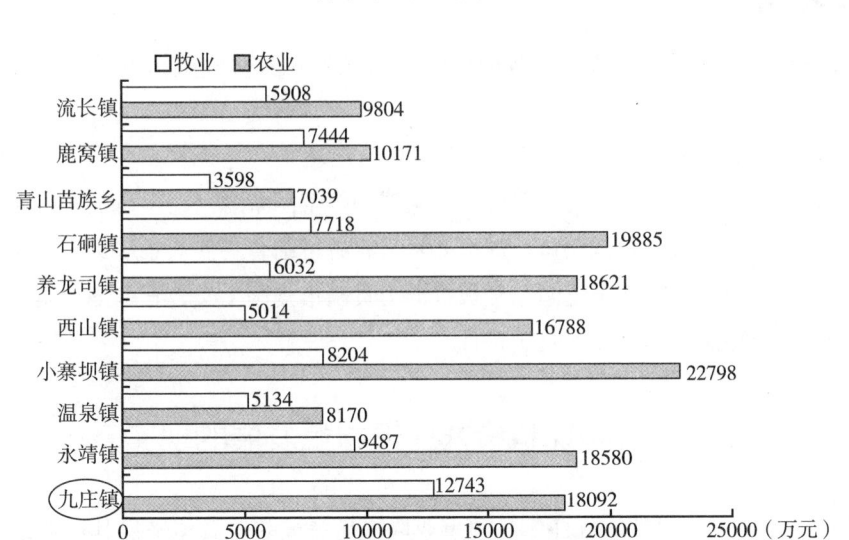

探索绿色发展模式　打造县域西部绿色产业基地

□牧业　□农业

乡镇	牧业	农业
流长镇	5908	9804
鹿窝镇	7444	10171
青山苗族乡	3598	7039
石硐镇	7718	19885
养龙司镇	6032	18621
西山镇	5014	16788
小寨坝镇	8204	22798
温泉镇	5134	8170
永靖镇	9487	18580
九庄镇	12743	18092

0　5000　10000　15000　20000　25000（万元）

图1　息烽县各乡镇农业、牧业情况对比示意

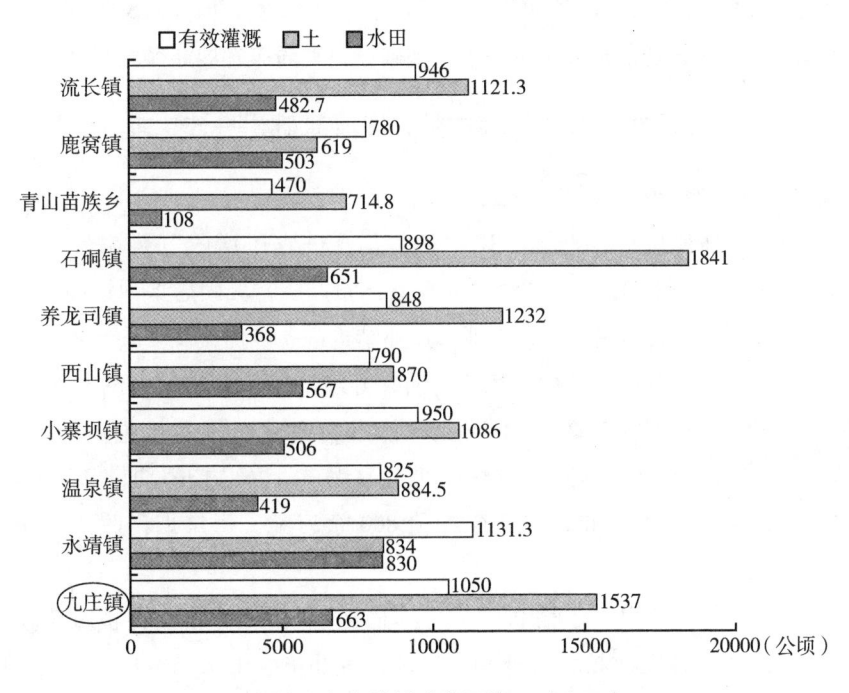

□有效灌溉　□土　■水田

乡镇	有效灌溉	土	水田
流长镇	946	1121.3	482.7
鹿窝镇	780	619	503
青山苗族乡	470	714.8	108
石硐镇	898	1841	651
养龙司镇	848	1232	368
西山镇	790	870	567
小寨坝镇	950	1086	506
温泉镇	825	884.5	419
永靖镇	1131.3	834	830
九庄镇	1050	1537	663

0　5000　10000　15000　20000（公顷）

图2　息烽县各乡镇耕地资源情况对比示意

范带动作用和平台优势，为带动周围乡镇的产业共同协调发展打下了良好的基础。

5. 具有一定的特色旅游资源

旅游资源丰富，镇内有多缤洞、龙滩洞等溶洞景观。团山、纸房可探索开发乡村观光旅游。黄沙渡口、周家岩攀岩旅游可结合乌江峡景区进行旅游开发建设。九庄镇红军烈士陵园已经被批准为贵阳市爱国主义教育基地，是衔接息烽县红色旅游的良好天然资源条件。

二 从发展现状看九庄镇绿色发展的现实基础

"十二五"时期，九庄镇各项事业取得显著成效，具体来说其产业结构调整进一步优化，基础设施建设进一步夯实，城镇建设进一步推进，生态环境建设进一步加强，农村体制改革进一步深化，群众幸福指数进一步提高，社会综合治理实现了新突破，其发展基础得到了进一步夯实。但同时又面临经济总量小、农业产业不强、城镇规模偏小、基础设施脆弱等发展瓶颈并亟待破解。

（一）各项事业取得显著成效，发展基础进一步夯实

1. 产业结构调整进一步优化

农业支柱地位更加凸显。以"粮食增产、农民增收"为出发点，借助"粮增工程""三良工程"，着力提高粮食产量产质，巩固烤烟种植面积，大力发展蔬菜、经果、肉鸡等特色产业，产业结构进一步优化。

农业进一步强劲。烤烟、蔬菜、油菜等经济作物占种植业的比重由2010年的36.9%提高到42.2%，畜牧业产值占农业总产值的比重由2010年的31.7%提高到43.8%，拓宽了农民增收致富渠道。"十二五"时期以来，种植烤烟面积稳定在5000亩以上，年产值800余万元，每年烟税收入100万元以上。

实施"粮增工程"水稻0.9万亩、玉米1.6万亩，常年种植蔬菜3万亩（次）。四年累计发放粮食直补和农资综合直补资金1398.13万元，"良种计划"货币补助314.33万元，发放"三良"肥料3021吨。累计种植核桃1.6万亩，发放核桃种植补助240余万元。

引进特驱公司入驻九庄，采取"公司+农户"的"六统一"模式发展肉鸡养殖业，累计发展肉鸡养殖户150户，修建鸡舍9万平方米，年出栏肉鸡250万羽，实现农民增收600余万元，户均增收4万元。

三产迅速崛起。三次产业比重从2010年的54.2∶3.6∶42.2调整为2015年的38.3∶15.7∶46.0。以九庄红军烈士陵园为依托，以美丽乡村为载体，发展山庄、农家乐、乡村客栈等，"十二五"时期以来发展了乡村客栈山庄、农家乐，三产从业人员2500余人，累计接待游客9.2万人次，实现旅游收入4.8亿元。同时支持个体经营户扩大生产，大力发展以服务业为主的第三产业，拉动了交通运输、餐饮服务、通信信息、批发零售、集市贸易、金融、物流等服务业的发展。

工业发展稳步推进。按照国家产业发展政策，以市场为导向、以资源为依托、以效益为中心，发展了一批农产品、建筑材料等工业产业。以纸房"贡米"生产、加工为主的深加工产业不断壮大，发展了一批以酿酒、榨油、打砂、制砖等为主的个体加工业。总投资7500万元、年产3万吨有机肥的博施生物有机肥厂已建成并投入使用，成为工业新的经济增长点。

2. 基础设施建设进一步夯实

农田水利设施建设不断加强。"十二五"时期以来，完成腰寨村、鸡场村、堰坪村、纸房村、杉林片区土地治理项目，实施了雨淋河烟水配套工程和新沙龙滩洞提水工程，完成上坝文家山塘、桐梓佘家湾山塘整形维修工程，累计新增灌溉面积491亩，恢复蓄水灌溉面积756亩，改善灌溉面积2165亩，渠道防渗透20986.2公里，提灌站检修8个185.5千瓦，新建小水池620口30278立方米，完成饮水工程19处，有效解决了2257户9381人及3127头大牲畜的饮水。

电力、通信设施不断完善，群众生产生活用电需求得到保障。完成电网骨架改造和农村电网改造工程，实现了九庄政府大楼、学校等机关单位及各村委会办公楼宽带全覆盖，实现了电话、宽带、电视"三网合一"3000余户。

交通设施建设进一步完善。"十二五"时期以来，投入资金600余万元完成竹黄公路10.3公里硬化，投入资金400万元完成竹花—堰坪—黄沙公路6.8公里硬化，投入"一事一议"财政奖补项目资金900余万元，硬化村级公路60公里、串户路84公里，实施机耕道建设26公里。

"四在农家·美丽乡村"建设取得实效。投入707.2万元实施了新田、杉林、天鹅三个示范村寨建设，累计硬化村组公路8.1公里，完成房屋立面改造315户，新修农民文化家园2个，庭院绿化385户，修建花池3800米，安装路灯720盏。

3. 城镇建设进一步推进

市级示范性小城镇建设有序推进。2012年8月被贵州省确定为100个示范性小城镇。2013年，完成公租房、农贸市场升级改造、卫生院住院大楼建设及污水处理厂及配套管网等工程建设。2014年实施"8个1"和"其他"类8个工程项目建设（"8个1"工程即每个示范小城镇建设或完善1个路网、1个标准卫生院、1个社区服务中心、1个农贸市场、1个市民广场或公园、启动1个污水处理设施或垃圾处理设施项目、建设1个敬老院、建设1项城镇保障性安居工程）。完成了关山公路、第二农贸市场、乌江无公害蔬菜高效种植园区及博施生物机肥厂等工程建设。

2015年，总投资61150万元推进"8个1"、"8+X"和"8+3"项目，完成了杉林至黄沙公路建设、复旦路建设、乌江复旦小学寄宿制学校建设，实施了堰坪村土地整理项目、鸡场和鲁仪衙片区农发项目、三合片区土地治理项目，启动了肉鸡交易平台和肉鸡孵化场地建设、高洞水库建设等工程，"十二五"期间累计完成危房改造867户、小康房建设300户，城镇化建设不断推进。

4. 生态环境建设进一步加强

"十二五"时期以来，完成退耕还林补植补造1050亩，植被恢复荒山造林补植1650亩；完成石漠化综合治理林业植被建设18700亩，补植补造8495亩，封山育林27600亩；实施德援项目采伐面积31000亩，中幼林抚育2860亩。修建大型沼气池3个400立方米，安装太阳能热水器50个，发放节煤灶250个，组织购买节能灯2000个；完成九庄污水处理厂建设，实施秸秆还田1.5万亩。《贵阳建设全国生态文明示范城市规划》得到全面贯彻落实，将九庄镇经济、政治、文化、社会发展的各个方面尽可能地融入生态文明建设中。

5. 农村体制改革进一步深化

2015年，九庄镇实施了农村土地承包经营权确权登记颁证试点工作，完成二轮承包档案和农户户籍资料清理，开展了入户调查摸底，基本完成承包农户户主变更、分户、合户等变更工作。完成了小型水利工程管理制度改革工作，开展了水利体制改革摸底调查、产权界定、资产评估、明确形式、公开竞标、签订合同、资料归档、系统录入等工作。全镇小型水利工程1939处，产权明晰1936处，完成改革1936处，改革比例达99.85%。

6. 群众幸福指数进一步提高

优先发展教育，教育教学质量不断提升。始终把"两基"工作、"控辍保学"、中职教育工作作为全镇工作重点来抓，实行控辍保学和中职教育招生包保责任制，大力推进学校亮丽工程建设和校园文化建设，实施了乌江复旦小学学生宿舍、小学部教学楼、综合楼、教师周转房及中心幼儿园建设，营造了良好的校园环境。

加快文化事业发展。深入开展扫黄打非和文化市场管理工作，对无照经营网吧进行专项整治。成功举办了下环山苗族"四月八"活动，开展了春节期间龙灯、花灯等民间传统文化活动，积极发挥老年体协腰鼓队、秧歌队、舞狮队作用，引导群众开展积极健康的生活方式。投入资金510万元，建成九庄红军烈士陵园、西门红色文化广场、新街农体文化广场、天鹅农民文化广场、杉林农民文化广场及配套设施，建成12个村级农体工程、5个村配套灯光篮球场。实施集镇有线电视网络改造工作，累计完成广播电视户户通工程3000户、村村通工程1380户，完成农村公益性放映1200场，文化事业得到快速发展。

着力提升医疗卫生水平。全面推行乡村卫生服务一体化管理工作，修建住院楼1600平方米并投入使用，完成全镇16个村（居）卫生服务站点升级改造，新建竹花、团山等10个村卫生服务室，实现了人民群众"小病不出村、大病不出镇"的目标；完成2015年合医参保29903人，参合率为98%，筹集合医款209.321万元；严格落实计划生育"双降一升"目标，实行计生协会会员联系户制度，开展就业关爱工程、计生帮扶等活动。建立会员联系户1140户，帮扶户1320户，兑现独生子女保健费41.5万元，计生"三结合"帮扶资金62.8万元，发放节育、绝育奖29.4万元，各项计生奖励扶助政策兑现率均达100%。

劳动保障工作有序推进，社会事业全面发展，群众幸福指数明显提高。"十二五"时期以来，城乡统筹就业3895人，解决就业困难对象就业79人，农村富余劳动力转移就业11603人，职业技能培训1373人；城镇居民医疗保险新增 61 人，城镇养老保险扩面 589 人，生育保险扩面 55 人，工伤保险扩面 81 人，失业保险扩面 79 人；科学规范村级公益性墓地建设，积极倡导"厚养薄葬"理念，严格落实殡葬改革政策，死亡人口火化率为 100%，骨灰入公益性墓地率为 100%。严格低保评审，做到了应保尽保；建成九庄镇敬老院，切实改善了敬老院设施和环境；完成 21 个农民幸福院建设。

7. 社会综合治理实现新突破

在群众安全感方面。以保稳定、促发展为重点，以群众安全感满意率为核心，全力做好为民服务工作，不断提升为民服务水平和能力。巩固提升"平安九庄""无毒害镇"建设成果，深入开展"两严一降"专项行动，严厉打击"全能神"等邪教组织，开展教育转化工作，加大矛盾纠纷排查调处工作，及时将化解矛盾纠纷，有效遏制了重特大型事案件的发生，实现了"两严一降"目标，全镇刑事立案下降 33.52%，"两抢一盗"案件立案下降 36.23%，群众安全感达 99.13%，平安建设得到不断深化。

在安全生产方面。按照"全覆盖、零容忍、严执法、重实效"的要求，严格执行安全生产监督管理和法规政策，切实开展打击非法违法专项行动，加强安全生产大检查、大排查，以非煤矿山、道路交通、危险化学品、烟花爆竹、建筑工地、水上交通等为重点，深入开展安全生产领域"打非治违"专项行动工作，"十二五"期间未发生较大安全生产事故，安全生产工作成效明显。

在法制宣传建设方面。按镇、村实行党务、政务、村务公开制度，对群众关心热点问题进行了定期或不定期公开，广泛接受群众监督，对低保、危房等涉及群众切身利益的，推行评审制度，接受群众监督。镇政府坚持法制教育与道德教育相结合，依法治理与以德治理相结合，开展"法律六进"等活动，提升了干部和群众的法律意识。在全镇机关干部职工中，贯彻落实了党风廉政建设和反腐败工作的各项规章制度，对涉农资金使用进行了监督检查，对重点部门、重点项目进行了的监督，从源头上杜绝了损害群众利益的行为。

（二）发展瓶颈亟待破解

1. 经济总量小

作为传统农业地区的九庄镇，经济社会发展相对落后，经济总量小，人均水平低，无工业经济支撑，交通、水利、城镇等基础比较薄弱。城镇建设规模小，综合承载能力不足，缺乏产业支撑和服务功能，带动农村发展的能力弱。城镇服务和配套能力严重不足，旅游设施配套不足，小城镇建设相对落后。

2. 农业产业不强

"十二五"时期以来，九庄镇农业产业发展取得了明显成效，但"三农"问题仍然较为突出。农业基础仍较为薄弱，抗御自然灾害的能力差，农田水利化程度低，靠天吃饭状况未得到根本改变，农业结构调整和产业化发展缓慢，农业发展方式比较粗放，农产品商品率较低。农村富余劳动力转移就业难度大。部分贫困群众商品经济意识、自我脱贫意识不强，"等靠要"思想突出。农业科技接受应用能力差，科技覆盖率低，耕作管理粗放，农产品质量不高，产业化水平低，农产品加工转化率低，农业比较效益偏低的矛盾仍较为突出。

3. 二、三产业滞后

"十二五"时期以来，九庄镇产业结构得到逐步调整，但结构性矛盾仍然比较突出，这是影响其"十三五"时期发展的重要因素之一。从总体上看，九庄镇经济发展总体落后，产业结构不合理，增长方式仍然以粗放的传统农业为主，高新技术产业发展较为缓慢；服务业发展总体滞后，市场化程度不高，消费拉动能力不强。

4. 城镇规模偏小

九庄镇城镇规模小，基础设施和公共服务设施配套差，综合承载能力低。城镇综合经济实力弱，无规模产业支撑，且受乡镇经济体量较小和群众经济水平较低双重现实因素制约。镇内无龙头企业，现有企业规模小、科技含量低、管理水平不高，使其市场竞争力较弱，人口城镇化率提升较难。

5. 基础设施脆弱

资金投入拮据，缺乏市场化运作。资金投入远远不够，农业基础设施跟不上农村经济发展的要求，道路问题、饮水问题和农田灌溉问题等还存在不同程度的困扰，农民的饮水和农田灌溉问题还未完全解决。农村基础设施的管理较为薄弱，主要集中和局限在实物管理上。缺乏市场化运作，对已有的农村基础设施缺乏资产的市场化经营模式，因此这种无偿化运作致使扩大再生产变得步履维艰。

基础设施基本都比较陈旧和老化，保障能力有限。大部分的农业基础设施均已年久失修或功能老化，一些处于半瘫痪状态，一些使用效率较低，因此续建配套任务非常重；过去渠道建设标准较低，所以倒塌、淤积、堵塞等情况大量存在，致使一部分渠道不能发挥正常作用；由于缺乏维修经费的支持，域内病险水库也未全部处理妥当。

三 从发展环境看九庄镇"十三五"时期发展的机遇与战略选择

九庄镇"十三五"时期迎来都格高速公路过境、市级示范小城镇建设、省级100个特色农业园区建设三大发展机遇。抓住机遇并坚持项目带动发展、坚持改革驱动发展和坚持服务保障发展的三大发展理念，以希明确思路并将九庄镇打造成县域绿色产业基地指明方向。

（一）三大机遇为九庄镇打造县域绿色产业基地提供支撑

1. 都格高速公路过境

息烽县积极培育林业生产和森林旅游等生态产业，着力打造江口至都格高速公路（息烽段）旅游观光带，将建成"江口—都格"高速公路（息烽段）示范线，需紧紧抓住都格高速公路至九庄集镇3公里联络线建设的契机，将联络线扩宽建设，建成九庄镇第二条城镇中轴线，并整体开发建设联络线两侧地块，配套文化、卫生、教育、警务等设施，使城镇建成区面积和城镇人口扩大，将九庄镇打造成为县域西部重要的城镇功能区。

以都格高速公路在九庄镇设立一个出入口为契机，不断完善集镇基础设施建设，大力发展集镇商贸餐饮、休闲避暑、综合商务、星级酒店等配备功能，改造提升集镇区域，向东拓展至清堰村干坝，向南扩展至天鹅村胜利组，向北延伸至望城村谭家湾组，构建功能完备的核心集镇区，带动天鹅、清堰、望城等村城乡一体化发展，提高城镇化水平。

2. 市级示范小城镇建设

立足于"天蓝、地绿、水清、宜居、宜业、宜游、宜商"的发展理念。努力建设西部城镇功能区和都格高速公路沿线重点城镇，创建市级卫生乡镇和市级卫生村寨创建工作，重点抓好兴隆路曾维处至朱家山高速路匝道路建设、复旦学校大道至复旦小学路、乌江复旦中学教师周转房、景观河道休闲广场、景观河道续建工程、兴隆路立面改造工程、息黔高速路与九庄小城镇接口段建设及息黔高速公路九庄收费站至镇区城市干道联络线建设等项目，确保示范小城镇建设亮点突出、功能完备。

进一步完善城镇建成区文化、体育设施及排污、垃圾处理设施，争取资金启动九庄镇垃圾填埋场建设和九庄镇垃圾转运站建设，发挥九庄镇污水处理厂作用，规划实施九庄镇交通主干道城镇道路、路灯、绿化、交通设施、绿道系统等工程，不断完善城镇功能。同时做好控违拆违工作，严厉打击违法违规开发建设和销售行为。结合高速公路匝道建设，逐步提高经营城镇能力，招商引资开发城镇建设，努力使城镇化率提高。

3. 省级100个特色农业园区建设

着重建设特色农业园区：核桃产业示范区，葡萄产业示范区，大米示范区，肉鸡产业示范区，蔬菜产业示范区（见表3）。

表3　九庄镇特色农业园区建设概况

产业园区类别	建设地段	示范定位
蔬菜产业示范区	新沙、黄沙、堰坪等村	蔬菜创意种植、科技示范、民俗风情、娱乐休闲、农事体验为一体
核桃产业示范区	三合、大槽、柏茂、上坝、新沙等村	依托下坝山苗族文化，挖掘农耕文化，大力发展乡村旅游业，建成苗族文化、农耕体验、干果采摘、农业观光为一体
葡萄产业示范区	和坪、堰坪等村	依托"息烽红岩葡萄"国家地理标志保护产品，以建成新品种、新技术、新工艺、新产品研发为主
大米示范区	纸房村、团山村、鸡场村	依托纸房"贡米"品牌建成优质、生态、安全的优质大米
肉鸡产业示范区	鸡场、鲁仪衙、腰寨等村	依托息烽县肉鸡农业示范园区和息烽特驱家禽养殖有限公司，建成集品种研发、科技示范、产品展示为一体的优质肉鸡

（二）三大战略为九庄镇打造县域绿色产业基地明确方向

1. 坚持项目带动发展

健全项目生成机制。特色农业园区需要不断健全重大项目生成机制，才能做强产业、弥补短板，力争生成一批、引进一批、储备一批项目。同时，优势园区产业要重点发展,从而不断强化区域经济发展中项目的支撑和引领作用。①

创新项目管理服务。通过专业项目服务小组、"一对一"服务等措施不断对重点项目的管理服务机制进行创新,真正落实重点项目领导在一线指挥、干部在一线工作、情况在一线了解、问题在一线解决。

完善域内产业配套体系。要紧紧围绕核桃产业、蔬菜产业、葡萄产业、优质大米产业、肉鸡产业、旅游产业六大重点产业领域,积极构建九庄镇重点产业和配套体系,以进一步增强一些重点项目的辐射带动能力。② 尤其要抓好以九庄的农产品供销相关产业项目及以其为核心的产业链相关配套工作,不断提升九庄镇的产业集群竞争力。

加强项目的督查和考评。要加强项目的责任落实、督促和考评,即将项目建设任务进行层层分解、要求明确、责任落实、真督和实查。并形成在谈项目签约快、签约项目落地快、落地项目建设快、建设项目完工快、完工项目投产快、投产项目见效快等方面的良性循环。③

2. 坚持改革驱动发展

坚持用改革和创新来驱动转型和发展,即要人与自然相互和谐共存,要在注重创新、技术和人才的同时,更加注重良好生态环境的保护和建设,要构建和完善好域内绿色生产生活系统,努力实现未来的生产、生活、生态相互促进。突出改革开放和创新驱动两个动力,打造加快发展的"示范小城镇",在实现经济发展的同时也使生态得以改善。

将发展经济的重点定位为传统产业结构优化和产业转移承接,在完善规划的前提下提升产业和攻坚招商,最终让规划能引领产业,让产业能带动招商,初步摸索出一条理性化、科学化、专项化的新型招商引资道路。另外,以省级100个特色农业园区建设为发展核心、绿色生态产业为支柱产业驱动经济社会进一步转型发展,明晰产业发展规划,让招商引资"有本可依"。

---

① 李弘:《实施项目带动战略 加快县域经济发展》,《黑龙江科技信息》2007年第6期。
② 郭宏颖:《多措并举推进项目带动战略 促进经济社会平稳健康发展》,《沈阳日报》2016年8月10日。
③ 《坚持项目带动 引领区域发展》,http://www.sxdaily.com.cn/n/2013/0621/c266-5157890.html。

3. 坚持服务保障发展

完善政务公开机制,保障人民群众的知情权、参与权和监督权。加强政府采购、投资评审、行政监察和审计监督,加强行政审批、招投标、工程建设、土地出让等重点领域和重要环节监管。①

加强政府信息定期发布、公开,畅通政府与公众的互动交流渠道。自觉接受法律监督、民主监督、群众社会监督和新闻舆论监督,继续推进"回头看"和B类件办结销号制度。

严格履行行政合同和协议,以政务诚信推进商务诚信、社会诚信和司法公信建设。完善领导联系重大项目制度、项目业主单位责任制、项目建设协调联动机制,强化要素保障和跟踪服务,让企业住得下、发展得好。

四 九庄镇打造西部绿色产业基地的路径与重点

"十三五"时期,为将九庄镇打造成西部绿色产业基地,怎样选择路径与重点非常关键,九庄镇应坚持以现代生态农业为主导引领产业发展,坚持以美丽乡村建设为抓手促进城乡融合,坚持以环境治理和生态修复为重点推进环境治理,坚持以提升为民服务水平为导向开展社会服务管理。

(一)以现代生态农业为主导,产业发展凸显绿色化

加强绿色农产品加工园区建设,重点引进农产品加工企业,提升农产品附加值。完善相应配套设施,主要是对全镇的农副产品、肉类等进行初期和中期的加工,重点打造以九庄为核心,辐射带动周边乡镇绿色农业发展,以优质大米加工、核桃、艳红桃、烤烟、大葱、肉鸡等农副产品加工为主。②

做好有机贡米。改扩建纸房村的优质贡米加工厂,结合纸房、团山、鸡场等村的大米种植,在生产加工过程中禁止使用农药、化肥、激素等人工合成物质,实行"从土地到餐桌"全程质量控制,打造具有九庄特色的贡米有机农

---

① 《提高服务 保障发展》,《中国国土资源报》2016年3月21日。
② 武泉丞:《现代生态农业园区规划设计研究——以苏家坨镇北部地块为例》,北京林业大学硕士学位论文,2015。

产品生产基地。

做精农业。按照"高产、优质、高效、生态、安全"的要求,以"四轴""六区"为重点,大力发展园林观光庄园、农业主题庄园、消夏避暑山庄、特色农家乐,着力打造集红色旅游、生态观光、农事体验、休闲娱乐、康体度假于一体的乡村旅游区,并积极争取资金和项目支持。

做大畜牧业。依托息烽特驱家禽养殖有限公司,通过"公司+合作社+农户"及"六统一"的发展模式,扩大畜禽养殖规模,重点在团山、鸡场、鲁仪衙、杉林等村大力发展生态肉鸡养殖。大力协助企业建成肉鸡交易平台、基因库、屠宰场等项目建设,在特驱公司的带动下,依托息烽辣子鸡品牌,力争建成集生产、销售、加工为一体的现代肉鸡养殖园区。

(二)以美丽乡村建设为抓手,城乡发展凸显绿色化

实施美丽乡村创建工程,深入推进"四在农家·美丽乡村"创建活动,注重"内外兼修",环境美与心灵美并重。以创建"文明户""文明新村"为主要形式带动乡风建设,用村规和民约倡导实施村民的自我约束和管理,构建一种管理民主化的浓厚社会氛围。开展农村生活污水净化工程,开展畜禽场弃物资源化利用,分类、分区建设沼气工程,大力发展清洁能源,使农村家居温暖而清洁,使庭院(园)经济高效化,使农业生产无害化。[①] 发展基层的民主权利,进一步完善现有"一事一议"及村务公开等相关制度,切实保障农民享有依法行使自身的民主权利,进一步健全村民自治机制,为建成文明、富裕、美丽的乡村提供可靠的保障。

美丽乡村建设要建管同步。美丽乡村建设,一半靠建设,另一半靠管理维护,在"建"的方面,建成美丽乡村"提高型"示范点和"升级型"精品点,在"管"的方面,积极探索"建管养用"一体化管理模式。在农村社区探索物业管理新模式,以市场化方式建立村庄基础设施、公共服务设施和环境卫生保洁的长效管理机制,同时建立健全"门前三包"、"包片到户"、村规民约等制度,通过定期开展评比曝光等,让村寨长久干净整洁,达到美丽乡村"常美丽"效果。

---

① 王卫星:《美丽乡村建设:现状与对策》,《华中师范大学学报》(人文社会科学版)2014年第1期。

（三）以环境治理和生态修复为重点，环境建设凸显绿色化

立足镇情，抓好土地治理。实施三合片区高标准土地治理，落实新田村省级高标准基本农田建设土地整治项目、上坝村高标准基本农田建设土地整治项目、桐梓驿村高标准基本农田建设土地整治项目，在和平村、团山村、后陇村实施土地整理项目，提高土地使用效率。

改善农村生产生活条件，抓好农村水利建设。全力以赴、扎实做好高硐水库建设的征地、协调等前期准备工作，确保工程顺利实施；争取、实施下环山苗族村寨排污沟渠修建改善少数民族村寨环境，落实桐梓村前进组、腰寨村、望城村龙塘至新田村中坝、堰坪村及上坝村的山洪沟整治项目，解决农村饮水和农田灌溉用水。

围绕"夯实基础促发展、培育产业调结构"发展思路，争取"一事一议"实施基本农田、农业综合开发等项目，重点争取以水、电、路为基础的"一事一议"项目，改善农村生产生活环境，实施好蔬菜、核桃、肉鸡主导产业，增加农民收入，同时加强文化、教育、医疗、卫生等社会事业同步发展。

（四）以提升为民服务水平为导向，社会服务管理凸显绿色化

立足全面小康，通盘考虑民生问题。进一步加大教育投入，抓好控辍保学，解决学校、教师在工作当中遇到的困难和问题，突出幼儿教育和职业教育发展。①

抓社会保障工作。扩大农村剩余劳动力就业面，构建和谐劳动关系；继续抓好新型农村养老保险工作，解决农村老人老有所养的问题；抓好创业带动就业示范、技能引领示范创建，做好就业帮扶、就业服务。

实施基本和重大公共卫生服务项目及新型农村合作医疗制度。强化预防保健和疾病控制，改善乡村医疗卫生条件，提高卫生厕所普及率，切实保障群众的身体健康和生命安全，努力实现"病有所医"。切实做好救灾救济、残疾人保障等工作，按时足额发放低保金、五保供养金等民生补贴，做到应保尽保。

围绕"双降"和"巩固国优"两个重点，使常住人口出生率、常住人口

---

① 杨渊浩：《国家职能视角下民生建设的发展与创新研究》，吉林大学博士学位论文，2015。

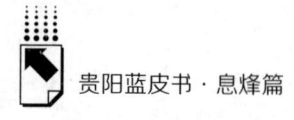

自然增长率、常住人口符合政策生育率均达到"两降一升"的工作目标。统筹抓好计卫合并工作，强力推进"双诚信双承诺"和"三按月"工作。

抓好基层综治、调解工作。发挥镇村群众工作机构作用，及时掌握全镇社会稳定状态，依法处理历史遗留问题，努力排查化解矛盾纠纷，及时妥善处理突发事件。严格执行项目建设社会稳定风险评估，毫不懈怠地把维护稳定工作牢牢抓在手中，始终掌握维护稳定工作主动权。

参考文献

贵阳市委、市政府联合调研组：《息烽县发展情况调研报告》，2016年11月9日。

中共息烽县委：《关于制定息烽县国民经济和社会发展第十三个五年规划的建议》，2016年1月8日中共息烽县委十二届五次全会通过。

息烽县：《中共息烽县委　息烽县人民政府关于息烽县工作情况的汇报》，2016年11月12日。

陈刚：《在市委常委会听取息烽县工作汇报时的讲话》，2016年11月12日。

卓飞：《在市"十三五"规划调研组来息调研座谈会上的讲话》，2015年9月28日。

息烽县：《规划招商双驱动　再造发展"加速度"》，http://tieba.baidu.com/p/3254639256，中国新闻网，2014年7月。

B.13
主动融入特色发展
探索城镇群协同发展新模式
——息烽县西山镇"十三五"发展规划思路研究

摘　要： 随着息烽县中心城镇、县城同城化战略与城镇群协同的不断推进，西山镇正迈入中心城镇的关键时期，主动融合实现同城化发展成为一项新课题。因此，"十三五"时期西山镇应更加紧密联系周边城镇，加速探索城镇群协同发展新模式，才能走出一条更好的特色发展道路。本文立足西山镇现有发展基础，通过对其在息烽县的发展定位进行重点分析，并总结了西山镇"十二五"期间城镇建设取得的成效，最后提出其城镇群协同化发展的对策建议，以求为探索同城化发展模式提供参考和借鉴。

关键词： 西山镇　城镇群协同化　交通节点　同城化

"十三五"时期，西山镇坚持小康建设目标不动摇，紧紧抓住息烽县城"南移西扩北联"的发展机遇，围绕"三化同步"战略核心区建设抓发展、夯基础，深入推进城镇建设、产业调整和城镇群协同化。表1是对西山镇概况及"十二五"期末经济发展、基础设施建设、教育资源、文体建设、医疗卫生资源等基本情况的整理。

表1 西山镇基本情况一览

分类										
概况	辖区面积	74.19平方公里		辖区人口						
	辖区范围	西山镇地处息烽县城西部，东抵永靖镇，南邻青山苗族乡、石硐镇，西接九庄镇、鹿窝镇，北连小寨坝镇，人民政府驻柏香山村		户籍人口		6188户		流动人口		935人
						18697人				
	自然资源	西山镇为典型的喀斯特地貌结构，境内绝大多数是山地，仅有底寨、鹿窝两个"坝子"，属亚热带季风性湿润气候，年平均气温15℃，无霜期年平均276天，主要河道有底寨河、小鹿窝河、胜利河。镇内已探明地下矿藏有煤、铝土矿、硫铁矿、褐铁矿、硅矿等	困难群体	低保人员		195人				
				60岁以上老人	2300人	建档立卡贫困户	245户599人	外出打工		3075人
			特殊人群	残疾人	1266人	失业人员	43人	刑释解教人员		71人
				留守儿童	144人	吸毒人员	80人	缠访、集访带头人		3人
				失学儿童	0					

经济发展	村（居）民可支配收入		地方财政总收入	村集体经济		一产总值	二产总值	三产总值	辖区内企业	招商引资		全社会固定资产投资
	村民	居民		总数	资金总额					签约金额	签约企业	落地企业	
	10879元	25402元	1810.93万元	13个	210万元	14858万元	13917万元	15066万元	51个	0	0	0	68500万元

基础设施建设	六个小康专项行动计划					
	小康路	小康水	小康房	小康电	小康讯	小康寨
	12.04公里	13个村全部通水	25户	13个村全部通电	13个村全部通3G网络	5个

教育资源	幼儿园		小学		中学（初中和高中）		大中专及以上院校
	公办	民办	公办	民办	公办	民办	
	1个	0	3个	0	1个	0	0

文体建设	人文资源	重点文化节庆活动	公共文体活动场所（包括广场、公园和体育运动场所等）
	西望山佛教文化	农历六月十九日西望山庙会	7个广场、12个运动场（篮球场）

续表

医疗卫生资源	乡镇卫生院		1个	养老院	0
	医护总数	床位数	床位占用率	村级卫生室	6个
	14人	10张	57.7%		

资料来源：表格数据由西山镇提供。

一 西山镇：处于迈向中心城镇的关键时期

城市发展到成熟阶段产生的最高空间组织形式为城市群，它是指在某特定区域地域范围内，发达的交通通信等基础设施网络形成的空间组织紧凑相连，经济紧密联系，最终高度统一形成一体化的同城城市群体。息烽县结合周边城镇发展县域中心城市城镇群，构建以县城为中心的"县城+周边城镇"模式。西山镇毗邻县域经济中心，不仅可以为县城发展提供劳动力和资本，更可以成为县域经济发展的有益补充。"十三五"时期是其城镇化快速发展关键阶段，西山镇作为息烽县城"南移西扩北联"的重要节点，更是息烽县同城化战略的重要组成部分。因此，西山镇走一条主动融入县域经济同步发展、从分散到融合的"互惠互补，共荣共赢"的道路。

（一）息烽县城"南移西扩北联"的重要节点

从县城"南移西扩北联"的总体布局看，柏香山集镇建设融入县城整体并作为县城建设的一部分统一规划和建设。西山镇位于息烽县城中部，政府驻地距县城6公里，地处黔中经济产业带。东抵永靖镇，南邻青山苗族乡、石硐镇，西接九庄镇、鹿窝乡，北连小寨坝镇，是全县唯一没有与其他市、县接壤的"内陆"镇。镇内气候温和，冬无严寒，夏无酷暑，雨量充沛，土地肥沃，交通便利，生态保护良好。贵遵高速公路息烽出口设在西山镇林丰村，永靖大道大部分在西山辖区内。息九、金马公路贯穿全境，距川黔铁路最近处仅3公里，距210国道最近处仅2公里。得天独厚的区位地理优势使西山镇成为息烽县城南移西扩北联的重要节点。

（二）处于城镇化快速发展的关键阶段

西山镇围绕新型城镇化目标，加快城镇化建设进程、加快城镇构建布局、加大城镇建设力度，促进形成特色鲜明的新型小城镇。2013年8月撤乡建镇后，西山镇迎来了发展的黄金时期，特别是在"四在农家·美丽乡村"建设规划中，作为全县的核心部分，水岭沟列入全县升级型示范点，文阁、尾鲊、中心上寨、中心下寨作为全县提高型示范点现已全面建成。此外，永靖工业园区的建成，即将为西山镇的招商引资和工业发展带来千载难逢的发展机遇。西山镇不断完善基础设施，不断推进产城互动骨干道路和支线道路建设，建设环团圆山公路，提等升级现有道路，不断加快新型宜居城镇化建设进程。西山镇团圆山被纳入县城中心山体公园，柏香山温泉招商项目和黔商文化小城镇建设的规划设计融入县城总体规划中。西山镇通过努力为居民营造居住环境美、生活设施全、生态环境优的宜居城镇，加快城镇化发展。

（三）息烽县同城化战略的重要组成部分

息烽正处打造县城与西山、小寨坝"金三角"城镇建设的关键时期。西山镇是息烽县同城化战略的重要组成部分。西山镇在"十二五"期间，坚持小康建设目标不动摇，围绕"三化同步"战略核心区建设抓发展、夯基础。着手和谋划底寨片区城市设计，力争小城镇建设项目和资金，小城镇建设加快进程。坚守发展和生态两条底线，加强统筹城乡发展，不断提升农村经济与农业现代化程度，提高经济数量的同时注重经济质量的改善。以促进城乡共同繁荣为目标，破解城镇化建设和农村建设困境，突出"城镇化带动、创新型驱动、产业化引领"三大战略，服从和服务于县城总体规划布局，与县城同城化发展。

二 西山镇落实同城化战略的基础条件与面临的挑战

西山镇以同城化为主战略，"十二五"时期发展取得了较好的成果，项目有序实施和推进。但西山镇落实同城化战略仍面临产业综合实力不强、资源利用不充分、基础设施服务水平不高等挑战。

(一)"十二五"发展成就奠定了西山镇实现同城化发展的基础

1. 实施项目带动发展,经济实现平稳快速发展

西山镇围绕"三化同步"战略核心区建设抓发展、夯基础,依托金星工业园区抓好工业经济发展上台阶。实施项目带动发展,五年来,申报项目150个,涉及资金32.2亿元,获得批复财政资金2.8亿元,全镇有102个项目开工建设,完成投资16.35亿元。蔬菜种植面积3.2万亩次,建设蔬菜现代高效示范园核心基地5500亩,完成了蔬菜无土栽培试验,完成生物农药试验示范田200亩。成功申报柏香山村和鹿窝村为2014年、2015年财政奖补示范村,各村获200万元建设资金(见图1)。注重处理好保持经济平稳较快发展和项目建设之间的关系,不断增强把握政策实施和镇情实际之间的关系,经济总体上保持增速平稳、城镇就业持续增加的良好态势。

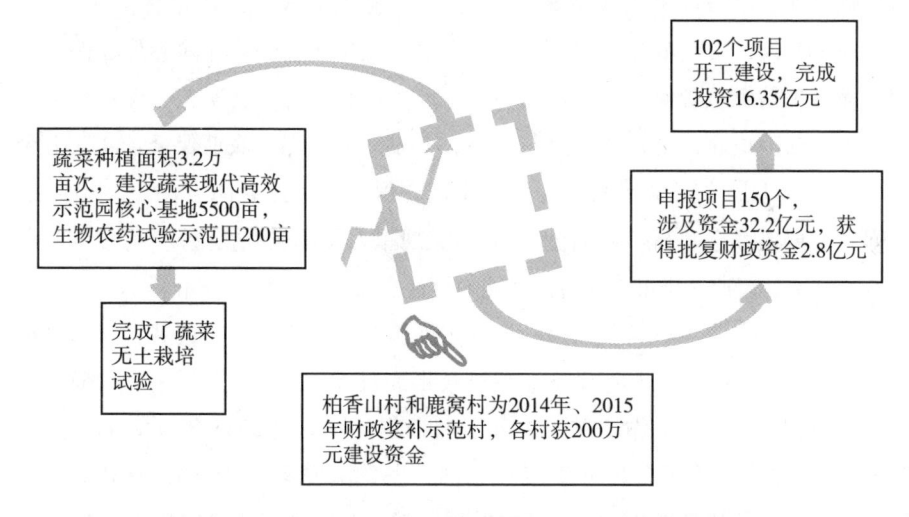

图1 西山镇"十二五"期间典型带动发展实施项目示意

2. 保障体系逐步健全,社会事业取得全面进步

西山镇全面推进社会保障体系建设,主要内容包括新型农村养老保险、参加农村合作医疗、城镇新增就业、申报返乡创业资金扶持和企业离退休人员托管等。其中,新型农村养老保险、参加农村合作医疗、城镇新增就业三项完成率均高于90%(见表2)。

表2 西山镇"十二五"期间全面推进社会保障体系建设大致情况

项目	内容	涉及人数(人)	完成率(%)
1	新型农村养老保险	5141	90.16
2	参加农村合作医疗	16574	99.4
3	城镇新增就业	3605	98
4	申报返乡创业资金扶持	50	—
5	企业离退休人员托管	113	—

新型农村养老保险工作全面推进，新型农村合作医疗切实解决了群众看病贵、看病难、因病致贫、因病返贫的社会问题。稳步提升就业水平，完成城镇新增就业3605人，农村富余劳动力转移2539人，完成职业技能培训728人，零就业家庭保持动态为零，城镇登记失业率为2%，低于4%的控制目标。扶持群众创业，申报返乡创业资金扶持50人。全面完成企业离退休人员托管，共认证113人；按政策开展好城镇职工养老保险扩面、失业保险参保、医疗保险扩面、工伤保险参保扩面完成、生育保险参保扩面等。切实关心保护弱势群体，对生活困难农户纳入低保进行救助，共发放城低保、农低保合计473万余元，60岁以上城乡居民（三无人员）实现应保尽保；按时向五保户、80岁以上老人发放供养金和高龄补助金；100%兑现军人及军属优抚金。

3. 法治建设深入推进，综合治理能力显著增强

西山镇加强法治建设，注重社会稳定，综合治理取得长足进展，全面完成"六五"普法任务。全镇现有登记在册吸毒人员59人，扎实做好了对吸毒人员的帮教管控和尿检工作。严厉查处了刑事案件，全镇2015年共立刑事案件7件，实现了逐年下降，破刑事案件5件，查处治安案件28件，查处23件，群众安全感测评达到100%。不断加强和创新社会管理，应急管理体系进一步完善，建立健全公共卫生管理组织、指挥、信息、卫生监督、疾病预防控制。妥善处置了各种突发事件，成功处置了各类群体性事件，化解信访积案23起，调解初信初访187件，在重要时段、重要节点切实加强维稳工作，有效维护了社会稳定。

社会治安实行网格化管理。在镇政府驻地柏香山村继续实行网格化管理，实施"两严一降"网格保证金制度。充分发挥巡防队伍、各村义务巡防队员和治安协管员的力量,在永靖大道和文阁大桥设立了2个治安卡点,息烽收费站出口设立了1个警务室;大力推广安装超B级锁芯60把、摩托车前叉锁200把。在全镇实行了社会治安网格化管理,实现了一村一警务助理的农村警务管理,大力开展法制宣传工作,在中小学普及法制课教育,政府部门共同参与协调联动,保障了法制环境持续良好。

安全、国土、林业等的巡查力度加强。各种巡查检查1000余次,其中进行矿山、烟花爆竹、校园周边安全、消防、建筑工地等重点行业和区域安全检查600余次,发现隐患30条,并立即落实整改,"十二五"期间安全生产、食品药品安全事故形势持续向好,工矿商贸、道路交通事故发生率和死亡率均为"零"。土地巡查500余次,制止违法用地63起,严格按照规划做好控违拆违工作,五年共上报违法违章建筑116起,下发《停工通知书》116份,已拆除11户,拆除面积4476平方米。林业巡查400余次,查处林政案件20起。

充分发挥人民调解的作用,坚持每月召开一次基层矛盾排查信息员会议,对排查出的问题明确责任人限时整改。加强了对村级调委会的检查督促,力争把各类矛盾纠纷解决在基层,消灭在萌芽状态。良好的社会氛围为经济的发展奠定了坚实的基础。

(二)西山镇落实县城同城化战略存在的问题

1. 旅游资源丰富,但影响力不够

西山镇旅游资源丰富,有曾是明清至民国时期的西南佛教圣地西望山;有"凤池传灯""瞿昙问道"等八大景,"玉乳泉""万卷书"等二十四小景;还有风景优美的团员山侏罗纪生态带;景象万千的红鱼洞、凉风洞等地下溶洞群;清澈明亮的底寨河、鹿窝河、胜利河等。黔商文化的遗物——华家大院作为县级文物严加保护。自2012年以来,投资打造水岭沟乡村旅游,建设农家乐、乡村客栈等配套设施,主要用于接待重庆避暑游客,旅游资源优势不断凸显并得到有力开发和利用,但旅游影响力不够,没有形成完整的旅游产业链;知名度不够,没有在国内外打造出响亮的品牌,没能广泛带动食品加工业、建筑业、农业等行业的快速发展,也没能优化土地、劳动力、资金和物资等各种资源的配置;缺乏人才引进,旅游利用度不高。旅游资源的组合和积累还需要进一步发展。

2. 产业类型多元，但综合实力不强

西山镇坚持"富民强镇，旅游兴镇，可持续发展"三大战略，统筹产业发展，初步形成了类型多元化的产业发展态势，促进强镇和富民互动发展，农业和旅游业互动发展，切实推进西山镇农业从传统向现代化转变，农业与旅游产业融合发展，从单一的发展模式向综合的发展模式转变。

从产业对经济贡献的情况来看，综合实力不强。一产、二产、三产结构不合理，其表现为：农业产业化水平低、农民的组织化程度较低、农业抗风险能力差、抵御自然灾害能力不足、农村经济发展滞后，增长方式仍然以粗放的传统农业为主；工业产值低，工业规模小，企业数量少、规模小，辐射带动力不强，没有支柱企业，缺乏规模以上企业引领，市场竞争力不足；第三产业还处于起步阶段，服务业发展总体滞后，市场化程度不高，消费拉动能力不足，旅游产业没有形成真正产业链，旅游资源欠开发。总体上看，经济发展总体落后，经济总量小，综合实力不强。产业结构调整不成规模，高新技术产业发展较为缓慢，缺乏有市场竞争力和影响力的龙头产业和品牌产业。

3. 基础设施逐步完善，但服务水平不高

在"十二五"期间，西山镇基础设施日益完善，人民生活生产水平不断提高。按照全县"一核四带两连线"的美丽乡村规划布局，完成了林丰村水岭沟、柏香山文阁、鹿窝村中心上下寨和尾鲊 5 个村寨的农村综合环境整治，全面完成 5 个村寨房屋立面整治 623 户、修建广场 4 座、停车场 1 座、污水处理系统 3 座、整治人行步道 5.3 公里、改建进组道路 0.8 公里，建成了鹿窝综合服务中心、滨河步道 2 公里、长廊 210 米、观光亭 4 座、河滨长廊 210 米，实施了 4 个村寨农户庭院改造。全镇 13 个村实现村村通柏油（硬化）公路；互联网全镇可通，移动电话信号实现全覆盖；镇内有 350KV 的变电站一座，电力资源充沛。西山镇不断加强农村公路、农村电网、饮水安全等基础设施建设，强化农村社会管理，切实提高农民收入，改善农村生产生活条件。但农村公共服务水平依然不高，没有为各种市场主体提供良好的发展环境与平等竞争的充分条件，社会安全保障和公共产品提供仍然不足，因此，在为劳动者提供就业机会和社会保障服务等方面有待提高。

4. 特色资源聚集，但挖掘培育不力

西山镇地方特产闻名遐迩，特色资源聚集。如西望山一带生产的虫茶远近

闻名，老鸦底的贡米、鹿窝的葡萄、金星的蓝莓、新寨沟的杨梅都是特有的物产资源，这为西山镇的农业特色产品打下了良好的发展基础。但农业水平低，发展不成规模，农业增长方式还是以传统粗放式农业为主，经济总量小，产业结构不合理，缺乏品牌化经营，挖掘开发培育不到位，没有形成一套完整的开采销售体系，销路不畅通。因此，需重视挖掘和重点培育产品的附加值及经济效益。

三　西山镇"十三五"时期城镇群协同发展的路径分析

城镇化是城市现代化的必经之路，城市群是城市发展的高级阶段，城市群在区域经济发展中有着重要的关键地位，与产业群一起协调制约着区域经济的发展辐射能力，因此需明确城市群和产业的关系，不断加快城镇化发展进程，优化产业布局，增强区域发展推动力。西山镇"十三五"时期重点在于根据自身特色，明晰自身发展定位和发展路径，拓宽城镇群协同发展道路，完善城镇功能，实现同城化发展。

（一）明晰功能，落实"两带三区一核心"的空间布局

根据县委县政府关于西山镇的发展定位，结合全镇的产业现状、交通物流条件、资源禀赋，重点构建"两带三区一核心"的空间布局。坚守发展和生态两条底线，在经济总量提高的同时注重经济质量的改善，破解城镇化建设和农村建设困境，突出"城镇化带动、创新型驱动、产业化引领"三大战略，服从和服务于县城总体规划布局，以"美丽乡村"建设作为统领"三农"工作的抓手，走一条同城化小城镇发展的新路。

1. 两带

"两带"是指水岭沟—文阁—尾鲊—中心—西望山形成的乡村避暑休闲度假旅游带、息九公路沿线的干果产业带。推进产城互动骨干道路和支线道路建设，进一步拉开城镇扩容空间的框架，建设县城至西山的快速通道，将现有道路提档升级建设环团圆山公路，将团圆山纳入县城中心山体公园，并对周边进行旅游开发，将底寨河进行保护性开发，作为县城观光河景。

2. 三区

"三区"指以地热资源开发为重点的柏香山温泉度假区、以佛教文化为切入点的西望山风景名胜区、盘活原有工业存量转型的金星工业园区。加快新型宜居城镇化建设进程。做好柏香山温泉招商项目和黔商文化小城镇建设的规划设计，将规划融入县城的总体规划中。加快污水、供热、供电、息烽至九庄公路改道、停车场建设、农贸市场建设等基础设施的建设力度，配套整体推进城镇化建设。深化多彩贵州文明行动活动，充分发挥卫生保洁员的作用和充分发动群众保洁队伍的作用，不断巩固卫生城市创建成果。加快道路改造与道路两旁的美化亮化等项目建设，努力为群众营造居住环境更美、生活设施更全、生态环境更优、人文环境更佳的宜居城镇。

3. 一核心

"一核心"指以县城延伸为支撑和以黔商文化为底蕴的柏香山城镇建设。加大城镇建设力度，提高城镇化建设进程。立足西山镇的定位与标准，加快构建布局合理、特色鲜明的新型小城镇体系，统一规划和建设柏香山集镇建设，不断建成设施齐全、功能完善、经济活跃、环境优美的生态宜居集镇。强化基础设施建设，加大重点村组的打造，着力体现"温泉度假、黔商文化"的特色；全面加强生态环境保护，推进村庄的亮化、绿化，把村寨作为景点来建设，提高示范点的示范作用。积极探索村民自治管理，环境卫生养护新机制，在组建队伍、完善制度、激励保障上下功夫，切实改变示范村庄环境面貌。

（二）主动融入，实现县城同城化与区域城镇化同步发展

1. 中心城镇主动对接上位规划，实现同城化发展

当前正处在产业结构转型、城市体系转型、体制机制转型的重要时间点，探索发展同城化道路是符合发展规律的。西山镇要充分利用县城和集镇同城化发展、交通便利、生态良好、文化底蕴深厚的旅游优势，全面规划设计现代农业和乡村旅游有机融合的发展模式，不断提高区域经济整体竞争力，将实现同城化发展作为新型城镇发展的重要战略，为提升城镇综合竞争力而主动打破各项束缚，破除行政壁垒和地方保护主义的空间管制方式。处于中心位置的西山镇，主动对接上位规划，努力实现同城化发展，主动改进与地域相邻、社会经济联系密切的城市之间的交往方式及一体化的空间管治方式，使西山镇与其他

城市之间在地域空间、产业结构、基础设施、管理制度等方面逐渐融合，呈现出一体化发展的状态，走出一条新型城镇发展道路。

2. 提升辐射带动能力，实现城乡共同繁荣

新型城镇化是现代化的重要载体，中心城区建设在推进新型城镇化的过程中具有举足轻重的作用，发挥中心城区的集聚和辐射带动作用则是完善城市功能的综合体现。引进有实力的企业开发西望山，修复瞿坛寺；开发底寨河，巩固提高水岭沟的乡村旅游精品示范点；把底寨坝区、小鹿窝坝区通过美丽乡村建设平台，建成新的乡村旅游示范点；引进企业开发柏香山温泉，带动发展大健康温泉养老产业。西山镇不断提升辐射带动能力、基础服务能力、产业支撑能力、城市管理能力、文化建设能力，实现城乡共同繁荣。连通道路、打通公路、扩建房屋、吸引人才，不断加强提升中心城区的承载能力、发挥中心城区的辐射带动作用，促进实现城乡共同繁荣的美好愿景。

（三）特色发展，构建具有西山特色的产业发展格局

1. 立足基础优势，打造特色农产品品牌

西山镇立足于自身基础优势，构建发展特色西山产业格局，加快产业结构调整步伐，因地制宜发展现代农业，引导群众逐步退出传统的耕作观念和耕作习惯。加大对农产品的宣传力度，帮助当地居民树立生产经营产品要素，充分利用各种农产品交流会、招商会宣传特色农产品。充分利用县城和集镇同城化发展、交通便利、生态良好、文化底蕴深厚的旅游优势，全面规划设计现代农业和乡村旅游有机融合的发展模式，在鹿窝片区大力发展观光农业，壮大葡萄、贡米、花卉等产业。加大宣传，提升公众知名度，将已具备一定基础或形成一定规模的蔬菜、核桃、葡萄、贡米、杨梅、蓝莓、虫茶作为农业产业的主攻方向，大力发展特色优势产业。西山蔬菜种植面积3.2万亩，建设蔬菜现代高效示范园核心基地5500亩，完成了蔬菜无土栽培试验，完成生物农药试验示范200亩。加大产业结构调整力度，提高西山镇农业产业结构层次和发展水平。不断提高农产品的质量，使农产品具有品牌优势。

2. 承接辐射产业，盘活存量推动转型发展

西山镇改善企业经营环境，有效利用制造业沉淀的存量资产，增强经济效益。陆续完善永靖工业园区西山部分的基础设施"九通一平"及配套设施项

目建设，完善招商项目包装和对外宣传，广泛宣传镇内的投资环境和资源存量，重点将优势生态旅游资源作为向外宣传推介和招商的重点。带动盘活辐射产业，激活资金的流动性，依托市场经济，利用市场规律，强化人才建设。加强对外经济合作，继续改善投资环境，进一步扩大对内对外开放，加强政府的政策和资金引导，推进基础设施、社会公用事业、产业发展等领域的投资，扩大社会投资规模。提高投资质量和效益，着力扩大消费需求，保持全镇经济持续较快发展。"十三五"期间，将永靖工业园区、柏香山温泉开发、西望山佛教旅游开发、鹿窝坝区农旅融合项目作为大招商项目进行包装设计并向外推荐。

3. 挖掘资源优势，探索农旅融合发展

西山镇依托独特的区位优势，利用当地特色资源，将农业和旅游业相结合，用良好的生态旅游风光吸引游客消费和游览。通过整合当地资源优势，将产业资源与空间资源等结合起来，着重开展农业观光旅游，提升农旅功能，探索当地农旅融合发展的新模式。充分利用县城和集镇同城化发展的机遇和交通便利、生态良好、文化底蕴深厚的优势，全面规划设计现代农业和乡村旅游有机融合的发展，筹资打造佛教文化寺庙群，开发西望山虫茶、贡米等特色农产品并加强市场推广，体现传统农耕文化与现代设施农业体验游、温泉养生、风情小镇为特色的旅游主题。挖掘打造"华府故园"文化，配套建设村寨民俗旅游、底寨河休闲景观、养老养生度假。在吃、游、住、娱等方面培育出一批知名品牌，支持水岭沟乡村旅游实现升级，壮大林丰餐饮一条街，促进整体经济的快速发展。加大西望山旅游项目规划开发，将其作为辐射小寨坝红岩、九庄多缤洞、石硐胡家湾温泉、青山苗族特色旅游村寨、鹿窝乌江峡的中心。挖掘当地资源优势，延伸现代农业功能，带动当地农民发家致富。

（四）创新治理，全面提升区域发展品质

1. 推进文明创建常态化，提升社会文明程度

西山镇不断加强文明创建工作，重视文明创建工作，提升社会文明程度，提高全镇文明标准。加大文明宣传力度，提升全镇知识水平，全面巩固创建成果，加强城市管理、规范集镇交通秩序、维护市场秩序，不断提升城市信息化、城市网格化、城市常态化管理水平。注重历史文化资源保护与开发，加强华家大院的保护和修缮，修复文昌阁和牌坊。保护并利用好华家大院、寺庙遗址，有计划地挖掘息烽历史文化人物。加强公共场所文明劝导与市民文明习惯培养，树文明新风，构建出良好的社会文明氛围。

2. 着力改善民生服务，深化平安建设和综合治理，提升群众安全感和幸福指数

西山镇狠抓社会治理和民生事务，提升群众安全感和幸福指数。全面协调发展社会事业。切实抓好城乡低保动态管理，做好城乡居民养老保险扩面，健全医疗保障体系，继续依托农村危房改造工程项目，不断改善居住条件。深化平安建设和综合治理，深化教育强镇创建工作，继续抓好办学条件改善和办学质量的提高工作，慎重推进校点撤并。改善医疗卫生条件，提升医疗服务水平，加快村级卫生室建设和村医派遣。促进人口均衡发展，提高优生优育率，坚持人口计划生育国策，均衡男女发展，切实提高计生服务水平。创新社会管理，将群众工作站（室）、网格化管理向村寨延伸。严打"两抢一盗"，狠抓禁毒工作，让群众安居乐业。切实保障妇女儿童、老龄人、残疾人合法权益，做好留守儿童和困境儿童的关爱，推动各项社会事业健康发展。西山镇不断推进平安建设和综合治理，使镇内呈现良好的居住氛围，镇区人民生活幸福，安居乐业。

参考文献

贵阳市委、市政府联合调研组：《息烽县发展情况调研报告》，2016年11月9日。
中共息烽县委：《关于制定息烽县国民经济和社会发展第十三个五年规划的建议》，2016年1月8日中共息烽县委十二届五次全会通过。
息烽县人民政府：《中共息烽县委　息烽县人民政府关于息烽县工作情况的汇报》，2016年11月12日。
息烽县人民政府：《2016年息烽县人民政府工作报告》，2016年6月23日。
陈刚：《在市委常委会听取息烽县工作汇报时的讲话》，2016年11月12日。
卓飞：《在市"十三五"规划调研组来息调研座谈会上的讲话》，2015年9月28日。
吴道欢：《乐山乐水　人化自然——息烽县现代山地农业与新型山地旅游业发展扫描》，《贵阳文史》2016年第4期。
《贵州息烽：远教引领农村电商"加速快跑"》，中国共产党新闻网，http://dangjian.people.com.cn/n1/2016/0817/c117092-28643973.html。

B.14 创新都市现代农业发展模式 打造高品质都市农业镇

——息烽县石硐镇"十三五"发展思路研究

摘　要： 在工业化和城市化的高速发展过程中，都市现代农业是产业升级和经济发展到一定程度的必然产物。近年来，贵阳市委、市政府高度重视都市现代农业发展，并在2014年出台了《贵阳市都市现代农业发展规划（2014~2020年）》。石硐镇是贵阳市优质"烤烟之乡"，拥有近96%的农业人口，主要以种植业为支撑产业。"十二五"时期，石硐镇以"三农"为着力点带动区域发展迈向新台阶，主要表现在农业产业粗具规模、农村基础设施水平显著提升、农民生活质量明显提高，这为石硐镇建设都市现代农业打下良好基础。在实施农业产业规模化战略过程中，石硐镇遵循现代农业发展的规律，依照息烽县现代农业发展思路，提出了"一镇四区一辐射"的发展空间布局，通过创新农业发展模式、构建现代都市农业产业体系，全力实施基础设施建设工程、完善民生保障体系，打造高品质都市农业镇。

关键词： 石硐镇　现代都市农业　创新模式　构建体系

都市现代农业是产业升级和经济发展到一定程度的必然产物，且已成为现代农业发展的重要走向。2012年至今，贵阳市已初步进入都市现代农业的发展轨道，市委、市政府高度重视都市现代农业发展，并在2014年出台了《贵阳市都市现代农业发展规划（2014~2020年）》。"十三五"时期是工业化、城镇化、信息化、农业现代化加快推进的重要阶段,石硐镇坚守发展和生态"两条底线",结合自身是农业镇的发展定位,充分运用已有的产业优势,巩固烤烟发展,全力加快推进核桃大镇、蔬菜大镇建设,着力打造温泉休闲度假区,加快推进旅游服务建设。围绕都市现代农业,引进先进理念、先进技术及先进设施,以美丽乡村建设为抓手,促进农业产业结构调整,发展高端、精品、有机农业,为群众需求减困增收,建成巩固小康社会。

表1 石硐镇基本情况一览

	辖区面积	120.56平方公里		辖区人口				
概况	辖区范围	位于息烽县西部,东与青山苗族乡、永靖镇相邻,北抵九庄镇,西南与修文县大石乡、六桶镇接壤。距息烽县城21公里,距贵阳70公里	户籍人口	9114户		流动人口		8500人
				27573人				
	自然资源	矿产资源主要有煤矿、硫铁矿、钾矿等,其中尤以煤储藏最丰富、品位最高。温泉资源丰富,难冲桥村胡家湾温泉日出水量可达2000立方米	困难群体	低保人员	869人			
				60岁以上老人	3405人	建档立卡贫困551户	1384人	外出打工	2790人
			特殊人群	残疾人	566人	失业人员	130人	刑释解教人员	63人
				留守儿童	403人	吸毒人员	134人	缠访、集访带头人	0
				失学儿童	0				

	村(居)民可支配收入		地方财政总收入	村集体经济		一产总值	二产总值	三产总值	辖区内企业	招商引资			全社会固定资产投资
	村民	居民		总数	资金总额					签约金额	签约企业	落地企业	
经济发展	11778元	9951元	2105元	18个	161.29万元	16648.9万元	21598.3万元	17479.7万元	4个	3.84亿元	4个	4个	644.4万元

	六个小康专项行动计划					
基础设施建设	小康路	小康水	小康房	小康电	小康讯	小康寨
	53.66公里	16个村通,2个在改造	192户	18个村全部通小康电	16个村通互联网,2个未通	5个

245

续表

教育资源	幼儿园		小学		中学(初中和高中)		大中专及以上院校
	公办	民办	公办	民办	公办	民办	0
	1个	3个	7个	0	1个	0	
文体建设	人文资源		重点文化节庆活动				公共文体活动场所(包括广场、公园和体育运动场所等)
	2个		0				18个
医疗卫生资源	乡镇卫生院				1个		养老院	1个
	医护总数		床位数		床位占用率		村级卫生室	18个
	16人		20张		37.9%			

资料来源：表格数据由石硐镇提供。

一 石硐镇是典型以种植业为主导产业的农业镇

石硐镇属于息烽县典型的传统农业大镇，具有良好的交通条件和农业基础，同时具有一定的区域特点和乡村旅游资源。但是，"十二五"期间石硐镇受宏观环境变化的影响和客观发展条件制约，面临着产业结构不合理、资源利用程度不高、缺水问题突出等挑战。

（一）乡镇概况

石硐镇于2013年9月撤乡建镇，地处息烽县西部，东与青山乡、永靖镇相邻，距息烽县21公里，西距修文大石乡19公里，东南距修文久长镇18公里，是息烽县西上贵毕高速的便道之一，也是缓解黎安至息烽通达遵义交通压力的必经之道。全镇总人口27573人，总面积为120.56平方公里，其中，农业人口25308人，占总人口96%，耕地面积23.4平方公里。石硐镇以传统种植业为主，主要发展烤烟、大蒜、香葱等产业，是贵阳市优质"烤烟之乡"，是息烽县典型的农业大镇。

（二）区域特点

1. 一产比重较大，产业结构不合理

建设社会主义新农村，实现城乡统筹的关键在乡镇，而产业结构不合理是制约乡镇经济的重要因素，因此，进一步调整和优化产业结构，强化乡镇产业支撑，是当前推进城镇化建设的一项重要任务[①]。

2015年，石硐镇生产总值66037万元，其中，一产增加值18549万元，二产增加值24628万元，三产增加值22860万元，一、二、三产增加值占生产总值的比重分别为28%、38%和34%。由此可知，石硐镇第一产业比重较大，产业结构亟须调整和优化。

2. 发展资源丰富，利用程度较低

石硐镇拥有丰富的矿产资源，主要有煤矿、硫铁矿、钾矿等，其中尤以煤储藏最丰，目前已有年产3万吨的马家箐、大兴田、石硐、小红寨四家煤矿；森林覆盖率达48%，镇内难冲桥一带和大洪村一带原生天然林多，树林丰茂，水土保持良好，是息烽县避暑胜地之地；石硐镇拥有丰富的土司文化和本地乡土文化，以石硐村的雨鲊、水头村的颜家湾等少数民族村寨为中心的特色民族村寨最为突出。目前这些矿产、土地、林地、民族文化等资源开发利用效益都不高，没有把相关产业做大做强，形成规模和品牌效应。

3. 缺水问题突出，污水处理能力不足

解决饮水问题是石硐镇老百姓最关心的问题，也是最需要政府帮助解决的难题。2015年，石硐镇落实修建集中供水项目，基本能解决5个村的饮水问题。但是，石硐镇总辖18个行政村，其中，13个村严重缺水，猫场村和木杉村最为严重。石硐镇饮水问题仍然亟待解决。

在水资源短缺的背景下开展水资源保护显得尤为重要。石硐拥有丰富矿产资源的同时也带来诸多生态环境污染问题，例如，对处于地下水位之上的矿体，在开采前需将矿坑进行疏干排水，这将严重破坏矿区周围地下水资源的平衡；在矿产加工过程中，产生大量的废气、废液、废渣造成严重的空气污染和

---

① 陈永林：《新农村建设中乡村产业结构调整探析——以赣南地区为主》，《产业与科技论坛》2009年第9期。

水资源污染，致使居民用水"雪上加霜"。因此，石硐镇应加大污水治理力度，保护水环境。

二 "十二五"时期以"三农"为着力点带动区域发展迈上新台阶

"十二五"时期，石硐镇以"三农"为着力点全力推进区域发展与脱贫攻坚，并取得一定成效，主要表现在三方面：主导产业优势日渐凸显，初步形成农业产业规模化发展；有序推进美丽乡村建设，农村基础设施水平显著提升；民生事业全面推进，农民生活质量明显提高。农村呈现欣欣向荣的景象，农民人均纯收入逐年增长①。

（一）主导产业优势凸显，农业产业规模发展初步形成

1. 农业产业布局基本形成

石硐镇坚持以市场为导向，以农民增收为核心，依靠科技进步，全镇农业产业布局趋于合理，农业经济综合能力进一步加强，农业产业化经营初步形成，农产品商品率有较大提高。

围绕"两带三园三区"②都市现代农业发展思路的总体规划布局③，因地制宜，谋划石硐农业产业发展，采取"公司+农户"、合资等模式，鼓励和引进龙头企业或种植大户发展种植产业，带动群众增收致富。"十二五"期间，石硐镇根据不同的区域制定不同的产业发展模式，产业布局基本形成，果品种植以高端有机猕猴桃、刺梨等为主，有机蔬菜种植以莲花白、番茄等为主。其中，猕猴桃种植以中坝、大洪村为主产区，中坝村已规划建设万亩猕猴桃园区。蔬菜种植以高青村为主产区，并辐射带动周边村寨种植莲花白、白菜、番茄等。

---

① 石硐镇人民政府：《石硐镇2011~2015年工作总结》，2015。
② "两带"指围绕贵遵高速沿线、都格高速沿线，形成农旅特色产业观光带和都市休闲养生产业示范带；"三园"是在养龙司、红岩葡萄沟建成万亩蔬菜示范园和万亩葡萄示范园，在九庄镇建成千万羽肉鸡养殖示范园；"三区"围绕蔬菜、水果、肉鸡三大示范园，打造"菜篮子""果盘子""肉案子"三大产业发展区。
③ 贵州省农业委员会：《息烽县都市现代农业发展规划（2016~2020年）》，2016年7月8日。

2. 农业产业粗具规模

石硐镇以产业带动村集体经济的发展，2015年末种植猕猴桃1000余亩，并辐射红星村、石硐村、前丰村、龙坪村、高峰村，已流转土地2000亩，猕猴桃产业已初具规模；总投资100万元、占地面积2500平方米的前丰村镇级蔬菜产业园区育苗大棚于2015年5月建成投入使用；烤烟生产作为传统经济作物的地位得到稳固，产区主要以高峰—何家硐一线为主；2万余亩核桃种植已粗具规模；养殖业规模稳步扩大，以中坝村养鸡为主的畜禽养殖业逐步得到发展。

（二）美丽乡村建设起步，农村基础设施水平显著提升

石硐镇2015年启动"美丽乡村"创建，共17个建设示范点，现已启动2个点，基础设施建设进一步夯实，交通、水利、通信等基础设施实现了全方位立体式覆盖，以镇政府所在地为中心的集镇建设步伐明显加快。

1. 交通设施建设进一步优化，路网基本形成

"十二五"时期以来，石硐镇着力发挥交通在推动经济发展中的先导性、支撑性作用，基本形成了"两纵两横"交通骨架网，即九庄—石硐—黎安、青山—高寨—泉湖—修文、石硐—龙坪—修文、石硐—修文三合，形成连接各村进村进组路的交通网络，公路总体密度提高，道路逐渐绿化、亮化，实现了管理常态化、规范化。另外，石硐镇通过"一事一议"制度商议进寨进组公路和串户路建设，实现了村级公路、串户路普遍硬化，硬化率有了较大提升，农村路网基本形成，通行率大幅提高，方便了群众出行。

2. 农田水利设施建设不断加强

石硐镇大力开展山塘整修治理、新建并加固沟渠。加大饮水工程建设，确保饮水安全，饮水工程达50处以上，超过预期目标；小水池建设基本覆盖全镇各村，缓解了工程性缺水问题；排洪沟建设均得到一定改善。全面完成了小型水利工程管理体制改革和基层水利服务体系建设。连续实施土地整治项目，生产便道建设项目，进一步完善了农耕水网。

3. 电力、通信设施不断完善

完成电网骨架网改造和农村电网改造工程，有效保障了群众生产生活用电需求。移动电信通信网络基本覆盖，除大洪、高青两村村委会未连通宽带外，其余16个村均通宽带。

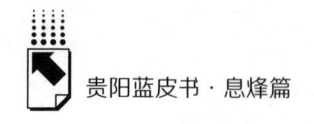

（三）民生事业全面推进，农民生活质量明显提高

"十二五"期间，全镇优先发展教育，加快文化事业发展，着力提升医疗卫生水平，提高劳动保障能力，加大开展精准扶贫力度，社会事业全面发展，群众幸福指数明显提高。

1. 教育教学质量不断提升

石硐镇始终把"两基"工作、"控辍保学"、中职教育工作作为全镇工作重点来抓，实行控辍保学和中职教育招生包保责任制，巩固提高"两基"水平，做好"控辍保学"工作，学生辍学率大幅下降。大力推进学校亮丽工程建设和校园文化建设，实施了石硐中学学生宿舍、中心幼儿园建设，营造了良好的校园环境，教学质量大幅提升。

2. 文化事业快速发展

深入开展了扫黄打非和文化市场管理工作，对黑网吧进行了取缔。成功举办了石硐村雨鲊苗族文化活动，开展了春节期间花灯等民间传统文化活动，积极发挥老年体协腰鼓队、秧歌队、舞狮队作用，引导群众参与积极健康的生活方式。实施集镇有线电视网络改造工作，累计完成广播电视户户通工程1600户、村村通工程1200户，完成农村公益性放映年均265场。

3. 卫生计生服务水平明显提升

石硐镇党委政府将卫生计生服务工作始终放在重要位置和突出位置，由党政一把手亲自主抓。"十二五"期间完成全镇18个村卫生服务站点升级改造，实现了人民群众"小病不出村、大病不出镇"的目标。农村合作医疗筹资逐年递增，报销比例呈上升趋势。同时，提高以人口素质为中心，严格落实计划生育"双降一升"目标，实行计生协会会员联系户制度，开展就业关爱工程、计生帮扶等活动，计划生育工作连续取得优异成绩，各项指标均如期完成，"双诚信双承诺""三按月"等工作顺利推进。镇综治办、计生办站、派出所全力配合上级部门抓好镇内流动人口管理工作，流动人口服务管理水平明显提升。

4. 精神文明建设常抓不懈

为提高居民精神文明素质，石硐镇开展了文明餐桌、文明出行、文明用语等文明创建活动，把文明创建活动延伸到较远的大洪村、难冲桥村，通过发放宣传单和以实际文明行动去影响村民们加入到文明创建活动中来,积极为文明石硐添砖加瓦。认真开展"多彩贵州文明行动",镇内群众满意度达90%以上。当地涌现出了全国"三八红旗手"、全国"城乡妇女岗位建功"标兵、贵州省第二届敬业奉献道德模范朱代琴,以及贵阳市见义勇为郑登书等先进模范人物。

5. 精准扶贫开展力度不断加强

2012年石硐镇有贫困村13个,其中一类贫困村5个,二类贫困村8个,截至2015年,石硐镇消除贫困村9个,识别贫困村4个,其中一类贫困村1个(大洪村),二类贫困村2个(中坝村、龙坪村),三类贫困村1个(高青村)。2015年,已完成120户贫困户及4个贫困村识别的建档立卡工作,完成结对帮扶、制定计划、填写表册、数据录入、数据更新等工作;实施减贫摘帽及贫困村脱贫项目多个,已完成脱毒马铃薯项目、西红柿项目及中坝村整村推进项目的报账。

三 石硐镇以现代农业为重点建设都市农业镇的思路研究

石硐镇充分利用现有农业的发展基础和条件,遵循现代农业发展规律,依照息烽县现代农业发展思路,提出了"一镇四区一辐射",从总体布局明确功能。同时,构建现代都市农业产业体系,实施基础设施建设工程,完善民生保障体系。全力推动石硐镇农业发展迈向都市现代农业新台阶。[①]

(一)"一镇四区一辐射"的功能空间布局

综合考虑石硐镇内资源环境承载能力、现有产业空间分布、物流交通条件和未来发展潜力等因素,结合农业镇的定位,充分运用已有的产业优势,着力构建"一镇四区一辐射"空间布局(见表2)。同时,以石硐镇城镇建设、产业发展以及生态要素分布为依据,将石硐的城乡功能空间划分为集镇新区、农

---

① 石硐镇人民政府:《息烽县石硐镇国民经济和社会发展第十三个五年规划(2016~2020年)》,2015。

业发展区、旅游辐射区三大主要功能分区。在总体布局的指导下，合理布局全镇交通、水利等基础设施（见表2、表3）。

表2　石硐镇构建"一镇四区一辐射"空间布局情况

"一镇四区一辐射"总体布局		区域划分
"一镇"	集镇新区	沿石硐镇政府所在地的高峰村湾子组、瓦厂组建设集镇新区，扩大集镇规模
农业发展"四区"	烟叶种植产业区	承担息烽县烟业种植的主要功能
	高端有机果品产业区	在石硐、木杉、大洪、中坝、红星建高端猕猴桃种植区，在红星、高峰发展刺梨种植区，在何家硐、水头、高寨发展核桃种植核心区
	蔬菜种植产业区	在前丰、水头、高青、高峰、"石硐村大路槽—木杉村夏家湾—木杉村枫香林"区域发展蔬菜种植
	肉鸡养殖区	在中坝、木杉、水头、猫场区域发展肉鸡养殖，承担镇内养殖业的主要功能
"一辐射"	旅游辐射区	胡家湾温泉健康养生养老旅游区，辐射带动整个石硐旅游服务业的发展

资料来源：息烽县石硐镇十三五发展规划，下同。

1. 功能分区

集镇新区。实施扶贫生态移民工程建设，建设集镇新区，扩大集镇规模。大力实施扶贫生态移民搬迁工程，搬迁生产生活条件艰苦的群众到集镇居住。实施集镇环城路建设，缓解集镇的交通拥堵问题，实施集镇人行道建设、道路白改黑工程，新建城镇污水处理厂，完善城镇排洪工程等基础设施配套建设。

2. 农业发展"四区"

烟叶产业区：充分利用基础条件好、产业发展潜力大、资源环境承载能力强的区域，承担烟业种植的主要功能。高端有机果品产业区：以中坝现有的猕猴桃、红星的刺梨种植优势，在石硐、木杉、大洪、中坝、红星建高端猕猴桃种植区，在红星、高峰发展刺梨种植区，在何家硐、水头、高寨发展核桃种植核心区。蔬菜产业区：充分利用高青村莲花白、前丰西红柿等蔬菜种植基础，在前丰、水头、高青、高峰、"石硐村大路槽—木杉村夏家湾—木杉村枫香林"区域发展蔬菜种植，实现种植区域合理。肉鸡养殖区：依托特驱公司资源，在中坝、木杉、水头、猫场区域发展肉鸡养殖，承担镇内养殖业的主要功能。

3. 旅游辐射区

建设温泉健康养生养老旅游区，在胡家湾开发温泉，打造温泉旅游名片，依托良好的生态优势，抓好乡村旅游，发展乡镇旅游点。围绕石硐至龙坪公路沿线，发掘当地土司文化和乡土文化；以石硐村雨鲊、水头村颜家湾等少数民族村寨发展中心特色民族村寨文化；石硐至猫场一线挖掘苗族文化；扩大清涛生态园项目建设成果，把生态园打造成宜居人文旅游避暑胜地，吸引重庆、广东等游客入住。

表3　石硐镇基础设施布局内容

	交通布局	水利布局
基础设施布局	建立"两纵两横"交通骨架网，即将九庄—石硐—黎安交通大动脉升级为省道S420，提升改造青山—高寨—泉湖—修文、石硐—龙坪—修文、石硐—修文三合三条道路	依托龙漩涡水厂、石硐水厂优势，抓好"双水源"建设，为石硐经济社会发展及群众生活用水提供坚实保障
目　的	形成连接各村进村组路的交通网络，提高公路总体密度。抓好道路绿化、亮化，实现管理常态化、规范化	提高小水池和截流沟建设规模，着力解决旱地用水和产业区用水问题，覆盖蔬菜产业区

（二）构建现代都市农业产业体系

1. 打造一批优质农产品生产示范基地

针对石硐镇优势农业未形成规模化生产、附加值不高的现实，需要通过打造一批优质农业产品生产示范基地，以示范基地建设为重点，抓好中坝、大洪猕猴桃生态示范园建设；抓好前丰、高峰等村蔬菜示范园区建设，打造乡村旅游；抓好难冲桥、猫场葡萄生态示范基地建设。围绕难冲桥温泉旅游项目开发，基本形成葡萄种植、农业观光旅游的生态示范基地。

蔬菜产业采取集中示范的方式发展优质番茄、大葱、莲花白等类别的种植。建设蔬菜产业园区，扩大蔬菜种植规模。根据群众种植习惯和合作社流转土地的情况，重点在前丰、高峰等村发展番茄产业，在高寨、水头、难冲桥等村发展大葱、折耳根；在高青、木杉等村发展莲花白。在种植基地办示范点，按照无公害农产品操作技术规程，按照标准化的种植方式，不断培育和发展优质蔬菜生产基地。优质果业采取大户经营的方式发展猕猴桃、刺梨等类别的种植。采取"公司+农户"模式,流转农村土地规模化种植优质果品,重点在中坝、大洪、红星、石硐、木杉等村发展猕猴桃及刺梨规模化种植。加大全镇2万亩核桃管护力度,巩固猫场、难冲桥葡萄产业。

2. 创新一系列都市现代农业发展的扶持措施

不断加大政策、金融、财政等扶持力度,助推农民专业合作社向组织化、多元化、规模化、深入化发展,推进农业产业发展步伐,增强合作社之间的联系与合作,健全干部队伍和工作指导体系,开展多种形式化的产品销售服务,进一步拓宽产品营销渠道;在农户家庭经营的基础上,以发展专业大户和家庭农场为重点,大力培育多元化经营主体,提高家庭经营集约化水平,鼓励农业能人和专业大户通过租赁、股份合作等形式流转土地和扩大发展家庭农场;创新农村经营管理服务、积极拓展农村合作社金融、农业信贷担保和政策性农业保险;加快构建全程覆盖、综合配套、机制灵活、保障有力、高效运转的新型农业社会化服务体系。①

为促进农产品的生产和销售,石硐镇应建立农产品交易市场,规范全镇活禽交易秩序,解决石硐镇赶集时无活禽交易市场产生的脏乱差等问题。抓好与市、县及以外的市场接轨,打通农产品交易流通渠道。抓好集镇农贸市场和农业要素市场建设,提高规范化和特色化水平。培育和发展农产品营销队伍,为外向型农业经济服务,力争进入县的二级市场。发展农村行业协会、农民合作经济组织和农民经纪人等中介组织。

3. 探索一种"互联网+农业"的销售体系

"十三五"期间,石硐镇要建立电子商务便民服务中心,建立电子商务服务点,实现电子商务全覆盖。

2015年全国"两会"上,李克强总理的政府工作汇报中推出"互联网+农业"行动计划。②"互联网+农业"大大促进了农业资源、农业生产、农产品市场等各方面信息的有效传递,有利于解决分散的小农生产和大市场信息不对称问题及绿色食品供求市场对接问题,面对发展建设现代都市农业镇的石

---

① 陈晓华:《现代农业发展与农业经营体制机制创新》,《农业经济问题》2011年第11期。
② 《探析"互联网+农业"快速发展大趋势下绿色食品的销售问题》,绥阳新闻网,2016年2月19日。

硐，应积极探索一种"互联网＋现代农业"的新型农产品销售体系，构建石硐农特产品经销新模式，如"互联网众筹""点对点订制"等，着力发展农村电子商务，推动示范点由"种得好"向"卖得好"转变，拓宽特色农产品销售渠道，鼓励镇内优质农产品实行网上销售，建立网上信息平台，促进网上洽谈、网上采购、网上交易和网上支付，加快农业产业化步伐，实现农业增效、农民增收。

4. 延伸一条"农业＋文化＋旅游"的产业链条

在建设社会主义新农村的时代背景下，石硐镇全面落实《"十三五"贵州省"四在农家·美丽乡村"新农村建设工作方案》，以增加农民收入为落脚点，以保护传承传统文化为切入点，将现代高效农业示范园区、"四在农家·美丽乡村"、农产品加工企业等要素深度融合，在旅游业、文化产业、农产品加工业、现代服务业、养生休闲与健康服务业等领域，不断拓宽产业发展空间，延伸综合产业生态产业链，完善镇域产业体系。

以农业产业为依托，发展乡村旅游产业。一是发展种植养殖业，提升农业附加值。引导农户利用本地区农业产业发展优势，发展野鸡、野猪等特种养殖和早中晚熟优质果蔬种植，大力发展观赏花卉、观光采摘、蔬菜种植等附加产业，制作特色旅游产品。二是发展多样化的休闲体验模式，开展农家特色民间小吃、钓鱼、野外捕猎等休闲体验活动。三是加强基础设施建设，完善服务链条。新建和配套完善各项旅游设施，以难冲桥温泉项目开发为依托，完成景区钻探及水质分析、景区规划及景区基础设施建设。建设具规模上档次有特色的运输、餐饮、住宿一条龙旅游服务经济实体，进一步提高旅游接待能力和服务水平。四是大力发展乡村观光旅游，围绕石硐至何家硐公路沿线，发展乡村避暑旅舍，抓好精品客栈打造和农家乐建设，抓好前丰村避暑旅游点建设，使之建设成为距离集镇最近的避暑旅游点，促进农业转型升级、农民就业增收，精准助力大扶贫攻坚。

（三）实施基础设施建设工程

1. 以公共交通为重点，构建功能清晰、交通产业一体化的交通体系

"十三五"期间，石硐镇要争取石硐至黎安公路大修工程项目，实施道路提级改造建设，将九庄—石硐—黎安公路升级为省道S420；提级改造青山—

高寨—泉湖—修文、石硐—龙坪—修文、石硐—修文三合三条道路为县级公路，改造水头至新寨、高青村、中坝至大洪村至何家硐、红星至中坝等原建设村级公路；力争2018年实现全镇10户以上集中村寨"一事一议"进寨进组路硬化全面完成。

2. 以保障产业供水和生活用水为重点完善农田水利工程

以保障农业供水、生活用水和城镇供水为重点，加大水利设施的建设力度，开展骨干水源工程建设，以农村集中供水为重点，建设一批供水提质增效工程。同时，完善水利设施和城镇供水管网建设。实施石硐集中供水工程：首先是实施猫场、泉湖等13个村人饮集中供水；其次是利用石硐水厂现有规模，全面覆盖石硐、木杉、光明、中坝4个村人饮集中供水；最后是建设龙漩窝水库为中小型水库。

3. 以提升环境品质为重点推进美丽乡村建设工程

为加快推进美丽乡村建设，石硐镇着力打造"一核四连线"，不断提升环境品质。"一核"即围绕石硐集镇为中心进行环境综合整治。"四连线"即围绕石硐至黎安公路沿线，依托沿线少数民族风情、丰富的水资源和良好生态资源，发展旅游业；围绕石硐至龙坪公路沿线，发掘当地土司文化和乡土文化；围绕石硐至何家硐公路沿线，发展乡村避暑旅舍；围绕石硐至光明沿线，依托当地自然条件，发展生态农业。结合生态移民工程，打造"水头村刘家湾、石硐村马路岩、高峰村梅纳寨"三个点。建成息烽县卫生乡镇。"十三五"时期，着力打造"四在农家·美丽乡村"普及型建设点，争取打造成提高型示范点。

4. 以保障生产生活为目标全面改造供电通信设施

加大基础设施建设的投入作为扎实推进美丽乡村建设的一个重大举措。石硐镇以保障生产生活为目标，强化电力基础设施建设，加大农村电网的改造建设力度，提高电网对全镇经济社会发展的供电保障能力，保障居民和工业用电安全。建设新一代移动通信网络，推进宽带信息网"最后一公里"和宽带互联网建设，完善农村有线电视网络。全面改造城镇通信设施，加快城镇4G基站建设，实现4G基站信号在城镇的全覆盖。对无信号、信号差的村进行3G基站和无资源补缺的建设，改变农村通信落后状况。

（四）完善民生保障体系

1. 以资源、结构、布局更优为导向推进教育事业发展

教育是实现现代化建设的战略基础，必须把教育摆在优先发展的战略地位，建立健全基本公共教育服务体系，逐步实现基本公共教育服务均等化。保障公民依法享有接受良好教育的机会，不让一个学生因家庭经济困难而失学，保障残疾人受教育权利，加强学校教师队伍建设。实施石硐小学寄宿制学校建设，实现中、小学寄宿制教学，取消木杉、高峰、大洪、水头、难冲桥等周边教学点，改建以原何家硐小学、猫场小学、龙坪小学为片区的中心幼儿园。一方面，全面普及十五年教育，巩固好九年义务教育，推进义务教育学校标准化建设，促进义务教育优质均衡发展，推动普通高中优质特色发展，发展民办教育并规范民办教育办学行为。另一方面，继续推进农村寄宿制学校建设，改善学生食宿条件，全面改善镇内学校体系建设。还要加强师资队伍建设，全面提升办学水平和教育质量。

2. 完善社会兜底与精准扶贫相结合社会救助体系

为加强扶贫开发和农村低保制度的有效衔接，发挥社会救助制度救急难、兜底线功能，有效保障农村困难群众基本生活，"十三五"期间，石硐镇应加快完善社会兜底与精准扶贫相结合的社会救助体系。

建立更加完善的社会救助制度。完善城乡居民最低生活保障和农村"五保"供养制度，推进最低生活保障工作信息化和农村"五保"供养机构规范化建设。落实城乡医疗、特殊困难残疾人及受灾群众救助制度，加大对困难群众的专项救助力度，加大复员退伍军人的优抚力度。

建立更加完善的社会养老服务体系。加大农村互助幸福院、五保供养等养老服务设施及机构的发展力度。健全农村留守老年人、儿童、妇女关爱服务体系。拓宽残疾人就业渠道和提高社会保障水平，落实孤残儿童保障制度，加强优抚安置工作，引导城镇居民积极参与农村新型养老保险。完善以医疗保险为核心，社会医疗救助为依托的医疗保障制度与精准扶贫相结合的社会救助体系。

3. 以强化源头治理和风险防控为重点健全公共安全体系

着力抓好公共社会安全，强化风险防控，为石硐镇经济社会发展营造良好的外部环境。加强社会矛盾纠纷排查化解,进一步完善重大事项、重大工程社会风险防控机制建设。继续巩固和提高"两严一降"工作成效,加强技防和物防建设水平,加强对犯罪行为的打击力度,深化和提高天网工程,抓好对禁毒工作的管控,加强对邪教及邪教人员的打击力度,巩固"无毒害"乡镇建设成果,促进社会和谐。抓好安全生产监督管理,降低煤矿山、非煤矿山、项目建设、消防、地质灾害、道路交通等方面的人员伤亡数量,确保实现安全生产。

参考文献

贵阳市人民政府:《贵阳市都市现代农业发展规划(2014~2020年)》,2014。

贵阳市委、市政府联合调研组:《息烽县发展情况调研报告》,2016年11月9日。

中共息烽县委:《关于制定息烽县国民经济和社会发展第十三个五年规划的建议》,2016年1月8日中共息烽县委十二届五次全会通过。

息烽县人民政府:《中共息烽县委 息烽县人民政府关于息烽县工作情况的汇报》,2016年11月12日。

石硐镇人民政府:《石硐镇经济社会发展战略研究》,2015。

石硐镇人民政府:《石硐镇人民政府"十二五"规划执行情况》,息烽县区委办政研室,2015。

高世宏:《西部欠发达地区区域协调发展问题研究》,内蒙古大学硕士学位论文,2014。

张红宇:《新常态下现代农业发展与体制机制创新》,财新网,2015年2月13日,http://opinion.caixin.com/2015-02-13/100783961_all.html。

B.15
实施协同融合两大战略
做强一红一绿两大名片
打造贵阳北大门的节点小城镇
——息烽县流长镇"十三五"发展思路研究

摘　要： 2016年8月息烽县流长完成撤乡设镇。① 撤乡改镇是推动城镇化进程、推进美丽乡村建设的良好契机，有利于防止重复性建设以及政府将人力、物力和资金汇聚并集中用于建设。城镇化发展能促使区域内人口规模在较短时间内增加，为扩大中心小城镇的规模提供了需要的人口基础。本文以案例研究为主，分析流长镇"十三五"期间面临的机遇和挑战，提出要利用好"一红一绿"两大名片，坚持融合发展、开放合作、生态优先、改革创新四大原则，实施协同融合两大战略，提升社会经济发展水平，以期对息烽县流长镇新时期小城镇建设提供重要借鉴。

关键词： 流长镇　协同　融合　规划　小城镇建设

中国是传统农业大国，农业一直居于重要的基础地位，"三农问题"是国家经济社会可持续发展的重要基础。随着城镇化不断发展，小城镇建设在解决"三农问题"上发挥了重要作用，是带动农村经济和社会发展的一个大战略，促进了城镇化建设和新农村建设的良性互动，对经济快速增长、社会和谐发展

---

① 成婵：《息烽县流长、鹿窝撤乡改镇》，息烽县人民政府网站，2016年8月8日，http://www.xifeng.gov.cn/info/1092/57837.htm。

具有重要意义。"十三五"期间,流长镇应借助小城镇建设是机遇,提升经济社会发展水平。流长镇基本情况见表1。

表1 流长镇基本情况一览

	辖区面积	105.9平方公里			辖区人口				
概况	辖区范围	位于息烽县西北部,乌江库区南岸,东与养龙司镇、小寨坝镇隔磨河、水河相望,南与小寨坝镇、鹿窝镇接壤;西与鹿窝镇隔河相望;北与金沙县相望		户籍人口	6571户		流动人口	253人	
					21796人				
			困难群体	低保人员	884人		外出打工	827人	
				60岁以上老人	417人	建档立卡贫困户	2309人		
	自然资源	乌江峡谷风光;生态农业景观		残疾人	1433人	失业人员	6人	刑释解教人员	12人
			特殊人群	留守儿童	275人	吸毒人员	48人	缠访、集访带头人	2人
				失学儿童	0				
经济发展	村(居)民可支配收入		地方财政总收入	村集体经济		一产总值	二产总值	三产总值	辖区内企业	招商引资			全社会固定资产投资
	村民	居民		总数	资金总额					签约金额	签约企业	落地企业	
	13746元	24310元	0.26亿元	15个	225万元	1.7548亿元	0.5958亿元	2.1394亿元	86个	0	0	0	6.9474亿元
基础设施建设	六个小康专项行动计划								
	小康路	小康水		小康房		小康电		小康讯	小康寨
	80余公里	全镇95%以上通自来水		完成农村危房改造485户		全部通电		实现全覆盖	完成美丽乡村建设普及型创建点12个
教育资源	幼儿园		小学		中学(初中和高中)		大中专及以上院校		
	公办	民办	公办	民办	公办	民办	0		
	1个	4个	4个	0	1个	0			

续表

文体建设	人文资源		重点文化节庆活动	公共文体活动场所（包括广场、公园和体育运动场所等）	
	阳戏；花灯		—	21个文体广场	
医疗卫生资源	乡镇卫生院		1个	养老院	1个
	医护总数	床位数	床位占用率	村级卫生室	15个
	32人	20张	90%		

资料来源：表格数据由流长镇提供。

一 两期叠加，流长镇未来发展机遇与挑战并存

"十三五"时期，是流长镇产业结构调整与小城镇建设的重要阶段，借助这一重要契机，流长镇未来经济社会发展将进一步向生态环境友好、科学可持续的方向转变，在快速发展的关键期和转型发展的窗口期，充分发挥自身优势，实现跨越式发展。但同时还应充分认识到流长镇发展的机遇与挑战。

（一）天时地利人和，流长镇处于快速发展的关键期

1. 地处贵阳、遵义、毕节三市交界处，区位优势明显

流长镇位于息烽县城西北部乌江南岸，镇政府所在地距县城33公里，距川黔铁路、210国道及贵遵高等级公路21公里，境内交通方便，硬化路通向库区各渡口码头。最低海拔760米，最高海拔1304.8米，属中海拔地区，年平均气温为15℃，土地面积105.9平方公里，辖15个村，131个村民组，6571户，总人口21796人。有汉、苗、布依三个民族，其中少数民族同胞86户291人。年降雨量1000～1300毫米，无霜期290天左右。人均耕地面积0.93亩，非耕地面积11万余亩，有林地43840亩，森林覆盖率为30%。全镇三面低谷环水，水资源丰富，水质纯蓝。流长镇水陆交通便捷，8个村毗邻乌江水域面积1万余亩，已建高碙、顺江两个码头，筹建大塘、磨河水两个码头，逐步完善水上交通。息流、流新、流鹿县乡公路实现全部硬化。镇内陆路、水路交通便利，供电、电信、移动、远程教育等网络覆盖全镇。

小城镇建设对外交通联络主要依托高速公路、国省道和县道。在贵州省打造的100个示范小城镇中同时具有高速公路、国省道过境的仅有25个。① 流长镇地处贵阳、遵义、毕节三市交界处,有良好的地理区位优势。"十二五"期间,流长镇的交通建设取得了显著的成效。共修建乡村公路23公里,硬化进村公路48公里、串寨路52公里,修建机耕道36公里,建成乡村招呼站15个,改造码头1处。利用良好的区位优势,建立健全便捷的交通路网,即要加强同高速公路、国省道的衔接,强化城镇、同其他乡镇间的交通融合,如提高综合运输整体效率,连接镇镇通、村村通路网并形成顺畅的城乡衔接通道,在充分利用既有路线统筹城乡发展的同时,对现有交通规划项目进行整合,发展公路经济,都是流长镇经济发展的优势资源。

2. 文化资源丰厚,是息烽县的文化之乡

流长镇是1935年红军长征南渡乌江的途经地②,当地留下了许多红军书写的标语和传说。流长镇具有丰富的文化资源,在息烽县享有"文化之乡"的美誉。相传400余年的流长阳戏于2009年8月被列入贵阳市非物质文化遗产。它与地戏类似,以祭祀为主,兼具娱乐功能。阳戏是以说唱台词的形式演出,被称为"九板十三腔"(指运用9种乐器13种唱腔),大量使用钵、锣、鼓、铙等乐器,道具有刀、鞭、三尖刀、大木刀、卦、令牌等。一出阳戏共分24坛(即24台戏),包括迎神下马、煞仗、开坛礼请、参灶领牲、造棚、亮台、堂屋回畲、天官开台、上云台、灵祖、催愿敲枷、赐神、还财神、钟馗打鬼、酿星、回三伯公婆、施孤、勾愿、卜卦、开缸上献、造船、送神、起马褂、回神。正式演戏时,演员们要画上脸谱,身着戏服,手拿道具进行演出。由于阳戏坛数众多,出演一台阳戏最少要36个小时,有时还穿插许多"耍耍戏",甚至可以连续演三天三夜。在演出期间,主人要杀猪宰羊、摆酒设宴招待戏班演员及前来庆贺的客人,周边七村八寨的人们都来观看,场面十分热闹。③

---

① 饶亮:《贵州省100个示范小城镇对外交通联络研究》,《城市建筑》2016年第22期。
② 刘辉:《集结流长镇红军故事永相传》,贵阳网,2016年7月23日,http://epaper.gywb.cn/gyrb/html/2016-07/23/content_477929.htm。
③ 《民间文化的瑰宝:流长阳戏》,息烽县人民政府网站,2009年8月25日,http://www.xifeng.gov.cn/info/1080/6952.htm。

3. 撤乡改镇，处于小城镇建设发展关键阶段

撤乡改镇能改变机关作风、提高办事效率和满足整合资源需要，既能降低管理费用、减轻国家财政，顺应农村生产力和经济发展的要求调整生产关系和上层建筑与之适应，还能减轻农民负担，是国家推动乡镇一级基层机构改革、政府职能转变、减轻农民负担的一项重要措施，是构建和谐社会、破除城乡二元结构的根本途径。流长2016年获批撤乡改镇，与全县其他乡镇相较而言，流长镇的小城镇建设仍处在关键的起步阶段。撤乡改镇为流长的发展带来了新机遇，对于流长未来的科学性可持续发展而言，集中了政府的财力、物力投入社会建设。撤乡改镇后，流长镇的人口数量和区域面积都相应增加或调整，政府推动小城镇建设的回旋余地增大，对学校、医院等公共设施和资源可以进行合并调整，集中布局，统筹管理。同时进一步激发建设活力和建设热潮，开发建设商业街等服务性公共基础设施。区域内人口规模的增加，为城镇规模扩大提供了充足的劳动力资源。促进企业和个人向镇中心集中，进一步强化了其中心作用和对周边地区的辐射带动作用，辖区范围的扩大在一定程度上减弱了生产要素和人口向小城镇集中在体制机制上的阻力。区划调整使全镇的地理布局更加合理。综合考虑各项因素后重新布局，具有实际意义和合理性。

（二）问题瓶颈突出，流长镇处于转型发展的窗口期

1. 产业规模不大，带动发展能力不足

流长镇属热带季风湿润气候区，气候温和，夏无酷暑，冬无严寒，常年6～8月受干旱困扰，是一个典型的旱作农业镇，税改面积20843.83亩（其中田6859.8亩、土13984.03亩）。流长镇正努力打造以"前奔梨"、橘橙、葡萄、大枣等为主的经果林种植基地，把流长镇建设成乌江低热河谷特色经果林基地。但是目前"前奔梨"园区、新场葡萄园区、宋家寨长涌果蔬园区建设才刚刚起步，无法充分发挥辐射带动作用，积极拉动镇内经济发展，提高群众的生活水平。

2. 交通瓶颈突出，区位优势尚未转化为发展优势

以目前的发展情况看，流长镇的经济社会发展仍主要受到交通条件的制约，与周边主要城市的交通连接不够紧密，乡村交通系统尚未完善，部分村

级道路等级不高、尚未通行客运车辆，群众生产生活出行都极为不便，一些进组公路、串户路、机耕道交通设施尚不完善，以至于区位优势尚未能转化为发展优势。

3. 社会结构转型，民生问题亟待解决

因收入差距拉大、接受教育层次不一出现更多社会分层，城乡居民生活温饱型、舒适型、发展型并存。流长镇社会建设面临诸多新课题，例如学前教育、高中教育以及职业教育滞后于经济发展，劳动力素质总体偏低，高中级人才匮乏；整体医疗水平不高，城乡文化服务体系不能满足需求等，社会结构亟待转型。需要更加注重困难群众、弱势群体基本生活保障问题。随着信息化快速推进，公众参与意识、监督意识日益增强，不同群体的利益诉求日趋多元化，建立快速、有效发现、回应和参与机制成为社会和谐稳定的关键，需要在维护和增进整体利益的同时，更加注重均衡利益与维护社会公平正义。

二 流长镇"十三五"发展的基本原则及战略重点

流长镇"十二五"期间取得的成效和存在的问题，很大程度上有助于认识"十三五"时期需要坚持的基本原则。流长镇"十三五"时期应该坚持融合发展、开放合作、生态优先、改革创新四大原则，从战略的角度把握发展重点，聚焦"一红一绿"两个重点、发展公路经济与园区经济、通过抢抓项目建设进一步带动镇域发展。

（一）基本原则

1. 坚持融合发展

在新型城镇化进程中，产城融合发展是提升区域社会经济发展的重要要求，只有将"产业"、"城镇"和"人"三个最基本的要素紧密结合并形成良性互动，将产业发展与城市的功能、空间和价值相融合，"以产促城，以城兴产，产城人融合"，才能为实现经济增速、社会和谐、环境友好的发展目标提供不竭动力，也能带动大中小城市和小城镇协调发展及促进工业转型升级，为产业升级提供需要的地理空间、配套服务、人力资源和市场需求①。同时还有助于实现城镇发展和产业融合。

2. 坚持开放合作

党的十八届五中全会提出"开放"是五大发展理念之一。"十三五"期间，需要进一步科学布局新型城镇化建设，开创对外开放的新局面，丰富对外开放内涵，提高对外开放水平，充分学习和借鉴发达地区优秀的发展经验，加强经济、文化、人才、资源等各方面的交流合作，吸纳创新的发展理念，将流长本地实际与省内外乃至国内外的发展趋势相结合，从顶层设计的角度统领全镇的发展规划，与具有先进发展经验的地区深化合作。坚持开放共享，深化全方位对外开放，努力形成深度融合的互利合作格局。健全深化合作机制，完善政府机构职能，建立有效的沟通联络制度，为流长镇的发展探索出一个因地制宜的合作利益分享机制。

3. 坚持生态优先

当前转型发展面临着从以往的经济优先思维向生态优先思维转变，从传统发展模式向科学发展模式转变。如何处理好经济发展与生态保护之间的关系，是推动流长实现增长方式历史性转型、传统经济向绿色经济转变的根本要求。现实中，选择牺牲掉长远的、根本的生态效益，在短期和局部的经济效益面前妥协和奉行经济优先的发展思路往往较多。坚持将人类经济活动的生态合理性放在优先于经济与技术的合理性地位的生态优先原则模式落地的并不多。事实上，生态优先与"以经济建设为中心"并不矛盾。生态优先并非不要发展，而是坚持生态优先，是要改变那些高投入、高消耗、高污染、低效益的传统发展模式，是要以资源节约、环境友好、持续发展的绿色经济发展模式取代导致浪费资源、破坏生态环境的经济发展模式和逐步向生态文明转变。

4. 坚持改革创新

政府职能转变、政务服务改革是推动社会经济发展的重要动力。破解小城镇建设过程中在资金投入、体制限制、项目落地、民生改善等诸多方面长期积累的问题，都离不开改革创新的魄力和行动力。改革创新是当今时代精

---

① 潘锦云、姜凌、丁羊林：《城镇化制约了工业化升级发展吗——基于产业和城镇融合发展的视角》，《经济学家》2014年第9期。

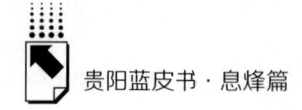

神的核心，也是社会建设的基础保证。要坚持以改革创新的发展思路来调整产业结构、推动经济转型，通过全面深化改革激发市场主体活力，推进技术进步和全面创新，实施创新驱动发展战略，培育新的经济增长点，保持稳增长和调结构之间的平衡。

（二）战略重点

1. 聚焦"一红一绿"两个重点

流长镇"十三五"期间加快产业发展的重点在于红色旅游和绿色产业同步发展，"一红一绿"两张名片将成为吸引投资、提升经济增长的重要增长极。

在发展红色旅游方面。以产业发展拉动红色旅游，以红色旅游促进产业发展，而红色旅游开发促进农业产业的发展作为流长镇"一江两带三园区"经济发展的既定目标，其着力精心打造以聚焦红色旅游为主的乌江峡景区开发和以农业产业发展拉动的红色旅游开发。

在发展绿色产业方面，着力完善高效生态农业园区建设，扩大产业规模，通过经果林种植达到产业扶贫的目的。全力"发展公路经济、建设水果之乡"，竭力缩小贫困面，巩固全面小康社会成果，实现生活环境改善、发展生态农业，使人民生活富裕、社会和谐稳定。

2. 发展公路经济与园区经济两大模式

公路经济带一般指以高速公路及其附属的运输网络为基础，以高速公路干线及其他线状基础设施为发展轴，以农业、高科技产业及新兴第三产业的发展为主导，以实现持续发展为目标的一种带状区域经济系统[1]。高速公路沿线的产业结构是以高新技术为主的第三产业的发展，沿线农业主要以现代化高效农业为发展方向，将沿线的高新技术产业区培育成当地经济发展龙头，同时，利用沿线尤其是位于高速公路出口处城镇便利的区位优势，带动其发展成为地区的商业中心[2]。而高速公路的影响和带动能力则是通过其沿线城镇对周边地区

---

[1] 韩增林、杨荫凯、张文尝等：《交通经济带的基础理论及其生命周期模式研究》，《地理科学》2000年第4期。

[2] 韩增林、张小军、张红丽、尤飞：《我国主要高速公路经济带发展规律与对策探讨》，《辽宁师范大学学报》（自然科学版）2001年第4期。

的辐射作用来实现的。流长镇利用区位优势发展公路经济,辐射带动周边地区发展,是提升区域经济活力的最佳路径选择。

另一方面,加快农业产业结构调整的步伐,着力打造三大农业园区、发展园区,也有助于拉动经济发展,促进农民增收。因地制宜发展产业化、规模化、集约化的高效生态农业。对各类农业专业合作经济组织加以引导,并发挥其示范带头作用。

3. 实施项目带动发展战略

实施项目带动战略是发展县域经济的现实选择,要壮大县域经济,结合实际,"十三五"时期流长镇须加强项目建设,强化资金管理,注重投资效益,促进全县经济结构调整和经济问题扩张。打通项目落地渠道,拓宽项目融资方式,落实项目管理制度,健全项目工作机制,营造适宜项目落地的环境。项目是扩大投资、促进经济增长的重要载体,保持经济平稳较快发展的目标最终要落实在项目建设上。重点把握住项目建设的关键环节,选准项目内容,发挥带动作用。

三 流长镇"十三五"发展的思路与实现路径

(一)突出高效生态,推动农业发展产业化、规模化、集约化发展

1. 打造三大农业园区

发展园区经济有助于拉动经济发展,促进农民增收。一是"前奔梨"梨产业园区,继续巩固"前奔梨"种植规模,加强后续管理,使其产生经济效益。整合项目、资金、技术,打造提升"前奔梨"核心区,辐射带动四坪、龙泉种植、管理"前奔梨",带动前奔、四坪和龙泉三个村的群众致富奔小康。二是新场葡萄园区继续巩固和发展现有的葡萄规模。完成营中、新中、水尾片区葡萄种植园区,并做好现有葡萄地的耕种管理,巩固经果林种植成效。三是精品水果蔬菜产业园区,以流长镇宋家寨为核心,辐射至李安寨、长涌一带,引进农业企业和种植大户通过土地流转方式种植葡萄、蔬菜,以精品水果、大棚蔬菜为主栽品种,打造集观光、采摘、农家乐为一体的农业

产业带。结合招商引资和规模发展，因地制宜开展农业产业结构调整工作，努力发展好以蔬菜为主的农业产业园区建设。流长镇三大农业园区基本情况见表2。

表2 流长镇三大农业园区基本情况

园区名称	地理位置	主要农产品	建设规模
"前奔梨"梨产业园区	四坪—前奔—龙泉—线	"前奔梨"	5000亩
新场葡萄园区	营中—新中—水尾—线	葡萄	2500亩
精品水果蔬菜产业园区	以宋家寨为核心，辐射至李安寨、长涌一带	精品水果、大棚蔬菜	3500亩

2. 发展农村集体合作经济

农村集体经济长期以来在农村经济社会发展中占有重要地位。发展壮大农村集体经济对规模化经营、农村改革深化、农民组织化程度提高、农业产业化推进都具有重要意义。引导各类农业专业合作经济组织加快发展，引进外部优势资源，与本地优势条件结合，培育出本地的龙头企业和龙头产品，是减轻农民负担、促进农民增收的有效途径。

创新集体经济发展形势，鼓励村级组织以兴办各类新型合作经济组织，实现开放式经营，优化集体资源配置。要根据本地实际情况，结合本地产业优势、产品优势、地理环境优势，以村委会为主体，村组合一，组建相应地专业合作社或创办经济实体，通过开展产、供、销服务和创办农产品加工企业，增加村集体收入，壮大村集体经济实力。

探索农村集体经济的多种实现形式。在提升家庭经营能力和经济效益的基础上，充分发挥农村集体经济统一经营的优势，激发农村发展活力。通过积极发展股份合作制经济，打破地域和资源限制，将农民劳动合作与社会的资金、技术、管理方式相结合，发挥土地、山林的资源优势与商品开发的产业优势，有针对性地新办经济实体或对传统的集体经济进行股份制改造能壮大其整体实力。

引导农村新型合作经济大力发展，实现农村集体经济的可持续发展。引导村集体与基层农技组织、供销社、农业龙头企业、农业专业大户等多方资源开展共同合作，积极开发技术指导、信息传递、物资供应、产品加工、市场营销等多个领域、多个种类和多种层次的专业合作社，采取创办集体企业、建设商品基地、开发优势资源、扶贫开发带动等多种模式发展农村集体经济[①]。

（二）突出文化特色，推动旅游业融合发展

1. 打造以红色旅游为主的乌江峡景区

流长镇龙泉、前奔、四坪三个村，是1935年中央红军一、三、五军团南渡乌江的重要渡口，是一片充满红色气息的热土。依托乌江自然风光，深入挖掘流长文化之乡的红色旅游资源，开展重走长征路活动，打造流长红色名片，发展流长旅游业。

2. 加强跨区域合作，借力发展红色旅游业

区域旅游合作是指在一定地域范围内，让不同的旅游要素在区域范围内自由流动，重新配置，形成具有内聚力的新型旅游区，以获得经济效益、社会效益和生态效益最大化。红色旅游资源和独具特色的历史文化古迹或自然旅游景点能促进跨区域合作，并进一步整合优势资源。因此，借力发展红色旅游业，不仅有助于突出流长红色旅游特色，也能够形成区域合力，推动息烽红色旅游整体发展。

3. 深挖传统特色文化，做大乡村文化旅游

深入挖掘当地旅游资源的文化内涵，突出乡村文化特色是发展乡村旅游的关键所在。乡村文化旅游是名副其实的现代旅游业的重要内容和重要民生产业，它在促使农业变成高效产业、乡村变成美丽家园、农民变成富裕而有尊严生活的群体、乡村文化传承和保护等方面，都发挥着重要作用，这大大延伸了农业产业链条。可从文化特色的挖掘、无形资源的转换、名人资源的推广、民俗资源的利用等方面进行深度开发。聚焦"绿色、休闲、参与、体验"的发展方向，坚持功能多样化、投资多元化、发展产业化，实现经济效益、社会效益和生态效益同步发展，推动传统农业向生产、生活、生态"三生合一"的多元化方向转变，加强城乡互动，调整产业结构，打造现代农业旅游发展体系。

[①] 张静：《发展壮大村集体经济的几点思考》，双阳区农网，2014年12月1日，http://www.jlagri.gov.cn/Html/2014_12_01/88491_88632_2014_12_01_232999.html。

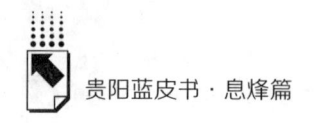

（三）突出设施建设，推动环境和谐宜居

1. 提升交通通达能力

"十三五"期间，结合流长镇发展需要，在进行道路网络规划、公共交通规划、停车规划、慢行规划和交通管理策略时选择不同的侧重点，以打开毕节北大门为总抓手，强化与毕节市的连接，以普通公路为基础，全面提升公路等级，进行油路改造，完成流小线以及通村通组公路的建设，最终形成以交通带动经济发展的模式，沿江旅游公路栈道建设。加大息黔高速路建设力度，解决制约流长发展的交通瓶颈问题，发展流长公路经济。完成息黔高速公路流长互通至前奔息烽乌江大桥公路。完成息黔高速公路流长互通袁家寨—李安寨城镇主干道建设，配套建设城镇主干道两侧多功能基础设施。改建李安寨高速公路匝道出口—宋家寨公路，缓解180县道鹿窝方向车辆经流长镇的交通压力。启动规划新建城镇主干道——流长西门黄家麻窝连接长涌、龙泉公路，拓展流长镇发展空间。注重道路等级与小城镇规模匹配，节约利用土地资源，坚持绿色、低碳的发展理念，加强生态环境保护，实施资源节约型、环境友好型发展，实现交通联络绿色发展。

2. 解决工程性缺水问题

实施安全饮水工程。改建长涌村高洞人饮提灌站，新建皮匠岩提灌站，有偿引流金沙县后山乡幸福村碾坊结余水源到大塘码头，供红色旅游开发码头运行使用，更换甘溪人饮提灌站机组，增大流长镇供水量。

实施灌溉工程。新场葡萄园区抗旱灌溉工程，延伸水尾村张家寨、顺江提灌站管道到新中、营中村葡萄园区，配套安装喷滴灌节水灌溉设施，延伸小寨坝镇鱼剑河水库引水管道函婆岭—李安寨—宋家寨—长涌精品果蔬园区。

3. 满足现代用电需求

城镇建设和产业结构调整升级势必会导致用电量的增长，实现农村自来水化、电气化、路网化等建设要求的新农村建设都需要充足的电力支持。加大农村基础设施的投资，释放的存量需求，消化城市的存量生产能力。应对和解决农民基础建设完成后的用电压力，满足用电持续增长需求，形成巨大的电量增长空间[1]。

---

[1] 雷子：《电气化，新农村的呼唤——从两个示范村看新农村用电需求》，《湖北电业》2008年第5期。

要实现各项基础设施建设目标，就需要尽快满足现代化的用电需求及其快速增长的需要，实施农村电网的改造升级工程，提升供电能力和服务水平，协调解决改造升级中遇到的各类问题，确保改造升级工程按期完成。

4. 提高通信便捷水平

农村通信与信息服务工作是信息化的重要组成部分，是社会主义新农村建设的重要任务。进一步提高和加强农村通信便捷水平及农村农业信息化服务能力建设，进一步提高农民收入、转移农村剩余劳动力、加快农村社会事业发展具有重要意义。农村农业信息化服务能力的评价与建设既要关注服务本身，又要关注农民满意度，必须通过政府与农民上下联动、外部推动与农民自动相互结合，实现农村信息资源的整合与共享、加强农村信息资源建设力度和多途径提高农村信息资源开发利用水平的目标。

（四）突出民生为本，推动城镇化发展进程

1. 优化公共服务，提高发展品质

努力扩大就业，提高人民生活水平。继续把扩大就业当成最重要的任务，鼓励多种资本投入，将服务业、中小企业和非公有制经济作为扩大就业的主要渠道，增加就业岗位，扩大就业容量，充分吸纳劳动者就地转移实现就业。健全就业服务体系，开发新的就业服务组织网络，发挥各级就业部门的服务功能，提供全面、及时、可靠的岗位用工信息，切实有效地提升职业介绍服务的效率和质量。完善就业援助制度，提供集职业培训、技能鉴定、职业介绍、失业保险为一体的综合就业服务。加大职业技能培训投入力度，积极开展市场就业吸纳量大的各类工种培训，重点做好农村富余劳动力、城镇下岗失业人员、失地农民和返乡农民工培训工作。大力开发公益性岗位，促进"4050"失业人员、农转非人员、失地农民、残疾失业人员等就业困难人员的再就业。统筹做好返乡农民工和大中专毕业生的就业安置工作。创造宽松创业环境，落实扶持政策，积极开展创业培训，实现创业带动就业。

完善基本公共卫生服务。按照"人人享有基本医疗卫生服务"的要求，稳步推进医药卫生体制改革工作，包括形成四位一体（药品供应、医疗保障、医疗服务和公共卫生）的基本医疗卫生制度。对应急救治、妇幼保健、健康教育疾病预防控制、精神卫生等方面的保障措施加以建立健全，建立起四位一

体（分工明确、信息互通、资源共享和协调互动）的公共卫生服务体系。提高公共卫生服务能力，提高公共卫生突发事件应急处置能力，促进均等化的基本公共卫生服务使城乡居民均能逐步享有；积极争取项目资金支持，完善卫生院住院综合楼、村卫生室建设，实现村村有卫生室；大力推进爱国卫生运动；切实完善县妇幼保健院功能职责；强化卫生监督执法体系建设；继续抓好传染病防控工作；稳步推进新型农村合作医疗制度；加强食品、药品安全监管工作，GSP（对药品零售企业）认证制度，确保广大人民群众身体健康和生命安全。

加强公共文化服务体系建设。在文化基础设施建设方面，实施乡村农民体育健身和广播电视村村通两大工程，确保每村都有体育广场或文化广场；着力加强文化市场管理。完善文化市场执法体系，建成文化市场管理信息化系统，加强"扫黄打非"和校园周边环境治理，营造健康有序的文化环境。着力保障人民群众基本文化权益。逐年增加公共财政投入，引导民间资金进入公共文化服务体系建设领域，激发人民群众参与公共文化服务体系建设的积极性，逐步完善覆盖全乡的公共文化服务体系，提升人民群众对政府保障其基本文化权益的满意度。实现全镇文体广电基础设施明显改善、群众文体活动广泛开展、文化市场管理健康有序、文化产业在国民经济中的比重明显提高。

加强社会事务和社会组织管理，推进基层自治组织建设，进一步做好殡葬管理、社会组织登记管理、村（居）委会建设等工作。推进殡葬改革，加大农村公益性墓地生态化建设。加大美化村（居）办公用房基础设施建设的投入。加强农村基层组织建设，努力推进社区规范化管理。

建立健全社会保障体系。一是农村养老保险覆盖面继续扩大，支持、鼓励社会资金投入农村养老领域，完善老年人福利服务体系。完成流长中心敬老院建设，以及全镇公益性墓地绿化、道路及硬化。二是加大失业保险征缴力度，保障劳动者在失业期间的基本生活，同时强化失业保险以促进就业。三是进一步推进被征地村民养老保险，对本乡范围内的征地村民加大宣传力度，提高参加实地村民养老保险率。四是医疗保险继续深化改革，不断完善城镇职工及城镇居民的基本医疗保险相关政策，规范对定点药店的考评和监管，构建以基本医疗保障为主体、以保障大病风险为重点的医疗保险制度，努力扩大城乡医保覆盖面。五是职工生育保险全面推行，建立健全生育保险医疗服务管理体系并优化其费用结算办法，生育保险覆盖范围继续扩大。六是加快农村社会保障体系建设，按照城乡统筹发展的要求，大力推进新型农村社会养老保险，着力提高参保率。七是完善农民工和被征地农民的社会保障问题。八是加大企业离退休人员托管，提高退休人员社会化服务管理水平。

2. 推进精准扶贫，提高生活质量

继续加大新阶段扶贫开发力度，着力实现以下几个转变：在扶贫对象方面，由帮扶生活困难群体为主转向帮扶有劳动能力、能够接受生产扶持并通过自己的劳动脱贫致富的贫困农户为主；在工作重点方面，转向点面结合，侧重于扶持集中连片贫困地区和特殊贫困地区；在扶贫目标方面，由以解决贫困家庭的温饱问题为主转向以巩固温饱成果、实现全面小康为主；在扶贫力量方面，转向以依靠各方面力量形成"大扶贫"工作格局为主；在扶贫方式方面，弱化"输血"功能，转向以开发式扶贫为主，培养贫困农户的"造血"功能。

夯实移民安置区发展基础。在四坪村、营中村、新中村、水尾村以及有移民安置的村寨实施道路硬化和机耕道建设、渠道建设，完善移民人饮工程，加强渡口建设，推进移民村寨巩固"四在农家·美丽乡村"建设，支持移民发展种植、养殖业等产业机构调整。

3. 创新管理服务，提高治理水平

提高处理公共危机的能力。建立健全快速有效处置群体性事件和突发事件的工作机制，完善各类公共突发事件应急预案，形成一套能统一指挥、反应灵敏且功能齐全的高效应急处置机制。加强安全生产保障能力建设，落实安全生产责任制，强化安全生产监督管理，促进安全发展。进一步落实和加强消防安全责任制及消防基础设施、兼职消防队伍的建设。落实防汛抗旱、森林防火、地质灾害等应对措施，建成流长镇水上招救站，加强各类救灾、抗灾、防灾物资的储备，做好防灾、减灾工作。

坚持和完善民主决策制度、基层民主制度。切实转变政府职能，重点推进社会矛盾化解工作、社会管理创新工作和公正廉洁执法工作。继续深入开展法制宣传教育，认真实施"六五"普法规划，进一步提高公民法律意识。扎实开展依法治理，大力推进依法治乡进程，继续深化"法治流长"创建工作。加强人民调解，推进社会矛盾化解；加强刑释解教人员帮教安置和社区矫正工作，推进社会管理创新；大力培育律师、公证事业，加强监督管理力度。继续完善对贫困群众、弱势群体的法律援助工作制度,切实维护其合法权益。加强政法队伍建设,推进公正廉洁执法。不断完善信访工作机制,解决好人民群众的合理诉求。按照《宗教事务条例》加强对各宗教活动场所的管理和强化残疾人合法权益维护。纵深推进党务政务公开,让权力在阳光下运作,加大反腐败力度,完善预防和惩治腐败工作的体制机制。

强化劳动保障维权和劳动争议调解仲裁工作,继续推行劳动用工备案制度,全面推进工资集体协商制度,完善协调劳动关系三方机制建设,强化劳动保障监察执法,健全基层劳动关系调解组织,进一步提高劳动争议调处能力,促进劳动关系的和谐发展。逐步提高城乡低保标准,落实国家关于提高优抚对象等人员抚恤和生活补助标准政策,完善抚恤补助经费自然增长机制。加强对其他弱势群体的帮扶。本着优先优惠的原则,加强对优抚对象、计划生育帮扶对象、残疾人等弱势群体的帮助扶持。

加强社会事务和社会组织管理,推进基层自治组织建设,进一步做好社会组织登记管理、村(居)委会建设等工作。加大美化村(居)办公用房基础设施建设的投入。加强农村基层组织建设,努力推进社区规范化管理。要主动适应农村经济社会发展新要求、顺应农民群众过上更加美好生活的新期待,增强做好农村管理服务工作的责任感和紧迫感,创新工作方式,完善管理机制,提升治理水平。

参考文献

贵阳市委、市政府联合调研组:《息烽县发展情况调研报告》,2016年11月9日。

中共息烽县委:《关于制定息烽县国民经济和社会发展第十三个五年规划的建议》,2016年1月8日中共息烽县委十二届五次全会通过。

息烽县人民政府:《中共息烽县委 息烽县人民政府关于息烽县工作情况的汇报》,2016年11月12日。

饶亮:《贵州省100个示范小城镇对外交通联络研究》,《城市建筑》2016年第22期。

潘锦云、姜凌、丁羊林:《城镇化制约了工业化升级发展吗——基于产业和城镇融合发展的视角》,《经济学家》2014年第9期。

李光辉:《我国产城融合发展路径研究》,安徽大学博士学位论文,2014。

B.16
坚持"生态立镇、旅游活镇"战略打造生态文明小城镇
——息烽县鹿窝镇"十三五"发展思路研究

摘　要： 随着中国生态文明建设的深入推进，贵阳市"十三五"提出建设全国生态文明示范城市的目标。鹿窝生态良好，森林覆盖率高，旅游资源丰富，进而提出"生态立镇、旅游活镇"战略，打造生态文明小城镇，以旅游推动城乡经济快速发展是鹿窝的战略选择。本文以案例研究为主，从国家、省（区、市）的层面分析了打造生态文明小城镇是贵阳建设全国生态文明示范城市的重要内容入手，在总结鹿窝的自然资源、发展基础、存在问题的基础上，从产业发展、工作重点、保障措施三个方面指出鹿窝镇生态文明小城镇建设的方向，为生态文明小城镇建设提供参考。

关键词： 鹿窝镇　生态立镇　旅游活镇　生态文明示范小镇

随着贵州省深入推进全国生态文明示范区建设，贵阳全面创建全国生态文明示范城市，探索生态文明城镇建设的有效模式显得尤为重要。息烽县鹿窝镇2016年撤乡改镇，迎来了加快城镇化的发展机遇，不仅有利于聚集人口、盘活资源，而且能有效提高功能辐射带动能力。从而不断推进美丽乡村建设和城乡一体化，建设具有优势和特色的生态文明小城镇。息烽县鹿窝镇基本情况见表1。

表 1 鹿窝镇基本情况一览

概况	辖区面积	97.86 平方公里		辖区人口				
	辖区范围	鹿窝镇地处乌江南岸、西望山北面,东与小寨坝镇、西山镇连界,南与九庄镇毗邻,西与金沙县隔河相望,北与流长镇接壤		户籍人口	5525 户		流动人口	8360 人
					17643 人			
	自然资源	森林植被丰富,森林覆盖率为53.5%,地处乌江库区和丘陵地带,溶洞资源丰富,旅游资源优势较好		困难群体	低保人员	1167 人	外出打工	2012 人
					60岁以上老人	2215 人	建档立卡贫困户	6077 人
				特殊人群	残疾人	427 人	失业人员	433 人	刑释解教人员	28 人
					留守儿童	211 人	吸毒人员	31 人	缠访、集访带头人	0
					失学儿童	0			

经济发展	村(居)民可支配收入		地方财政总收入	村集体经济		一产总值	二产总值	三产总值	辖区内企业	招商引资		全社会固定资产投资
	村民	居民		总数	资金总额					签约金额	签约企业	落地企业	
	12048 元	26643 元	2089 万元	13 个	300 万元	14720 万元	6731 万元	15970 万元	2 个	7500 元	4 个	4 个	6.2998 万元

基础设施建设	六个小康专项行动计划					
	小康路	小康水	小康房	小康电	小康讯	小康寨
	硬化753公里,维修125公里	13 个村全部通水	718	13 三个村全部通电	13 个村全部通4G网络	6 个

教育资源	幼儿园		小学		中学(初中和高中)		大中专及以上院校
	公办	民办	公办	民办	公办	民办	0
	1 个	4 个	1 个	0	1 个	0	

文体建设	人文资源	重点文化节庆活动	公共文体活动场所(包括广场、公园和体育运动场所等)
	花灯	0	—

医疗卫生资源	乡镇卫生院		1 个	养老院	1 个
	医护总数	床位数	床位占用率	村级卫生室	13 个
	9 人	9 张	100%		

资料来源:表格数据由鹿窝镇提供。

一 生态文明小城镇是贵阳建设生态文明示范城市的重要内容

2012年，贵阳市获国家发改委批复建设全国生态文明示范城市。2013年，贵阳市首次提出创建生态文明建设试点实施方案，该方案旨在以乡镇为点带动贵阳市全面建成生态文明市。要求在城镇化过程中融合生态文明，通过以生态文明为指引，打造生态文明小城镇，这既是一种发展理念，也是全国生态文明示范城市建设的基层实践。

（一）建设理念：生态文明与小城镇发展

1. 生态文明是我国乃至人类历史发展的必然选择

人类的发展史与人类文明的历史发展相伴相生。在原始荒蛮的石器时代，人类依附于自然生存，人类同其他生物一样，对自然存在未知和敬畏。随着生产工具的出现，人类进入了农业文明时代，其逐渐使用铁器开辟土地耕种、打猎捕食，生产生活方式出现了质的飞跃。随着蒸汽机的出现，人类进入了工业文明阶段，人类利用科技无限制地开发自然，无节制地使用资源，在经济社会快速发展的同时引发了一系列的环境问题，环境污染、资源短缺已严重影响着人类的生活，生态问题逐渐引起了人类社会的关注，生态保护刻不容缓。1992年召开的世界环境与发展大会通过了《二十一世纪议程》和《里约环境与发展宣言》两个纲领性文件，标志着生态文明已经上升为全球社会发展的重要议程。

生态文明建设是我国社会主义事业发展的必然选择。我国自改革开放以来，经济社会快速发展，虽然地域辽阔但资源禀赋不足，粗放式的工业发展带来了经济增长，但也使环境破坏的形势日益严峻。因此，2012年，党的十八大将生态与经济、政治、文化、社会放在同等重要的位置，生态作为"五位一体"的总体布局，历史性地写入党章，从而开启了我国的生态文明之路。

2. 城镇化是经济社会现代化水平的综合标志

从理论研究的角度看，城镇化有四大表现，分别是农村劳动力向城市转移;二产、三产发展迅速;城市数量不断增多;城镇规模不断扩大[1]。城镇化水平在一定程度上能反映该地区的经济社会发展水平。通常经济发展水平高、产业结构合理、地域优势明显、人口较多的地方城镇化率比较高,反之亦然[2]。

从我国城镇化发展趋势看,城镇化率与经济社会发展水平息息相关。从表2可以看出,1949~1957年,属于新中国成立后的经济恢复期,城镇化率年均增长0.6%;1958~1960年,是"大跃进"时期,城镇化率年均增长1.45%;1961~1963年,受"大跃进"影响,国家进入三年困难时期,财力短缺,基础设施欠账多,城市病突出,城镇化率年均下降0.98;1963~1965年,经济逐渐恢复,但发展缓慢,年均增长0.6%;1966~1977年,受"文化大革命"影响,城镇化率有所倒退;1978~1984年,国家进行农村经济体制改革,城镇化快速恢复,年平均增长0.85%;1985~1991年,以党的十二届三中全会为节点,企业快速在乡镇发展,城镇化率年均增长0.5%;1992~2013年,经济开发区、高新区不断建立,城市基础设施不断提升,城镇化水平快速提升,年均增长2.2%;我国2015年城镇化率达到56.1%。

表2 我国各阶段城镇化率

时间段(年)	1949~1957	1958~1960	1961~1963	1964~1965	1966~1977	1978~1984	1985~1991	1992~2013
城镇化率(%)	10.6~15.4	15.4~19.8	19.75~16.8	16.8~18	17.9~17.6	17.9~23	23.0~26.9	26.9~53.7

资料来源:中国统计年鉴。

我国持续不断推进城镇化建设在一定程度上加速了经济增长。主要表现为:第一,替代出口是经济发展新的增长点。城镇规模扩张必将带来居民需求的增多,拉动消费。同时,必须增加基础设施投入以满足发展需要,拉动投资。第二,优化产业结构。城镇化建设中配套基础设施的完善,促使非农产业向城镇聚集,二产、三产比重不断增加。第三,辐射带动周边农村经济发展。

---

[1] 李培芬:《后危机时代我国加快城镇化建设的意义》,《黑龙江金融》2010年第9期。
[2] 韩晶晶:《生态文明视角下城镇化问题与对策研究》,天津大学硕士学位论文,2013。

为农村剩余劳动力提供了就业岗位，在解决就业的同时增加了农民的工资性收入。随着农民收入的提高，拉动了消费，带动了农村个体服务业的发展。

3. 生态文明为城镇化建设指明方向

生态文明以尊重和维护自然为前提，以可持续发展为依据，以人与自然、社会的和谐发展为宗旨，以建立绿色循环的生产方式和消费方式为内涵，以实现经济、社会、自然可持续发展为目标。

生态文明与城镇化建设息息相关，存在制约关系。生态文明站在政治、理论、实践的高度决定了城镇化建设的发展思路和重点任务。生态文明要求城镇建设与自然环境相适应，追求的是城镇的可持续发展。生态文明建设强调人与自然、社会的和谐相处，强调社会的可持续发展。生态文明理念下的城镇化建设要保障城镇化与自然的和谐相处，以发展耗能低、无污染的绿色产业为路径，走可持续发展之路。

城镇化建设必须始终贯穿生态文明的发展理念，才能推动生态文明建设。在城镇化建设中，将城镇的各个因素及周围环境当作一个生态系统，在建设中注重生态平衡、物种多样、能量循环。比如说人口的数量和质量与城镇发展相匹配；城镇的建设为动植物的生存、繁衍留有足够的空间，为人类的生活增彩添色；城市垃圾可以回收再使用，促进物质最大限度的循环使用，使城镇化建设中的资源浪费、无节制的开发、环境污染能够得到有效遏制。

（二）战略选择：建设全国生态文明示范城市

1. 建设生态文明示范城市是我国生态文明建设的有效模式

我国在党的十五大提出实施可持续发展战略后，逐渐提出生态文明的概念，经过几年的推动发展取得了一定成果并逐渐趋于成熟。如2015年国务院颁布的《关于加快推进生态文明建设的意见》中指出"健全生态文明制度体系；加强生态文明建设统计监测和执法监督；加快形成推进生态文明建设的良好社会风尚"，已逐渐从生态文明理论宣传到制度建设；2016年国务院办公厅印发《关于设立统一规范的国家生态文明试验区的意见》中指出生态文明建设的目标、内容，以及设立统一规范的国家生态文明试验区，将中央顶层设计与地方具体实践相结合，集中开展生态文明体制改革综合试验，规范各类试点示范，完善生态文明制度体系。

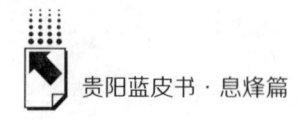

国家批复的生态文明示范区，为我国生态文明建设先行先试。这些生态文明示范区落实国家政策，践行绿水青山就是金山银山理念，经过不断探索，逐步形成了一套行之有效、可复制、可参考的模式。如福建省实行生态保护"党政同责"、部门"一岗双责"制度，引导发展绿色金融，切实推进生态文明示范区建设①。贵州省针对生态文明示范区建设提出了一系列具体实施意见，包括产业发展、城镇化建设、体制机制建设等多个方面，有力地推动了生态文明建设②。

2. 贵阳建设全国生态文明示范城市是先行先试

建设全国生态文明先行示范区首批以省为单位的有四个，贵州省就是其中的一个。贵阳作为贵州省的省会城市，早在2007年就将生态文明建设的理念贯穿到城市建设发展过程中。经过近年来的发展，贵阳的生态保护意识逐渐增强，生态保护机制逐渐形成并完善，生态产业体系逐渐构建，为全国生态文明示范城市建设提供了有利条件。

2012年12月，《贵阳建设全国生态文明示范城市规划（2012～2020年）》获国家发改委批复，规划指出把贵阳建成全国生态文明示范城市，由此确定了贵阳市的空间发展格局和生态产业体系。自规划批复以来，贵阳致力于生态文明建设，发展以大数据为重点的高新技术产业；国家环境保护模范城市通过验收；森林覆盖率稳步提高，"爽爽的贵阳"成为享誉全国乃至全球的城市品牌，为全国生态文明建设做出示范。

2013年贵阳市还颁布了全国首部生态文明建设地方性法规——《贵阳市建设生态文明城市条例》。截至2016年9月，贵阳已成功举办了三届生态文明国际论坛，为广泛开展生态文明国际交流与合作提供了广阔的平台。

（三）基层探索：生态文明小城镇

1. 生态文明小城镇是贵阳建成全国生态文明示范城市的重要组成部分

全国生态文明示范城市是生态文明小城镇作为有力支撑。"十二五"期间，贵阳市建成23个生态文明示范城镇，其中4个省级示范小镇，9个市级

---

① 《福建先行先试建设国家生态文明试验区》，《中国绿色时报》2017年1月4日。
② 《贵州省发文深入推进生态文明先行示范区建设》，《贵州日报》2015年7月27日。

示范小镇，10个区（县）级示范小镇①。生态文明示范城镇建设是探索生态文明小城镇的先行者和试验田，旨在探索科学的、可复制、可借鉴的发展模式并进行全市推广，推动贵阳全国生态文明示范城市的建设。

2. 生态文明小城镇是解决城乡差距的有效途径

在我国城镇化建设过程中，更多地偏向于城市建设，弱化小城镇建设，尤其是工业化的快速发展，使资源、财富都向城市聚集，而农村发展滞后，公共服务供给不足，造成城市与农村发展割裂，城乡差距不断加大，严重影响了我国社会经济的整体运行。因此，我国的城镇化建设不仅要践行生态文明的发展理念，统筹协调城乡发展，而且要注重城市和小城镇之间、小城镇与乡村间的协调性发展。

生态文明小城镇是统筹城乡协调发展的桥梁。生态文明小城镇结合自身自然资源优势、文化资源、旅游资源、地域特色，综合考虑城市性能、产业发展情况，对小城镇进行合理规划布局，着重以生态文明建设的理念发展现代特色高效农业、旅游业、生态工业。在保护生态环境的同时，推进城镇产业发展，为周边农村剩余劳动力创造就业岗位，让农民增收致富；通过完善小城镇基础设施、完善医疗、卫生、教育服务，逐步缩小城市与农村的差距。

二 鹿窝镇打造生态文明小城镇的基础条件

鹿窝镇具有打造生态文明小城镇的先天优势，如生态优势、水资源、旅游资源优势；在生态产业、城镇建设、民生服务等方面有一定的发展基础；但是，还需充分认识鹿窝镇在建设生态文明小城镇面临的瓶颈和挑战。

（一）鹿窝镇具有建设生态文明小城镇的基本条件

1. 生态环境好，森林覆盖率高

鹿窝镇是典型的农业镇，气候温和，雨量充沛，土地肥沃，适宜农业发展。镇内尚未探明有矿产资源，未引进工业企业。自然环境还保持原生态未被开发，森林植被非常丰富，全镇有林地73222亩，森林覆盖率达64.3%。2013

---

① 《贵阳城镇建设方案将建23个生态文明示范城镇》，《贵阳日报》2013年1月9日。

年被授予"中国绿色名乡",2014年荣获"全国文明先进乡"的荣誉称号。

2. 流域面积大,水资源充沛

鹿窝镇水资源较为丰富,且水质纯净、无污染、光照充足、温度适宜、物产丰富。其中,鹿窝镇的老窝村地处乌江库区上游回水地段,河面宽广,河水清澈干净;在乌江峡流域的鹿窝河、瓮桶河、雨淋河等都经过鹿窝镇,流域面积较大,水流量大,一年四季不间断。

3. 旅游资源丰富,开发潜力大

鹿窝镇内蕴藏着丰富的旅游资源,红色文化和佛教文化丰富。镇内有"小三峡"之称的乌江峡,空气清新,两岸植被茂密,奇山异石,风光迷人,佛香湾、薄刀岭的自然风光美不胜收。有当年红军主力南渡江口的姊妹峰;有留下当年红军足迹的梯子岩、报恩寺等地,红色文化资源丰富,适合发展红色旅游;还有西山八大庙遗址中的华严寺、毗卢寺、万寿寺、报恩寺,其中,毗卢寺因庙中供养毗卢遮那佛,即佛教密宗至高无上的佛而出名,佛教文化渊博厚重。可见,鹿窝镇适合发展集农业观光、红色文化、佛教文化、休闲度假于一体的现代旅游业。

(二)鹿窝镇具备建设生态文明小城镇的现实基础

1. 生态产业粗具规模

"十二五"以来,鹿窝镇经济发展总体呈现总量不断扩大、结构不断优化、效益不断提升的良好态势,以农业发展最为突出。鹿窝镇瞄准产业结构调整精准发力,对8000亩经果林进行管护和产品升级,种植核桃8000亩,发展以金银花、瓜蒌为主的中药材种植3000亩。发展以肉鸡养殖为龙头的养殖业,共发展肉鸡养殖户120户,修建鸡舍10万平方米,出栏肉鸡300万羽,平均每户每年增加经济收入5万元。

2. 城镇建设较快发展

鹿窝镇"十二五"期间建成通车了鹿马公路,硬化维修了鹿新公路2.2公里,硬化村级公路75.3公里,维修4公里,实现了村村通硬化公路[①]。实施了雨淋河烟水配套工程项目,解决了鹿窝镇瓮舍、新民、杨寨村的人畜饮水及

---

① 鹿窝镇人民政府:《鹿窝镇"十二五"总结及"十三五"规划思考》,2015。

耕地灌溉的难题；鹿窝镇新建沟渠49.214公里，新建小水池328口，21013.06立方米，新建及维修提灌站9座，维修山塘6口，全面完成了小型水利工程管理体制改革，对镇内的小型水利工程进行了产权明确及拍卖和出租。实施了杨寨村、华溪村土地整理项目，有效防止水土流失，优化耕种条件，提高了土地产出率。实施危房改造222户，实施房屋立面改造工程111户，购置安装可移动垃圾收集箱46个，垃圾车1辆，安装路灯168盏，修建农体工程13个，新建休闲广场2个，有效地改善了城镇基础设施，完善了集镇功能。扎实开展农村环境综合整治工作，配合实施创建国家卫生示范城市及复查工作，在各村建立的环境综合卫生评比制度，对村民家庭综合卫生实行挂牌管理，进行村民自治。

3. 民生水平大幅提高

鹿窝镇社会保障覆盖面进一步扩大，民生问题有了较大改善。五年累计新增城镇就业人数达980人，城乡居民养老保险参保达9647人，对30905名符合医疗报销的对象提供医疗报销344.30万元。扩建乡卫生院400平方米，增加病床位6个，购置了救护车1辆，新建及改造村级卫生室8个，购置医疗器械，配齐基层医务工作者，做到小病不出村，大病不耽误。2864户5475名低保对象按时足额发放了低保金508.72万元，通过村级评审委员会审查，使符合条件的弱势群体应保尽保，对380名符合医疗救助对象提供救助金95.9万元。

教育资源配置不断优化，撤并小学、教学点6处，全面完成九年义务教育寄宿制试点工作，全面改善了九年一贯制学校的就学、就餐条件，全镇无一例学生因试点工作而辍学，设立了公办幼儿园，改善学前教育条件。开展"9+3"中职教育劝学工作，共劝学254名初中毕业生。

4. 体制改革深入推进

跟随着国家进行土地确权、宅基地等体制机制改革的步伐，鹿窝镇深入推进农村土地经营权确权、小型水利工程管理体制改革、宅基地登记确权、林地承包经营权确权等涉农领域改革，取得明显成效；社会保障制度改革向纵深推进；文化教育和新一轮医药卫生体制改革顺利推进。"十二五"末有村级微型企业13个，农民合作社15个，解决了村级集体经济发展载体问题。

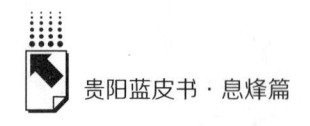

（三）鹿窝镇建设生态文明小镇目标任重道远

1. 经济发展缓慢，跨域发展难

鹿窝镇基础设施欠账多，经济发展难实现跨域发展。镇内无工业企业，待开发的乌江峡红色旅游开发进度缓慢，遗留问题多，导致第三产业发展不力。资金投入、规划建设存在差距导致以一产为主要产业的发展格局短时间难以改变。

2. 产业结构单一，发展规模小

鹿窝镇产业结构单一，农业是支柱产业，农业规模化、规范化程度不高，示范效应不明显。一方面是农业基础设施落后老旧，抗御自然灾害的能力弱；另一方面是农业产业化处在起步阶段，进程缓慢，基地规模偏小，基地建设配套不足，农机化装备水平低，组织化程度低，辐射带动作用不强，农业发展缺乏龙头企业带动，难以推动现代农业产业发展。

3. 地质灾害点多，防治任务重

鹿窝镇山高山多，容易造成泥石流、滑坡。地质灾害点多，息烽县共57个地灾点，鹿窝镇占了23个。因雨季造成山体滑坡阻碍交通的情况时有发生。虽然鹿窝镇经常举办地质灾害逃生演习，一定程度上能加强遇到地质灾害逃生的能力，将损失降到最低，但不能解决地质灾害带来的问题与伤害，地灾防治任务艰巨。

三 坚持生态立镇、旅游活镇，推进生态文明小城镇建设

鹿窝镇要通过构建产业体系、促进城乡一体化发展，完善基础设施建设，加强公共事业建设，从推进生态文明小镇建设。在建设中坚持规划先行、生态优先的原则，同时逐步提高政府服务水平，完善体制机制和加强组织保障。

（一）构建生态产业体系推动城镇化发展

1. 依托两园两带推动生态农业发展

生态农业发展对农村经济发展具有重要的战略意义，通过发展特色生态农

业，实现经济和生态双重效益。不仅对城镇化建设具有促进作用，同时还能有效解决城镇化建设中"三农"问题。

鹿窝镇以"两带""两园"推动生态农业发展。"两带"即以枇杷、梨枣为代表的优质水果产业带，以牡丹、金银花、瓜蒌为主的中药材产业带。"十三五"时期，需巩固已有经果林建设成果，对品种老旧的经果林进行高位嫁接，提升品质。发展牡丹种植和辣椒种植。建成金银花加工厂房，注册金银花、红米、绿壳鸡蛋、蜂蜜等一批特色农产品商标。"两园"即做好高效生态农业养殖示范园区及配合红岩种植示范园区建设工作，发展肉鸡养殖及葡萄种植。发展肉鸡和生态鸡养殖，增加出栏肉鸡量。

2. 以"两旅"为重点培育三产经济增长点

鹿窝镇旅游资源丰富且发展潜力巨大。通过"两旅"（鹿窝乡村旅游和乌江峡红色旅游）促进三产快速发展，实现产业结构从"一三二"模式向"三一二"模式转变。

鹿窝发展乡村旅游应优化食、住、行、游、购、娱板块布局，协调有序发展，使鹿窝发展成为吃乌江野生活鱼、尝鹿窝特色果蔬、浴天然温泉、听佛教经音、品鹿窝风土人情的全套旅游线。鹿窝发展乌江峡红色旅游应结合乌江峡景区开发充分挖掘沿线红色文化，形成红色遗址旅游与红色教育于一体的旅游线（见表3）。

表3 "两旅"具体情况

类别	分类	具体措施
乡村旅游	食	发展餐饮业。沿高速公路匝道至集镇所在地积极发展旅游餐厅、特色餐馆10家以上，在瓮舍下河坝、杨寨罗家山等地分散发展特色农家菜馆。拓宽农产品销售渠道。将鹿窝无公害农产品通过餐桌向游客推荐
	住	发展酒店业。沿高速公路匝道至水头河坝、街上、王家仓片区鼓励发展农家旅社，有条件的情况下，引进社会资金建星级宾馆1~2家。改善居住环境。改善沿高速公路匝道至集镇的排污功能，实现雨污分流，既改善居住环境，也实现生态保护
	行	交通路网不断完善。高速公路建成通车解决经济发展的交通瓶颈，结合已有的鹿流、鹿九、鹿新三条县道，为"行"在鹿窝提供保障
	游	鹿窝旅游以自然观光游、佛教文化游、采摘游、温泉游为重点。沿高速公路种植牡丹，优化自然景观，同乌江峡等形成自然观光游；修复、重建华严寺、毗卢寺、报恩寺、万寿寺，恢复昔日鼎盛的香火，适度发展佛教文化游；在老窝、马屯、三友、瓮舍等地发展以优质精品水果为主的采摘游；积极开境内地热资源，完成鹿窝地热开发工作，争取鹿窝温泉早日接待游客

续表

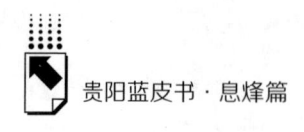

类别	分类	具体措施
乡村旅游	购	将鹿窝无公害的红米、绿壳鸡蛋、金银花、优质水果、蜂蜜等打造成知名品牌，通过实体店及电商销售，实现鹿窝产品推广营销
	娱乐	在老窝、鹿龙等靠近河岸的地方修建休闲广场、水上乐园，露营场所等
红色旅游	教育	建立红色文化教育基地，以鹿窝九年制义务教学发展彰显红色国防文化
	遗址	挖掘红色文化遗址，并将其与美丽乡村相结合，优化遗址环境，强化配套设施，形成忆红军长征精神的红色文化旅游线

（二）推进生态文明小城镇建设的三个重点

1. 推动乡村城镇化、城乡一体化

依托"四在农家·美丽乡村"建设，不断改善鹿窝基础设施条件、增加农民经济收入、美化农村综合环境、提升农民综合素质、推进乡村城镇化发展，争取成为提高型、精品型城镇建设示范点。例如，打造杨寨石墙院、鹿龙街上、老窝王家仓三个"提高型"示范点，争取打造"提高型"示范点5~7个，打造"精品型"示范点1~2个。

加快乡村城镇化建设，不断推进城乡一体化。做好全镇村庄体系规划，加强城镇基础设施建设，逐步完善功能，提高品位。加大农村生活垃圾和污水处理力度，切实改善农村卫生环境，改变村容村貌。完成日处理污水800立方米的污水处理厂建设，完善集镇排污管网建设，新建垃圾处理厂和垃圾填埋场。对所辖13个行政村逐个进行定性、定规模、定发展方向，再逐步进行改造建设，实现乡村城镇化、城乡一体化的目标。

2. 完善基础设施建设

鹿窝镇在推进生态文明小城镇建设过程中应在公路、水利、网络等方面完善农村基础设施，全面改善农村基础设施条件，使全镇农村基础设施条件得到根本改变，为新农村建设夯实基础，奠定生态文明小城镇建设的基础。

在公路建设方面，加大投入力度。通过争取项目、政策支持，动员社会共同参与等方式，实现上级补助一点、企业资助一点、镇村自筹一点，不断扩充基础设施建设的资金，大力推进村级公益性基础设施的修建和完善。按从易到难、从近到远、从集中到分散的顺序，确保公路建设正常运行。

在水利建设方面，加强项目建设。水利建设主要包括人畜饮水和田间灌溉。完善人畜饮水基础设施建设和改造，巩固农村小型水利工程体制改革成果，实现全镇自来水饮水率100%；对现有提水站进行及时维护，并根据实际需要新建一些提水站，完善灌溉渠道；加强河道治理，确保汛期安全。

加大网络设施改造、建设。升级改造现有广播电视光纤网络、移动通信网络；加快建设还未有的数字广播电视光纤网络、4G移动通信网络、互联网光纤网络等管线。

3. 加强公共事业建设

公共事业建设是推进城镇化建设中的重点工作，关系农村衣食住行教育各个方面，是一项重大民生工程。

推进充分就业。通过产业扶贫增加就业岗位等措施降低五保低保人口数量，促进残疾人就业，进一步加大退伍复员军人的就业优抚力度。大力发展农民的职业教育，通过开办就业技术培训班，如烹饪技术、栽培技术、电脑技术培训班等，使农民掌握一些就业技能。依托鹿窝特色农产品发展农村电商，增加农民就业渠道。通过提供优惠政策，鼓励农民返乡创业，并进行相关指导，提升其应对市场风险的能力。

发展农村教育文体事业。加强农村学校建设，改扩建中心幼儿园，整合"农家书屋"资源，充分发挥书籍知识能量作用。建设农民文化大院，建立职工之家，成立农民文化队伍，示范带动村组文化氛围，繁荣农村文化。加强文体基础设施建设，新建休闲文化广场，在有文化活动场所的基础上，增加健身设备及器械，深入开展农民健身运动，丰富农民文化体育活动。

发展农村卫生事业。加大卫生室投入，确保每个村有标准化卫生室，并进一步配全配强卫生基础设施。逐渐构建镇、村两级卫生服务体系，强化医务工作人员的医疗水平，实现小病不出村、大病不出乡。建立新型农村合作医疗制度，维护农民健康权益、提高农民综合素质、切实解决"三农"问题。把推进和完善新型农村合作医疗制度列入村镇干部的任期目标和年度目标任务，提升全镇农村合作医疗保险参保率。大力宣传卫生知识，促使全镇养成良好的卫生习惯，减少传染病的传播。

提高全镇养老服务水平。加大扶持力度，建设鹿窝镇敬老院、老年公寓。优化养老院管理，对"三无"老人用政策兜底使其能入住养老院，保障老有

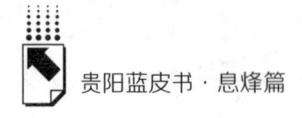

所养。巩固殡葬改革成果，硬化公墓区便道路，绿化公墓面积，新建公益性墓穴。

（三）推进生态文明小城镇建设的三个举措

1. 做好规划先行

鹿窝镇在推进生态文明小城镇建设时应完善乡域总体规划。在原有规划基础上，完善出台全镇控制性总规，按照"规划先行、尊重民意、突出重点"的原则，建设环境优美、宜居宜业宜生活的农村新风尚。认真听取民意、了解当地实情，借鉴相关成果，对每个行政村进行多方调查研究，确定发展方向、建设类别、空间架构、产业选择，从而构建出鹿窝镇的村庄体系，再逐步实施改造，在改造过程中有不合理或需要调整的地方允许适当调整。为生态文明小城镇建设做好整体统一的规划，保证生态文明小城镇的统筹性、科学性、合理性。

2. 坚持生态优先

建设生态文明示范小镇，应该将生态文明建设放在更加突出的位置，以生态文明的发展理念贯穿城镇建设的各方面。鹿窝镇按照"生产发展、生活富裕、村容整洁、乡风文明、管理民主"的具体要求，以"创建生态文明卫生城市"为目标，重点整治农村的"五脏六乱"。以绿色发展理念，鼓励和引导群众向现代农民迈进，鼓励机械化、精细化耕作，发展现代都市立体农业，适当发展环保无污染轻工业、发展生态旅游业。加强森林防火、石漠化治理、泥石流治理，有效保护自然生态环境，加强再生资源利用，加强秸秆禁烧还田，保护生态环境，坚持生态优先，在充分考虑环境的承载能力下加快经济发展。

3. 加强组织保障

鹿窝镇应进一步强化对软弱涣散基层组织的转化治理，提高党员发展质量，加强基层干部和农村党员的党政宣传、思想教育，提高农村党员、特别是干部党员的先进性，充分发挥其模范带头作用。巩固党的执政基础，切实加强基层党组织建设，强化党务公开、政务公开，扩大基层民主，转变政府职能，建设廉洁、高效的服务型政府。坚持群众路线不动摇，站在群众立场想问题，以服务群众为出发点，切实转变工作作风，创新工作方法，让群众得到实惠。

明确奋斗目标，落实任务责任。按照条块分解落实责任，由分管领导牵头,负责落实本单位规划落实情况的跟踪督促,实行每年度安排公示,对项目实施实行倒排工期,确保规划能落到实处。切实履行职责,提高工作效能,将规划落实纳入年终目标及绩效考核,落实奖励机制,推进项目及规划的顺利实施。

参考文献

中共息烽县委:《关于制定息烽县国民经济和社会发展第十三个五年规划的建议》,2016年1月8日中共息烽县委十二届五次全会通过。

息烽县人民政府:《中共息烽县委 息烽县人民政府关于息烽县工作情况的汇报》,2016年11月12日。

卓飞:《在市"十三五"规划调研组来息调研座谈会上的讲话》,2015年9月28日。

吴承坤、刘鑫:《贵阳:全国第一个生态文明示范城市获批复》,中国经济导报网,2013年1月4日。

尤恺:《小城镇发展与生态农业建设关系研究——以小路口镇为例》,南京农业大学硕士学位论文,2013。

周亚非:《生态文明是人类历史发展的必然选择》,《国家林业局管理干部学院学报》2008年第1期。

姜红:《中国生态文明建设大事记》,《中国社会科学学报》2013年9月18日。

《创建生态文明示范城市,贵阳昂首走在全国前列》,贵阳网,2016年5月10日。

B.17
夯实基础　突出品牌
打造全国重点示范小城镇
——息烽县养龙司镇"十三五"发展思路研究

摘　要： 小城镇作为城乡之间的中转站和联系的纽带，在区域经济发展中发挥着十分重要的作用。"十三五"时期是养龙司镇全面提高农民收入和生活水平、加快经济结构优化、加快城镇化进程、建设秀美乡村的关键时期。本文从认识全国重点示范小城镇是我国城镇化建设的重要品牌的背景入手，分析养龙司镇的农业产品种养殖和深加工业已有的发展基础与优势、问题与挑战，探讨养龙司镇打造全国重点示范小城镇的发展路径，提出养龙司镇"十三五"期间应着力夯实基础，突出品牌，以期为养龙司镇进一步加快产业结构升级步伐，加快城镇化进程提供参考。

关键词： 养龙司镇　夯实基础　品牌　规划　全国重点示范小城镇

2014年7月21日，全国住房和城乡建设部、国家发展和改革委员会、财政部、国土资源部、农业部、民政部、科技部7部委公布《住房城乡建设部等部门关于公布全国重点镇名单的通知》①，对2004年公布的全国重点镇进行增补调整。至此，全国范围内共计3675个建制镇列入该名单，养龙司镇位列贵州省上榜的136个重点镇之一。养龙司基本情况见表1。

---

① 《住房城乡建设部等部门关于公布全国重点镇名单的通知》，中华人民共和国住房和城乡建设部网站，http：//www.mohurd.gov.cn/zcfg/jsbwj_0/jsbwjczghyjs/201407/t20140731_218612.html。

表1 养龙司镇基本情况一览

概况	辖区面积	96.2平方公里		辖区人口				
	辖区范围	养龙司镇位于省会贵阳与遵义的交界，北抵乌江与遵义县乌江镇接壤，南与小寨坝镇相连，西以息烽河为界与流长镇隔河相望，东与全国氡温泉之乡温泉镇相交，距息烽30公里，省会贵阳98公里，历史名城遵义70公里		户籍人口	8290户	流动人口		9828人
					26080人			
			困难群体	低保人员	528人	外出打工		792人
	自然资源	矿藏,矿产资源丰富,现已探明有煤、硫铁矿、铝矾土、黏土、大理石、石灰石等		60岁以上老人	144人	建档立卡贫困户	2020人	
			特殊人群	残疾人	875人	失业人员	18人	刑释解教人员	12人
				留守儿童	252人	吸毒人员	101人	缠访、集访带头人	0
				失学儿童	1人			

	村（居）民可支配收入		地方财政总收入	村集体经济		一产总值	二产总值	三产总值	辖区内企业	招商引资			全社会固定资产投资
经济发展	村民	居民		总数	资金总额					签约金额	签约企业	落地企业	
	13339元	24781元	2191万元	17个	325万元	20492万元	29402万元	24543万元	5个	12.16亿元	5个	5个	6.14亿元

	六个小康专项行动计划					
基础设施建设	小康路	小康水	小康房	小康电	小康讯	小康寨
	17.8公里	17个村全部通水	287户	17个村全部通电	17个村全部通4G网络	高坡至幸福美丽乡村示范带

	幼儿园		小学		中学（初中和高中）		大中专及以上院校
教育资源	公办	民办	公办	民办	公办	民办	0
	1个	1个	3个	0	1个	0	

	人文资源	重点文化节庆活动	公共文体活动场所（包括广场、公园和体育运动场所等）
文体建设	半边天文化、龙马文化		1个广场,16个体育运动场

续表

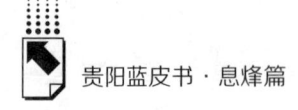

医疗卫生资源	乡镇卫生院		1个	养老院	1个
	医护总数	床位数	床位占用率	村级卫生室	17个
	28人	30张	90%		

资料来源：表格数据由养龙司镇提供。

一 全国重点示范小城镇是我国城镇化建设的重要品牌

"城镇化、工业化"被形象地比喻为地方经济发展的"双轮"，随着近年贵州地方经济快速发展，城镇化建设被提上重要议事日程。示范小城镇是城镇化建设的主阵地，是改革的试验田，更是发展的领头羊。

（一）建设的主阵地，要实现更高水平发展

全国重点示范小城镇是小城镇建设发展的重点和龙头，也将进一步均衡布局农村转移人口、减少大城市人口承载压力。"十三五"期间贵州省的"十百千"计划和"十大"提升工程，将在每年支持省内10个左右的县（市、区）整体推进其区域内小城镇建设，并继续实施100个示范小城镇建设工程，以全面带动省内1000余个小城镇共同发展，打造贵州小城镇建设的升级版。①

作为县域经济中心增长极，全国重点镇承担着加快城镇化进程和带动周围农村地区发展的重要任务。养龙司作为全省小城镇建设的主阵地，以蔬菜园区建设和半边天景区建设为中心，加大美丽乡村建设力度，实现生态环境改善、蔬菜产业发展、人民生活改善、社会和谐稳定，全面消除贫困，为实现跨越式发展打下坚实的基础。通过打造全国重点示范小城镇，将小城镇培育成县域经济发展新载体，实现更高水平的发展。通过发展特色产业、完善功能设施、加强社会管理，采取政府推动、政策扶持、市场运作相结合的方式，增强小城镇连接城乡、承载人口、汇集产业、辐射带动的能力，在统筹城乡中提升小城镇

---

① 贵州省小城镇建设发展综述，贵州省人民政府发展研究中心网站，2015年9月21日，http：//www.gzdrc.gov.cn/pages/show.aspx?id=8513。

建设和发展水平，把小城镇培育成为县域经济发展的新载体，促进小城镇健康、协调、可持续发展。

（二）改革的试验田，要发挥先行先试作用

2014年调整增补的全国重点镇名单涵盖了北京、天津、河北、山西等12个省（自治区、直辖市）共计3675个镇。2014年公布的全国重点镇名单是为适应新型城镇化发展要求而在2004年名单基础上的一次增补调整，意在进一步实施有重点地发展小城镇的战略，目标是使各县（市）至少有1个重点发展镇列为全国重点镇。全国重点镇建设战略在全国范围内全面推行以来，在集聚人口、扩大就业、带动地区发展等方面都取得了不同程度的成绩，不少榜上有名的重点镇已经成为当地经济社会发展的中心。与周边地区相比，重点镇具有镇域规模较大、人口较多、经济较发达、配套设施完善、区位优势明显、规划管理层次高、科技创新领先等特点。改革是城镇化发展的必由之路，而重点镇一定意义上就是改革的示范田。

2011年养龙司率先在全市、全县实现"减贫摘帽"；2013年6月获省人民政府批复"撤乡设镇"。以蔬菜为主导的产业优势日趋明显，2013年被明确为贵阳市保供蔬菜基地，纳入了"5个100"工程，2014年，进入省级示范园区行列。曾先后荣获"贵州省'五好'基层党组织""贵阳市'五好'基层党组织""贵阳市2012年扶贫开发攻坚工作先进单位""2012年度安全生产先进集体"等称号。养龙司镇进入了全面提高农民收入和生活水平、加快经济结构优化、加快城镇化进程、建设秀美养龙司的关键时期，更是实现到2020年全面实现小康社会的重要阶段，须着力打造全国重点示范小城镇。通过支持养龙司镇加快发展，结合当地实际情况和发展优势、扬长避短，将养龙司镇作为贵阳市小城镇建设的改革试验田，从而为贵州省、贵阳市的小城镇发展提供示范。

（三）发展的领头羊，要辐射带动区域发展

在重点小城镇建设文件中要求，经过五到十年的努力，将全国重点镇建设成为农村区域性经济文化中心，并实现规模适度、布局合理、功能健全、环境整洁、具有较强辐射能力，少数具备条件的重点镇要发展成为带动能力更强的

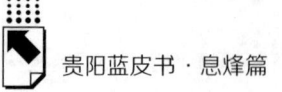

小城镇，使全国城镇化水平明显提高。

小城镇建设无疑是我国城镇化建设最具活力的组织部分和主导力量。通过培育重点小城镇，在县（市）域经济社会发展中起到核心作用，不仅有助于增加投资、拉动内需，进一步壮大县域经济，也能够有效转移农村人口，以缓解大中城市压力，促进城乡协调发展。同时，重点小城镇建设不仅能够服务城市而且逐步辐射到农村，农村的发展受限于其在地形、交通等方面的客观劣势，不能够及时获取生产生活所需的重要生产资料和信息，而推行重点镇建设，正是为了发挥其重要的中心作用，解决这一难题，有效推动了地区城乡经济社会一体化发展。

作为广阔农村腹地的地理中心和发展中心，可以及时接收到外界先进的思想观念、技术信息、管理经验、生活方式等，并向周边地区的农民传播这些信息，成为其接触现代城市文明的重要"中转站"。而在资金方面，它能优先吸纳外部投资，承接产业项目，进而提升农业规模化、专业化和机械化水平，一系列涉农企业的成长将会有效延长农业产业链，不仅增加农产品附加值，也有助于切实提高农民收入，同时，能为周边地区农村劳动力转移和就业提供空间。

二 养龙司镇打造全国重点示范小城镇的基础和挑战

基础设施建设是重点示范小城镇建设的前提。夯实产业基础、加大民生保障力度是支撑带动重点示范小城镇建设的重要保障。养龙司镇在打造全国重点示范小城镇的过程中，需要进一步夯实"十二五"成果，充分发挥特色资源优势扩大产业规模，应对众多发展难题和挑战。在抢抓时机的同时，注重发展质量，硬件建设与软件建设同步发展，建设成为"以人为本"的小城镇发展样本。

（一）基础与优势

养龙司镇位于息烽县北部，北抵乌江与遵义市乌江镇接壤，南与小寨坝镇相连，西以息烽河为界与流长镇隔河相望，东与温泉镇相交，距息烽30公里、省会贵阳98公里、历史名城遵义70公里，境内贵遵高速公路、川黔铁路、

210国道纵贯全境，地处黔中产业带上，位于"贵阳1小时城市经济圈"和"成渝经济体"出海大通道上，交通区位优势明显。养龙司镇气候温和，雨量充沛，属亚热带湿润气候，年均气温15℃，年降水量1000～1040毫米，日照1411.9小时，无霜期250～290天。① 全镇总面积为96.26平方公里，辖17个村1个居委会，162个村民小组。镇内有贵阳正大、鑫悦煤矿、鑫源湖码头、通州化肥厂、砖厂等企业。蔬菜产业是养龙司镇的农业主导产业，主要农作物有水稻、玉米、蔬菜、小麦、油菜、烤烟等，其中无公害蔬菜种植收入是当地农民收入的主要来源。区域内无工业企业为辖域内的万亩蔬菜基地无公害化提供了可靠保证。

1. 三次产业同步推进，产业结构逐步优化

"十二五"期间，全面提升工业化、城镇化、农业现代化水平，努力打破城乡二元结构，统筹城乡发展。2015年，养龙司镇完成地方生产总值64661万元，其中一产完成17786万元。坚持以市场为导向，以增加农民收入为核心，通过农技培训、建设集贸市场、进行种子肥料补助、实施返租倒包等举措，引导群众进行产业结构调整。争取到林业和农业等部门对幸福、堡子、灯塔一带进行绿化和经果林200余亩。以省级蔬菜现代高效农业示范园区为引领，采取"园区+企业+合作社+农户"的模式，持续推进蔬菜产业基地建设规模化、标准化、品牌化和产业化，已成立蔬菜专业合作社17个。二产完成25587万元，三产完成21288万元。2012年引进的建材厂、蔬菜产业公司等项目在后续发展中都建立了可持续的运行机制。旅游业也实现了持续发展，完成了现代农业观光园区建设、景观河道治理和道路绿化，接待游客人数逐年增长。三产同步发展，加快转变了养龙司镇的经济发展方式，实现了又好又快发展。

2. **文化底蕴深厚，旅游资源丰富**

养龙司镇拥有来自于堡子村的"妇女能顶半边天"。20世纪50年代农业大生产热潮时期，受旧思想约束，堡子村全村只有三四名女社员能够出工到农业生产合作社干活。妇女们为了争取男女平等，率先提出了"在合作社内实

---

① 养龙司镇概况，贵州基层党建网，2013年9月30日，http://www.gzjcdj.gov.cn/wcqx/detailView.jsp?id=16703。

行男女同工同酬"新举措。① 1955 年，一篇题为《在合作社内实行男女同工同酬》的文章发表在了贵州民主妇女联合会刊物上，表彰堡子村实行男女同工同酬。毛泽东主席批示："建议各乡各社普遍照办。"由此开始，"男女同工同酬"的思想和"妇女能顶半边天"口号逐渐被人们接受，息烽也就成了"妇女能顶半边天"的诞生地。2009 年全国妇联授予养龙司乡堡子村"全国妇女教育基地"称号，2010 年全国妇联授予养龙司乡堡子村"巾帼示范村"称号，2011 年堡子村正式建成了中国·堡子半边天文化陈列馆，讲述着堡子村妇女从 20 世纪 50 年代至今追求平等、敬业爱家、敢为人先，带头树立良好家风的精神。②

养龙司镇还拥有丰富的自然旅游资源。当地气候宜人，夏无酷暑，冬无严寒，平均海拔 780 米。著名的乌江流经息烽县内九庄、鹿窝、流长和养龙司四乡镇，并形成了景色雄奇壮美的省级风景名胜区——乌江七峡。此外，还有因山水相拥似弯月而得名的月亮湾旅游风景名胜区。月亮湾水域面积大，河道长，景区内有老鹰岩、长岗、观山、铜鼓岩、关中洞、两层楼等自然景观，也有保护完好的因古时作战扎营得名的营盘山遗址，还有迷妖洞迷妖大娘的神奇传说。现沿江已建起荆江旅游码头、铁江码头、马尔河码头、流长的顺江码头等。

3. 小城镇建设有序推进，基础设施逐步完善

2013 年，养龙司完成了 13 个村总体规划，6 月撤乡设镇获省政府批复。完成集镇广场、排污管道、供水管道等基础设施建设。加强集镇建设管理，严格按规划审批建房，大力开展"打非治违"工作，加强"整脏治乱"工作，加大垃圾车、垃圾箱等设备购置，不断规范街道摆摊设点，市场秩序更加规范有序，"创文""创卫"成果深化巩固。加大生态文明建设的宣传力度，提高广大群众的生态保护意识，增强群众的节能意识和爱护环境意识，"创模"工作完成年度工作目标。2013 年，养龙司镇荣获省级生态示范镇、幸福村荣获省级生态示范村称号。2014 年 8 月成功申报为全国重点镇，完成养龙司集镇

---

① 程荣琴：《全国率先实行男女同酬，堡子村讲述"半边天"的故事》，《贵州都市报》2016 年 7 月 4 日，http：//dsb. gzdsw. com/html/2016 - 07/04/content_ 158177. htm。
② 张启银：《养龙司镇"半边天文化"融合国防教育元素》，息烽县人民政府网站，2014 年 12 月 24 日，http：//www. xifeng. gov. cn/info/1521/27499. htm。

前期规划。

2011年，完成茅坡冉家寨、芭蕉沟、高坡桃子坪等村寨串户路28.5公里，修建养龙司、坝上、茅坡、幸福、坪山、高坡等5个村11公里进组路，改造卫生厕所700所。完成三小水池1200立方米，整修完成斑竹林、龙青寺、青龙山、大沟、李家大田等8口山塘。争取各方资金38万元建成茅坡、高硐、幸福、坪山人饮工程，更换管网15000余米，从根本上解决了6500余人的饮水困难。实施茅坡土地整治和荆江、龙塘等石漠化治理工程。2012年，完成高坡、堡子、幸福、坝上、茅坡等8个村4700亩植被恢复工程造林，建成旅游客场一个。2013年，完成硬化进组公路5.6公里，硬化文体广场2500平方米，铺设城镇排污管道730米，完成通村油路建设30公里，完成河道改造4.5公里，实施串户路9公里，山塘整治7个，小水窖建设2000立方米，提灌站检修4个，新建人饮工程6处800立方米，安装人饮工程管网32000米，启动了1300万元高标准农田项目建设。2014年实施"一事一议"进组公路硬化项目8个，硬化进组公路13.1公里，实施通村公路建设项目2个，2.2公里。总投资1000万元荆江村永安码头建设工程，800吨运输船已建设完成。完成100户农村一级危房改造，完成幸福村王家寨、皮家湾2个"四在农家·美丽乡村"示范点方案编制及房屋立面整治，共改造168户。小康房建设完成30户。完成高硐团山、大山大土、新桥老杠寨等人饮工程建设，坪山、幸福等村渠道防渗8公里，新建小水池606立方米，完成幸福村王家寨山塘整治工程和茅坡街上组、坝上村下坝组人饮官网改造5680米。

4. 社会事业全面推进，人民生活质量逐步改善

扶贫开发力度进一步加大。实行镇干部包村包组帮扶，提高群众自身"造血"能力，同时积极与上级部门对接，为群众脱贫"输血"，协调帮扶资金55.6万元，2012年整镇脱贫1627户5340人，农民人均纯收入由2011年6447元增加到10984元。2013年，扎实推进"三良工程"，兑现各种惠农补贴，实现大山村、茅坡村"减贫摘帽"。2014年，开展结对帮扶，实现贫困人口结对帮扶全覆盖，完成江土、光华、新桥20万元庭院经济项目及39万元种植项目申报，争取云岩区帮扶资金6万元。完成贫困人口922人的信息录入及项目申报。

零就业家庭就业问题得到解决。按照"解决就业就是抓好民生"的要求，积极组织农村富余劳动力进行培训和有序转移，开发公益性岗位，解决零就业家庭人员就业。2011年，完成农村富余劳动力转移690人，城镇新增就业165人，发放保障金274.4万元，救济粮7.5万公斤。

基础教育工作不断强化。坚持教育优先发展，"两基"顺利通过"国检"，普九教育继续得到巩固。认真抓好教育督导工作，协调各方力量资源用于教育，将中职教育、控辍保学、校园周边环境整治任务细化到个人，形成干部联组、教师包片的局面，全面落实教育工作"双线责任制"，全镇初中、小学辍学率为0.09%和0，全面实施"营养午餐"计划，完成了"控辍保学"和"9+3"目标任务。

（二）问题与挑战

1. 经济总量仍较小，在县域占比不高

"十二五"期间，养龙司镇全镇经济总量、财政收入仍然比较小，工业基础设施条件仍然落后，直接决定了发展不充分、工业化和城镇化水平不高的发展现状，极大地影响了经济发展和社会活力。

2. 龙头企业缺乏，辐射带动能力不足

地区经济发展需要调整结构，扩大体量，充分发挥农业产业化龙头企业的带头作用和辐射作用。而养龙司镇知名企业和知名品牌较少，集群经济效果发挥还不够明显。如何探索出一条扶持农业产业化龙头企业发展、培育壮大龙头企业、推动龙头企业加快发展的方案是解决经济发展辐射带动能力不足的重要课题。

3. 项目建设用地不足，后续发展受限

随着经济社会快速发展，城市建设突飞猛进，建设用地总量也持续增加，土地供需矛盾日益尖锐，用地供需问题已成为制约地方经济发展的瓶颈。[①] 养龙司镇目前项目建设用地紧张，招商引资形势严峻，有项目或项目扩建无土地，成为直接制约全镇经济发展的瓶颈。

4. 民生欠账仍较多，改善任务还很重

新型城镇化的重点在于人口的城镇化而并非基础设施的城镇化，在于社会

---

① 胡京伟：《关于如何破解项目建设用地瓶颈问题的思考》，《决策探索》（下半月）2010年第10期。

投资驱动而并非房地产投资驱动,在于民生改善和生态改善而并非"人为造城型",总而言之,新型城镇化的重点是内涵型发展而不是外延型发展,民生建设是经济发展的基石。"十二五"期间,养龙司镇的经济发展民生欠账仍然较多,需进一步扩大教育、医疗资源的覆盖率,解决基础设施建设方面的重大难题,例如治理河道,修建人工河渠,缓解村民生活生产用水难题。

三 养龙司镇打造全国重点示范小城镇发展思路探讨

小城镇的崛起是各种条件多重影响的结果,决定其发展质量的因素不仅包括社会文化、区位条件和资源条件,还包括政策创新和体制机制改革的作用、大中城市的带动辐射效应、地区经济发展阶段性特征等。养龙司镇打造全国重点示范小城镇发展需要突出产业支撑、城乡协调、以人为本,探索可持续性的新型城镇化发展路径。

(一)突出产业支撑,构建以都市现代农业、乡村旅游业为核心的"农旅一体化"产业模式

产业培育是小城镇的立镇之本,必须重视小城镇的技术升级与产业转型升级。[①] 小城镇建设要通过稳定人口增长率促进可持续发展,依靠稳定增长的产业来提供更多的工作岗位。对于养龙司镇而言,要扩大果蔬种植产业优势,以培养龙头企业带动农业规模化发展,通过产业化经营构建贸工农一体化的生产经营体系,要充分利用好"半边天"文化牌壮大旅游业,通过强化工业企业集聚,大力推进工业发展。

1. 扩大果蔬种植产业优势

按照蔬菜园区"一区三园一带"总体规划,以养龙司蔬菜园区建设为主导,以土包子、巨丰、幸福果业为龙头,积极发动周边群众,通过资源整合,大力将果蔬种植成为养龙司的支柱产业。积极向上争取项目资金,严格按照养龙司蔬菜园区发展建设规划,建成万亩蔬菜园区,进一步加大养龙司蔬菜园区的配套设施建设力度,其中完成核心区规范化种植蔬菜2000亩,完成核心区

---

① 石忆邵:《中国新型城镇化与小城镇发展》,《经济地理》2013年第7期。

田间园艺设施建设，完成园区游客接待中心等基础配套设施。通过对入驻的蔬菜种植企业的扶持及服务，争取到2020年，每年种植蔬菜5万亩次，产出蔬菜20万吨/年以上，核心区蔬菜种植全部达到现代化、标准化种植，完成蔬菜大棚建设500亩以上；喷、滴灌设施完成800亩以上，周边果蔬配套种植完成2000亩以上。将养龙司蔬菜园区建设成为全省乃至周边省市较为出名的蔬菜生产基地。

2. 做大做强"半边天"特色旅游业

养龙司镇作为"半边天"文化的发祥地，现已建成的"半边天"文化陈列馆及周边村寨的环境综合整治为旅游业的发展打下了良好的基础。结合养龙司蔬菜园区的发展，将堡子村、幸福村等村打造成农旅一体的新型村寨，通过招商引资及向上争取自己完成"半边天景区总体规划"建设任务，将"半边天"景区基础设施建设发展完善，建设完善景区配套景观，发展农家乐、农家旅社，完成整个"半边天"景区的打造。将"半边天"景区打造成为文化特色明显、乡村风味十足、游客接待能力强大的新型乡村旅游热点景区。

通过交通项目实施，完成肖家湾至荆江公路、核桃箐至坪所公路升级改造，规范乌江库区渔业养殖，积极向上争取资金及招商引资完成对乌江库区沿线的开发。完成乌江库区以垂钓、休闲为主的乌江沿线的旅游点打造，带动当地产业结构转型，促进当地群众增产增收。争取在2020年完成道路及景区相关基础设施配套建设。

3. 大力推进工业发展

分析区位现状，立足自身资源，致力工业发展。一是做好规上企业（正大、利发煤矿）的服务工作，扶持贵阳正大饲料厂完成产业升级改造，提升年产量。确保"十三五"期间境内煤矿及其他企业无重特大安全生产事故。二是做好招商引资相关工作，争取引进一批涉及蔬菜深加工及农产品深加工企业，进一步完善养龙司蔬菜园区产业结构。三是扶持好小微工业企业的发展建设工作，大力小微企业，进一步提升当地群众的收入水平。

（二）突出城乡协调，探索可持续性的新型城镇化

1. 推进美丽乡村建设，完善集镇功能

根据全县"四在农家·美丽乡村"规划布局，养龙司镇属于全县"一核两带四连线"中的养龙司至温泉公路连线。围绕养龙司至温泉公路,打造以温泉文化和丛林风貌为特色的示范线。积极整合资金和项目,按照"美好乡村"建设规划,以集镇区、园区周边、中心村寨等为重点,建设示普及村寨、提升型村寨、示范型村寨,提高群众素质,促进乡风文明,改善生产、生活条件。

扩大集镇规模,力争养龙司镇区人口达到1万人。按照"亮化、绿化、净化"原则,完善集镇功能,进一步发展集镇区域。实施污水处理厂工程、垃圾填埋场建设工程、集镇改造工程,彻底改变养龙司面貌。

2. 提高城乡基础设施建设水平

推进交通建设。一方面,实施好2016~2020年度的串户路建设项目、"一事一议"通组公路建设项目、通村油路建设项目,确保做到100%村通油路,100%自然村寨通通组路,家家通串户路。完成全部通村公路、通组公路及串户路建设并实现动态管理。完成集镇道路"白改黑"项目5公里及路灯升级改造项目。另一方面,完成肖家湾至荆江、方家坪至江两条公路升级改造计划,完成排衫至坪所、江土至乌江两条新建道路建设,进一步方便全镇群众出行,打造畅通养龙司。

推进水利建设。首先,实施好每年的冬休水利项目,进一步摸清底数,建立完整的水利设施建设项目库,充分了解各村建设需求,完成全镇水利设施建设需求并实施动态监控;其次,做好蔬菜园区供水管网的建设项目,通过对钟家山水库、麻林水库的改造及灌溉水池等项目的修建,完善养龙司蔬菜园区的供水保障,确保养龙司蔬菜园区的生产用水;再次,做好茅坡片区六个村人饮工程项目的争取与建设,确保茅坡片区群众饮水安全;最后,做好水利体制改革后的水利设施维护,将现有水利设施维护纳入监管,保障涉及群众的用水安全。

完善集镇基础设施建设。完成养龙司农贸市场升级改造。积极向上争取资金完成养龙司变电站、步行街、集镇污水处理厂及垃圾填埋场建设。

3. 提高城乡基础服务供给水平

加强农村医疗卫生计生体系建设。完成农村卫生室建设,确保每村都有计生(卫生)室,巩固农村医疗体制改革成果,实施好新型农村合作医疗,不断完善计划生育工作,进一步提高计划生育工作水平。

完善村民业余活动场所。建成全镇 17 个村村级文体活动广场建设及村民活动室建设，确保每村都有一个村级文体广场、一个村民活动室，有条件的村建设完成两个村级活动广场，进一步丰富当地群众的业余文化生活。

提升群众住房安全。完成农村住房环境综合种植 2000 户以上，完成农村危房改造动态管理，确保群众住房安全。进一步落实公租房正则，积极向上争取资金，完成养龙司公租房建设。

（三）突出以人为本，实现人民共享发展成果

1. 提高教育水平

坚持优先发展教育。提升现有的教育教学水平，进一步优化教育资源的布局和结构，改善当前的教育教学硬件设施和环境，发展现代化远程教育，切实解决留守儿童就学问题，抓好学前教育发展。

建设完善教育基础设施。开展完善养龙司小学建设，做好教育教学配套设施建设任务，向上争取项目资金完成养龙司小学及中学的多媒体教室改造。进一步补充师资力量，为学生开设多样化的教学课程，提供多样化的教学方式，进一步促进养龙司镇义务教育阶段的教学质量。

2. 促进创业就业

推动创业带动就业。为创业者营造更好创业环境，努力促进创业带动就业，使创业就业渠道方向多元化。促进农村劳动力转移就业，重点抓好高校毕业生、返乡农民工、就业困难人员等特殊人群的创业就业工作，加大创业扶持政策的宣传力度，营造想创业、敢创业、能创业的良好氛围，坚持政策促进、社会支持、市场导向、自主创业的基本原则，鼓励社会各方面支持和推动创业带动就业工作。城镇登记失业率控制在上级下达任务以内，提高城镇就业率，转移农村富余劳动力就业，提高充分就业社区持续达标率，保持"城镇零就业家庭"和"农村零就业家庭"动态为零。

做好劳动力培训。其一，为有创业就业意愿但缺乏技能的劳动者提供职业技能培训、创业培训、农村实用人才实用技术培训等，加大提供职业技能培训投入，加强创业培训、农村实用人才实用技术培训。其二，加强农民素质教育和劳动技能培训，以养龙司农民素质学校为平台，大力开展就业培训。进一步发展劳务经济，积极保障外出务工人员的合法权益不受侵害。

3. 夯实社会保障和社会救助

完善特殊人群审核机制。进一步完善农村五保的申报及集中供养工作，配合县民政局做好镇"养老服务中心"的项目申报工作；进一步完善城乡低保评审工作，做好应保尽保，坚决杜绝人情保；认真做好困境儿童的统计工作。

做好救济救助工作。建立健全困难群众救助台账，把好粮食救济、临时救助的申请补助关口，确保困难群众能得到及时救急救助；做好灾民建房的调查核实工作，确保困难群众有房住，困难有救助；做好因病返贫的医疗救助的审核和发放。

逐步完善社会劳动保障体系。进一步完善覆盖城乡的社会保障体系，进一步扩大各项社会保障的覆盖面，探索建立社会保险发展的长效机制。

4. 加强人口服务管理

做好老龄人口服务。做好每半年发放一次的80岁以上高龄老人长寿补助审核发放工作，及时注销死亡人口，及时申报新增对象；完成其他剩余13个村的幸福院申报和建设。

做好残疾人工作。积极开展贵阳市残疾人同步小康工作，制定好详细的帮扶计划，争取养龙司镇残疾人小康工作顺利开展；积极开展残疾人康复工作；深入宣传《贵州省残疾人保障条例》《贵阳市残疾人保障规定》等残疾人权益保障法律法规。

做好双拥工作。做好参战退役人员和60岁以上退役军人的生活补助及提标工作。进一步完善复员退伍军人的帮扶救助制度和其他相关的优惠工作。

5. 探索"一村一基地"脱贫模式

扶贫难见成效的主要原因是没有形成一个能长久支撑经济发展的产业模式，"撒芝麻"式的扶贫资金往往只是"雨过地皮湿"，没有解决根本问题。发展产业是精准扶贫的根本，"一村一基地"则是养龙司镇产业扶贫的重头戏。养龙司镇在蔬菜种植上虽然有着良好的基础，但全镇各村土地不连片，土质、海拔差距也较大。如果全镇都发展蔬菜种植，不仅不符合各村实际，也存在着很大的市场风险。① 结合"三变"改革试点②工作，养龙司镇制定了"一

---

① 王青：《息烽县养龙司镇："一村一基地"为产业扶贫探路》，新华网，2016年5月18日，http://www.gz.xinhuanet.com/2016-05/18/c_1118886551.htm。

② "三变"即资源便资产、资金变股金、农民变股民。

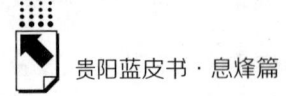

村一基地"脱贫致富的思路。

每村每年建设一处有特色的示范基地,打造一批有特色的半边天农产品,以达到以点带面,以强带弱,依托产业发展帮助低收入群体实现增收。"一村一基地"计划采用"公司+合作社+低收入户+电商"的模式,优先把低收入户纳为合作社成员,由公司集中进行管理,为合作社成员提供种苗、技术服务等,并通过电商销售产品,解决贫困户的技术和销售难题。

"十三五"期间,要进一步推进"一村一基地"建设,除了蔬菜生产基地外,要开发或引进其他农业产业化项目,逐步推进全镇农业产业结构调整,加速发展方式转变。

参考文献

张建云:《农业现代化与农村就地城市化研究——关于当前农村就地城市化问题的调研》,中国社会科学出版社,2012。

中国城市科学研究会:《住房和城乡建设部村镇建设司:中国小城镇和村庄建设发展报告(2008)》,中国城市出版社,2009。

国家人口和计划生育委员会:《流动人口服务管理司中国流动人口发展报告2012》,中国人口出版社,2012。

宣晓伟:《新型城镇化的逻辑——现代转型视角下中国社会结构和关系的再调整》,《21世纪经济报道》2013年3月4日。

潘海生:《一条新型的城镇化道路——关于浙江省小城镇建设的调查与思考》,中国城乡统筹发展网,2012年7月17日,http://www.cndua.cn/6/4/2012-07-17/2365.html。

王全宝:《城镇化本质是农民市民化》,《中国新闻周刊》2013年3月15日,http://news.sina.com.cn/c/sd/2013-03-15/163826543769.shtml。

B.18
突出生态功能 提升发展品质 建设民族精品小镇
——息烽县青山苗族乡"十三五"发展思路研究

摘　要： 贵州省"十三五"规划纲要指出："要加大传统村落和民居、民族特色村镇保护力度，传承乡村文明，建设美丽宜居乡村。"建设民族精品小镇是传承和发展贵州民族文化的重要举措，更是对当地民族特色村寨的保护发展工作具有较强的辐射带动作用[①]。青山苗族乡是息烽县唯一的少数民族乡，境内有青山湖饮用水源保护区。正是浓郁的民族文化和"水源保护区"良好的生态资源，让青山苗族乡面临着发展空间受限、生态环境脆弱、文化保护难度大等难题。本文中从青山苗族乡"十三五"期间立足饮用水源保护区的生态功能和鲜明的民族文化特色的发展思路，提出要着力实施"一环三区两线"产业发展的战略，不断提升发展品质，明确建设民族精品小镇的目标定位，并通过坚持生态优先、因地制宜、保护与开发并重的发展三大原则，做大做强少数民族文化名片，为提升环境、产业、生活三大品质提供参考。

关键词： 青山苗族乡　生态功能　民族特色　民族精品小镇

贵州是一个多民族省份。根据国家民委对"十三五"期间少数民族特色

---

① 杜再江、谢慧：《贵州出台文件保护发展"民族特色小镇"》，《中国民族报》2016年3月25日。

村镇保护与发展工作的基本思路精神，2016年贵州省出台了《关于加强民族特色小镇保护与发展工作的指导意见》，指导意见指出，民族特色小镇是民族风情浓郁、民族文化保护价值和新型城镇化水平较高的小镇。加强民族文化保护与发展，打造民族精品小镇是当前保护贵州民族特色村寨的发展方向。青山苗族乡境内有青山湖饮用水源保护区，具有特色民族文化和良好的生态条件。青山苗族乡是息烽县十个乡镇中面积最小、人口最少、农业人口占比最大的农业乡。全乡农业产业结构主要是发展核桃、烤烟、蔬菜、马铃薯种植，另有黑土猪、肉鸡养殖。可以说，是以民族特产加工及民俗风情旅游为主的民族乡。"十三五"期间，青山苗族乡综合考虑在息烽县发展中的功能定位，毫不动摇地坚持水源保护功能，传承民族文化，提升发展品质，努力将青山苗族乡打造成民族精品小镇。

一　青山苗族乡：息烽县的后花园

（一）基本概况

青山苗族乡位于息烽县城西南部，与县城相距19.5公里，与红色旅游景点（爱国主义教育基地）集中营相距15公里，两地间只需15分钟的车程，有息九、金马公路穿境而过。境内有326余亩的青山湖饮用水源保护地。全乡总面积为49.5平方公里，耕地总面积为12570亩，辖内由青山村、冗坝村、大林村、绿化村、马路岩村五个行政村组成。截至2015年，全乡总人口为7332人，其中，农业人口7143人，苗族人口2023人，农业人口和苗族人口比重较大，是息烽县典型的农业乡和少数民族乡。青山苗族乡基本情况如表1所示。

"十二五"期间，青山苗族乡毫不动摇地抓好饮用水源保护带建设，坚持水源保护功能，传承民族文化，结合得天独厚的青山湖风景区，保存完好的森林植被和农历"四月八"系列民族民间活动，着力实施"一环三区两线"产业发展战略，不求大而全，只做实而精，努力把青山苗族乡打造成集休闲避暑游、民族风情游的旅游之乡和息烽县的后花园。

表1 息烽县青山苗族乡基本情况一览

分类	项目		内容					
概况	辖区面积		49.5平方公里	辖区人口				
	辖区范围		地处息烽县城西南部，东南面与永靖镇的河丰村和坪上村相邻，西接石硐镇新寨村、石硐村，北与西山镇的胜利村、猪场村为邻	户籍人口	2416户		流动人口	62人
					7270人			
	自然资源		青山苗族乡的矿产资源主要是煤矿，分布在沙沟一带，储藏量200多万吨。其次铀矿的蕴藏量也可观，主要分布在莲花银和上寺，其中以莲花银的含量较高。其他矿石还有硫铁矿、褐铁矿、汞矿等	困难群体	低保人员	167人		
					60岁以上老人	85人	建档立卡贫困户	238户	外出打工	1401人
				特殊人群	残疾人	59人	失业人员	11人	刑释解教人员	45人
					留守儿童	85人	吸毒人员	14人	缠访、集访带头人	0
					失学儿童	0人				

分类	村（居）民可支配收入		地方财政总收入	村集体经济		一产总值	二产总值	三产总值	辖区内企业	招商引资		全社会固定资产投资
	村民	居民		总数	资金总额					签约金额	签约企业	落地企业	
经济发展	11295元	25022元	2100万元	5个	87.7万元	6489万元	3740万元	7853万元	25个	2085万元	1个	1个	3.5亿元

基础设施建设	六个小康专项行动计划					
	小康路	小康水	小康房	小康电	小康讯	小康寨
	47.33公里	5个村全部通水	306户	5个村全部通电	5个村全面覆盖4G网络	4个

教育资源	幼儿园		小学		中学（初中和高中）		大中专及以上院校
	公办	民办	公办	民办	公办	民办	
	1个	0	1个	0	1个	0	0

文体建设	人文资源	重点文化节庆活动	公共文体活动场所（包括广场、公园和体育运动场所等）
	—	苗族"四月八"活动、"二月厂"活动	5个广场,6个体育运动场所

续表

医疗卫生资源	乡镇卫生院		1个	养老院	1个
	医护总数	床位数	床位占用率	村级卫生室	5个
	32人	20张	50%		

资料来源：表格数据由青山苗族乡提供。

（二）发展基础与成效

"十二五"时期，青山苗族乡大力实施"文化兴乡、产业强乡、旅游促乡"战略，全面推动经济社会各项事业共同发展，加快推进全面小康建设。

1. 基础设施建设与公共服务并重

青山苗族乡坚持硬件和软件并重的原则，统筹城乡基础设施建设和公共服务，推进城乡基本公共服务均等化，努力改善群众生产生活条件和提高服务水平[①]。

基础设施不断完善。100%的村民组通公路、通串户路、通自来水（自流水）；"村通"工程覆盖率达90%，通信无盲区；100%的居民户可通电话、通互联网、通广播电视；100%的农村危房实现动态改造。完成乡集镇及周边234户农户房屋苗族特色立面改造工作，营造浓厚的民族特色氛围，大力实施电网改造，完成了全乡电路线路升级改造，基本能满足全乡日益增长的电力需求。

群众生活更加多样化。2013年实现5个村农体活动场地全覆盖，2012年启动乡民族风情园建设项目，投入资金280余万元完成斗牛场基础、民族祭祀台、表演台、农体活动场及园门基础等建设，进一步夯实群众文化活动平台基础。强化农村文艺队伍建设，开展形式多样的群众文化活动。组建青山苗族乡老龄腰鼓队、苗家山歌队、斗牛协会及芦笙舞蹈队等队伍，在各种节假日及苗族节日期间开展形式多样的群众文化活动，丰富群众文化生活。创建了一批民族特色文化品牌。

卫生事业稳步推进。新建乡民族医院，进一步规范完善村卫生计生服务室的硬件设施及规章制度，大力推进农村医疗公共服务项目，农村居民医疗保健

---

① 青山苗族乡人民政府：《青山苗族乡2011~2015年工作总结》，2015。

水平进一步提高，农村合作医疗率达98%以上。2012年争取到卫生院规范化建设资金50万元，完成乡卫生院规范化建设工作，新增床位20张。投入11.2万元，完成马路岩和绿化两个村卫生室建设；2013年投入资金50余万元、争取上级资金115万元，启动乡中心卫生院建设项目；2014年投入资金233万元，建设建筑面积1480平方米的青山苗族乡计生站，积极争取和投入资金260万元启动乡中心卫生院业务用房一期工程；2015年，争取到省信用联社公益基金115万元改造提升乡中心卫生院建设项目。

教育事业迈向新台阶。不断加大教育硬件设施投入，大力支持中小学基础设施建设，优化办学条件，于2014年实现"营养餐"全覆盖，全面实现教育"9+3"及整班移交工作，并在考核工作中名列前茅。中、小学辍学率控制在县下达目标范围内，加强师资配备，逐步实现义务教育均等化。

2. 生态建设与产业发展同步

青山苗族乡突出饮用水源保护工作，加快造林绿化步伐和污水治理，大力同步推进生态和产业化建设，在"十二五"期间，各项工作取得了显著成效。2015年，青山苗族乡生产总值（GDP）22913元，第一产业的增加值为7306元，第三产业的增加值为12089元[①]，第一产业和第三产业增加值分别占生产总值比重为32%和52%。

生态建设有序推进。累计完成义务植树20余万株，发放退耕还林补贴56.5万元，公益林生态效益补偿85万元，完成石漠化综合治理工程封山育林4998亩的封育管护及补植补造工作，完成农村清洁工程2个，进一步强化小桥河一级饮用水源地保护工作，全面完成围栏建设工程，加大日常监管和周边垃圾、污水及面源污染治理工作，确保饮用水源安全。

农业产业稳步发展。建立绿化村核桃示范基地1个100亩，完成《优质核桃引种栽培试验示范》项目300亩，套种黄豆10000亩、马铃薯29839亩，发放核桃种植抚育补助资金42.22万元。五年来，深入实施"三良工程"，大力推广良种、良肥、良法种植，共计发放三良肥料928.37吨、推广水稻种植4459.33亩次，玉米种植33703.88亩次，累计办各类示范点14个2200亩，推广油菜高产高效示范面积2000亩，累计发放涉农补贴549.99万元。发展种植

---

① 息烽县统计局：《2016年息烽县统计年鉴》，2016。

烤烟5500亩、蔬菜42700亩（其中辣椒3200亩）、牧草1000亩。同时，采用"公司+农户"模式大力发展养殖业，"十二五"期间，共发展养殖大户138户，补贴修建肉鸡养殖圈舍56220平方米，扶持资金65万元，养殖贴息28万元，出栏肉鸡79.6羽；不断加大普通养殖户扶持力度，年出栏普通生猪养殖4000头、牛875头、羊559只、家禽57745只，肉类产量达130吨；继续发展"苗家黑土猪"特色养殖，做好苗家黑土猪种猪场管理，培育种猪128头，争取种猪场建设资金125万元，新建种猪场6000平方米，年均可产仔猪10000头，覆盖全县5个乡镇，年出栏黑土猪商品猪5000头以上。

3. 产业化扶贫与社会保障并举

在扶贫工作上，青山苗族乡坚持从实际出发，按照以"乡域经济发展带动扶贫开发、扶贫开发促乡域发展"的基本思路，实行农村产业扶贫与社会低保制度相结合，建立扶贫开发与社会保障相衔接的扶贫开发工作体系，促使农村低保制度和扶贫开发政策有效衔接①，从而改善农村农民生活生产条件，全力推进实现全面小康建设。

扶贫工作开展有效。"十二五"期间，向上争取扶贫开发资金共计600余万元，实施了生态养殖、蔬菜种植、核桃产业发展等项目，全力推进扶贫攻坚工作，通过开展产业化扶贫，结对帮扶，遍访贫困村、贫困户，素质提升工程，精准扶贫，设施扶贫等一系列扶贫工程，使全乡贫困人口从2011年498户1100人减少到2015年的130户245人（含低保、五保户），基本消除绝对贫困现象。

社会保障落实到位。经济的发展促进了社会事业的不断进步，2014年投入资金480万元，全面完成全乡敬老院建设，可提供床位100张。落实新的农村医疗救助实施办法，切实解决群众因病致贫和因病返贫问题。扎实推进城乡困难群众临时救助，城乡低保实现动态管理，五年共对农村五保供养对象发放供养金11余万元、城低保金26万元、农低保金84.8万元、发放各类优抚金33.9万元、军属优待金10.3万元、定补款3.6万元。2015年，人均GDP、农民人均可支配收入和城镇居民可支配收入基本实现了"531"目标，100%的城乡居民都享有医疗保险、养老保障、低收入保障、失业保障和住房保障。

---

① 康慧珍：《邹一南：精准扶贫要理清的十大关系》，光明网，2016年10月9日。

二 从区域特点看青山苗族乡"十三五"发展的优势与挑战

青山苗族乡结合民族文化特色鲜明和生态质量良好的两大发展优势，推动经济社会发展新跨越。但同时又存在发展空间受限、基础设施落后和产业结构单一的发展瓶颈亟待突破。

（一）发展优势

1. 苗族乡：民族文化特色鲜明

青山苗族乡民族文化源远流长，早在宋朝时期，居住在青山村的苗族同胞就留下了丰富的民族文化，苗族手工刺绣是青山村最著名的苗族艺术，其工艺古朴，花纹清雅，有插花绣和十字绣等。除此之外，该乡还积极挖掘和发扬苗族文化，每年农历四月八日的"四月八"活动都会在青山村举行，这里的少数民族舞蹈独具特色，主要有极具原生态特征、古朴典雅的《芦笙舞》《板凳舞》《唢呐舞》等舞蹈，营造了浓厚的民族文化氛围，彰显了民族文化魅力。苗家歌舞丰富多彩，苗家淳朴好客，拥有独具风格的苗家家具和生活方式，以及原生态的礼仪习俗，苗族同胞的精制米酒和柴火豆腐是青山苗族乡最具特色的苗家美食，这使青山苗族乡无不弥漫着原生态的苗家文化芬芳[①]。在2011年的全国第九届少数民族传统体育运动会上，该乡的原生态苗族舞蹈《蒙待央》荣获全国一等奖。

2. 饮用水资源保护区：生态质量良好

青山苗族乡境内水资源丰富，属亚热带季风气候，平均日照1300小时左右，年降雨量1100毫米，雨量充沛。境内有326余亩的小桥河水库，通称青山湖，是饮用水保护区。库区水面宽阔，有24万平方米，水清无污染，四周森林茂盛。境内气候温和，年平均气温在13.5℃。植被较好，全乡森林覆盖率51.3%，空气清新，素有"天然氧吧"的美称。

---

① 青山苗族乡人民政府：《特色小城镇苗族风情小城镇建设可行性方案》，2013。

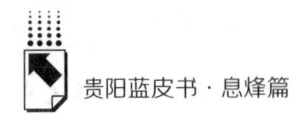

（二）发展挑战

1. 发展空间受限

饮用水源保护区的生态功能使青山苗族乡具有很好的生态环境，但同时也受饮水保护区生态空间保护红线的刚性约束，饮用水源保护区主要是指国家为保护水源洁净而划定并加以特殊保护、防止污染和破坏的一定区域，引用水源的保护直接关系到人民身体健康和经济社会发展。在生态红线下，青山苗族乡不能发展有污染的产业。目前该乡主要以农业为支撑产业，青山苗族乡的发展空间十分有限，面临着想发展但不得发展的尴尬处境，所以只能在预留空间内发展，不敢越"雷池"一步，这成为制约青山综合实力提升的主要矛盾。

2. 基础设施落后

在推进社会主义新农村建设过程中，农业的发展在于产业化、规模化，而产业化和规模化的出路在于农业机械化。加强机耕道建设是提高农业生产能力、建设社会主义新农村的重要手段。青山苗族乡农村农田机耕道匮乏，许多地方没有机耕道，有机无路走，加上青壮年外出务工占多数，农村多为老、弱、妇女在家耕种，农业机械化水平难以提高。

青山苗族乡除了农村机耕道匮乏外，农村垃圾处理问题也较为突出。虽然借助美丽乡村建设机遇，村容村貌整体上有所改善，但农村垃圾的污染和治理问题仍然是一大难题，没有集中处理填埋场，垃圾随处堆放的现象普遍存在。主要原因表现在生活垃圾的日益增加造成治理难度加大、农民环保意识薄弱、治理水平不高等方面[1]。因此，青山苗族乡还需加大投入，不断完善垃圾基础处理设施，增加垃圾存储器的数量，避免垃圾无处安放；因地制宜，适当修建垃圾处理站或者废物回收站[2]。

3. 产业结构单一

青山苗族乡产业结构单一，核桃产业是乡域经济的支柱产业，但经济效益不高。青山苗族乡经济发展高度依赖传统种植业，大多种植辣椒、生姜、大

---

[1] 周思佑：《云南新农村建设中农村垃圾污染及治理问题的研究》，云南大学硕士学位论文，2015年。

[2] 董丽丽、于玲：《我国农村生活垃圾现状及处理对策》，《现代农业科技》2013年第16期。

蒜、香葱、淡季蔬菜，且布局分散，未集中连片。虽然支柱产业粗具规模，但还未完全实现大范围的群众增收。养殖业方面虽引进了贵州好一多乳业有限责任公司在大林村发展奶牛养殖基地，但从整体来看，养殖业发展存在规模小、数量少且存在科技水平低、抗风险能力弱、产品增加值低和均停留在初级生产状态等问题。此外，青山苗族乡的二产增加值主要源于建筑业，总量少、产业竞争弱。第三产业也面临基础设施建设配套不完善、现代服务业起步晚、特色不突出、规模小的问题。

三 青山苗族乡建设民族精品小镇的发展思路探析

抓住中央、省、市、县支持民族地区发展的政策优势，集中精力破解"缺优势产业带动、缺城镇建设撬动、缺交通大道推动"三大瓶颈，在产业结构调整、城乡建设、生态文明和风险防控上精准发力，巩固全面小康成果，全力打造休闲养生、民俗体验，建成盘中菜、碗中肉、篮中果为经济命脉的民族精品小镇。在建设民族精品小镇的发展过程中，需结合自身发展实际，坚持生态优先、因地制宜、保护和开发并重的三大原则，做大做强民族文化名片，提升环境、产业、生活三大品质。

（一）青山苗族乡建设民族精品小镇应坚持三大原则

1. 坚持生态优先

党中央高度重视生态文明建设，为深入贯彻习近平总书记多次明确指出的贵州要始终坚守生态和发展两条底线，坚持绿水青山就是金山银山，坚定不移地走生态优先、绿色发展的道路。青山苗族乡应立足自身生态资源条件和产业发展实际，在实践中走生态产业化和产业生态化的绿色发展道路，充分用好其山、水、文、林、温泉等自身优势，加速发展特色民族乡村旅游业、现代山地特色农业、饮用水产业、林业产业[①]，着力打造可持续综合开发、利用、经营自然生态资源的产业体系。

---

① 刘昌馀：《贵州：坚持生态优先　绿色发展》，《贵州日报》2016年9月1日。

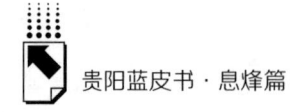

2. 坚持因地制宜

民族乡镇具有人口少、面积小、农业人口比重较大的特点，发展乡镇经济显得举步维艰。因此，更需要结合自身资源禀赋，发挥资源优势、因地制宜发展优势产业，坚持统筹规划，突出特色的原则①，以市场为导向，以经营效益为中心，以增加农民收入为重点，形成本土特色，打造本土品牌。深入挖掘少数民族特色，认真谋划特色产业、支柱产业，发展现代农业产业和旅游业，推动经济社会发展再上台阶。

3. 坚持保护与开发并重

青山苗族乡在实施"民族文化+旅游"融合发展过程中，要始终坚持保护与开发并重的原则，明确文化产业发展方向，突出和保持当地文化特色，科学规划文化资源的开发利用，避免盲目开发、无序开发、过度开发，导致资源浪费或破坏，避免苗族文化的失真。

矿产资源是国民经济和社会发展的重要物质基础，它的综合开发利用能凸显一个地方的综合实力②，青山苗族乡境内土壤多为石灰岩发育的黄壤或黄棕壤，土层深厚，矿产资源主要是煤矿和铀矿，但全乡面积仅49.5平方公里，土地资源稀缺，生态环境脆弱，耕地土地开发空间有限。对此，在开采矿产资源中要有效遏制无证开采、以采代探和破坏环境行为，避免出现土地供需矛盾问题，建立矿产资源开发长效机制，用活用足土地调整，在确保矿产资源充分合理开采利用的同时不破坏和浪费土地资源。

（二）做大做强少数民族文化名片

民族文化作为一个民族精神的写照，原真性地保留与恢复苗族文化，要以旧民居中原有的建筑元素加以改造利用为出发点，改造房屋立面，加强基础设施建设，建设具有浓郁苗族风韵的小城镇。

青山苗族乡立足"少数民族乡"的民俗风情，以美丽乡村建设为抓手，以具有民族风情的装修风格来建设居民房、集市街道及农业文化创意园等项

---

① 秦悦、白秀君、杨丽杰等：《因地制宜，发展乡镇经济》，《丹东纺专学报》2000年第S1期。

② 陈永敏：《析矿产资源的合理开发利用和保护》，《金属矿山》2009年第S1期。

目。重点对冗坝村、大凹村、打铁冲村三个民族村寨围绕精品苗寨的目标，将民居房进行改造整修，对村容村貌进行整治，完善其基础配套设施建设。此外，民族服饰和歌舞也是民族文化的重要标志，采取适当措施，鼓励本地居民积极参与到民族文化的保护和传承中去，尤其是广大青年，使他们在日常生活中穿着本族服饰；鼓励对苗族歌舞有兴趣的人才开展对苗族歌舞文化进行保护和传承工作，在创作中继承，在继承中开拓，从苗族服饰和歌舞中彰显民族文化魅力①。全面打造一个别具风格的民族文化名片。

（三）提升环境、产业、生活三大品质

青山苗族乡"十三五"期间着力实施"一环三区两线"产业发展战略（见表2），积极采取措施，保护生态环境、优化产业布局、提升生活品质，不求青山大而全，只做青山实而精。

表2　青山苗族乡"一环三区两线"总体布局和农业功能分区

"一环三区两线"总体布局	
"一环"	环青山湖打造饮用水源生态保护带
"三区"	以青山集镇为核心打造"民族风情展示区"
	以绿化大麻窝至岩脚寨公路为轴打造"山地农旅体验示范区"
	以大林村王依槽至冗坝村冗一组片区为核心打造"种养结合立体农业示范区"
"两线"	沿176县道打造秋淡蔬菜种植示范线
	沿178县道打造辣椒种植示范线
农业经济功能分区	"肉案子"以冗坝村肉鸡园区为主，林下存土鸡及苗家黑土猪养殖为辅
	"菜园子"以次早熟生态蔬菜为主
	"果园子"青山村优势核桃为主

1. 保护生态，完善设施，打造一流环境

生态环境方面。围绕饮用水源保护地功能定位，严守底线构建宜居宜业环境。守住生态底线，让大地常绿；守好天蓝底线、让空气常新；守好水清底线、让碧水常流；守好地洁底线、让土壤常净。抓好乡公益林地和集中基本农田保护区等禁止开发区的保护。实现乡集中式饮用水源地水质达标率达

---

① 江佳英：《关于少数民族服饰文化的保护及其传承探析》，《金田》2013年第11期。

100%、建成乡污水处理厂，实施美丽乡村示范点清洁能源工程，促进集中村寨垃圾处理设施全覆盖。积极提倡居民生活用气、用电率。逐步建设生态优美的环境，提升森林覆盖率达，基本完成乡村主要干道绿化树种植。在"十三五"发展期间，青山苗族乡关于生态环境方面的规划指标共有5个目标、9个重大项目（见表3）。

表3 青山苗族乡生态环境目标和重大项目内容

生态环境目标	全乡森林覆盖率达64%以上
	集中式饮用水源地水质达标率达100%
	农村居民清洁能源使用率85%以上
	4个美丽乡村示范点生活污水集中处理率达100%
	集中村寨垃圾集中清运处理率100%
	水体环境功能区达标率实现100%
重大项目	城镇主干道建设项目，资金6000万元
	大林村人饮工程建设项目，资金200万元
	集镇污水处理厂项目资金500万元
	大林村王依槽、高田坎、中合铺、中寨4个片区土地整治项目，资金1600万元
	小桥河水库移民项目，资金5000万元
	小桥河饮用水源生态保护带建设项目，资金500万元
	5个示范点美丽乡村建设项目，资金5000万元
	集镇环线公路建设项目，资金1000万元
	民族风情展示区建设项目，资金500万元

城乡基础设施方面。全面建设青山集镇主干道，使之和息烽城市主干道（龙泉大道）和西望山环线连接，为乡"十三五"集镇发展奠定坚实基础。提级改造绿化村委会至菜籽沟、青山至猫场公路，构建高效便捷的交通路网。推动集镇发展和旅游业发展。抓好天然气管道设施规划设计和建设，尽快让集镇居民和周边群众用上天然气。建成水落洞水库、解决大林村人饮问题。

2. 优化布局，突出特色，构建精品产业

青山苗族乡紧紧围绕"一环三区两线"产业布局规划，及时研究产业布局框架下的支撑项目，积极优化产业布局。抓住贵阳市委、市政府支持少数民族乡村发展等有利契机，积极主动向上对接、争取项目和资金，以项目为抓手强力推进规划目标。在壮大农业规模的基础上，以农业产业结构调整为主线，重点突出资源优势和发展特色，合理调整产业布局，拓展发展空间，创新运营方式，加快建设优势农产品产业带，大力培育壮大主导产业，在"一村一品"的基础上探索"多业并举"的发展模式。种植业向优质化、集约化发展，养殖业向专业化、规模化、产业化发展。二、三产业向生态型、效益性发展，实现一、三产业发展取得新突破。努力实现乡镇经济向集约化发展，进而增加农民收入①。

做优做活旅游产业。围绕品鉴"民族文化"和"生态环境"养身，将"民族文化、温泉、森林、乡村"四颗珍珠串起来，推出苗家风情体验、养老养生度假品牌。首先，重点挖掘民族文化。大力弘扬苗族"四月八"系列活动，挖掘苗族芦笙舞，发展苗族刺绣系列产品；其次，重点打造温泉养老养生名片。积极开展招商引资工作，开发青山塘坎温泉资源，全力推进相关基础设施建设，形成息烽百里氡温泉大健康产业区节点，围绕温泉开发打造2~3个特色村寨，与养老养生、民族特色文化产业融会贯通；再次，着力打造森林旅游名片。把绿化林场、大林林场等自然风光、天然氧吧森林旅游发展统筹进行规划，形成息烽环西望山森林旅游组团。最后，重点打造乡村旅游名片。将青山苗族乡美丽乡村建设进行统一规划，推进乡森林资源开发，将养老养生养心的社会需求融合到旅游休闲的产业发展中，打造集民族文化体验、自然观光、健身为一体的新型养老养生产业，促进旅游新业态的形成。使之成为息烽富有特色的重要的生态养老养生养心基地和目的地。

做大做强农业产业。始终把农业增效、农民增收作为改善民生的第一要务，积极采取有效措施，做大一产。第一，以"三良工程"为抓手，实施良种良肥良法种植，推进农业科技示范。逐年增加粮食单产，稳步推进粮食增产，确保粮食生产安全。第二，咬住核桃支柱产业不放松，大力发展特色农业。努力把青山苗族乡打造成息烽县山地核桃示范园区，扎实抓好核桃后续管护工作，进一步提高群众种植和管护的积极性和主动性。同时围绕本地优质核桃品种，着力新增本地优质核桃，壮大全乡核桃种植面积规模，注册商标，包

---

① 徐小凤：《乡镇经济调研报告》，百度文库，2012年10月。

装上市，初步建成以核桃为主的"果园子"，建成"核桃之乡"。通过"两线"发展"短平快"产业增加群众收入。结合176、178县道分别打造秋淡蔬菜种植示范线和辣椒种植示范线，启动"三品一标"认证力度，逐步推动秋淡蔬菜和辣椒产业规模化、标准化生产，实现农超对接，提升青山绿色无公害蔬菜影响力，基本建成以秋淡季蔬菜为主的"菜园子"。不断完善冗坝村肉鸡养殖小区基础设施建设，积极鼓励和支持群众新建圈舍和发展肉鸡养殖。加大苗家黑土猪发展扶持力度，增加年出栏生猪数量。积极发展核桃林下土鸡养殖，形成冗坝勾皮冲至王依槽立体生态农业示范区。培育自身生态农产品品牌，基本建成以肉鸡和黑土猪为主的"肉案子"。第三，积极探索发展有机高效循环农业。充分利用乡境内农家肥充裕的有利条件，通过秸秆无害化处理，变成有机肥料，发展蘑菇种植，蚯蚓养殖，从而推动林下养鸡及特种养殖，发展有机循环农业，提高产品品质，增加群众收入，实现"农业强、农村美、农民富"，践行产业强乡战略。第四，支持发展农村电商。加快培育新型农业经营主体，引进龙头企业、引进和培训一批专业人才、完善一批基础设施、打造青山本土品牌。

3. 完善保障，提升服务，实现民生改善

以社会保障和改善民生作为加快经济社会发展的出发点和落脚点。青山苗族乡应提高群众幸福指数，守好收入底线、让百姓腰包鼓起来，守好脱贫底线、让小康步伐快起来。继续推进教育"新两基"成果巩固，实现义务教育均衡发展和普及15年教育，基本实现教育现代化。人人享有基本公共卫生服务，新农合参保率做到应保尽保，大病统筹实现全覆盖，看病难、看病贵的问题基本解决，甲、乙类传染病发病率、孕产妇死亡率、婴幼儿死亡率大幅度降低。实现城乡社会保障全覆盖，有效发挥乡敬老院作用，不断提高城乡低保水平、五保对象集中供养率。营造良好的创业就业环境，人人安居乐业，群众收入水平不断提高，生活环境极大改善。

4. 巩固成果，探索模式，释放发展活力

认真总结过去试点示范工作的经验，巩固既有改革成果。要做好既有改革成果的巩固，对全国小型水利工程管理体制改革试点、农村留守儿童关爱服务体系全国试点县等卓有成效的改革试点，本着出经验、出亮点的思路，抓好试点成果运用到日常工作，并加以发扬光大；加快推进现有改革试点，加快推进全国农村土地承包经营权流转规范化管理和服务试点、全国农村土地承包经营权登记试点县等全国改革试点示范，释放发展活力；大胆探索新的管理经营模式，积极探索政府与社会资本合作模式（PPP模式），加快推进水务改革、政府购买服务等。

参考文献

青山苗族乡：《青山苗族乡经济社会发展战略研究》，息烽县区委办政研室，2015。
青山苗族乡：《青山苗族乡人民政府"十二五"规划执行情况》，息烽县区委办政研室，2015。
青山苗族乡：《青山苗族乡"十三五"规划思考》，息烽县区委办政研室，2015。
青山苗族乡：《青山苗族乡"十二五"总结》，息烽县区委办政研室，2015。
任冠文：《论民族文化旅游资源的开发与保护》，《广西民族研究》2006年第1期。
周海燕、孙秀英：《用红线控制保护与发展边界》，《中国环境报》2016年8月24日。
韩永文：《坚持走中国特色新型城镇化道路》，《新湘评论》2014年2月17日。
高剑秋：《打造特色名片：少数民族文化发展新方法》，《中国民族报》2011年11月18日。
贵阳建筑勘察设计院有限公司：《特色小城镇苗族风情小城镇建设可行性方》，http://max.book118.com/html/2015/1202/30675850.shtm，2012。
杜平：《解读：如何发掘城市文化资源　发展特色文化产业》，新华网，2012年1月1日，http://www.ce.cn/culture/gd/201201/14/t20120114_23000241.shtml。
贵阳市人民政府：《贵阳市第十三个五年计划》，市人大网，2016年9月2日，http://www.gygov.gov.cn/art/2016/9/2/art_18329_992286.html。
万村千乡网，http://www.gzjcdj.gov.cn/wcqx/rurals/?c=8，2016。

B.19
聚焦专业化、标准化、品牌化推进县域社区服务体系建设

——息烽县新华社区"十三五"发展思路研究

摘　要： 新华社区是息烽县唯一的社区，在"十二五"推进新型社区建设方面成效显著，主要表现为四个方面，一是突出精细化，社区管理更加规范；二是突出便利化，社区服务更加高效；三是突出社会化，社区治理更加有序；四是突出人文化，社区发展更加和谐。但是新华社区在建设中也面临三方面的挑战，即社区服务机制不够健全，社区基础设施不够完善，社区服务形式与载体有待创新。针对存在的问题，新华社区需要以专业化提高社区服务水平，以标准化促进社区服务规范发展，以品牌化增强社区凝聚力和影响力。

关键词： 新华社区　社区服务体系建设　专业化　标准化　品牌化

一　新华社区基本情况

新华社区是息烽县唯一的社区，于 2011 年 7 月 31 日正式挂牌运行。总面积约 3.9 平方公里，现已入住 9710 户，总人口 3.8 万人（见表 1）。新华社区的区域分布如图 1 所示，辖新华、北门、龙腾 3 个居委会，其中新华居委会原辖于永靖镇，于 2010 年 10 月划分到新华社区。

表 1　息烽新华社区基本情况一览

社区概况	辖区面积	3.9平方公里		辖区人口					
	辖区范围	东至河滨路，临接永靖镇东门社区；西至文化西路，临接永靖镇西门社区；南至西望城，临接永靖镇下阳朗村、龙爪村、北至花园东路，临接永靖镇西门社区。		户籍人口	24650人		流动人口		13350人
				18岁以下	9209人	失学儿童	0人	留守儿童	50人

科技和教育资源	科研院所		幼儿园		小学		初中高中	
			公办	民办	公办	民办	公办	民办
	0		0	3个	1个	0	1个	1个

社会资源	辖区内单位			辖区内社会组织		
	行政单位	事业单位	企业（国有）	孵化型（枢纽型）社会组织	专业型社会组织	自发型（草根型）社会组织
	15个	18个	11个	1个	0	15个

体育文化休闲餐饮住宿设施	体育场（馆）	影剧院	广场	公园	图书市场、书店	50m² 以上饭店、餐馆	旅店、招待所	写字楼
	0	1个	1个	0	5个	11个	21个	0

医疗卫生资源	综合医院	专科医院	妇幼保健院（诊所）	急救中心	疾控中心	社区卫生服务站	辖区药店	养老机构	
								公办	民办
	2个	0	1个	1个	1个	0	9	1个	0

困难群体与特殊人群	失业人员数	退休人数	60岁以上老人	残疾人	低保人员	刑释解教人员	吸毒人员
	19人	400人	3970人	142人	241人	28人	109人

资料来源：表格数据由新华社区提供。

新华社区设置了"一委一会一中心"的组织架构。建立了社区党委、社区居民议事会和社区服务中心，内设"一厅四部二所"①。现有办公及公共服

---

① "一厅四部二所"社区便民服务大厅，党政工作部、社会事务部、城市管理部、群众工作部，社区司法所、社区派出所。

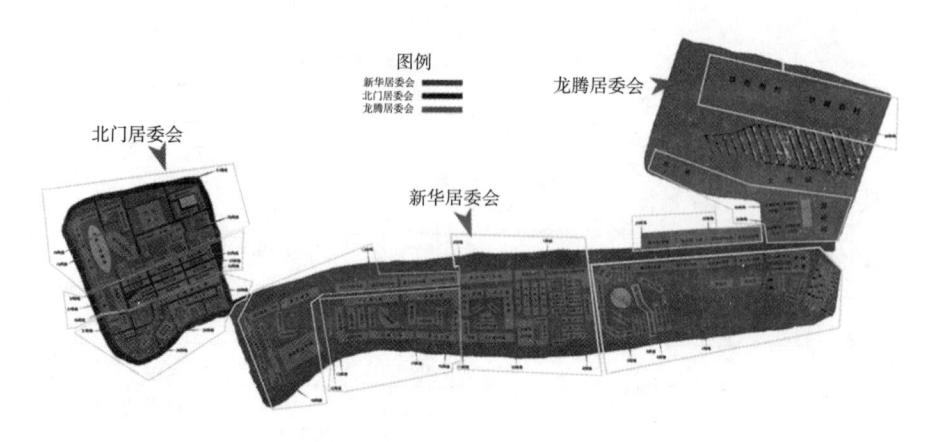

图1　新华社区区域分布示意

务用房830平方米，有11个综治网格和38个社区服务网格，是隶属于息烽县政府的正科级事业单位。

近年，新华社区在安全感测评、群众工作满意度和群众幸福指数测评等多项指标方面，均取得好成绩。2013年，新华社区被贵阳市委、市人民政府命名为"新型社区·温馨家园"。在贵阳市2013年群众安全感测评中，新华社区安全感为97.96%，在全市165个乡（镇）、社区中排名第十二位；2014年，安全感测评为100%，在全市乡（镇）、社区中排名并列第一位。2014年在全县群众工作满意度和群众幸福指数测评中，社区分别为94.60%、94.75%，连续2年获全县年终考核一等奖。此外，在贵阳市"多彩贵州文明行动"工作考核评比和国家卫生城市长效管理督查考核评比中多次取得好成绩。

二　新华社区"十二五"推进新型社区建设成效显著

（一）突出精细化，社区管理更加规范

1. 网格化管理模式

建立网格"管家团队"，促进和谐社区建设。新华社区共划分为38个服务网格，在每个网格组建"管家团队"，与网格人员一起采集居民相关信息，

化解矛盾纠纷，维护网络秩序。截至2015年底，"管家团队"共采集居民信息8000余条，收集社区民意47件（次），均已全部进行办理答复，排查矛盾纠纷51件。

加强社区治安网格体系建设，促进社区平安建设。对辖区10个综治大网格，建立由县领导牵头，社区领导包片，社区干部、协警联点和物管公司、业主委员会协同的定片定责定人的群防机制，基本实现了"精细管理、组团服务、群防群治"的平安创建工作格局。建立信息共享平台，排查隐患化解矛盾，维护社会稳定，完善了流动人口、出租房屋管理、矛盾纠纷化解等工作台账和社区治安档案，全面掌握"人、屋、车、场、网、校"等治安要素信息，及早发现、报告、控制、解决不稳定因素和社会治安问题。

2. 成功创建"温馨家园"和"国家卫生县城"

精细化创建"温馨家园"。争取贵阳市"温馨家园"和"三年千院"项目，把社区小事当成大事，精细思考公厕修建、管道维修、路灯安装、垃圾箱（收集箱）、小区整体改造等项目，争取各类项目19个，涉及资金1462.48万元。同时，不断改善辖区基础设施和环卫设施，优化居民生活环境，提升城市管理和服务水平。

精细化创建"国家卫生县城"。在2015年社区以创建国家卫生县城为契机，建立和落实了社区环境卫生综合整治网格化管理机制，实行条专块统，上下联动，确保卫生环境整治常态化。设置了便民信息栏、创卫知识宣传栏57块。对辖区公共绿地及绿化带进行了2000余平方米的补植，清理整治占道经营摊点50余个，增添垃圾箱20余个，清理卫生死角死点150余处。

（二）突出便利化，社区服务更加高效

1. 对接百姓需求，服务内容有效

开展"五听"活动，广泛征求居民意见。"五听"活动是指听辖区单位说、听非公企业谈、听办事群众讲、听楼栋居民提、听广场居民议。为确保所收集建议的广度与真实性，社区向居民发放了500余份征求意见表以及5000余份公开信。通过活动的开展，新华社区主要归集了两大方面的问题，一方面是党员干部不主动作为、办事效率低等"四风"问题，另一方面是关于路灯安装、管道维修、公厕建设等民生问题。新华社区对民生诉求实施台账管理，

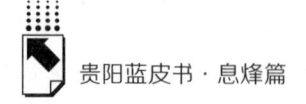

并会及时将整改落实情况通过公示栏反馈给居民。

开展"五帮"互动，有效解决居民困难。"五帮"的对象主要有大病重病人群、申请低保和临时救助人群、优抚对象、帮教对象和非公企业。"五帮"主要提供物资帮扶，例如慰问金、慰问粮油、优抚资金、物资折款、高龄补贴、场租补贴、自主创业扶持奖励等，对特大疾病救助对象、高龄独居老人等特殊人群会定期前去看望。此外，积极化解辖区内房开与业主的房屋违约纠纷，帮助入驻企业协调铺面租金的矛盾。

2. 创新服务形式，服务方式便捷

内容程序便捷化。不断规范并公开服务内容、服务程序，着力打造"15分钟服务圈"，为居民提供全方位服务，满足居民多样化需求。已公开就业失业证办理、小额贴息办理、临时救助等事项办事指南12项，明确了具体的办理程序、前置资料等事宜。

载体窗口便捷化。开设便民利民服务窗口，集中开展党务政务服务，实行"首问负责制"和"一站式办结制"。社区共开设就业服务窗口、党务服务窗口、民政服务窗口等便民服务窗口三个。同时，对残疾人等特殊群体优先办理。

开辟绿色通道便捷化。对特殊群体实行上门服务、阳光运作，自觉接受群众监督。开辟绿色通道以来，对辖区特殊群众上门服务287人次，办理率达100%。2015年社区各服务窗口共接待群众各类咨询9260余人次，受理各类服务事项8893件（次）。

（三）突出社会化，社区治理更加有序

1. 志愿服务：五支特色服务队

新华社区成立了五支特色服务队，涉及的服务领域包括政策宣传、文化宣传、法律援助、助老助残、矛盾纠纷调解。政策宣传服务队的成员有党员、退休老干部等，主要向社区居民宣传惠民政策、法律法规和文明礼仪，引导群众依法维护自身权益，自觉承担家庭责任与社会责任；文化宣传表演队由文化表演专业及业余人士组成，主要目的在于打造社区文化品牌，丰富社区居民精神文化生活，增强居民的凝聚力和归属感；法律援助队由在职法律工作者、退休律师及法律专业的学生组成，主要是免费向居民提供法律咨询和法律援助；助

老助残服务队的成员有党员和志愿者，主要帮助残疾人和贫困老人等弱势群体；矛盾纠纷调解队由社区工作人员及居民"意见领袖"组成，主要调节地企矛盾、邻里纠纷及家庭矛盾。

2. 居民自治：五会自治模式

新华社区"五会"自治模式的理念是"民主互动、自我管理"，"五会"是指社区居民意见收集会、社区民主测评会、社区居民议事会、社区情况通报会、辖区单位联席会。在自治会中的成员有社区党员、"两代表一委员"、楼栋长、居民代表、辖区内单位负责人及门店经营户。新华社区通过该模式，激发居民参与社区发展的主人翁意识，推进社区民主自治与民主管理，促进了和谐稳定。

（四）突出人文化，社区发展更加和谐

1. 以"五学"为载体，营造文化氛围

新华社区开展"五学"活动，坚持以上率下示范学、红色资源体验学、电教专题警示学、集中交流讨论学、发动居民一起学，通过"一把手"上党课与"道德讲堂相结合"、身边人说身边事与利用红色资源现场学相结合、文件传达与交流发言相结合、专家专题辅导与观看专题片相结合、个人自学与集中学习相结合等形式，切实做到学有所思、思有所悟、悟有所行、行有所得。活动开展以来，社区已观看9次专题片及教育片，开展2次专题辅导，举办2次道德讲堂，开展2次"身边人讲身边事"等，营造了良好的社区文化氛围。

2. 开展群众性文化活动，增强社区凝聚力

新华社区以举办"文化进社区"活动为载体，深入开展社会主义、爱国主义、集体主义、理想信念、民主法治为主要内容的宣传教育活动，不断推进和谐社区建设，增强社区凝聚力。

开展社区主题文化活动，进一步繁荣社区文化。新华社区组建了200余人的文艺表演队，经常开展各类文化活动，促进社会和谐发展；开展"迎新春、送温暖"走访，健康舞比赛、广播体操比赛、职业篮球赛、文艺会演等活动10余场；开展以"学习型好家庭、学习型好楼栋、学习型好居民"为主要内容的读书活动；举办道德讲堂12次，理想信念、廉政文化等教育活动12次，开展学习道德楷模和身边好人活动10余次；利用"我们的节日"组织居民开

展诗歌朗诵、诗词讲座、书画比赛等活动。通过一系列主题文化活动的开展，形成了浓厚的学习氛围，增多了居民之间的沟通交流，增强了社区的凝聚力。

注重社区文化设施投入，为居民提供休闲娱乐场所。社区投入22万元，建成图书馆、居家养老文体活动中心，为辖区居民休闲娱乐提供了宽松、舒适的活动场所。此外，以打造"书香社区"为依托，建立完善社区图书阅览室，配置科技、法律、礼仪、文艺等图书2000余册，并在电子阅览室配置了5台电脑，不断满足居民的阅读需求。

三 新华社区建设与发展面临的挑战

新华社区是息烽县目前唯一的社区，社区服务体系仍然处于比较初级的阶段，存在的问题主要体现在三个方面，即社区服务机制不健全、社区基础设施不够完善、社区服务形式与载体不够灵活多样。

（一）社区服务机制不够健全

社区服务机制不够健全主要体现在人才培养机制、人才激励机制与人才考核机制都有待完善。新华社区现有体制内的班子成员4人，其中3男1女，年龄均在36~45岁之间，有2人是本科学历，2人是大专学历。社区主要设有4个科室，党政工作部有6人，负责社区党的建设、精神文明建设、纪检监察、宣传和群团组织等工作；社会事务部有6人，负责社区人口和计划生育、人力资源、社会保障等工作；城市管理部有4人，负责做好社区环境绿化、环境保护、市容环境卫生、市政环卫设施、安全等工作；群众工作部有1人，负责社会管理综合治理、维护社会稳定、禁毒、信访等工作。可以看出，新华社区的人员配备不多，甚至有的部门要1人对接很多工作，难免造成工作积极性不高、工作效率低下等问题。

新华社区工作人员少，服务人群多、事务杂，工作推进难度大，亟须完善人才培养机制。社区工作人员薪资待遇较低，工作积极性不高，在人才激励机制方面也有待完善。此外，社区工作评比创建多、考核多，在一定程度上影响了社区工作人员服务居民的效率，社区的考核机制也有待完善。

（二）社区基础设施不够完善

从纵向来看，新华社区在建设上起步较晚，在社区基础设施建设上仍然存在不够完善的问题。从横向对比来看，由于新华社区在息烽县具有唯一性，在社区基础设施建设方面没有可以借鉴的对象，加上外出学习的机制也不健全，在一定程度上影响了社区基础设施的建设；跳出息烽来看新华社区基础设施发展，以贵阳市白云区大山洞社区为对比对象，两者同处于城区的中心位置，也同样面临流动人口多等问题，但两者在基础设施发展方面存在不小的差距。如表2所示，息烽县在教育基础设施建设与休闲娱乐场所建设方面与大山洞社区有一定差距。从纵向和横向两个方面来看，新华社区基础设施建设不完善的现实情况是比较突出的。

表2　息烽县新华社区与白云区大山洞社区基础设施数量对比

单位：个

社区 基础设施	息烽县新华社区	白云区大山洞社区
养老机构	1(32个床位,3名从业人员)	1(8个床位,2名从业人员)
幼儿园	3	10
小学	0	2
初中高中	1	1
图书市场、书店	5	3
公共文体活动场所	3	9
体育场	0	1
文化馆	2	5
影剧院	1	1
社区卫生服务站	0	3
一级医院	0	1(50个床位)
二级医院	2(807个床位)	1(250个床位)

（三）社区服务形式与载体有待创新

随着大数据时代的到来以及智慧社区的建设，新华社区作为息烽县社区建设的示范点，应加强学习与探索如何建设智慧社区及应用大数据进行社区服务，创新社区服务形式与载体。在社区治安综合治理方面，可以加强利用"现代化的武器"。以贵阳市观山湖区的世纪城社区为例，该社区人口密集、流动性大、难以管理，要精确掌握网格内的人员信息很难，导致了流动人口违法犯罪率居高不下、传销违法犯罪活动屡禁不止等问题。世纪城社区为进一步做好流动人口的服务工作，解决流动人口犯罪率居高不下的问题，在贵阳市大数据发展的背景下，在龙福苑小区试点安装了基于大数据的"智慧门禁"。通过"智慧门禁"，可以将碎片化的人口信息如长相、身份信息、身体特征等数据汇总到统一的社区平台上，平台会对重点关注人群和指标自动发出预警[①]。大数据的发展能改变很多行业的工作方式，给各行各业的工作带来新的发展机遇。新华社区在贵阳市发展大数据的背景下，可以勇敢地去做探索者、实践者和应用者，利用新的技术手段创新社区服务形式与载体，更好地优化社区公共服务供给。

四 新华社区建设与发展的对策建议

（一）以专业化提高社区服务水平

1. 提高社区服务人员的专业化、职业化水平

社区工作人员对于增强居民自治、化解社区矛盾、提升居民生活品质与构建和谐社区具有很重要的作用。因此，提升社区工作人员的专业知识和工作技能，提高社区服务人员的专业化、职业化水平，将是社区持续健康发展的动力来源[②]。

增强社区工作者队伍的稳定性是社区工作专业化、职业化的重要基础。首先，新华社区需要优化人员结构，增强队伍活力，改变人力资源匮乏的现状。一方面，优化社区工作队伍的年龄结构，鉴于社区工作需要有丰富的工作经验、一定的群众基础及具备居民乐于接受的成熟感和信任感，建议社区工作者

---

① 《创新破解综合治理难题》，《焦点访谈》2016年10月12日。
② 邵民智等：《对提升社区工作者职业化、专业化水平的一些建议》，上海统一战线网，2016年3月9日。

队伍以老、中、青相结合的方式，产生互补效应，形成人才梯队；另一方面优化社区工作队伍的性别结构，增加社区工作中男性工作者的比例，提升人力资源配置的科学性。其次，要加强社区工作人员认知职业性质，培育职业认同，提升其职业地位。社区工作具有非营利性、利他性和专业性，要强化社区工作人员对此的认识，以此更好地开展工作。再次，要强化对社区工作人员的政策支持，形成职业化的保障机制，主要通过三方面的措施来实现，即提高社区工作职业待遇水平，有效提升职业地位；坚定职业信念，培育职业精神，有效稳定社区工作者队伍；以职业化、专业化为目标，推进社区工作岗位与工作量设置的科学性。最后，要强化对社区工作人员进行职业培训，提升其职业化与专业化水平。一方面要建立社会化的培养体系，形成系统性的职业技能教育，要求从业者获得必要的专业学历和职业证书，打牢社区工作职业化、专业化的人才基础；另一方面要加强对社区工作人员进行岗位培训教育，如理论性教育、实践性教育与差异性教育，适应现代社区工作发展的需求。

2. 引入社会力量参与社区公共服务

"政府主导、多元协同"是引入社会力量参与社区公共服务要坚持的原则，以此确保社区服务公益性和便民利民特点，增强社区服务可持续发展能力。要大力发展社区志愿互助服务，在志愿者构成方面，以党员、公务员、教师、青少年学生及离退休人员等为主组建志愿者服务队伍，特别是要发挥中国共产党党员的先锋模范作用。在志愿者管理方面，要鼓励社会力量参与志愿服务，建立健全志愿者激励保障机制，加强对志愿者的管理，推动志愿服务发展规范化。在服务活动开展方面，倡导开展群众性自我互助服务活动，鼓励驻社区单位进行社会捐赠、承诺服务等，为困难群体提供帮扶服务。

要建立健全社区服务组织。创新社区治理结构，建立健全社区党组织、社区居民自治组织、社区专业服务机构。加强社区党建工作，支持工会、老龄协会、妇联及残联等群众性组织参与社区服务。大力培育公益性社会组织，做好登记备案工作。加大扶持力度，通过设立项目资金和购买服务等方式，引导社会组织和志愿者参与社区服务。注重培养社会组织的负责人队伍，除了对社会组织负责人加强专业培训之外，还可以在社会组织中发展党员，加强教育培养入党积极分子，用党的先进理论引导社会组织为人民服务。

（二）以标准化促进社区服务规范发展

1. 探索建立智慧社区服务标准体系

新华社区可以探索建立智慧社区服务标准体系，形成可推广和可复制的标准化模式。"智慧社区的建设是通过建立综合管理服务平台，并以社区综合管理服务平台为载体，实现智慧社区全新的服务管理和服务规范的智能化和标准化运行"[1]。智慧社区服务标准体系可以从智慧社区服务通用标准体系、智慧社区服务管理标准体系、智慧社区公共服务标准体系三个方面进行构建（见表3）。

表3　智慧社区服务标准体系*

一级指标	二级指标	三级指标
智慧社区服务通用标准体系	标准化导则	—
	公共标志标准	—
	智能家居标准	—
	电子政务标准	—
	数据信息交换标准	—
	社区服务基础标准	—
智慧社区服务管理标准体系	社区数据信息管理标准	人口信息管理标准
		社区网格化管理标准
		公共设施管理标准
	综合治理标准	党务建设管理标准
		社会保障管理标准
		民政双拥管理标准
		司法武装管理标准
		协同治理标准
		城建城管标准
		计划生育管理标准
智慧社区公共服务标准体系	政务服务标准	民政服务标准
		计生服务标准
		社会保障服务标准
		人口户籍服务标准

---

[1] 周洁等：《我国智慧社区服务标准体系构建探析》，《中国标准化》2013年第11期。

续表

一级指标	二级指标	三级指标
智慧社区公共服务标准体系	公共事业与公益服务标准	健康医疗服务标准
		公用缴费服务标准
		智能交通服务标准
		文化教育服务标准
		志愿者服务标准
		低碳环保服务标准
		社区公益服务标准
	便民利民服务标准	家政服务标准
		社区购物标准
		社区商圈标准

资料来源：周洁等：《我国智慧社区服务标准体系构建探析》，《中国标准化》2013年第11期。

2. 推进社区服务设施标准化

加大社区服务基础设施投入力度，综合考虑服务设施的覆盖面与可达性。逐渐构建社区服务设施网络。一方面，合理布局社区服务设施网络。按照功能相对齐全、资源配置有效、服务管理方便、人口规模适度的原则，合理规划社区服务设施的选址布局、功能分类、建设数量、建设方式。在具体开展中，不仅要严格对新建住宅小区和旧城区改造居民区的工程进行审查及验收，保障居民的利益，也要积极争取项目及资金，建设或改造辖区绿化、通电通讯、排污管网、照明、环卫设施、健康娱乐等设施，进一步改善辖区居民的生产生活环境。另一方面，进一步推进社区信息化建设。完善新华社区信息基础设施建设，加快接入宽带。提高居民运用信息技术的能力，并推广适合居民需求的信息化手段。建立社区综合信息管理服务平台，归集社区计划生育、社会保障、文化教育等公共服务信息，实现一次采集、多方共享数据。借助社区综合信息平台增强政府、社区与居民之间的交流，增进社区和谐。

3. 积极推进大数据的应用

新华社区在息烽县社区建设中具有典型性和示范性，应当积极利用大数据等技术创新社区服务形式和载体。首先，利用云平台全面收集社区党建、公安、人口、计生、楼栋、企事业单位等涉及城市人、地、事、物、组织等各方面的数据信息，进一步完善社区数据库，为各部门调取社区数据提供便利，也为居委会的工作提供便利，使居委会工作人员能有更多的时间为居民提供服务而不是填各种表格。其次，推进大数据在治安、城管等治理方面的应用，充分依托数据共享平台，融入公安数据中心，进一步整合指挥调度和情报研判功能。此外，应用大数据创新城市监管方式，提升城市综合管理水平。最后，推进大数据在交通、教育、精准扶贫、健康医疗等民生领域的应用，在交通方面利用大数据改善道路交通拥堵情况和实时共享停车位资源等；在教育方面利用大数据等技术手段进一步提升学校管理水平、家庭教育水平和学校教学质量；在精准扶贫方面利用大数据手段采集贫困人员及扶贫项目等相关数据，从而精准评估贫困人口、贫困地区与扶贫项目，为科学制定扶贫政策提供数据支撑，提升大扶贫精准度；在健康医疗方面利用大数据实现对老弱病残居民的信息化照护及健康检测。

（三）以品牌化增强社区凝聚力和影响力

1. 围绕发展需求，形成具有自身特色的服务项目

根据新华社区的发展实际，可从两个方面着力形成具有自身特色的服务项目，即社区志愿服务品牌化发展与社区文化品牌化发展。

坚持社区志愿服务品牌化发展是提升社区整体服务品质与服务能力，促进社区持续发展的必由之路[1]。社区志愿服务品牌是由品牌社会认可、品牌物质载体和品牌精神文化等系统要素相互作用构成。提升社区品牌认可度需要用"五个度"去衡量，即认可度、知名度、美誉度、支持度和忠诚度；品牌物质载体则是一些实体性与外显性的因素，如标识名称、服饰、颜色、术语、图案等；品牌精神文化是社区志愿服务品牌的核心，主要由理念、文化、承诺等综合反映。要发展社区志愿服务品牌化，需要政府转变职能，建设服务型政府；也需要实行长远的品牌发展战略，实现社区志愿服务的规范化发展；更需要创新志愿服务方式。

社区文化品牌化发展是社区优秀文化的集中体现。社区文化具有价值导向

---

[1] 王春兰、袁明符：《我国社区志愿服务的品牌化发展探讨》，《重庆工商大学学报》（社会科学版）2011年第4期。

性、情感归属性、行为引导性和教育实践性四个特征①。在打造社区文化特色品牌的时候,需要积极推进社区文化活动阵地建设,为社区文化活动的开展提供坚实的设施基础;打造社区文化品牌,创新文化发展方式,丰富社区文化活动的内涵,繁荣社区文化生活;不断提升社区文化活动水平,发挥人才作用,形成社区文化活动的整体活力;积极开展科普进社区活动,提高社区文化活动的科学化水平等。

2. 创新体制机制,形成具有示范作用的经验模式

创新社会纠纷调解机制。处理社会纠纷是新华社区面临的一个基本问题,所以打造社区调解组织以完善社会纠纷调解机制就显得十分重要。以重庆市观音桥街道办事处为例,其以具备专业背景的"老马"为主要人员,组建老马工作室。由于老马具有专业的工作理念和工作技巧,调解纠纷能力较强,工作室逐渐形成了品牌效应,在很大程度上可以整合运用社会资源,促使社区纠纷调解工作顺利开展。老马工作室不仅有效解决了群众的纠纷问题,也推进了社区治理工作的开展。②新华社区在建设过程中,可以主动积极发现具备社会工作专业技能的人,并鼓励和支持其组建工作室,在提升居民参与积极性的同时也创新社会纠纷调节机制,促进社区治理与服务工作的开展更加高效有序。

创新社会组织互动机制。社区治理需要引导多元主体参与,社会组织是社区治理过程中的关键主体,创新社会组织互动机制,有利于更好地发挥社会组织服务社区发展的效能。一方面,新华社区要引导社会组织互相进行沟通与交流,共同发现问题并分享解决问题的经验方法,提升志愿者服务技能,优化社区公共服务供给。另一方面,要创新政府与社会组织的合作互动机制,从政府角度来说,要放活社会组织的备案登记制度、提升对社会组织参与公共决策的认可度、拓宽社会组织参与的途径、完善社会组织监管的法律体系等;从社会组织的角度来说,要增强自律性、提升专业性,用过硬的能力和完备的组织运转模式获得政府的信任。此外,政府

---

① 姬璐:《浅论打造社区文化建设特色品牌》,《品牌》(下半月)2013年第4期。
② 田野:《重庆市观音桥街道社区治理"品牌化"策略研究》,《重庆行政(公共论坛)》2015年第2期。

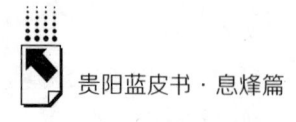

和社会组织需要加强沟通促进信任，共同为完善协商对话机制、构建利益冲突协调机制等做出努力。

参考文献

中共贵阳市委办公厅、贵阳市人民政府办公厅：《关于进一步加强和改进社区工作的十条意见》2015年7月。

贵阳市委、市政府联合调研组：《息烽县发展情况调研报告》，2016年11月9日。

中共息烽县委：《关于制定息烽县国民经济和社会发展第十三个五年规划的建议》，2016年1月8日中共息烽县委十二届五次全会通过。

息烽县人民政府：《中共息烽县委　息烽县人民政府关于息烽县工作情况的汇报》，2016年11月12日。

息烽县新华社区：《息烽县新华社区"十三五"社区服务体系建设规划》，息烽县委办政研室，2016。

息烽县新华社区：《息烽县新华社区2015年度工作汇报》，2015年12月。

息烽县新华社区：《息烽县新华社区2016年工作要点》，2016年3月。

息烽县统计局：《领导干部手册2016》，2016年4月。

息烽县统计局：《息烽县历年领导干部手册（2011~2016年版）》，2016年4月。

陈刚：《在市委常委会听取息烽县工作汇报时的讲话》，中共贵阳市委，2016年11月12日。

卓飞：《在市"十三五"规划调研组来息调研座谈会上的讲话》，2015年9月28日。

张健：《城市社区建设中思想政治工作方法创新》，《经贸实践》2016年第2期。

余红：《贵阳社区建设：症结与出路》，《贵州政协报》2006年10月19日。

社会科学文献出版社　　　**皮书系列**

❖ 皮书起源 ❖

"皮书"起源于十七、十八世纪的英国，主要指官方或社会组织正式发表的重要文件或报告，多以"白皮书"命名。在中国，"皮书"这一概念被社会广泛接受，并被成功运作、发展成为一种全新的出版形态，则源于中国社会科学院社会科学文献出版社。

❖ 皮书定义 ❖

皮书是对中国与世界发展状况和热点问题进行年度监测，以专业的角度、专家的视野和实证研究方法，针对某一领域或区域现状与发展态势展开分析和预测，具备原创性、实证性、专业性、连续性、前沿性、时效性等特点的公开出版物，由一系列权威研究报告组成。

❖ 皮书作者 ❖

皮书系列的作者以中国社会科学院、著名高校、地方社会科学院的研究人员为主，多为国内一流研究机构的权威专家学者，他们的看法和观点代表了学界对中国与世界的现实和未来最高水平的解读与分析。

❖ 皮书荣誉 ❖

皮书系列已成为社会科学文献出版社的著名图书品牌和中国社会科学院的知名学术品牌。2016年，皮书系列正式列入"十三五"国家重点出版规划项目；2012~2016年，重点皮书列入中国社会科学院承担的国家哲学社会科学创新工程项目；2017年，55种院外皮书使用"中国社会科学院创新工程学术出版项目"标识。

权威报告·热点资讯·特色资源

皮书数据库
ANNUAL REPORT(YEARBOOK) DATABASE

当代中国与世界发展高端智库平台

所获荣誉

- 2016年，入选"国家'十三五'电子出版物出版规划骨干工程"
- 2015年，荣获"搜索中国正能量 点赞2015""创新中国科技创新奖"
- 2013年，荣获"中国出版政府奖·网络出版物奖"提名奖
- 连续多年荣获中国数字出版博览会"数字出版·优秀品牌"奖

成为会员

通过网址www.pishu.com.cn或使用手机扫描二维码进入皮书数据库网站，进行手机号码验证或邮箱验证即可成为皮书数据库会员（建议通过手机号码快速验证注册）。

会员福利

- 使用手机号码首次注册会员可直接获得100元体验金，不需充值即可购买和查看数据库内容（仅限使用手机号码快速注册）。
- 已注册用户购书后可免费获赠100元皮书数据库充值卡。刮开充值卡涂层获取充值密码，登录并进入"会员中心"—"在线充值"—"充值卡充值"，充值成功后即可购买和查看数据库内容。

卡号：293335674322
密码：

数据库服务热线：400-008-6695
数据库服务QQ：2475522410
数据库服务邮箱：database@ssap.cn
图书销售热线：010-59367070/7028
图书服务QQ：1265056568
图书服务邮箱：duzhe@ssap.cn

子库介绍
Sub-Database Introduction

中国经济发展数据库

涵盖宏观经济、农业经济、工业经济、产业经济、财政金融、交通旅游、商业贸易、劳动经济、企业经济、房地产经济、城市经济、区域经济等领域，为用户实时了解经济运行态势、把握经济发展规律、洞察经济形势、做出经济决策提供参考和依据。

中国社会发展数据库

全面整合国内外有关中国社会发展的统计数据、深度分析报告、专家解读和热点资讯构建而成的专业学术数据库。涉及宗教、社会、人口、政治、外交、法律、文化、教育、体育、文学艺术、医药卫生、资源环境等多个领域。

中国行业发展数据库

以中国国民经济行业分类为依据，跟踪分析国民经济各行业市场运行状况和政策导向，提供行业发展最前沿的资讯，为用户投资、从业及各种经济决策提供理论基础和实践指导。内容涵盖农业，能源与矿产业，交通运输业，制造业，金融业，房地产业，租赁和商务服务业，科学研究，环境和公共设施管理，居民服务业，教育，卫生和社会保障，文化、体育和娱乐业等100余个行业。

中国区域发展数据库

对特定区域内的经济、社会、文化、法治、资源环境等领域的现状与发展情况进行分析和预测。涵盖中部、西部、东北、西北等地区，长三角、珠三角、黄三角、京津冀、环渤海、合肥经济圈、长株潭城市群、关中—天水经济区、海峡经济区等区域经济体和城市圈，北京、上海、浙江、河南、陕西等34个省份及中国台湾地区。

中国文化传媒数据库

包括文化事业、文化产业、宗教、群众文化、图书馆事业、博物馆事业、档案事业、语言文字、文学、历史地理、新闻传播、广播电视、出版事业、艺术、电影、娱乐等多个子库。

世界经济与国际关系数据库

以皮书系列中涉及世界经济与国际关系的研究成果为基础，全面整合国内外有关世界经济与国际关系的统计数据、深度分析报告、专家解读和热点资讯构建而成的专业学术数据库。包括世界经济、国际政治、世界文化与科技、全球性问题、国际组织与国际法、区域研究等多个子库。

法律声明

"皮书系列"（含蓝皮书、绿皮书、黄皮书）之品牌由社会科学文献出版社最早使用并持续至今，现已被中国图书市场所熟知。"皮书系列"的LOGO（ ）与"经济蓝皮书""社会蓝皮书"均已在中华人民共和国国家工商行政管理总局商标局登记注册。"皮书系列"图书的注册商标专用权及封面设计、版式设计的著作权均为社会科学文献出版社所有。未经社会科学文献出版社书面授权许可，任何使用与"皮书系列"图书注册商标、封面设计、版式设计相同或者近似的文字、图形或其组合的行为均系侵权行为。

经作者授权，本书的专有出版权及信息网络传播权为社会科学文献出版社享有。未经社会科学文献出版社书面授权许可，任何就本书内容的复制、发行或以数字形式进行网络传播的行为均系侵权行为。

社会科学文献出版社将通过法律途径追究上述侵权行为的法律责任，维护自身合法权益。

欢迎社会各界人士对侵犯社会科学文献出版社上述权利的侵权行为进行举报。电话：010-59367121，电子邮箱：fawubu@ssap.cn。

社会科学文献出版社